OECD Research and Development Expenditure in Industry 2019

ANBERD

2009-2017

This work is published under the responsibility of the Secretary-General of the OECD. The opinions expressed and arguments employed herein do not necessarily reflect the official views of OECD member countries.

This document, as well as any data and map included herein, are without prejudice to the status of or sovereignty over any territory, to the delimitation of international frontiers and boundaries and to the name of any territory, city or area.

The statistical data for Israel are supplied by and under the responsibility of the relevant Israeli authorities. The use of such data by the OECD is without prejudice to the status of the Golan Heights, East Jerusalem and Israeli settlements in the West Bank under the terms of international law.

Please cite this publication as:
OECD (2019), *OECD Research and Development Expenditure in Industry 2019: ANBERD*, OECD Publishing, Paris, *https://doi.org/10.1787/g2g9fba3-en*.

ISBN 978-92-64-31338-5 (print)
ISBN 978-92-64-31339-2 (pdf)

OECD Research and Development Expenditure in Industry
ISSN 2223-7917 (print)
ISSN 2223-7925 (online)

Corrigenda to publications may be found on line at: *www.oecd.org/about/publishing/corrigenda.htm*.
© OECD 2019

The use of this work, whether digital or print, is governed by the Terms and Conditions to be found at *http://www.oecd.org/termsandconditions*.

Table of contents

Readers' guide	5
Australia	8
Austria	10
Belgium	12
Canada	16
Chile	18
Czech Republic	20
Denmark	24
Estonia	26
Finland	28
France	32
Germany	36
Greece	38
Hungary	40
Iceland	42
Ireland	44
Israel	46
Italy	48
Japan	52
Korea	54
Lithuania	56
Mexico	58
Netherlands	60
New Zealand	62
Norway	64
Poland	66
Portugal	68
Slovak Republic	72
Slovenia	74
Spain	76
Sweden	78
Switzerland	80
Turkey	82
United Kingdom	84
United States	88
Argentina	90
China	92
Romania	94
Singapore	96
Chinese Taipei	98

Readers' guide

Main features

This publication includes business R&D data in ISIC Rev. 4 for 34 OECD member economies and five non-member economies. The reported data follow the International Standard Industrial Classification, Revision 4 (ISIC Rev. 4).

The data according to different versions of ISIC classification are published in the following database: STAN R&D: Research and development expenditure in industry - ISIC Rev. 4, STAN: OECD Structural Analysis Statistics (database), *https://doi.org/10.1787/data-00689-en*.

Signs and abbreviations

..	Not available
.	Decimal point
n.e.c.	Not elsewhere classified

Sources and methods

Documentation (PDF): *www.oecd.org/sti/inno/ANBERD_full_documentation.pdf*.

Industry coverage (XLS): *www.oecd.org/sti/inno/ANBERDcoverage.xls*.

Contact details

For any enquiries, please contact *oecdilibrary@oecd.org* or *RDSurvey@oecd.org*.

Classification

The International Standard Industrial Classification (ISIC) Rev. 4 is available online at *http://unstats.un.org/unsd/publication/SeriesM/seriesm_4rev4e.pdf*.

READERS' GUIDE

ISIC Rev. 4 classification

Section	Division	Description
A	10-99	**TOTAL BUSINESS ENTERPRISE**
A	01-03	**AGRICULTURE, HUNTING, FORESTRY AND FISHING**
B	05-09	**MINING AND QUARRYING**
C	10-33	**MANUFACTURING**
	10-12	**Food products, beverages and tobacco**
	13-15	**Textiles, wearing apparel, leather and related products**
	13	Textiles
	14	Wearing apparel
	15	Leather and related products
	16-18	**Wood and paper products; printing**
	16	Wood, wood and cork products
	17	Paper and paper products
	18	Printing and reproduction of recorded media
	19-23	**Chemicals and non-metallic products**
	19	Coke and refined petroleum products
	20-21	Chemicals and pharmaceutical products
	20	Chemicals and chemical products
	21	Pharmaceutical products
	22	Rubber and plastics products
	23	Other non-metallic mineral products
	24-25	**Basic metals and fabricated metal products**
	24	Basic metals
	25	Fabricated metal products
	26-30	**Machinery and transport equipment**
	26	Computer, electronic and optical products
	27	Electrical equipment
	28	Machinery and equipment n.e.c.
	29	Motor vehicles, trailers and semi-trailers
	30	Other transport equipment
	31-33	**Other manufacturing; repair, installation of mach. and equip.**
	31	Furniture,
	32	Other manufacturing
	33	Repair and installation of machinery and equipment
D+E	35-39	**ELECTRICITY, GAS, WATER AND WASTE MANAGEMENT**
D	35-36	Electricity, gas and water
E	37-39	Sewerage, waste and remediation activities
F	41-43	**CONSTRUCTION**
G-U	45-99	**TOTAL SERVICES**
G-N	45-82	**BUSINESS SECTOR SERVICES**
G	45-47	**Wholesale and retail trade; repair of motor vehicles**
H	49-53	**Transportation and storage**
I	55-56	**Accommodation and food service activities**
J	58-63	**Information and communication**
	58-60	Publishing, audio visual and broadcasting activities
	58	Publishing activities
	59	Video, television programme, sound recording and music publishing
	60	Programming and broadcasting activities
	61	Telecommunications
	62-63	IT and other information services
	62	Computer programming, consultancy and related activities
	63	Information service activities
K	64-66	**Financial and insurance activities**
L-N	68-82	**Real estate; professional, scientific and technical; administrative and support service activities**
L	68	**Real estate activities**
Mx72	69-75x72	**Professional, scientific and technical activities, except scientific R&D**
	72	Scientific research and development
N	77-82	**Administrative and support service activities**
O-U	84-99	**COMMUNITY, SOCIAL AND PERSONAL SERVICES**
O-P	84-85	**Public administration, defence; compulsory social security, education**
Q	86-88	Human health and social work activities
R-U	90-99	**Arts, entertainment, recreation and other personal services**
R	90-93	Arts, entertainment and recreation
S-U	94-99	Other services; households as employers; goods- and services-producing activities of households for own use; extraterritorial bodies, activities of extraterritorial organizations and bodies

R&D expenditure in industry

AUSTRALIA

R&D expenditure in industry by main activity of the enterprise, current prices
ISIC Rev. 4

Million USD PPP

		2010	2011	2012	2013	2014	2015	2016	2017
	TOTAL BUSINESS ENTERPRISE	11 989.5	12 124.9	11 970.0	13 025.4	12 202.7 e	11 301.5	..	..
01-03	**AGRICULTURE, FORESTRY AND FISHING**	122.6	125.5	138.2 e	167.7	169.9 e	168.3	..	..
05-09	**MINING AND QUARRYING**	2 555.9	2 716.1	2 325.0 e	1 955.8	1 526.4 e	1 272.7	..	..
10-33	**MANUFACTURING**	3 212.3	2 978.7	2 952.1 e	3 373.3	3 111.8 e	2 676.3	..	..
10-12	Food products, beverages and tobacco	401.5	362.9	377.3 e	476.1	..	..	..	..
13-15	Textiles, wearing apparel, leather and related products	30.7	34.9	33.5 e	31.8	..	..	..	..
13	Textiles	14.6	16.8	..	..	..	..	..	..
14	Wearing apparel	5.4 e	4.6	..	..	..	..	..	..
15	Leather and related products, footwear	10.7 e	13.6	..	..	..	..	..	..
16-18	Wood and paper products and printing	144.7	68.7	47.0 e	68.6	..	..	..	..
16	Wood and wood products, except furniture	41.5	25.3	..	..	..	..	..	..
17	Paper and paper products	..	32.0	..	..	..	..	..	..
18	Printing and reproduction of recorded media	..	11.4	..	..	..	..	..	..
19-23	Chemical, rubber, plastic, non-metallic mineral products	689.1	712.9	752.0 e	856.9	..	..	..	..
19	Coke and refined petroleum products	60.9	59.9	76.7 e	115.0	..	..	..	..
20-21	Chemical and pharmaceutical products	489.3	517.9	530.2 e	570.9	..	..	..	..
20	Chemicals and chemical products	237.1	250.6	228.6 e	204.6	..	..	..	..
21	Pharmaceuticals, medicinal, chemical and botanical products	252.1	267.2	301.6 e	366.2	..	..	..	..
22	Rubber and plastic products	65.8	67.6	68.0 e	75.0	..	..	..	..
23	Other non-metallic mineral products	73.2	67.6	77.1 e	96.1	..	..	..	..
24-25	Basic metals, metal products, except machinery and equipment	533.3	482.6	415.5 e	402.0 e	..	..	..	..
24	Basic metals	346.8	334.5	279.0 e	229.0	..	..	..	..
25	Fabricated metal products, except machinery and equipment	186.6	148.1	136.5 e	173.0 e	..	..	..	..
26-30	Computer, electronic, optical products; electrical machinery, transport equipment	1 229.9	1 110.8	1 108.0 e	1 297.5 e	..	..	..	..
26	Computer, electronic and optical products	249.0	237.9	..	..	..	..	..	..
27	Electrical equipment	62.7	86.8	..	..	..	..	..	..
28	Machinery and equipment n.e.c.	288.2	239.2	..	..	..	..	..	..
29	Motor vehicles, trailers and semi-trailers	470.1	440.7	..	..	..	..	..	..
30	Other transport equipment	160.1	106.2	..	..	..	..	..	..
31-33	Furniture; repair, installation of machinery and equipment	183.0	205.9	218.8 e	240.3	..	..	..	..
31	Furniture	7.9	12.2	13.0 e	11.5	..	..	..	..
32	Other manufacturing	162.1	175.8	184.0 e	203.0	..	..	..	..
33	Repair and installation of machinery and equipment	13.0	17.9	21.8 e	25.8	..	..	..	..
35-39	**ELECTRICITY, GAS, WATER AND WASTE MANAGEMENT**	280.9	250.2	218.4 e	217.9	192.9 e	170.6	..	..
35-36	Electricity, gas and water	185.2	173.7	148.5 e	129.2	..	..	..	..
37-39	Sewerage, waste management and remediation activities	95.7	76.6	69.9 e	88.7	..	..	..	..
41-43	**CONSTRUCTION**	669.6	542.3	513.2 e	597.1	506.0 e	343.3	..	..
45-99	**TOTAL SERVICES**	5 147.3	5 512.0	5 823.1 e	6 713.6	6 695.7 e	6 670.3	..	..
45-82	**Business sector services**	5 029.5	5 362.8	5 655.5 e	6 506.4	6 448.8 e	6 365.6	..	..
45-47	Wholesale and retail trade; motor vehicle and motorcycle repairs	550.9	573.1	674.5 e	846.9	823.6 e	742.4	..	..
49-53	Transportation and storage	194.6	193.8	214.4 e	250.8	206.1 e	129.6	..	..
55-56	Accommodation and food service activities	10.4	14.2	15.5 e	16.8	18.4 e	22.0	..	..
58-63	Information and communication	1 115.1	1 215.2	1 359.8 e	1 655.8	1 659.0 e	1 610.0	..	..
58-60	Publishing, audiovisual and broadcasting activities	123.5	119.4	138.3 e	189.5	..	..	..	..
58	Publishing activities	82.8	84.6	98.7 e	132.4	..	..	..	..
59-60	Motion picture, video and TV programme production; broadcasting activities	40.7	34.7	39.7 e	57.1	..	..	..	..
59	Motion picture, video and TV programme production; sound and music	13.5	13.4	..	..	..	..	..	..
60	Programming and broadcasting activities	27.2	21.4	..	..	..	..	..	..
61	Telecommunications	234.2	319.0	276.7 e	164.7	..	..	..	..
62-63	IT and other information services	757.4	776.7	944.7 e	1 301.5	..	..	..	..
62	Computer programming, consultancy and related activities	737.9	751.1	912.0 e	1 258.6	..	..	..	..
63	Information service activities	19.6	25.6	32.7 e	42.9	..	..	..	..
64-66	Financial and insurance activities	1 843.3	1 975.6	1 973.9 e	2 137.2	2 120.1 e	2 181.0	..	..
68-82	Real estate; professional, scientific and technical; administrative and support	1 316.3	1 391.0	1 417.4 e	1 598.8	1 621.6 e	1 680.7	..	..
68	Real estate activities	9.2	15.2	22.2 e	32.8	40.1 e	48.0	..	..
69-75x72	Professional, scientific and technical activities, except scientific R&D	636.9	668.0	..	..	..	..	..	..
72	Scientific research and development	427.5	454.9	..	..	..	..	..	..
77-82	Administrative and support service activities	242.7	252.9	247.9 e	264.2	257.3 e	259.5	..	..
84-99	**Community, social and personal services**	117.8	149.2	167.6 e	207.2	246.9 e	304.7	..	..
84-85	Public administration and defence; compulsory social security and education	13.4	17.5	19.2 e	23.1	..	..	..	..
86-88	Human health and social work activities	53.1	62.5	57.2 e	50.9	..	..	..	..
90-93	Arts, entertainment and recreation	27.3	47.9	60.8 e	77.9	..	..	..	..
94-99	Other services; household-employers; extraterritorial bodies	23.9	21.2	30.3 e	55.3	..	..	..	..

.. Not available; e Estimated value
Note: Detailed metadata at: *http://metalinks.oecd.org/anberd/20191119/b539.*

AUSTRALIA

R&D expenditure in industry by main activity of the enterprise, constant prices
ISIC Rev. 4

2010 USD PPP

		2010	2011	2012	2013	2014	2015	2016	2017
	TOTAL BUSINESS ENTERPRISE	11 989.5	11 974.5	12 067.6 e	12 163.0	11 517.9 e	10 879.8	..	..
01-03	**AGRICULTURE, FORESTRY AND FISHING**	122.6	124.0	139.3 e	156.6	160.4 e	162.0	..	..
05-09	**MINING AND QUARRYING**	2 555.9	2 682.4	2 344.0 e	1 826.3	1 440.7 e	1 225.2	..	..
10-33	**MANUFACTURING**	3 212.3	2 941.7	2 976.2 e	3 150.0	2 937.1 e	2 576.5	..	..
10-12	Food products, beverages and tobacco	401.5	358.4	380.3 e	444.6	..	..	..	..
13-15	Textiles, wearing apparel, leather and related products	30.7	34.5	33.8 e	29.7	..	..	..	..
13	Textiles	14.6	16.6	..	..	..	..	..	..
14	Wearing apparel	5.4 e	4.5	..	..	..	..	..	..
15	Leather and related products, footwear	10.7 e	13.4	..	..	..	..	..	..
16-18	Wood and paper products and printing	144.7	67.8	47.4 e	64.1	..	..	..	..
16	Wood and wood products, except furniture	41.5	25.0	..	..	..	..	..	..
17	Paper and paper products	..	31.6	..	..	..	..	..	..
18	Printing and reproduction of recorded media	..	11.3	..	..	..	..	..	..
19-23	Chemical, rubber, plastic, non-metallic mineral products	689.1	704.1	758.1 e	800.1	..	..	..	..
19	Coke and refined petroleum products	60.9	59.1	77.3 e	107.4	..	..	..	..
20-21	Chemical and pharmaceutical products	489.3	511.4	534.5 e	533.1	..	..	..	..
20	Chemicals and chemical products	237.1	247.5	230.5 e	191.1	..	..	..	..
21	Pharmaceuticals, medicinal, chemical and botanical products	252.1	263.9	304.0 e	342.0	..	..	..	..
22	Rubber and plastic products	65.8	66.8	68.5 e	70.0	..	..	..	..
23	Other non-metallic mineral products	73.2	66.7	77.7 e	89.7	..	..	..	..
24-25	Basic metals, metal products, except machinery and equipment	533.3	476.6	418.9 e	375.4 e	..	..	..	..
24	Basic metals	346.8	330.3	281.2 e	213.8	..	..	..	..
25	Fabricated metal products, except machinery and equipment	186.6	146.3	137.6 e	161.5 e	..	..	..	..
26-30	Computer, electronic, optical products; electrical machinery, transport equipment	1 229.9	1 097.0	1 117.1 e	1 211.6 e	..	..	..	..
26	Computer, electronic and optical products	249.0	235.0	..	..	..	..	..	..
27	Electrical equipment	62.7	85.7	..	..	..	..	..	..
28	Machinery and equipment n.e.c.	288.2	236.3	..	..	..	..	..	..
29	Motor vehicles, trailers and semi-trailers	470.1	435.2	..	..	..	..	..	..
30	Other transport equipment	160.1	104.9	..	..	..	..	..	..
31-33	Furniture; repair, installation of machinery and equipment	183.0	203.3	220.6 e	224.4	..	..	..	..
31	Furniture	7.9	12.0	13.1 e	10.8	..	..	..	..
32	Other manufacturing	162.1	173.7	185.5 e	189.6	..	..	..	..
33	Repair and installation of machinery and equipment	13.0	17.6	22.0 e	24.1	..	..	..	..
35-39	**ELECTRICITY, GAS, WATER AND WASTE MANAGEMENT**	280.9	247.1	220.2 e	203.5	182.1 e	164.2	..	..
35-36	Electricity, gas and water	185.2	171.5	149.7 e	120.7	..	..	..	..
37-39	Sewerage, waste management and remediation activities	95.7	75.7	70.4 e	82.9	..	..	..	..
41-43	**CONSTRUCTION**	669.6	535.6	517.4 e	557.6	477.6 e	330.5	..	..
45-99	**TOTAL SERVICES**	5 147.3	5 443.6	5 870.5 e	6 269.1	6 319.9 e	6 421.4	..	..
45-82	**Business sector services**	5 029.5	5 296.3	5 701.6 e	6 075.6	6 086.9 e	6 128.1	..	..
45-47	Wholesale and retail trade; motor vehicle and motorcycle repairs	550.9	566.0	680.0 e	790.8	777.4 e	714.7	..	..
49-53	Transportation and storage	194.6	191.4	216.1 e	234.2	194.5 e	124.8	..	..
55-56	Accommodation and food service activities	10.4	14.1	15.6 e	15.7	17.4 e	21.2	..	..
58-63	Information and communication	1 115.1	1 200.1	1 370.8 e	1 546.2	1 565.9 e	1 549.9	..	..
58-60	Publishing, audiovisual and broadcasting activities	123.5	117.9	139.4 e	176.9	..	..	..	..
58	Publishing activities	82.8	83.6	99.5 e	123.6	..	..	..	..
59-60	Motion picture, video and TV programme production; broadcasting activities	40.7	34.3	40.0 e	53.3	..	..	..	..
59	Motion picture, video and TV programme production; sound and music	13.5	13.2	..	..	..	..	..	..
60	Programming and broadcasting activities	27.2	21.1	..	..	..	..	..	..
61	Telecommunications	234.2	315.0	279.0 e	153.8	..	..	..	..
62-63	IT and other information services	757.4	767.1	952.4 e	1 215.4	..	..	..	..
62	Computer programming, consultancy and related activities	737.9	741.8	919.4 e	1 175.3	..	..	..	..
63	Information service activities	19.6	25.3	33.0 e	40.1	..	..	..	..
64-66	Financial and insurance activities	1 843.3	1 951.1	1 990.0 e	1 995.7	2 001.1 e	2 099.6	..	..
68-82	Real estate; professional, scientific and technical; administrative and support	1 316.3	1 373.7	1 428.9 e	1 493.0	1 530.6 e	1 618.0	..	..
68	Real estate activities	9.2	15.0	22.3 e	30.6	37.9 e	46.2	..	..
69-75x72	Professional, scientific and technical activities, except scientific R&D	636.9	659.7	..	..	..	..	..	..
72	Scientific research and development	427.5	449.3	..	..	..	..	..	..
77-82	Administrative and support service activities	242.7	249.7	249.9 e	246.7 e	242.9 e	249.8	..	..
84-99	Community, social and personal services	117.8	147.3	169.0 e	193.5	233.0 e	293.3	..	..
84-85	Public administration and defence; compulsory social security and education	13.4	17.3	19.4 e	21.6	..	..	..	..
86-88	Human health and social work activities	53.1	61.7	57.7 e	47.6	..	..	..	..
90-93	Arts, entertainment and recreation	27.3	47.3	61.3 e	72.7	..	..	..	..
94-99	Other services; household-employers; extraterritorial bodies	23.9	21.0	30.6 e	51.6	..	..	..	..

.. Not available; e Estimated value
Note: Detailed metadata at: http://metalinks.oecd.org/anberd/20191119/b539.

AUSTRIA

R&D expenditure in industry by main activity of the enterprise, current prices
ISIC Rev. 4

Million USD PPP

		2010	2011	2012	2013	2014	2015	2016	2017
	TOTAL BUSINESS ENTERPRISE	**6 554.3**	**6 847.5**	**8 038.4**	**8 504.0**	**9 118.3**	**9 389.6**	..	..
01-03	**AGRICULTURE, FORESTRY AND FISHING**	2.0 e	2.4	3.7 e	4.3	4.0 e	2.8	..	..
05-09	**MINING AND QUARRYING**	6.6 e	7.2	5.3 e	3.7	7.2 e	13.7	..	..
10-33	**MANUFACTURING**	4 294.1 e	4 361.2	5 031.3 e	5 276.3	5 631.1 e	5 781.4	..	..
10-12	Food products, beverages and tobacco	37.0 e	34.5	45.4 e	54.3	57.8 e	54.8	..	..
13-15	Textiles, wearing apparel, leather and related products	24.6 e	23.3 e	26.1 e	26.3 e	25.8 e	23.4 e	..	..
13	Textiles	12.8 e	12.8	15.7 e	16.8	17.0 e	15.6	..	..
14	Wearing apparel	8.1 e	7.3 e	7.1 e	5.9 e	4.9 e	3.8 e	..	..
15	Leather and related products, footwear	3.7 e	3.2	3.4 e	3.6	3.9 e	4.0	..	..
16-18	Wood and paper products and printing	68.7 e	65.3	71.5 e	72.8	76.0 e	76.6	..	..
16	Wood and wood products, except furniture	21.5 e	18.4	21.4 e	25.2	29.7 e	33.1	..	..
17	Paper and paper products	23.9 e	28.4	30.5 e	28.2	29.5 e	31.9	..	..
18	Printing and reproduction of recorded media	23.3 e	18.6	19.5 e	19.4	16.8 e	11.6	..	..
19-23	Chemical, rubber, plastic, non-metallic mineral products	704.9 e	745.5 e	895.1 e	950.8 e	991.4 e	975.1 e	..	..
19	Coke and refined petroleum products	14.4 e	12.9	12.4 e	10.4	8.7 e	6.7 e	..	..
20-21	Chemical and pharmaceutical products	443.5 e	462.9	557.6 e	593.9	613.5 e	592.8	..	..
20	Chemicals and chemical products	244.3 e	258.0	266.0 e	236.8	229.1 e	224.7	..	..
21	Pharmaceuticals, medicinal, chemical and botanical products	199.2 e	204.8	291.6 e	357.1	384.4 e	368.1	..	..
22	Rubber and plastic products	145.1 e	157.6	202.2 e	227.7	243.8 e	242.2	..	..
23	Other non-metallic mineral products	101.9 e	112.1	122.9 e	118.7	125.4 e	133.4	..	..
24-25	Basic metals, metal products, except machinery and equipment	314.7 e	325.8	434.9 e	503.5	517.8 e	471.8	..	..
24	Basic metals	144.6 e	145.6	226.6 e	288.1	290.0 e	238.7	..	..
25	Fabricated metal products, except machinery and equipment	170.1 e	180.2	208.3 e	215.3	227.9 e	233.1	..	..
26-30	Computer, electronic, optical products; electrical machinery, transport equipment	2 958.9 e	2 962.4	3 334.9 e	3 456.1	3 745.6 e	3 958.9	..	..
26	Computer, electronic and optical products	672.9 e	630.1	713.6 e	772.3	855.6 e	909.9	..	..
27	Electrical equipment	947.2 e	885.0	908.2 e	863.1	894.6 e	929.7	..	..
28	Machinery and equipment n.e.c.	736.9 e	817.6	1 015.9 e	1 116.4	1 216.3 e	1 258.5	..	..
29	Motor vehicles, trailers and semi-trailers	463.7 e	489.4	561.1 e	581.0	632.7 e	675.0	..	..
30	Other transport equipment	138.2 e	140.3	136.1 e	123.3	146.5 e	185.9	..	..
31-33	Furniture; repair, installation of machinery and equipment	185.3 e	204.3	223.4 e	212.5	216.7 e	220.8	..	..
31	Furniture	20.8 e	24.1	23.0 e	16.4	13.2 e	11.6	..	..
32	Other manufacturing	116.7 e	111.1	114.7 e	108.0	108.2 e	107.4	..	..
33	Repair and installation of machinery and equipment	47.9 e	69.1	85.7 e	88.1	95.3 e	101.8	..	..
35-39	**ELECTRICITY, GAS, WATER AND WASTE MANAGEMENT**	20.8 e	24.4	25.1 e	22.9	27.0 e	33.8	..	..
35-36	Electricity, gas and water	16.9 e	19.2	20.2 e	18.5	19.6 e	21.6	..	..
37-39	Sewerage, waste management and remediation activities	3.8 e	5.2	4.8 e	4.4	7.4 e	12.3	..	..
41-43	**CONSTRUCTION**	50.6 e	57.1	55.2 e	50.3	66.6 e	93.3	..	..
45-99	**TOTAL SERVICES**	**2 180.3 e**	**2 395.3**	**2 917.9 e**	**3 146.5**	**3 382.5 e**	**3 464.5**	..	..
45-82	**Business sector services**	2 175.3 e	2 389.7	2 912.2 e	3 141.3	3 376.3 e	3 456.5	..	..
45-47	Wholesale and retail trade; motor vehicle and motorcycle repairs	342.4 e	361.3	416.9 e	426.6	438.4 e	430.9	..	..
49-53	Transportation and storage	6.8 e	6.6	9.5 e	12.7	16.2 e	19.0	..	..
55-56	Accommodation and food service activities	0.0 e	0.0	0.0 e	0.0	0.0 e	0.0	..	..
58-63	Information and communication	327.0 e	415.9	512.7 e	535.1	574.6 e	600.7	..	..
58-60	Publishing, audiovisual and broadcasting activities	13.6 e	26.4	39.3 e	44.8	50.7 e	55.0	..	..
58	Publishing activities	12.6 e	24.7	37.1 e	42.5	47.5 e	50.4	..	..
59-60	Motion picture, video and TV programme production; broadcasting activities	1.0 e	1.7	2.1 e	2.3	3.3 e	4.6	..	..
59	Motion picture, video and TV programme production; sound and music	..	..	..	..	..	..	..	..
60	Programming and broadcasting activities	..	..	..	..	..	..	..	..
61	Telecommunications	60.0 e	60.3	58.2 e	48.3	45.3 e	44.8	..	..
62-63	IT and other information services	253.3 e	329.2	415.2 e	442.0	478.5 e	500.9	..	..
62	Computer programming, consultancy and related activities	193.4 e	223.1	295.3 e	341.9	384.4 e	406.2	..	..
63	Information service activities	60.0 e	106.1	119.9 e	100.1	94.1 e	94.7	..	..
64-66	**Financial and insurance activities**	55.3 e	36.0	22.4 e	14.5	16.3 e	22.9	..	..
68-82	**Real estate; professional, scientific and technical; administrative and support**	1 443.8 e	1 569.7	1 950.7 e	2 152.5	2 330.8 e	2 383.0	..	..
68	Real estate activities	0.2 e	0.7	1.8 e	2.8	3.1 e	3.0	..	..
69-75x72	Professional, scientific and technical activities, except scientific R&D	572.4 e	625.3	745.0 e	796.5	879.0 e	940.0	..	..
72	Scientific research and development	859.6 e	931.0	1 193.1 e	1 345.9	1 440.3 e	1 427.9	..	..
77-82	Administrative and support service activities	11.6 e	12.8	10.7 e	7.3	8.4 e	12.1	..	..
84-99	Community, social and personal services	5.0 e	5.6	5.6 e	5.1	6.2 e	8.0	..	..
84-85	Public administration and defence; compulsory social security and education	2.8 e	3.1	3.0 e	2.3	1.7 e	1.2	..	..
86-88	Human health and social work activities	0.4 e	0.8	1.4 e	1.9	2.4 e	2.8	..	..
90-93	Arts, entertainment and recreation	0.8 e	0.6	0.3 e	0.3	1.0 e	2.1	..	..
94-99	Other services; household-employers; extraterritorial bodies	0.9 e	1.2	0.9 e	0.6	1.1 e	2.0	..	..

.. Not available; e Estimated value
Note: Detailed metadata at: *http://metalinks.oecd.org/anberd/20191119/b539.*

AUSTRIA

R&D expenditure in industry by main activity of the enterprise, constant prices
ISIC Rev. 4

2010 USD PPP

		2010	2011	2012	2013	2014	2015	2016	2017
	TOTAL BUSINESS ENTERPRISE	**6 554.3**	**6 637.3**	**7 472.1**	**7 620.2**	**8 013.9**	**8 075.1**	..	..
01-03	**AGRICULTURE, FORESTRY AND FISHING**	**2.0 e**	**2.3**	**3.4 e**	**3.9**	**3.5 e**	**2.4**	..	..
05-09	**MINING AND QUARRYING**	**6.6 e**	**7.0**	**5.0 e**	**3.3**	**6.3 e**	**11.8**	..	..
10-33	**MANUFACTURING**	**4 294.1 e**	**4 227.4**	**4 676.8 e**	**4 727.9**	**4 949.0 e**	**4 972.0**	..	..
10-12	Food products, beverages and tobacco	37.0 e	33.4	42.2 e	48.7	50.8 e	47.1	..	..
13-15	Textiles, wearing apparel, leather and related products	24.6 e	22.6 e	24.3 e	23.6 e	22.6 e	20.1 e	..	..
13	Textiles	12.8 e	12.4	14.5 e	15.1	14.9 e	13.5	..	..
14	Wearing apparel	8.1 e	7.1 e	6.6 e	5.3 e	4.3 e	3.2 e	..	..
15	Leather and related products, footwear	3.7 e	3.1	3.2 e	3.2	3.4 e	3.4	..	..
16-18	Wood and paper products and printing	68.7 e	63.3	66.4 e	65.2	66.8 e	65.9	..	..
16	Wood and wood products, except furniture	21.5 e	17.8	19.9 e	22.5	26.1 e	28.5	..	..
17	Paper and paper products	23.9 e	27.5	28.4 e	25.3	25.9 e	27.4	..	..
18	Printing and reproduction of recorded media	23.3 e	18.0	18.2 e	17.4	14.8 e	9.9	..	..
19-23	Chemical, rubber, plastic, non-metallic mineral products	704.9 e	722.6 e	832.0 e	852.0 e	871.3 e	838.6 e	..	..
19	Coke and refined petroleum products	14.4 e	12.5 e	11.6 e	9.4 e	7.7 e	5.7 e	..	..
20-21	Chemical and pharmaceutical products	443.5 e	448.7	518.3 e	532.2	539.2 e	509.8	..	..
20	Chemicals and chemical products	244.3 e	250.1	247.2 e	212.2	201.3 e	193.2	..	..
21	Pharmaceuticals, medicinal, chemical and botanical products	199.2 e	198.6	271.1 e	320.0	337.9 e	316.6	..	..
22	Rubber and plastic products	145.1 e	152.7	187.9 e	204.0	214.3 e	208.3	..	..
23	Other non-metallic mineral products	101.9 e	108.7	114.2 e	106.3	110.2 e	114.7	..	..
24-25	Basic metals, metal products, except machinery and equipment	314.7 e	315.8	404.2 e	451.1	455.1 e	405.7	..	..
24	Basic metals	144.6 e	141.2	210.6 e	258.2	254.8 e	205.3	..	..
25	Fabricated metal products, except machinery and equipment	170.1 e	174.7	193.6 e	193.0	200.3 e	200.4	..	..
26-30	Computer, electronic, optical products; electrical machinery, transport equipment	2 958.9 e	2 871.5	3 100.0 e	3 096.9	3 292.0 e	3 404.7	..	..
26	Computer, electronic and optical products	672.9 e	610.8	663.3 e	692.0	751.9 e	782.5	..	..
27	Electrical equipment	947.2 e	857.8	844.3 e	773.4	786.3 e	799.5	..	..
28	Machinery and equipment n.e.c.	736.9 e	792.5	944.3 e	1 000.4	1 068.9 e	1 082.3	..	..
29	Motor vehicles, trailers and semi-trailers	463.7 e	474.4	521.6 e	520.6	556.1 e	580.5	..	..
30	Other transport equipment	138.2 e	136.0	126.5 e	110.5	128.7 e	159.9	..	..
31-33	Furniture; repair, installation of machinery and equipment	185.3 e	198.1	207.7 e	190.4	190.4 e	189.9	..	..
31	Furniture	20.8 e	23.4	21.4 e	14.7	11.6 e	10.0	..	..
32	Other manufacturing	116.7 e	107.7	106.6 e	96.8	95.1 e	92.3	..	..
33	Repair and installation of machinery and equipment	47.9 e	67.0	79.7 e	79.0	83.8 e	87.5	..	..
35-39	**ELECTRICITY, GAS, WATER AND WASTE MANAGEMENT**	**20.8 e**	**23.6**	**23.3 e**	**20.5**	**23.7 e**	**29.1**	..	..
35-36	Electricity, gas and water	16.9 e	18.7	18.8 e	16.6	17.2 e	18.5	..	..
37-39	Sewerage, waste management and remediation activities	3.8 e	5.0	4.5 e	3.9	6.5 e	10.5	..	..
41-43	**CONSTRUCTION**	**50.6 e**	**55.3**	**51.3 e**	**45.1**	**58.5 e**	**80.3**	..	..
45-99	**TOTAL SERVICES**	**2 180.3 e**	**2 321.7**	**2 712.3 e**	**2 819.5**	**2 972.8 e**	**2 979.5**	..	..
45-82	**Business sector services**	**2 175.3 e**	**2 316.3**	**2 707.1 e**	**2 814.8**	**2 967.3 e**	**2 972.6**	..	..
45-47	**Wholesale and retail trade; motor vehicle and motorcycle repairs**	**342.4 e**	**350.2**	**387.6 e**	**382.2**	**385.3 e**	**370.5**	..	..
49-53	**Transportation and storage**	**6.8 e**	**6.4**	**8.8 e**	**11.4**	**14.2 e**	**16.3**	..	..
55-56	**Accommodation and food service activities**	**0.0 e**	**0.0**	**0.0 e**	**0.0**	**0.0 e**	**0.0**	..	..
58-63	**Information and communication**	**327.0 e**	**403.2**	**476.6 e**	**479.5**	**505.0 e**	**516.6**	..	..
58-60	Publishing, audiovisual and broadcasting activities	13.6 e	25.6	36.5 e	40.1	44.6 e	47.3	..	..
58	Publishing activities	12.6 e	23.9	34.5 e	38.1	41.7 e	43.3	..	..
59-60	Motion picture, video and TV programme production; broadcasting activities	1.0 e	1.7	2.0 e	2.0	2.9 e	4.0	..	..
59	Motion picture, video and TV programme production; sound and music	..	..	..	..	..	..	..	..
60	Programming and broadcasting activities	..	..	..	..	..	..	..	..
61	Telecommunications	60.0 e	58.5	54.1 e	43.3	39.8 e	38.5	..	..
62-63	IT and other information services	253.3 e	319.0	386.0 e	396.1	420.6 e	430.8	..	..
62	Computer programming, consultancy and related activities	193.4 e	216.2	274.5 e	306.4	337.8 e	349.3	..	..
63	Information service activities	60.0 e	102.8	111.4 e	89.7	82.7 e	81.5	..	..
64-66	**Financial and insurance activities**	**55.3 e**	**34.9**	**20.8 e**	**13.0**	**14.4 e**	**19.7**	..	..
68-82	**Real estate; professional, scientific and technical; administrative and support**	**1 443.8 e**	**1 521.6**	**1 813.2 e**	**1 928.8**	**2 048.5 e**	**2 049.4**	..	..
68	Real estate activities	0.2 e	0.6	1.7 e	2.5	2.8 e	2.6	..	..
69-75x72	Professional, scientific and technical activities, except scientific R&D	572.4 e	606.1	692.5 e	713.7	772.5 e	808.4	..	..
72	Scientific research and development	859.6 e	902.5	1 109.1 e	1 206.0	1 265.8 e	1 228.0	..	..
77-82	Administrative and support service activities	11.6 e	12.4	10.0 e	6.6	7.4 e	10.4	..	..
84-99	**Community, social and personal services**	**5.0 e**	**5.4**	**5.2 e**	**4.6**	**5.5 e**	**6.9**	..	..
84-85	Public administration and defence; compulsory social security and education	2.8 e	3.0	2.8 e	2.1	1.5 e	1.0	..	..
86-88	Human health and social work activities	0.4 e	0.8	1.3 e	1.7	2.1 e	2.4	..	..
90-93	Arts, entertainment and recreation	0.8 e	0.6	0.3 e	0.3	0.9 e	1.8	..	..
94-99	Other services; household-employers; extraterritorial bodies	0.9 e	1.1	0.9 e	0.6	1.0 e	1.7	..	..

.. Not available; e Estimated value
Note: Detailed metadata at: *http://metalinks.oecd.org/anberd/20191119/b539*.

BELGIUM

R&D expenditure in industry by main activity of the enterprise, current prices
ISIC Rev. 4

Million USD PPP

		2010	2011	2012	2013	2014	2015	2016	2017
	TOTAL BUSINESS ENTERPRISE	6 009.4	6 747.6	7 479.2	7 885.3	8 342.7	8 847.8	9 380.4	10 665.6
01-03	**AGRICULTURE, FORESTRY AND FISHING**	29.8	31.1	18.6	20.4	7.7	13.6	7.8	9.7
05-09	**MINING AND QUARRYING**	6.0	7.7	1.5	2.3	6.0	7.8	1.6	2.0
10-33	**MANUFACTURING**	3 604.8	4 246.0	4 468.8	4 663.3	4 605.5	4 833.1	5 354.8	5 964.3
10-12	Food products, beverages and tobacco	133.7	146.3	132.7	138.3	168.8 e	184.9 e	237.0	258.1
13-15	Textiles, wearing apparel, leather and related products	60.1	68.0	59.7	67.7	82.6 e	90.6 e	65.1	80.1
13	Textiles	49.8	52.4	40.6	46.2	..	..	..	..
14	Wearing apparel	6.2	6.4	7.4	8.7	..	..	..	..
15	Leather and related products, footwear	4.1	9.2	11.6	12.8	..	..	..	..
16-18	Wood and paper products and printing	19.4	23.4	32.3	36.4	30.9	30.4	28.2	33.2
16	Wood and wood products, except furniture	6.0	6.8	14.9	17.0	5.9	6.0	7.2	8.0
17	Paper and paper products	9.8	12.5	13.2	14.6	22.0	20.9	15.9	17.7
18	Printing and reproduction of recorded media	3.6	4.1	4.3	4.8	3.0	3.5	5.1	7.5
19-23	Chemical, rubber, plastic, non-metallic mineral products	1 895.8	2 331.7	2 505.7	2 583.4	2 612.8 e	2 687.7 e	3 176.9 e	3 547.3 e
19	Coke and refined petroleum products	6.8	7.9	11.5	12.1	14.8 e	16.2 e	18.7 e	12.2 e
20-21	Chemical and pharmaceutical products	1 714.5	2 137.4	2 314.4	2 390.1	2 391.6	2 448.2	2 967.1	3 300.8
20	Chemicals and chemical products	348.3	421.0	458.4	460.7	443.1	458.4	391.3	450.6
21	Pharmaceuticals, medicinal, chemical and botanical products	1 366.3	1 716.4	1 856.0	1 929.4	1 948.5	1 989.8	2 575.7	2 850.2
22	Rubber and plastic products	102.6	109.6	111.9	112.9	129.3	141.8	124.0	160.0
23	Other non-metallic mineral products	71.8	76.9	68.0	68.3	77.1	81.5	67.2	74.2
24-25	Basic metals, metal products, except machinery and equipment	236.5	276.0	299.5	287.8	301.1 e	312.5 e	288.8	338.4
24	Basic metals	135.7	169.0	171.7	155.1	174.5 e	180.5 e	175.2	206.6
25	Fabricated metal products, except machinery and equipment	100.8	107.0	127.9	132.7	126.6	132.1	113.7	131.8
26-30	Computer, electronic, optical products; electrical machinery, transport equipment	1 222.5	1 359.4	1 378.5	1 481.1	1 358.8	1 466.6	1 485.5	1 621.9
26	Computer, electronic and optical products	488.6	511.4	555.7	593.4	550.1	578.7	615.1	677.3
27	Electrical equipment	241.2	266.7	169.4	170.4	184.3	183.6	140.1	147.6
28	Machinery and equipment n.e.c.	259.7	289.0	359.7	376.0	324.7	356.7	398.5	445.8
29	Motor vehicles, trailers and semi-trailers	106.2	136.2	153.6	183.6	143.9	162.8	171.1	198.4
30	Other transport equipment	126.8	156.2	140.1	157.7	155.9	184.8	160.8	152.7
31-33	Furniture; repair, installation of machinery and equipment	36.7	41.1	60.4	68.5	50.4	60.4	73.2	85.3
31	Furniture	9.7	10.4	12.5	12.6	9.6	10.4	17.1	21.1
32	Other manufacturing	14.1	16.2	21.1	25.0	21.3	25.6	20.5	28.7
33	Repair and installation of machinery and equipment	12.9	14.5	26.8	30.9	19.5	24.4	35.5	35.5
35-39	**ELECTRICITY, GAS, WATER AND WASTE MANAGEMENT**	60.6	68.8	107.3	127.4	101.4	108.5	99.3	81.7
35-36	Electricity, gas and water	41.8	51.7	91.3	104.9	76.7	83.7	80.1	58.8
37-39	Sewerage, waste management and remediation activities	18.8	17.2	15.9	22.5	24.7	24.8	19.2	22.9
41-43	**CONSTRUCTION**	76.2	67.6	44.0	48.6	49.8	65.3	82.1	95.2
45-99	**TOTAL SERVICES**	2 232.1	2 326.4	2 839.0	3 023.3	3 572.5	3 819.5	3 834.7	4 512.7
45-82	**Business sector services**	2 220.6	2 311.9	2 833.5	3 017.7	3 552.3	3 790.8	3 804.9	4 477.9
45-47	Wholesale and retail trade; motor vehicle and motorcycle repairs	166.6	162.1	339.3	353.4	405.1	425.0	469.5	505.4
49-53	Transportation and storage	14.5	18.1	17.0	21.5	31.8	35.6	29.4	29.7
55-56	Accommodation and food service activities	0.0	0.0	0.1	0.0	0.0 e	0.0 e	0.3 e	0.2 e
58-63	Information and communication	591.3	670.6	659.9	673.2	769.1	812.6	956.8	1 144.6
58-60	Publishing, audiovisual and broadcasting activities	27.4	31.9	51.1	55.8	79.2	91.1	82.3	83.6
58	Publishing activities	20.1	22.1	44.8	47.8	58.7	69.6	73.3	74.4
59-60	Motion picture, video and TV programme production; broadcasting activities	7.2	9.8	6.2	8.0	20.5	21.4	8.9	9.2
59	Motion picture, video and TV programme production; sound and music	5.3	7.5	3.6	4.5	..	..	..	..
60	Programming and broadcasting activities	1.9	2.3	2.6	3.5	..	..	..	..
61	Telecommunications	206.5	249.7	112.4	94.5	85.4	90.5	161.1	183.8
62-63	IT and other information services	357.4	389.0	496.5	522.9	604.5	631.0	713.4	877.2
62	Computer programming, consultancy and related activities	319.2	353.3	460.9	485.5	555.7	583.0	664.7	822.9
63	Information service activities	38.2	35.7	35.6	37.3	48.8	48.0	48.7	54.3
64-66	Financial and insurance activities	120.5	125.9	214.1	218.3	306.1	316.2	323.0	432.2
68-82	Real estate; professional, scientific and technical; administrative and support	1 327.7	1 335.2	1 603.2	1 751.3	2 040.2 e	2 201.4 e	2 026.0	2 365.8
68	Real estate activities	0.9	0.9	1.4	1.5	0.9 e	0.9 e	1.3	1.3
69-75x72	Professional, scientific and technical activities, except scientific R&D	659.8	682.0	743.2	830.9	892.0	980.2	1 073.5	1 199.5
72	Scientific research and development	635.8	618.6	809.8	869.8	1 017.7	1 086.9	907.4	1 112.9
77-82	Administrative and support service activities	31.2	33.7	48.8	49.1	129.6	133.3	43.8	52.1
84-99	Community, social and personal services	11.4	14.5	5.5	5.6	20.1	28.7	29.8	34.7
84-85	Public administration and defence; compulsory social security and education	0.9	1.0	0.7 e	0.6 e	0.3	0.8	0.4	0.5
86-88	Human health and social work activities	9.2	12.0	4.1	4.0	17.3	25.2	28.1	32.7
90-93	Arts, entertainment and recreation	0.0	0.0	0.2 e	0.4 e	0.6	0.8	0.7	0.9
94-99	Other services; household-employers; extraterritorial bodies	1.3	1.5	0.6	0.7	1.9	2.0	0.6	0.7

.. Not available; e Estimated value
Note: Detailed metadata at: http://metalinks.oecd.org/anberd/20191119/b539.

BELGIUM

R&D expenditure in industry by main activity of the enterprise, constant prices
ISIC Rev. 4

2010 USD PPP

ISIC	Activity	2010	2011	2012	2013	2014	2015	2016	2017
	TOTAL BUSINESS ENTERPRISE	6 009.4	6 577.8	7 065.8	7 229.1	7 538.4	7 911.7	8 175.9	9 001.9
01-03	AGRICULTURE, FORESTRY AND FISHING	29.8	30.3	17.6	18.7	7.0	12.1	6.8	8.2
05-09	MINING AND QUARRYING	6.0	7.6	1.4	2.1	5.4	7.0	1.4	1.7
10-33	**MANUFACTURING**	3 604.8	4 139.1	4 221.8	4 275.2	4 161.4	4 321.7	4 667.2	5 034.0
10-12	Food products, beverages and tobacco	133.7	142.6	125.3	126.8	152.5 e	165.4 e	206.6	217.8
13-15	Textiles, wearing apparel, leather and related products	60.1	66.3	56.4	62.1	74.7 e	81.0 e	56.7	67.6
13	Textiles	49.8	51.1	38.4	42.4	..	..	..	..
14	Wearing apparel	6.2	6.2	7.0	8.0	..	..	..	..
15	Leather and related products, footwear	4.1	9.0	11.0	11.7	..	..	..	..
16-18	Wood and paper products and printing	19.4	22.8	30.5	33.4	28.0	27.2	24.6	28.1
16	Wood and wood products, except furniture	6.0	6.6	14.1	15.6	5.3	5.4	6.3	6.8
17	Paper and paper products	9.8	12.2	12.4	13.4	19.9	18.7	13.9	15.0
18	Printing and reproduction of recorded media	3.6	4.0	4.0	4.4	2.8	3.1	4.4	6.3
19-23	Chemical, rubber, plastic, non-metallic mineral products	1 895.8	2 273.1	2 367.2	2 368.4	2 360.9 e	2 403.3 e	2 768.9 e	2 993.9 e
19	Coke and refined petroleum products	6.8	7.7	10.8	11.1	13.4 e	14.5 e	16.3 e	10.3 e
20-21	Chemical and pharmaceutical products	1 714.5	2 083.6	2 186.4	2 191.2	2 161.1	2 189.2	2 586.1	2 785.9
20	Chemicals and chemical products	348.3	410.4	433.0	422.4	400.4	409.9	341.1	380.3
21	Pharmaceuticals, medicinal, chemical and botanical products	1 366.3	1 673.2	1 753.4	1 768.8	1 760.7	1 779.3	2 245.0	2 405.6
22	Rubber and plastic products	102.6	106.8	105.7	103.5	116.9	126.8	108.0	135.0
23	Other non-metallic mineral products	71.8	74.9	64.2	62.6	69.7	72.8	58.5	62.7
24-25	Basic metals, metal products, except machinery and equipment	236.5	269.0	283.0	263.9	272.0 e	279.5 e	251.8	285.6
24	Basic metals	135.7	164.7	162.2	142.2	157.7 e	161.4 e	152.7	174.4
25	Fabricated metal products, except machinery and equipment	100.8	104.3	120.8	121.7	114.4	118.1	99.1	111.2
26-30	Computer, electronic, optical products; electrical machinery, transport equipment	1 222.5	1 325.2	1 302.3	1 357.9	1 227.8	1 311.4	1 294.8	1 368.9
26	Computer, electronic and optical products	488.6	498.6	525.0	544.0	497.1	517.5	536.1	571.7
27	Electrical equipment	241.2	259.9	160.0	156.2	166.5	164.2	122.1	124.6
28	Machinery and equipment n.e.c.	259.7	281.7	339.8	344.7	293.4	319.0	347.3	376.3
29	Motor vehicles, trailers and semi-trailers	106.2	132.8	145.2	168.4	130.0	145.6	149.2	167.4
30	Other transport equipment	126.8	152.2	132.3	144.6	140.8	165.2	140.1	128.9
31-33	Furniture; repair, installation of machinery and equipment	36.7	40.0	57.0	62.8	45.5	54.0	63.8	72.0
31	Furniture	9.7	10.1	11.8	11.5	8.7	9.3	14.9	17.8
32	Other manufacturing	14.1	15.8	19.9	22.9	19.2	22.9	17.9	24.2
33	Repair and installation of machinery and equipment	12.9	14.1	25.3	28.3	17.6	21.8	31.0	30.0
35-39	ELECTRICITY, GAS, WATER AND WASTE MANAGEMENT	60.6	67.1	101.3	116.8	91.6	97.1	86.6	68.9
35-36	Electricity, gas and water	41.8	50.4	86.3	96.2	69.3	74.9	69.8	49.6
37-39	Sewerage, waste management and remediation activities	18.8	16.7	15.1	20.6	22.3	22.2	16.7	19.3
41-43	CONSTRUCTION	76.2	65.9	41.6	44.6	45.0	58.3	71.6	80.4
45-99	**TOTAL SERVICES**	2 232.1	2 267.8	2 682.1	2 771.7	3 228.0	3 415.4	3 342.3	3 808.8
45-82	**Business sector services**	2 220.6	2 253.7	2 676.9	2 766.5	3 209.9	3 389.7	3 316.3	3 779.5
45-47	Wholesale and retail trade; motor vehicle and motorcycle repairs	166.6	158.0	320.5	324.0	366.1	380.1	409.2	426.5
49-53	Transportation and storage	14.5	17.7	16.0	19.7	28.7	31.8	25.6	25.1
55-56	Accommodation and food service activities	0.0	0.0	0.1	0.0	0.0 e	0.0 e	0.2 e	0.2 e
58-63	Information and communication	591.3	653.7	623.4	617.1	695.0	726.6	833.9	966.1
58-60	Publishing, audiovisual and broadcasting activities	27.4	31.1	48.2	51.2	71.6	81.4	71.7	70.5
58	Publishing activities	20.1	21.6	42.3	43.8	53.1	62.3	63.9	62.8
59-60	Motion picture, video and TV programme production; broadcasting activities	7.2	9.6	5.9	7.3	18.5	19.1	7.8	7.8
59	Motion picture, video and TV programme production; sound and music	5.3	7.3	3.4	4.1	..	..	..	..
60	Programming and broadcasting activities	1.9	2.2	2.5	3.2	..	..	..	..
61	Telecommunications	206.5	243.4	106.2	86.6	77.2	80.9	140.4	155.1
62-63	IT and other information services	357.4	379.2	469.0	479.3	546.3	564.2	621.8	740.4
62	Computer programming, consultancy and related activities	319.2	344.4	435.4	445.1	502.1	521.3	579.3	694.6
63	Information service activities	38.2	34.8	33.6	34.2	44.1	42.9	42.5	45.8
64-66	Financial and insurance activities	120.5	122.7	202.2	200.2	276.6	282.8	281.5	364.8
68-82	Real estate; professional, scientific and technical; administrative and support	1 327.7	1 301.6	1 514.6	1 605.5	1 843.5 e	1 968.5 e	1 765.9	1 996.7
68	Real estate activities	0.9	0.9	1.3	1.4	0.8 e	0.8 e	1.1	1.1
69-75x72	Professional, scientific and technical activities, except scientific R&D	659.8	664.9	702.1	761.8	806.0	876.5	935.7	1 012.4
72	Scientific research and development	635.8	603.0	765.0	797.4	919.6	971.9	790.9	939.3
77-82	Administrative and support service activities	31.2	32.9	46.1	45.0	117.1	119.2	38.2	44.0
84-99	Community, social and personal services	11.4	14.1	5.2	5.1	18.2	25.7	26.0	29.3
84-85	Public administration and defence; compulsory social security and education	0.9	0.9	0.7 e	0.5 e	0.3	0.7	0.4	0.4
86-88	Human health and social work activities	9.2	11.7	3.8	3.6	15.6	22.5	24.5	27.6
90-93	Arts, entertainment and recreation	0.0	0.0	0.2 e	0.3 e	0.6	0.7	0.6	0.7
94-99	Other services; household-employers; extraterritorial bodies	1.3	1.4	0.6	0.6	1.7	1.8	0.5	0.6

.. Not available; e Estimated value
Note: Detailed metadata at: http://metalinks.oecd.org/anberd/20191119/b539.

BELGIUM

R&D expenditure in industry by industry orientation, current prices
ISIC Rev. 4

Million USD PPP

		2010	2011	2012	2013	2014	2015	2016	2017
	TOTAL BUSINESS ENTERPRISE	6 009.4	6 747.6	7 479.2	7 885.3	8 342.7	8 847.8	9 380.4	10 665.6
01-03	**AGRICULTURE, FORESTRY AND FISHING**	96.7	104.3	79.0	89.8	69.6	82.0	94.1	101.3
05-09	**MINING AND QUARRYING**	6.0	7.8	6.8	6.0	6.2	8.3	1.9	2.3
10-33	**MANUFACTURING**	4 455.0	5 071.8	5 724.4	5 993.2	6 065.9	6 363.9	6 671.4	7 469.7
10-12	Food products, beverages and tobacco	182.0	180.8	200.7	202.0	297.5 e	318.9 e	308.7	331.3
13-15	Textiles, wearing apparel, leather and related products	61.9	71.0	74.6	84.2	124.1 e	133.0 e	81.6	96.8
13	Textiles	49.4	52.0	50.3	56.9	..	..	..	..
14	Wearing apparel	6.3	6.5	12.6	14.5	..	..	..	..
15	Leather and related products, footwear	6.2	12.4	11.6	12.8	..	..	..	..
16-18	Wood and paper products and printing	17.9	21.9	32.8	37.6	30.9	30.6	34.4	40.7
16	Wood and wood products, except furniture	5.5	6.3	14.6	17.2	6.2	6.8	7.8	8.6
17	Paper and paper products	9.8	12.5	14.0	15.6	21.6	20.3	21.5	24.7
18	Printing and reproduction of recorded media	2.6	3.1	4.2	4.8	3.0	3.5	5.1	7.5
19-23	Chemical, rubber, plastic, non-metallic mineral products	2 588.0	3 016.1	3 269.2 e	3 376.9 e	3 571.4 e	3 681.6 e	4 066.4 e	4 586.2 e
19	Coke and refined petroleum products	7.1	8.0	12.0 e	12.4 e	18.3 e	19.6 e	80.1 e	74.7 e
20-21	Chemical and pharmaceutical products	2 341.2	2 756.5	3 035.3	3 140.5	3 297.5	3 386.3	3 756.8	4 241.3
20	Chemicals and chemical products	604.7	688.2	774.8	778.4	795.6	802.7	769.0	823.7
21	Pharmaceuticals, medicinal, chemical and botanical products	1 736.4	2 068.3	2 260.5	2 362.2	2 501.8	2 583.6	2 987.8	3 417.5
22	Rubber and plastic products	155.0	160.0	129.7	129.9	150.6	165.3	140.8	168.6
23	Other non-metallic mineral products	84.6	91.5	92.2	94.0	105.0	110.4	88.7	101.6
24-25	Basic metals, metal products, except machinery and equipment	286.0	345.9	342.8	333.1	358.3	372.2	342.1	390.4
24	Basic metals	161.9	199.3	210.1	193.7	217.9	225.3	212.3	243.8
25	Fabricated metal products, except machinery and equipment	124.1	146.5	132.7	139.4	140.4	146.9	129.8	146.6
26-30	Computer, electronic, optical products; electrical machinery, transport equipment	1 287.4	1 401.2	1 747.1	1 892.8	1 594.2	1 713.9	1 719.1	1 874.9
26	Computer, electronic and optical products	519.6	541.4	643.7	685.0	650.3	678.6	692.3	751.2
27	Electrical equipment	176.2	201.6	172.5	173.7	186.7	186.2	157.8	168.3
28	Machinery and equipment n.e.c.	266.1	295.4	371.9	389.4	327.8	363.2	425.9	479.1
29	Motor vehicles, trailers and semi-trailers	194.1	201.8	400.1	460.6	266.2	291.7	265.2	306.3
30	Other transport equipment	131.4	161.0	158.9	184.1	163.1	194.4	177.8	170.0
31-33	Furniture; repair, installation of machinery and equipment	32.0	35.0	57.1 e	66.6 e	89.7	113.6	119.2	149.3
31	Furniture	8.7	9.2	13.8 e	14.2 e	12.2	13.0	19.8	24.1
32	Other manufacturing	21.1	23.3	39.6	48.5	62.0	81.8	65.5	88.0
33	Repair and installation of machinery and equipment	2.1	2.5	3.7 e	3.9 e	15.4	18.8	33.8	37.3
35-39	**ELECTRICITY, GAS, WATER AND WASTE MANAGEMENT**	61.9	70.0	132.2	154.9	145.4	174.9	144.6	130.4
35-36	Electricity, gas and water	42.4	52.1	113.7	129.6	114.6	140.9	124.2	106.2
37-39	Sewerage, waste management and remediation activities	19.6	17.9	18.5	25.4	30.8	33.9	20.4	24.2
41-43	**CONSTRUCTION**	80.2	73.7	79.2	84.8	79.1	98.6	108.5	122.9
45-99	**TOTAL SERVICES**	1 309.5	1 420.0	1 457.6	1 556.6	1 976.6	2 120.2	2 359.8	2 839.0
45-82	**Business sector services**	1 292.7	1 399.8	1 407.4	1 497.6	1 937.2	2 072.8	2 293.6	2 758.5
45-47	Wholesale and retail trade; motor vehicle and motorcycle repairs	83.3	75.7	63.8	75.6	220.1	232.0	128.5	155.7
49-53	Transportation and storage	15.0	18.4	16.3	20.0	35.0	39.6	39.0	41.0
55-56	Accommodation and food service activities	0.0	0.0	0.1 e	0.2 e	0.2	0.3	0.3 e	0.2 e
58-63	Information and communication	699.2	775.2	748.6	772.6	840.4	891.1	1 020.4	1 238.6
58-60	Publishing, audiovisual and broadcasting activities	27.3	31.7	29.8	31.1	78.4	89.0	86.3	85.9
58	Publishing activities	20.1	21.9	22.7	22.1	58.0	67.6	73.9	73.9
59-60	Motion picture, video and TV programme production; broadcasting activities	7.3	9.8	7.1	9.0	20.4	21.4	12.4	11.9
59	Motion picture, video and TV programme production; sound and music	..	..	..	..	..	..	..	..
60	Programming and broadcasting activities	..	..	..	..	..	..	..	..
61	Telecommunications	309.4	350.2	161.4	145.5	157.6	161.9	177.2	201.2
62-63	IT and other information services	362.4	393.2	557.5	596.0	604.4	640.2	756.9	951.6
62	Computer programming, consultancy and related activities	323.7	356.8	512.0	548.5	535.7	563.2	701.4	888.6
63	Information service activities	38.7	36.5	45.6	47.6	68.7	77.0	55.5	63.0
64-66	Financial and insurance activities	114.0	119.5	111.5	106.5	235.0	246.5	287.9	381.5
68-82	Real estate; professional, scientific and technical; administrative and support	381.0	411.0	467.4	522.8 e	606.5	663.3	817.5	941.6
68	Real estate activities	0.9	0.9	2.9 e	3.0 e	0.5	0.6	1.3	1.3
69-75x72	Professional, scientific and technical activities, except scientific R&D	344.4	370.1	446.2	500.0	536.6	594.8	763.4	871.6
72	Scientific research and development	4.9	6.2	7.4	7.6	42.4	39.7	17.6	23.4
77-82	Administrative and support service activities	30.9	33.8	10.5	12.2	26.9	28.3	35.1	45.4
84-99	**Community, social and personal services**	16.8	20.2	50.2	58.9	39.4	47.4	66.2	80.5
84-85	Public administration and defence; compulsory social security and education	1.0	1.1	3.0 e	1.9 e	0.4	0.8	0.6	0.7
86-88	Human health and social work activities	15.5	18.7	44.3	52.7	36.2	43.5	63.4	76.9
90-93	Arts, entertainment and recreation	0.0	0.0	0.6 e	1.1 e	0.8	0.9	1.6	2.1
94-99	Other services; household-employers; extraterritorial bodies	0.3	0.4	2.3 e	3.3 e	2.1	2.2	0.6	0.7

.. Not available; e Estimated value
Note: Detailed metadata at: *http://metalinks.oecd.org/anberd/20191119/b539*.

BELGIUM

R&D expenditure in industry by industry orientation, constant prices
ISIC Rev. 4

2010 USD PPP

		2010	2011	2012	2013	2014	2015	2016	2017
	TOTAL BUSINESS ENTERPRISE	6 009.4	6 577.8	7 065.8	7 229.1	7 538.4	7 911.7	8 175.9	9 001.9
01-03	**AGRICULTURE, FORESTRY AND FISHING**	96.7	101.7	74.6	82.4	62.9	73.3	82.0	85.5
05-09	**MINING AND QUARRYING**	6.0	7.6	6.5	5.5	5.6	7.4	1.6	1.9
10-33	**MANUFACTURING**	4 455.0	4 944.2	5 408.0	5 494.4	5 481.1	5 690.5	5 814.8	6 304.5
10-12	Food products, beverages and tobacco	182.0	176.3	189.6	185.2	268.8 e	285.2 e	269.0	279.6
13-15	Textiles, wearing apparel, leather and related products	61.9	69.2	70.5	77.2	112.1 e	118.9 e	71.2	81.7
13	Textiles	49.4	50.7	47.5	52.2	..	..	..	..
14	Wearing apparel	6.3	6.4	12.0	13.3	..	..	..	..
15	Leather and related products, footwear	6.2	12.1	11.0	11.7	..	..	..	..
16-18	Wood and paper products and printing	17.9	21.3	31.0	34.5	27.9	27.3	30.0	34.4
16	Wood and wood products, except furniture	5.5	6.1	13.8	15.8	5.6	6.1	6.8	7.3
17	Paper and paper products	9.8	12.2	13.2	14.3	19.5	18.1	18.8	20.8
18	Printing and reproduction of recorded media	2.6	3.0	4.0	4.4	2.8	3.1	4.4	6.3
19-23	Chemical, rubber, plastic, non-metallic mineral products	2 588.0	2 940.2	3 088.5 e	3 095.9 e	3 227.1 e	3 292.1 e	3 544.3 e	3 870.8 e
19	Coke and refined petroleum products	7.1	7.8	11.4 e	11.4 e	16.5 e	17.5 e	69.8 e	63.0 e
20-21	Chemical and pharmaceutical products	2 341.2	2 687.1	2 867.5	2 879.2	2 979.5	3 028.0	3 274.4	3 579.7
20	Chemicals and chemical products	604.7	670.9	732.0	713.6	718.9	717.8	670.2	695.3
21	Pharmaceuticals, medicinal, chemical and botanical products	1 736.4	2 016.2	2 135.6	2 165.6	2 260.6	2 310.2	2 604.2	2 884.5
22	Rubber and plastic products	155.0	156.0	122.6	119.1	136.1	147.8	122.7	142.3
23	Other non-metallic mineral products	84.6	89.2	87.1	86.2	94.9	98.7	77.3	85.8
24-25	Basic metals, metal products, except machinery and equipment	286.0	337.2	323.9	305.4	323.7	332.8	298.1	329.5
24	Basic metals	161.9	194.3	198.5	177.6	196.9	201.5	185.0	205.8
25	Fabricated metal products, except machinery and equipment	124.1	142.8	125.4	127.8	126.8	131.4	113.1	123.7
26-30	Computer, electronic, optical products; electrical machinery, transport equipment	1 287.4	1 366.0	1 650.6	1 735.3	1 440.5	1 532.6	1 498.3	1 582.5
26	Computer, electronic and optical products	519.6	527.8	608.2	628.0	587.6	606.8	603.4	634.0
27	Electrical equipment	176.2	196.5	163.0	159.3	168.7	166.5	137.6	142.1
28	Machinery and equipment n.e.c.	266.1	288.0	351.3	357.0	296.2	324.7	371.2	404.4
29	Motor vehicles, trailers and semi-trailers	194.1	196.7	378.0	422.2	240.5	260.8	231.1	258.5
30	Other transport equipment	131.4	156.9	150.2	168.8	147.4	173.8	155.0	143.5
31-33	Furniture; repair, installation of machinery and equipment	32.0	34.1	54.0 e	61.0 e	81.0	101.6	103.9	126.0
31	Furniture	8.7	9.0	13.0 e	13.1 e	11.0	11.7	17.3	20.3
32	Other manufacturing	21.1	22.7	37.4	44.4	56.1	73.1	57.1	74.3
33	Repair and installation of machinery and equipment	2.1	2.4	3.5 e	3.5 e	13.9	16.8	29.4	31.5
35-39	**ELECTRICITY, GAS, WATER AND WASTE MANAGEMENT**	61.9	68.2	124.9	142.0	131.4	156.4	126.0	110.1
35-36	Electricity, gas and water	42.4	50.8	107.4	118.8	103.6	126.0	108.2	89.6
37-39	Sewerage, waste management and remediation activities	19.6	17.5	17.5	23.3	27.8	30.3	17.8	20.4
41-43	**CONSTRUCTION**	80.2	71.9	74.9	77.7	71.4	88.1	94.6	103.8
45-99	**TOTAL SERVICES**	1 309.5	1 384.3	1 377.0	1 427.1	1 786.0	1 895.9	2 056.8	2 396.1
45-82	**Business sector services**	1 292.7	1 364.6	1 329.6	1 373.0	1 750.4	1 853.5	1 999.1	2 328.2
45-47	**Wholesale and retail trade; motor vehicle and motorcycle repairs**	83.3	73.8	60.3	69.3	198.8	207.4	112.0	131.4
49-53	**Transportation and storage**	15.0	18.0	15.4	18.3	31.6	35.4	34.0	34.6
55-56	**Accommodation and food service activities**	0.0	0.0	0.1 e	0.1 e	0.2	0.2	0.2 e	0.2 e
58-63	**Information and communication**	699.2	755.7	707.3	708.3	759.4	796.8	889.4	1 045.4
58-60	Publishing, audiovisual and broadcasting activities	27.3	30.9	28.1	28.5	70.9	79.6	75.2	72.5
58	Publishing activities	20.1	21.4	21.4	20.2	52.4	60.4	64.4	62.4
59-60	Motion picture, video and TV programme production; broadcasting activities	7.3	9.6	6.7	8.2	18.5	19.1	10.8	10.1
59	Motion picture, video and TV programme production; sound and music	..	..	..	..	..	..	..	..
60	Programming and broadcasting activities	..	..	..	..	..	..	..	..
61	Telecommunications	309.4	341.4	152.4	133.4	142.2	144.8	154.5	169.8
62-63	IT and other information services	362.4	383.4	526.7	546.4	546.1	572.5	659.7	803.1
62	Computer programming, consultancy and related activities	323.7	347.8	483.7	502.8	484.1	503.6	611.3	750.0
63	Information service activities	38.7	35.6	43.0	43.6	62.0	68.9	48.4	53.2
64-66	**Financial and insurance activities**	114.0	116.5	105.3	97.6	212.3	220.4	250.9	322.0
68-82	**Real estate; professional, scientific and technical; administrative and support**	381.0	400.6	441.2 e	479.3 e	548.0	593.1	712.5	794.8
68	Real estate activities	0.9	0.9	2.7 e	2.7 e	0.5	0.5	1.2	1.1
69-75x72	Professional, scientific and technical activities, except scientific R&D	344.4	360.8	421.5	458.4	484.9	531.9	665.4	735.6
72	Scientific research and development	4.9	6.0	7.0	7.0	38.3	35.5	15.4	19.7
77-82	Administrative and support service activities	30.9	33.0	10.0	11.2	24.3	25.3	30.6	38.3
84-99	**Community, social and personal services**	16.8	19.7	47.4	54.0	35.6	42.4	57.7	67.9
84-85	Public administration and defence; compulsory social security and education	1.0	1.0	2.8 e	1.7 e	0.3	0.8	0.6	0.6
86-88	Human health and social work activities	15.5	18.2	41.8	48.3	32.7	38.9	55.3	64.9
90-93	Arts, entertainment and recreation	0.0	0.0	0.6 e	1.0 e	0.7	0.8	1.4	1.8
94-99	Other services; household-employers; extraterritorial bodies	0.3	0.4	2.2 e	3.0 e	1.9	2.0	0.5	0.6

.. Not available; e Estimated value
Note: Detailed metadata at: *http://metalinks.oecd.org/anberd/20191119/b539*.

CANADA

R&D expenditure in industry by main activity of the enterprise, current prices
ISIC Rev. 4

Million USD PPP

		2010	2011	2012	2013	2014	2015	2016	2017
	TOTAL BUSINESS ENTERPRISE	**12 936.3**	**13 625.3**	**13 417.9**	**13 560.5**	**14 798.1**	**14 386.2**	**14 502.5**	**14 059.8 e**
01-03	**AGRICULTURE, FORESTRY AND FISHING**	107.2	116.9 e	77.9	72.7	67.5	66.7 e	61.0	55.2 e
05-09	**MINING AND QUARRYING**	803.0	1 118.6	1 292.0	1 344.0	1 177.7	914.5 e	586.3	232.0 e
10-33	**MANUFACTURING**	**6 030.6**	**5 973.0**	**5 782.5**	**5 718.1**	**4 938.7 e**	**5 289.4 e**	**5 242.3 e**	**5 092.0 e**
10-12	Food products, beverages and tobacco	158.8	136.3	126.9	128.3 e	126.8	120.2	147.0	..
13-15	Textiles, wearing apparel, leather and related products	59.8	66.9	48.1 e	33.5	36.8 e	33.7 e	28.6 e	..
13	Textiles	36.0	35.0 e	25.7	22.1	25.2	24.0	21.7	..
14	Wearing apparel	20.5	28.7 e	19.1 e	9.0	8.9	7.2	4.8	..
15	Leather and related products, footwear	3.3	3.2	3.2 e	2.5	2.7 e	2.5 e	2.1 e	..
16-18	Wood and paper products and printing	244.8	234.7	214.5 e	213.6 e	242.2	311.7	274.7	..
16	Wood and wood products, except furniture	71.2	71.0	70.7 e	61.3 e	50.4	70.5	78.7	..
17	Paper and paper products	123.6	121.8	105.3	113.6	154.4	196.3	157.4	..
18	Printing and reproduction of recorded media	49.1	41.9	38.6	38.8 e	38.2	44.9	38.5	..
19-23	Chemical, rubber, plastic, non-metallic mineral products	1 296.7	953.3	791.6	780.6	727.4	902.1 e	909.0 e	..
19	Coke and refined petroleum products	272.6 e	74.2	49.8 e	53.9 e	3.3	30.3 e	32.8 e	..
20-21	Chemical and pharmaceutical products	835.0	675.9	543.9	543.3	551.9	718.7	699.5	..
20	Chemicals and chemical products	288.1	258.1	180.0	202.6	176.4	318.1	309.2	..
21	Pharmaceuticals, medicinal, chemical and botanical products	546.8	417.8	364.0	340.7	375.5	400.6	390.3	..
22	Rubber and plastic products	124.4 e	137.9 e	144.8 e	127.9 e	127.6	114.6	136.5 e	..
23	Other non-metallic mineral products	64.7	65.3	53.0	55.6	44.7	38.5 e	40.2	..
24-25	Basic metals, metal products, except machinery and equipment	413.4	409.7	384.9 e	414.2 e	490.9 e	484.0 e	469.0	..
24	Basic metals	155.5	172.6	167.1 e	194.4 e	279.6 e	274.0 e	272.3	..
25	Fabricated metal products, except machinery and equipment	257.9	237.1	217.7	219.8	211.3 e	209.9 e	196.8	..
26-30	Computer, electronic, optical products; electrical machinery, transport equipment	3 655.9	3 989.8	4 035.8	3 982.8	3 172.3	3 266.0	3 194.0	..
26	Computer, electronic and optical products	1 738.7	1 980.8	2 012.7	1 820.3	838.8	877.4	867.4	..
27	Electrical equipment	130.2	118.6	117.3	138.9	156.5 e	155.4	161.4	..
28	Machinery and equipment n.e.c.	436.3	516.2	472.4	473.0	568.6 e	564.9	600.7	..
29	Motor vehicles, trailers and semi-trailers	209.6 e	162.1 e	149.4 e	143.0	112.2	191.1 e	179.1	..
30	Other transport equipment	1 141.1 e	1 212.2 e	1 283.9 e	1 407.7	1 496.3	1 477.2 e	1 384.6	..
31-33	Furniture; repair, installation of machinery and equipment	201.4	182.3	180.8	165.0	142.2	171.7 e	220.1 e	..
31	Furniture	34.4	29.0	23.3	18.0	19.5	20.3 e	23.3 e	..
32	Other manufacturing	140.0	125.8	131.8	121.7	72.3	117.0 e	174.3	..
33	Repair and installation of machinery and equipment	27.0	27.4	25.7	25.3	50.4	34.4 e	22.5	..
35-39	**ELECTRICITY, GAS, WATER AND WASTE MANAGEMENT**	153.9	160.5 e	171.1	189.5	406.1 e	170.7 e	310.0 e	320.0 e
35-36	Electricity, gas and water	..	..	..	..	..	..	..	..
37-39	Sewerage, waste management and remediation activities	..	..	..	..	..	..	..	..
41-43	**CONSTRUCTION**	92.5	127.4	88.4	68.6	73.1	75.1 e	71.5	67.2 e
45-99	**TOTAL SERVICES**	**5 749.0**	**6 128.7**	**6 005.9**	**6 167.5**	**8 135.0**	**7 869.8 e**	**8 231.5 e**	**8 293.4 e**
45-82	**Business sector services**	**5 636.9**	**6 019.8**	**5 904.7**	**6 059.6**	**8 014.7**	**7 741.2**	**8 069.6**	..
45-47	Wholesale and retail trade; motor vehicle and motorcycle repairs	1 110.8	1 198.5	1 255.8	1 170.8	1 296.4	1 404.6	1 363.7	..
49-53	Transportation and storage	55.7	49.2	50.6	68.1 e	70.7	97.0	77.1	..
55-56	Accommodation and food service activities	6.5	2.4 e	2.4	1.6	1.7 e	1.8 e	1.6	..
58-63	Information and communication	2 111.2	2 171.9	2 076.2	2 238.6	3 551.0	3 405.4	3 895.9	..
58-60	Publishing, audiovisual and broadcasting activities	480.5	494.4	593.8	568.6	1 408.5	1 213.1 e	..	..
58	Publishing activities	459.2	470.2	563.2	535.1	1 367.1	1 170.7	..	..
59-60	Motion picture, video and TV programme production; broadcasting activities	21.3	24.2	30.5	33.5	41.5	42.4 e	..	..
59	Motion picture, video and TV programme production; sound and music	20.5	23.4	28.9 e	31.0	38.4 e	39.3 e	..	..
60	Programming and broadcasting activities	0.8	0.8	1.6 e	2.5	3.0 e	3.1 e	..	..
61	Telecommunications	469.9	347.6	322.2	356.2	311.3	318.5 e	..	..
62-63	IT and other information services	1 160.8	1 329.9	1 161.0	1 313.7	1 831.2	1 873.8 e	..	..
62	Computer programming, consultancy and related activities	1 100.2	1 254.9	1 079.9	1 212.4	1 700.3	1 739.9 e	..	..
63	Information service activities	60.6	75.0	81.2	101.3	130.9	133.9 e	..	..
64-66	Financial and insurance activities	255.4	260.5	278.0	379.9	377.1	359.8	269.8	..
68-82	Real estate; professional, scientific and technical; administrative and support	2 097.2	2 337.3 e	2 241.7	2 200.6 e	2 717.9 e	2 472.6 e	2 461.5	..
68	Real estate activities	6.5	6.5 e	6.4	8.7 e	8.9 e	9.4 e	5.6	..
69-75x72	Professional, scientific and technical activities, except scientific R&D	488.7	575.0	555.2	539.6	700.6	629.8	659.4	..
72	Scientific research and development	1 503.8	1 641.3	1 564.3	1 533.5	1 888.1	1 737.2	1 705.8	..
77-82	Administrative and support service activities	97.4	114.5	115.7	118.9 e	119.5	96.2	90.8	..
84-99	Community, social and personal services	112.1	108.9	101.2	108.7	120.3	128.7 e	161.8	..
84-85	Public administration and defence; compulsory social security and education	9.8	10.4 e	11.2	11.4	13.8	14.8 e	..	..
86-88	Human health and social work activities	80.2	79.0	72.3	78.4	86.2	92.1 e	106.8	..
90-93	Arts, entertainment and recreation	4.1	4.0 e	4.0	4.1	4.9	5.2 e	..	..
94-99	Other services; household-employers; extraterritorial bodies	18.0	15.4 e	13.7	14.7	15.4	16.5 e	20.1	..

.. Not available; e Estimated value
Note: Detailed metadata at: *http://metalinks.oecd.org/anberd/20191119/b539*.

CANADA

R&D expenditure in industry by main activity of the enterprise, constant prices
ISIC Rev. 4

2010 USD PPP

		2010	2011	2012	2013	2014	2015	2016	2017
	TOTAL BUSINESS ENTERPRISE	12 936.3	13 396.1	13 083.7	12 781.8	13 753.3	13 686.3	13 658.7	12 985.8 e
01-03	AGRICULTURE, FORESTRY AND FISHING	107.2	115.0 e	76.0	68.5	62.7	63.5 e	57.5	51.0 e
05-09	MINING AND QUARRYING	803.0	1 099.8	1 259.8	1 266.8	1 094.6	870.0 e	552.2	214.3 e
10-33	MANUFACTURING	6 030.6	5 872.6	5 638.5	5 389.8	4 589.9 e	5 032.0 e	4 937.3 e	4 703.0 e
10-12	Food products, beverages and tobacco	158.8	134.0	123.8	120.9 e	117.8	114.3	138.4	..
13-15	Textiles, wearing apparel, leather and related products	59.8	65.8	46.9 e	31.6	34.2 e	32.1 e	26.9 e	..
13	Textiles	36.0	34.4 e	25.1	20.8	23.4	22.9	20.4	..
14	Wearing apparel	20.5	28.3 e	18.7 e	8.5	8.3	6.9	4.5	..
15	Leather and related products, footwear	3.3	3.2	3.1 e	2.3	2.5 e	2.3 e	2.0 e	..
16-18	Wood and paper products and printing	244.8	230.7	209.2 e	201.4 e	225.1	296.5	258.7	..
16	Wood and wood products, except furniture	71.2	69.8	68.9 e	57.8 e	46.8	67.1	74.1	..
17	Paper and paper products	123.6	119.7	102.6	107.0	143.5	186.8	148.3	..
18	Printing and reproduction of recorded media	49.1	41.2	37.6	36.6 e	35.5	42.7	36.3	..
19-23	Chemical, rubber, plastic, non-metallic mineral products	1 296.7	937.3	771.8	735.4	676.1	858.2 e	856.1 e	..
19	Coke and refined petroleum products	272.6 e	73.0 e	48.6 e	50.8 e	3.0	28.8 e	30.9 e	..
20-21	Chemical and pharmaceutical products	835.0	664.5	530.4	512.1	512.9	683.8	658.8	..
20	Chemicals and chemical products	288.1	253.7	175.5	191.0	163.9	302.6	291.2	..
21	Pharmaceuticals, medicinal, chemical and botanical products	546.8	410.7	354.9	321.1	349.0	381.1	367.6	..
22	Rubber and plastic products	124.4 e	135.6 e	141.2 e	120.5 e	118.6	109.0	128.6 e	..
23	Other non-metallic mineral products	64.7	64.2	51.7	52.4	41.5	36.6 e	37.8	..
24-25	Basic metals, metal products, except machinery and equipment	413.4	402.8	375.3 e	390.4 e	456.2 e	460.4 e	441.7	..
24	Basic metals	155.5	169.7	163.0 e	183.3 e	259.9 e	260.7 e	256.4	..
25	Fabricated metal products, except machinery and equipment	257.9	233.1	212.3	207.2	196.4 e	199.7 e	185.3	..
26-30	Computer, electronic, optical products; electrical machinery, transport equipment	3 655.9	3 922.7	3 935.3	3 754.2	2 948.3	3 107.1	3 008.1	..
26	Computer, electronic and optical products	1 738.7	1 947.5	1 962.6	1 715.7	779.6	834.7	816.9	..
27	Electrical equipment	130.2	116.6	114.4	130.9	145.4 e	147.9	152.0	..
28	Machinery and equipment n.e.c.	436.3	507.5	460.7	445.9	528.4 e	537.4	565.8	..
29	Motor vehicles, trailers and semi-trailers	209.6 e	159.4 e	145.7 e	134.8	104.2	181.8 e	168.7	..
30	Other transport equipment	1 141.1 e	1 191.8 e	1 252.0 e	1 326.9	1 390.7	1 405.3 e	1 304.0	..
31-33	Furniture; repair, installation of machinery and equipment	201.4	179.2	176.3	155.6	132.2	163.4 e	207.2 e	..
31	Furniture	34.4	28.5	22.7	16.9	18.1	19.3 e	21.9 e	..
32	Other manufacturing	140.0	123.7	128.5	114.7	67.2	111.3 e	164.1	..
33	Repair and installation of machinery and equipment	27.0	27.0	25.1	23.9	46.8	32.7 e	21.2	..
35-39	ELECTRICITY, GAS, WATER AND WASTE MANAGEMENT	153.9	157.8	166.9	178.7	377.5 e	162.4 e	292.0 e	295.6 e
35-36	Electricity, gas and water	..	..	..	..	..	..	..	..
37-39	Sewerage, waste management and remediation activities	..	..	..	..	..	..	..	..
41-43	CONSTRUCTION	92.5	125.3	86.2	64.7	68.0	71.5 e	67.3	62.1 e
45-99	TOTAL SERVICES	5 749.0	6 025.6	5 856.3	5 813.4	7 560.6	7 486.9 e	7 752.5 e	7 659.9 e
45-82	Business sector services	5 636.9	5 918.6	5 757.6	5 711.7	7 448.8	7 364.5	7 600.1	..
45-47	Wholesale and retail trade; motor vehicle and motorcycle repairs	1 110.8	1 178.3	1 224.5	1 103.5	1 204.8	1 336.3	1 284.3	..
49-53	Transportation and storage	55.7	48.4	49.4	64.2 e	65.7	92.2	72.6	..
55-56	Accommodation and food service activities	6.5	2.4 e	2.4	1.5	1.6 e	1.7 e	1.5	..
58-63	Information and communication	2 111.2	2 135.4	2 024.4	2 110.0	3 300.3	3 239.8	3 669.2	..
58-60	Publishing, audiovisual and broadcasting activities	480.5	486.1	579.0	536.0	1 309.1	1 154.1 e	..	..
58	Publishing activities	459.2	462.3	549.2	504.4	1 270.6	1 113.7	..	..
59-60	Motion picture, video and TV programme production; broadcasting activities	21.3	23.8	29.8	31.6	38.5	40.4 e	..	..
59	Motion picture, video and TV programme production; sound and music	20.5	23.0	28.2 e	29.3	35.7 e	37.4 e	..	..
60	Programming and broadcasting activities	0.8	0.8	1.6 e	2.3	2.8 e	3.0 e	..	..
61	Telecommunications	469.9	341.8	314.2	335.8	289.3	303.0 e	..	..
62-63	IT and other information services	1 160.8	1 307.6	1 132.1	1 238.3	1 701.9	1 782.6 e	..	..
62	Computer programming, consultancy and related activities	1 100.2	1 233.8	1 053.0	1 142.8	1 580.3	1 655.3 e	..	..
63	Information service activities	60.6	73.7	79.1	95.5	121.6	127.4 e	..	..
64-66	Financial and insurance activities	255.4	256.1	271.1	358.1	350.5	342.3	254.1	..
68-82	Real estate; professional, scientific and technical; administrative and support	2 097.2	2 298.0 e	2 185.8	2 074.3 e	2 526.0 e	2 352.3 e	2 318.3	..
68	Real estate activities	6.5	6.3 e	6.3	8.2 e	8.3 e	9.0 e	5.3	..
69-75x72	Professional, scientific and technical activities, except scientific R&D	488.7	565.4	541.4	508.6	651.1	599.2	621.0	..
72	Scientific research and development	1 503.8	1 613.7	1 525.4	1 445.4	1 754.8	1 652.7	1 606.5	..
77-82	Administrative and support service activities	97.4	112.6	112.8	112.0 e	111.0	91.5 e	85.5	..
84-99	Community, social and personal services	112.1	107.0	98.7	102.4	111.8	122.4 e	152.4	..
84-85	Public administration and defence; compulsory social security and education	9.8	10.2 e	11.0	10.8	12.8	14.1 e	..	..
86-88	Human health and social work activities	80.2	77.7	70.5	73.9	80.1	87.7 e	100.6	..
90-93	Arts, entertainment and recreation	4.1	4.0 e	3.9	3.9	4.5	5.0 e	..	..
94-99	Other services; household-employers; extraterritorial bodies	18.0	15.2 e	13.3	13.9	14.4	15.7 e	18.9	..

.. Not available; e Estimated value
Note: Detailed metadata at: http://metalinks.oecd.org/anberd/20191119/b539.

CHILE

R&D expenditure in industry by main activity of the enterprise, current prices
ISIC Rev. 4

Million USD PPP

ISIC	Activity	2010	2011	2012	2013	2014	2015	2016	2017
	TOTAL BUSINESS ENTERPRISE	302.4	419.5	466.7	536.4	506.5	532.4	580.0	544.6
01-03	**AGRICULTURE, FORESTRY AND FISHING**	9.9 e	50.8 e	48.0	87.9	69.5	69.6	70.9	64.7
05-09	**MINING AND QUARRYING**	64.6 e	41.6 e	66.6	93.7	52.7	105.6	90.0	67.7
10-33	**MANUFACTURING**	51.8 e	93.6 e	117.0	120.9	153.2	147.6	172.4	162.6
10-12	Food products, beverages and tobacco	..	..	25.1	26.1	58.8	63.6	..	..
13-15	Textiles, wearing apparel, leather and related products	..	..	1.5	0.6	1.3	0.4	..	..
13	Textiles	..	..	0.6	0.4	1.0	0.1	..	..
14	Wearing apparel	..	..	0.0	0.0	0.0	0.0	..	..
15	Leather and related products, footwear	..	..	0.9	0.3	0.3	0.2	..	..
16-18	Wood and paper products and printing	..	..	7.2	6.2	5.0	5.7	..	..
16	Wood and wood products, except furniture	..	..	0.5	1.7	1.2	1.7	..	..
17	Paper and paper products	..	..	6.7	4.5	3.8	4.0	..	..
18	Printing and reproduction of recorded media	..	..	0.0	0.0	0.0	0.1	..	..
19-23	Chemical, rubber, plastic, non-metallic mineral products	..	..	60.0	66.7	67.6	60.9	..	..
19	Coke and refined petroleum products	..	..	0.5	1.2	0.4	0.2	..	..
20-21	Chemical and pharmaceutical products	..	..	55.8	56.8	60.7	53.2	..	..
20	Chemicals and chemical products	..	..	37.4	23.2	32.6	24.4	..	..
21	Pharmaceuticals, medicinal, chemical and botanical products	..	..	18.5	33.7	28.0	28.8	..	..
22	Rubber and plastic products	..	..	1.1	5.8	4.7	5.1	..	..
23	Other non-metallic mineral products	..	..	2.5	2.9	1.8	2.4	..	..
24-25	Basic metals, metal products, except machinery and equipment	..	..	11.2	11.5	10.7	8.9	..	..
24	Basic metals	..	..	6.2	6.6	6.4	4.6	..	..
25	Fabricated metal products, except machinery and equipment	..	..	5.1	4.9	4.2	4.3	..	..
26-30	Computer, electronic, optical products; electrical machinery, transport equipment	..	..	8.4	6.8	6.9	6.9	..	..
26	Computer, electronic and optical products	..	..	0.5	1.2	1.7	1.0	..	..
27	Electrical equipment	..	..	1.3	1.2	1.5	2.1	..	..
28	Machinery and equipment n.e.c.	..	..	3.8	3.8	2.7	2.9	..	..
29	Motor vehicles, trailers and semi-trailers	..	..	1.3	0.0	0.7	0.8	..	..
30	Other transport equipment	..	..	1.4	0.5	0.4	0.2	..	..
31-33	Furniture; repair, installation of machinery and equipment	..	..	3.6	3.1	2.8	1.2	..	..
31	Furniture	..	..	0.5	1.7	0.8	0.5	..	..
32	Other manufacturing	..	..	0.0	0.9	1.1	0.1	..	..
33	Repair and installation of machinery and equipment	..	..	3.1	0.5	1.0	0.5	..	..
35-39	**ELECTRICITY, GAS, WATER AND WASTE MANAGEMENT**	0.5 e	7.8 e	10.9	12.5	7.1	4.1	3.8	2.9
35-36	Electricity, gas and water	..	..	10.9	9.0	4.3	3.2	2.5	2.0
37-39	Sewerage, waste management and remediation activities	..	..	0.0	3.5	2.8	0.9	1.3	0.9
41-43	**CONSTRUCTION**	0.2 e	3.8 e	3.7	3.3	3.2	3.1	3.2	3.4
45-99	**TOTAL SERVICES**	175.4 e	221.9 e	219.1	218.1	220.9	202.4	239.7	243.2
45-82	**Business sector services**	174.2 e	220.5 e	216.1	207.9	215.5	193.6	230.4	229.5
45-47	Wholesale and retail trade; motor vehicle and motorcycle repairs	..	..	63.6	42.5	59.3	50.4	52.6	62.2
49-53	Transportation and storage	..	..	3.1	1.7	8.4	4.6	3.6	1.3
55-56	Accommodation and food service activities	..	..	0.0	0.6	0.5	0.0	0.2	0.0
58-63	Information and communication	..	..	32.0	47.6	28.2	35.2	31.4	31.7
58-60	Publishing, audiovisual and broadcasting activities	..	..	1.7	8.4	1.8	0.0	..	..
58	Publishing activities	..	..	0.1	6.3	1.8	0.0	..	..
59-60	Motion picture, video and TV programme production; broadcasting activities	..	..	1.6	2.1	0.0	0.0	..	..
59	Motion picture, video and TV programme production; sound and music	..	..	1.6	2.0	0.0	0.0	..	..
60	Programming and broadcasting activities	..	..	0.0	0.1	0.0	0.0	..	..
61	Telecommunications	..	..	1.5	1.9	0.4	2.5	..	..
62-63	IT and other information services	..	..	28.8	37.3	26.1	32.7	..	..
62	Computer programming, consultancy and related activities	..	..	23.3	35.5	25.0	31.9	..	..
63	Information service activities	..	..	5.6	1.8	1.0	0.8	..	..
64-66	Financial and insurance activities	..	..	35.0	24.8	28.4	11.2	24.2	3.2
68-82	Real estate; professional, scientific and technical; administrative and support	..	..	82.4	90.8	90.6	92.2	118.5	131.1
68	Real estate activities	..	..	0.6	0.0	0.0	0.0	0.4	0.1
69-75x72	Professional, scientific and technical activities, except scientific R&D	..	..	59.2	50.1	49.2	33.9	39.6	48.1
72	Scientific research and development	..	..	20.8	37.8	39.8	55.9	72.6	80.4
77-82	Administrative and support service activities	..	..	1.7	2.9	1.7	2.3	5.9	2.5
84-99	**Community, social and personal services**	1.1 e	1.4 e	3.0	10.2	5.4	8.9	9.3	13.7
84-85	Public administration and defence; compulsory social security and education	..	..	0.0	2.3	1.9	0.9	2.0	0.1
86-88	Human health and social work activities	..	..	2.9	5.1	2.2	6.6	6.5	12.9
90-93	Arts, entertainment and recreation	..	..	0.1	2.0	0.0	0.3	0.0	0.0
94-99	Other services; household-employers; extraterritorial bodies	..	..	0.0	0.8	1.2	1.0	0.8	0.7

.. Not available; e Estimated value
Note: Detailed metadata at: *http://metalinks.oecd.org/anberd/20191119/b539*.

CHILE

R&D expenditure in industry by main activity of the enterprise, constant prices
ISIC Rev. 4

2010 USD PPP

		2010	2011	2012	2013	2014	2015	2016	2017
	TOTAL BUSINESS ENTERPRISE	302.4	393.4	431.9	490.2	459.0	489.9	531.1	469.7
01-03	**AGRICULTURE, FORESTRY AND FISHING**	9.9 e	47.6 e	44.4	80.3	63.0	64.0	64.9	55.8
05-09	**MINING AND QUARRYING**	64.6 e	39.0 e	61.6	85.6	47.7	97.2	82.4	58.4
10-33	**MANUFACTURING**	51.8 e	87.8 e	108.3	110.5	138.8	135.8	157.9	140.3
10-12	Food products, beverages and tobacco	..	..	23.2	23.8	53.3	58.6	..	..
13-15	Textiles, wearing apparel, leather and related products	..	..	1.4	0.6	1.1	0.3	..	..
13	Textiles	..	..	0.6	0.3	0.9	0.1	..	..
14	Wearing apparel	..	..	0.0	0.0	0.0	0.0	..	..
15	Leather and related products, footwear	..	..	0.8	0.2	0.3	0.2	..	..
16-18	Wood and paper products and printing	..	..	6.7	5.7	4.5	5.3	..	..
16	Wood and wood products, except furniture	..	..	0.5	1.6	1.1	1.5	..	..
17	Paper and paper products	..	..	6.2	4.1	3.4	3.7	..	..
18	Printing and reproduction of recorded media	..	..	0.0	0.0	0.0	0.1	..	..
19-23	Chemical, rubber, plastic, non-metallic mineral products	..	..	55.5	61.0	61.3	56.0	..	..
19	Coke and refined petroleum products	..	..	0.4	1.1	0.4	0.2	..	..
20-21	Chemical and pharmaceutical products	..	..	51.7	51.9	55.0	49.0	..	..
20	Chemicals and chemical products	..	..	34.6	21.2	29.6	22.5	..	..
21	Pharmaceuticals, medicinal, chemical and botanical products	..	..	17.1	30.8	25.4	26.5	..	..
22	Rubber and plastic products	..	..	1.0	5.3	4.3	4.7	..	..
23	Other non-metallic mineral products	..	..	2.3	2.7	1.7	2.2	..	..
24-25	Basic metals, metal products, except machinery and equipment	..	..	10.4	10.5	9.7	8.2	..	..
24	Basic metals	..	..	5.7	6.0	5.8	4.3	..	..
25	Fabricated metal products, except machinery and equipment	..	..	4.7	4.5	3.8	3.9	..	..
26-30	Computer, electronic, optical products; electrical machinery, transport equipment	..	..	7.8	6.2	6.3	6.3	..	..
26	Computer, electronic and optical products	..	..	0.5	1.1	1.5	0.9	..	..
27	Electrical equipment	..	..	1.2	1.1	1.3	1.9	..	..
28	Machinery and equipment n.e.c.	..	..	3.6	3.5	2.4	2.6	..	..
29	Motor vehicles, trailers and semi-trailers	..	..	1.2	0.0	0.6	0.7	..	..
30	Other transport equipment	..	..	1.3	0.5	0.4	0.1	..	..
31-33	Furniture; repair, installation of machinery and equipment	..	..	3.3	2.8	2.6	1.1	..	..
31	Furniture	..	..	0.5	1.6	0.7	0.5	..	..
32	Other manufacturing	..	..	0.0	0.8	1.0	0.1	..	..
33	Repair and installation of machinery and equipment	..	..	2.9	0.4	0.9	0.5	..	..
35-39	**ELECTRICITY, GAS, WATER AND WASTE MANAGEMENT**	0.5 e	7.3 e	10.1	11.4	6.4	3.8	3.5	2.5
35-36	Electricity, gas and water	..	..	10.1	8.2	3.9	2.9	2.3	1.7
37-39	Sewerage, waste management and remediation activities	..	..	0.0	3.2	2.5	0.8	1.2	0.8
41-43	**CONSTRUCTION**	0.2 e	3.5 e	3.4	3.0	2.9	2.8	3.0	3.0
45-99	**TOTAL SERVICES**	175.4 e	208.2 e	202.8	199.3	200.1	186.3	219.5	209.7
45-82	**Business sector services**	174.2 e	206.9 e	199.9	190.0	195.3	178.1	211.0	197.9
45-47	Wholesale and retail trade; motor vehicle and motorcycle repairs	..	..	58.8	38.8	53.8	46.3	48.2	53.6
49-53	Transportation and storage	..	..	2.9	1.5	7.6	4.2	3.3	1.1
55-56	Accommodation and food service activities	..	..	0.0	0.5	0.4	0.0	0.1	0.0
58-63	Information and communication	..	..	29.7	43.5	25.6	32.4	28.8	27.3
58-60	Publishing, audiovisual and broadcasting activities	..	..	1.6	7.7	1.6	0.0	..	..
58	Publishing activities	..	..	0.0	5.7	1.6	0.0	..	..
59-60	Motion picture, video and TV programme production; broadcasting activities	..	..	1.5	1.9	0.0	0.0	..	..
59	Motion picture, video and TV programme production; sound and music	..	..	1.5	1.9	0.0	0.0	..	..
60	Programming and broadcasting activities	..	..	0.0	0.1	0.0	0.0	..	..
61	Telecommunications	..	..	1.4	1.7	0.3	2.3	..	..
62-63	IT and other information services	..	..	26.7	34.1	23.6	30.1	..	..
62	Computer programming, consultancy and related activities	..	..	21.5	32.5	22.7	29.4	..	..
63	Information service activities	..	..	5.2	1.6	0.9	0.7	..	..
64-66	**Financial and insurance activities**	..	..	32.4	22.7	25.7	10.3	22.1	2.8
68-82	**Real estate; professional, scientific and technical; administrative and support**	..	..	76.2	82.9	82.1	84.8	108.5	113.0
68	Real estate activities	..	..	0.5	0.0	0.0	0.0	0.4	0.1
69-75x72	Professional, scientific and technical activities, except scientific R&D	..	..	54.8	45.7	44.6	31.2	36.3	41.5
72	Scientific research and development	..	..	19.3	34.5	36.0	51.5	66.5	69.3
77-82	Administrative and support service activities	..	..	1.6	2.7	1.5	2.1	5.4	2.1
84-99	**Community, social and personal services**	1.1 e	1.3 e	2.8	9.3	4.9	8.2	8.5	11.8
84-85	Public administration and defence; compulsory social security and education	..	..	0.0	2.1	1.8	0.9	1.8	0.1
86-88	Human health and social work activities	..	..	2.7	4.7	2.0	6.0	5.9	11.1
90-93	Arts, entertainment and recreation	..	..	0.1	1.8	0.0	0.3	0.0	0.0
94-99	Other services; household-employers; extraterritorial bodies	..	..	0.0	0.8	1.1	0.9	0.7	0.6

.. Not available; e Estimated value
Note: Detailed metadata at: *http://metalinks.oecd.org/anberd/20191119/b539*.

CZECH REPUBLIC

R&D expenditure in industry by main activity of the enterprise, current prices
ISIC Rev. 4

Million USD PPP

		2010	2011	2012	2013	2014	2015	2016	2017
	TOTAL BUSINESS ENTERPRISE	2 195.1	2 558.8	2 874.8	3 246.9	3 698.3	3 722.4	3 824.1	4 533.7
01-03	**AGRICULTURE, FORESTRY AND FISHING**	8.4	8.5	10.0	11.4	11.7	13.8	15.0	15.0
05-09	**MINING AND QUARRYING**	3.8	1.4	1.5	1.1	2.4	2.7	4.0	4.1
10-33	**MANUFACTURING**	1 155.1	1 341.7	1 468.4	1 725.9	1 910.1	1 954.2	2 045.8	2 435.6
10-12	Food products, beverages and tobacco	24.3	24.6	22.8	25.0	18.0	19.5	18.8	24.0
13-15	Textiles, wearing apparel, leather and related products	18.4	32.9	15.7	24.7	27.0	26.1	24.9	24.2
13	Textiles	14.8	16.8	12.9	21.9	24.7	23.8	22.6	21.3
14	Wearing apparel	2.5	14.8	1.7	1.3	0.8	1.0	1.1	1.5
15	Leather and related products, footwear	1.1	1.4	1.1	1.5	1.5	1.3	1.2	1.4
16-18	Wood and paper products and printing	3.5	6.1	3.2	2.7	4.0	9.6	6.7	10.2
16	Wood and wood products, except furniture	1.3	3.1	0.4	0.8	1.6	4.5	3.6	3.9
17	Paper and paper products	0.2	2.4	2.1	1.0	1.1	4.3	2.0	4.2
18	Printing and reproduction of recorded media	2.0	0.5	0.7	0.9	1.3	0.9	1.1	2.2
19-23	Chemical, rubber, plastic, non-metallic mineral products	226.0	239.5	243.0	281.0	304.1	317.2	285.1	300.7
19	Coke and refined petroleum products	0.8	0.8	0.5	0.5	0.6	0.9	0.7	0.7
20-21	Chemical and pharmaceutical products	147.4	156.4	155.9	165.1	177.7	177.1	159.6	176.7
20	Chemicals and chemical products	70.3	75.7	72.0	88.2	93.1	90.2	70.7	87.9
21	Pharmaceuticals, medicinal, chemical and botanical products	77.1	80.7	83.9	76.9	84.6	86.9	88.8	88.8
22	Rubber and plastic products	49.3	52.0	51.4	66.5	83.5	93.1	82.1	76.4
23	Other non-metallic mineral products	28.6	30.2	35.2	48.9	42.3	46.2	42.7	46.9
24-25	Basic metals, metal products, except machinery and equipment	75.2	79.8	92.4	86.5	113.3	118.2	94.6	122.4
24	Basic metals	17.7	22.0	23.6	17.8	23.5	24.9	12.4	16.1
25	Fabricated metal products, except machinery and equipment	57.5	57.8	68.8	68.7	89.9	93.3	82.1	106.3
26-30	Computer, electronic, optical products; electrical machinery, transport equipment	732.3	874.8	1 004.9	1 244.2	1 373.7	1 374.1	1 531.6	1 859.6
26	Computer, electronic and optical products	87.1	86.1	92.7	119.1	147.5	152.7	182.3	205.0
27	Electrical equipment	102.5	121.3	154.1	147.2	239.0	259.1	296.6	330.9
28	Machinery and equipment n.e.c.	182.8	219.7	289.1	335.3	330.1	301.0	308.9	338.7
29	Motor vehicles, trailers and semi-trailers	252.0	298.3	345.4	508.4	511.6	548.9	610.3	827.8
30	Other transport equipment	107.9	149.3	123.6	134.2	145.5	112.4	133.6	157.1
31-33	Furniture; repair, installation of machinery and equipment	75.4	84.0	86.4	61.7	70.0	89.5	84.2	94.5
31	Furniture	3.0	5.4	4.0	3.7	3.1	3.3	2.3	3.7
32	Other manufacturing	21.1	26.8	34.0	27.0	28.1	31.1	43.5	45.3
33	Repair and installation of machinery and equipment	51.3	51.7	48.4	31.0	38.9	55.1	38.4	45.5
35-39	**ELECTRICITY, GAS, WATER AND WASTE MANAGEMENT**	10.9	10.6	10.5	14.8	13.0	18.2	10.9	12.5
35-36	Electricity, gas and water	2.2	3.1	3.7	7.6	5.1	4.4	4.2	4.4
37-39	Sewerage, waste management and remediation activities	8.7	7.4	6.7	7.2	7.9	13.8	6.8	8.1
41-43	**CONSTRUCTION**	29.6	27.2	31.7	41.3	53.0	47.8	41.2	47.5
45-99	**TOTAL SERVICES**	987.2	1 169.5	1 352.7	1 452.4	1 708.1	1 685.7	1 707.1	2 019.1
45-82	**Business sector services**	980.5	1 161.3	1 341.7	1 422.5	1 686.0	1 658.1	1 681.5	2 001.1
45-47	Wholesale and retail trade; motor vehicle and motorcycle repairs	67.4	69.8	69.1	75.0	70.8	84.3	74.8	84.5
49-53	Transportation and storage	0.1	0.4	1.5	1.7	1.8	1.5	1.4	1.4
55-56	Accommodation and food service activities	0.0	0.1	0.1	0.1	0.1	0.1	0.1	0.2
58-63	Information and communication	299.7	371.5	421.2	458.3	607.6	613.1	673.7	844.3
58-60	Publishing, audiovisual and broadcasting activities	18.0	16.0	18.3	18.1	21.5	21.5	22.0	24.6
58	Publishing activities	18.0	16.0	18.0	17.6	21.0	21.0	21.5	24.2
59-60	Motion picture, video and TV programme production; broadcasting activities	0.0	0.1	0.3	0.5	0.5	0.4	0.5	0.5
59	Motion picture, video and TV programme production; sound and music	..	0.1	0.3	0.4	0.5	0.4	0.4	0.4
60	Programming and broadcasting activities	..	0.0	0.0	0.1	0.0	0.0	0.1	0.0
61	Telecommunications	38.0	41.1	45.7	46.3	47.5	48.9	53.5	58.0
62-63	IT and other information services	243.7	314.4	357.2	393.9	538.7	542.7	598.2	761.7
62	Computer programming, consultancy and related activities	194.5	229.7	267.5	287.9	414.3	459.2	524.9	661.8
63	Information service activities	49.3	84.7	89.6	106.0	124.4	83.5	73.3	99.9
64-66	Financial and insurance activities	36.7	35.2	45.8	60.2	58.2	50.5	69.9	86.6
68-82	Real estate; professional, scientific and technical; administrative and support	576.5	684.4	804.0	827.3	947.5	908.6	861.5	984.0
68	Real estate activities	5.5	9.4	23.4	37.5	15.5	2.9	2.7	1.8
69-75x72	Professional, scientific and technical activities, except scientific R&D	126.7	176.3	174.5	152.9	170.9	202.6	211.0	251.5
72	Scientific research and development	443.6	497.2	601.1	629.1	753.4	697.3	644.4	715.7
77-82	Administrative and support service activities	0.7	1.4	4.9	7.8	7.7	5.9	3.5	15.0
84-99	**Community, social and personal services**	6.7	8.1	11.0	29.9	22.1	27.6	25.6	18.0
84-85	Public administration and defence; compulsory social security and education	0.3	1.0	2.0	12.1	9.8	10.4	4.1	8.5
86-88	Human health and social work activities	3.9	3.2	5.2	10.9	6.0	5.0	5.1	4.9
90-93	Arts, entertainment and recreation	0.6	0.9	0.7	0.9	0.7	0.7	0.9	1.2
94-99	Other services; household-employers; extraterritorial bodies	1.9	3.1	3.2	5.8	5.6	11.4	15.5	3.5

.. Not available
Note: Detailed metadata at: http://metalinks.oecd.org/anberd/20191119/b539.

CZECH REPUBLIC

R&D expenditure in industry by main activity of the enterprise, constant prices
ISIC Rev. 4

2010 USD PPP

		2010	2011	2012	2013	2014	2015	2016	2017
	TOTAL BUSINESS ENTERPRISE	2 195.1	2 496.9	2 755.0	2 949.5	3 257.3	3 299.7	3 314.8	3 790.1
01-03	AGRICULTURE, FORESTRY AND FISHING	8.4	8.3	9.6	10.4	10.3	12.2	13.0	12.5
05-09	MINING AND QUARRYING	3.8	1.4	1.5	1.0	2.1	2.3	3.5	3.4
10-33	**MANUFACTURING**	1 155.1	1 309.2	1 407.2	1 567.8	1 682.3	1 732.3	1 773.3	2 036.1
10-12	Food products, beverages and tobacco	24.3	24.0	21.8	22.7	15.8	17.3	16.3	20.1
13-15	Textiles, wearing apparel, leather and related products	18.4	32.1	15.1	22.4	23.8	23.1	21.6	20.2
13	Textiles	14.8	16.4	12.4	19.9	21.7	21.1	19.6	17.8
14	Wearing apparel	2.5	14.4	1.6	1.2	0.7	0.8	1.0	1.3
15	Leather and related products, footwear	1.1	1.3	1.1	1.3	1.3	1.1	1.0	1.1
16-18	Wood and paper products and printing	3.5	5.9	3.1	2.5	3.5	8.5	5.8	8.5
16	Wood and wood products, except furniture	1.3	3.1	0.4	0.8	1.4	4.0	3.1	3.2
17	Paper and paper products	0.2	2.3	2.0	0.9	1.0	3.8	1.8	3.5
18	Printing and reproduction of recorded media	2.0	0.5	0.7	0.8	1.1	0.8	0.9	1.8
19-23	Chemical, rubber, plastic, non-metallic mineral products	226.0	233.7	232.9	255.3	267.8	281.2	247.1	251.4
19	Coke and refined petroleum products	0.8	0.8	0.5	0.5	0.5	0.8	0.6	0.6
20-21	Chemical and pharmaceutical products	147.4	152.6	149.5	150.0	156.5	157.0	138.3	147.7
20	Chemicals and chemical products	70.3	73.9	69.0	80.1	82.0	79.9	61.3	73.5
21	Pharmaceuticals, medicinal, chemical and botanical products	77.1	78.7	80.4	69.9	74.5	77.0	77.0	74.3
22	Rubber and plastic products	49.3	50.8	49.2	60.4	73.6	82.5	71.2	63.9
23	Other non-metallic mineral products	28.6	29.5	33.7	44.4	37.2	40.9	37.0	39.2
24-25	Basic metals, metal products, except machinery and equipment	75.2	77.9	88.6	78.6	99.8	104.8	82.0	102.3
24	Basic metals	17.7	21.5	22.7	16.1	20.7	22.1	10.8	13.5
25	Fabricated metal products, except machinery and equipment	57.5	56.4	65.9	62.5	79.1	82.7	71.2	88.8
26-30	Computer, electronic, optical products; electrical machinery, transport equipment	732.3	853.7	963.0	1 130.2	1 209.8	1 218.0	1 327.6	1 554.5
26	Computer, electronic and optical products	87.1	84.0	88.9	108.2	129.9	135.4	158.0	171.3
27	Electrical equipment	102.5	118.4	147.7	133.7	210.5	229.7	257.1	276.7
28	Machinery and equipment n.e.c.	182.8	214.4	277.1	304.6	290.8	266.8	267.7	283.1
29	Motor vehicles, trailers and semi-trailers	252.0	291.1	331.0	461.9	450.6	486.6	529.1	692.0
30	Other transport equipment	107.9	145.7	118.4	121.9	128.1	99.6	115.8	131.4
31-33	Furniture; repair, installation of machinery and equipment	75.4	81.9	82.8	56.1	61.6	79.3	73.0	79.0
31	Furniture	3.0	5.3	3.8	3.3	2.7	2.9	2.0	3.1
32	Other manufacturing	21.1	26.2	32.6	24.5	24.7	27.6	37.7	37.8
33	Repair and installation of machinery and equipment	51.3	50.5	46.4	28.2	34.2	48.8	33.2	38.0
35-39	ELECTRICITY, GAS, WATER AND WASTE MANAGEMENT	10.9	10.3	10.0	13.5	11.4	16.2	9.5	10.4
35-36	Electricity, gas and water	2.2	3.0	3.6	6.9	4.5	3.9	3.6	3.7
37-39	Sewerage, waste management and remediation activities	8.7	7.3	6.5	6.5	7.0	12.2	5.9	6.7
41-43	CONSTRUCTION	29.6	26.5	30.3	37.5	46.7	42.4	35.7	39.7
45-99	**TOTAL SERVICES**	987.2	1 141.2	1 296.4	1 319.4	1 504.4	1 494.3	1 479.8	1 687.9
45-82	**Business sector services**	980.5	1 133.2	1 285.8	1 292.2	1 484.9	1 469.8	1 457.5	1 672.8
45-47	Wholesale and retail trade; motor vehicle and motorcycle repairs	67.4	68.1	66.2	68.1	62.3	74.7	64.8	70.6
49-53	Transportation and storage	0.1	0.4	1.4	1.6	1.6	1.3	1.2	1.2
55-56	Accommodation and food service activities	0.0	0.1	0.1	0.0	0.0	0.1	0.1	0.2
58-63	Information and communication	299.7	362.5	403.6	416.3	535.2	543.5	584.0	705.8
58-60	Publishing, audiovisual and broadcasting activities	18.0	15.6	17.6	16.4	18.9	19.0	19.1	20.6
58	Publishing activities	18.0	15.6	17.2	16.0	18.5	18.7	18.7	20.2
59-60	Motion picture, video and TV programme production; broadcasting activities	0.0	0.1	0.3	0.4	0.4	0.4	0.4	0.4
59	Motion picture, video and TV programme production; sound and music	..	0.1	0.3	0.3	0.4	0.3	0.4	0.4
60	Programming and broadcasting activities	..	0.0	0.0	0.1	0.0	0.0	0.1	0.0
61	Telecommunications	38.0	40.1	43.8	42.1	41.8	43.4	46.4	48.5
62-63	IT and other information services	243.7	306.8	342.3	357.8	474.4	481.1	518.5	636.7
62	Computer programming, consultancy and related activities	194.5	224.1	256.4	261.6	364.9	407.1	455.0	553.2
63	Information service activities	49.3	82.7	85.9	96.3	109.6	74.0	63.5	83.5
64-66	Financial and insurance activities	36.7	34.4	43.9	54.7	51.2	44.8	60.6	72.4
68-82	Real estate; professional, scientific and technical; administrative and support	576.5	667.8	770.5	751.5	834.5	805.4	746.8	822.6
68	Real estate activities	5.5	9.2	22.5	34.1	13.7	2.5	2.3	1.5
69-75x72	Professional, scientific and technical activities, except scientific R&D	126.7	172.1	167.3	138.9	150.5	179.6	182.9	210.3
72	Scientific research and development	443.6	485.2	576.1	571.5	663.6	618.1	558.6	598.3
77-82	Administrative and support service activities	0.7	1.4	4.7	7.1	6.7	5.2	3.0	12.6
84-99	Community, social and personal services	6.7	7.9	10.6	27.1	19.5	24.4	22.2	15.1
84-85	Public administration and defence; compulsory social security and education	0.3	1.0	1.9	11.0	8.6	9.2	3.6	7.1
86-88	Human health and social work activities	3.9	3.1	4.9	9.9	5.3	4.4	4.4	4.1
90-93	Arts, entertainment and recreation	0.6	0.9	0.7	0.9	0.7	0.6	0.8	1.0
94-99	Other services; household-employers; extraterritorial bodies	1.9	3.0	3.1	5.3	4.9	10.1	13.5	2.9

.. Not available
Note: Detailed metadata at: http://metalinks.oecd.org/anberd/20191119/b539.

CZECH REPUBLIC

R&D expenditure in industry by industry orientation, current prices
ISIC Rev. 4

Million USD PPP

		2010	2011	2012	2013	2014	2015	2016	2017
	TOTAL BUSINESS ENTERPRISE	2 195.1	2 558.8	2 874.8	3 246.9	3 698.3	3 722.4	3 824.1	4 533.7
01-03	**AGRICULTURE, FORESTRY AND FISHING**	14.0 e	15.6 e	15.7 e	20.1	22.9	23.8	25.0	32.7
05-09	**MINING AND QUARRYING**	6.0 e	4.6 e	1.8 e	2.1	3.2	3.0	5.2	3.8
10-33	**MANUFACTURING**	1 378.9 e	1 616.0 e	1 711.7 e	2 033.3	2 352.1	2 393.2	2 458.3	2 879.4
10-12	Food products, beverages and tobacco	20.4 e	21.0 e	27.0 e	23.3	19.4	21.7	18.1	27.5
13-15	Textiles, wearing apparel, leather and related products	21.2 e	26.7 e	17.7 e	28.2	36.0	30.1	26.1	28.2
13	Textiles	17.1 e	23.5 e	15.2 e	25.1	30.8	27.2	23.7	25.8
14	Wearing apparel	2.9 e	2.3 e	1.5 e	2.5	2.3	1.9	1.7	1.3
15	Leather and related products, footwear	1.2 e	0.9 e	1.0 e	0.6	2.9	1.1	0.7	1.1
16-18	Wood and paper products and printing	4.3 e	7.6 e	5.2 e	3.5	4.0	5.7	2.7	5.2
16	Wood and wood products, except furniture	2.0 e	4.5 e	2.6 e	1.4	2.2	2.8	1.1	1.9
17	Paper and paper products	0.3 e	2.3 e	2.4 e	1.1	1.1	1.8	1.1	2.3
18	Printing and reproduction of recorded media	2.0 e	0.8 e	0.2 e	1.0	0.7	1.1	0.5	1.1
19-23	Chemical, rubber, plastic, non-metallic mineral products	248.1 e	268.7 e	239.5 e	271.6	296.4	328.1	304.7	318.7
19	Coke and refined petroleum products	0.8 e	1.2 e	1.7 e	1.8	4.4	3.9	1.6	1.4
20-21	Chemical and pharmaceutical products	165.3 e	189.1 e	144.1 e	160.1	176.7	204.1	190.2	199.0
20	Chemicals and chemical products	63.4 e	59.3 e	52.0 e	55.8	53.6	59.3	57.6	63.9
21	Pharmaceuticals, medicinal, chemical and botanical products	101.9 e	129.8 e	92.1 e	104.3	123.0	144.8	132.7	135.1
22	Rubber and plastic products	51.5 e	48.1 e	55.6 e	63.9	74.4	81.2	75.3	79.4
23	Other non-metallic mineral products	30.5 e	30.3 e	38.1 e	45.7	40.8	38.9	37.6	39.0
24-25	Basic metals, metal products, except machinery and equipment	67.2 e	108.5 e	124.0 e	123.8	148.7	166.2	124.2	151.6
24	Basic metals	16.3 e	15.6 e	14.8 e	12.8	12.7	11.2	9.5	17.3
25	Fabricated metal products, except machinery and equipment	50.9 e	92.9 e	109.3 e	111.0	136.0	155.0	114.8	134.3
26-30	Computer, electronic, optical products; electrical machinery, transport equipment	942.8 e	1 080.6 e	1 236.4 e	1 494.1	1 745.9	1 753.4	1 900.2	2 239.6
26	Computer, electronic and optical products	193.7 e	183.9 e	235.0 e	264.3	309.1	301.1	357.2	340.5
27	Electrical equipment	105.7 e	126.5 e	206.2 e	124.6	155.6	155.8	153.2	182.4
28	Machinery and equipment n.e.c.	254.8 e	293.8 e	250.5 e	357.8	390.5	379.8	372.1	383.1
29	Motor vehicles, trailers and semi-trailers	237.6 e	266.2 e	361.5 e	556.3	671.9	728.6	811.7	1 068.6
30	Other transport equipment	151.1 e	210.2 e	183.2 e	190.9	218.7	188.0	206.0	265.1
31-33	Furniture; repair, installation of machinery and equipment	75.1 e	102.9 e	61.8 e	88.9	101.6	87.9	82.2	108.6
31	Furniture	2.1 e	1.7 e	4.4 e	5.0	10.5	3.4	2.3	2.6
32	Other manufacturing	24.7 e	35.4 e	29.1 e	39.9	36.8	32.7	39.2	45.4
33	Repair and installation of machinery and equipment	48.3 e	65.8 e	28.3 e	44.0	54.4	51.8	40.7	60.6
35-39	**ELECTRICITY, GAS, WATER AND WASTE MANAGEMENT**	15.9 e	21.3 e	22.9 e	29.8	28.2	30.3	23.4	22.6
35-36	Electricity, gas and water	7.6 e	10.7 e	9.8 e	10.5	10.6	10.7	13.4	9.0
37-39	Sewerage, waste management and remediation activities	8.3 e	10.7 e	13.1 e	19.3	17.6	19.6	10.0	13.6
41-43	**CONSTRUCTION**	27.2 e	25.9 e	28.0 e	35.1	40.4	39.5	33.3	39.4
45-99	**TOTAL SERVICES**	753.1 e	875.3 e	1 094.6 e	1 126.6	1 251.6	1 232.7	1 279.0	1 555.8
45-82	**Business sector services**	717.2 e	839.3 e	1 061.3 e	1 087.7	1 219.6	1 193.4	1 260.0	1 534.4
45-47	Wholesale and retail trade; motor vehicle and motorcycle repairs	22.9 e	21.3 e	1.9 e	0.0	0.2	3.5	3.8	6.0
49-53	Transportation and storage	9.1 e	2.1 e	2.7 e	4.6	4.4	4.2	3.1	4.8
55-56	Accommodation and food service activities	0.0 e	0.1 e	1.2 e	0.0	0.0	0.1	0.2	0.2
58-63	Information and communication	278.7 e	385.0 e	442.2 e	478.9	642.4	651.0	709.3	892.0
58-60	Publishing, audiovisual and broadcasting activities	1.7 e	2.0 e	16.9 e	0.0	2.4	0.6	0.5	0.9
58	Publishing activities	..	..	..	..	..	0.1	..	0.5
59-60	Motion picture, video and TV programme production; broadcasting activities	..	..	..	..	..	0.5	..	0.4
59	Motion picture, video and TV programme production; sound and music	..	..	..	..	..	..	..	0.4
60	Programming and broadcasting activities	..	..	..	..	..	..	..	0.1
61	Telecommunications	53.2 e	47.3 e	51.8 e	60.4	70.4	65.3	72.2	71.7
62-63	IT and other information services	223.9 e	335.6 e	373.5 e	418.5	569.6	585.1	636.6	819.3
62	Computer programming, consultancy and related activities	205.8 e	248.6 e	264.9 e	285.6	427.3	498.6	574.3	721.5
63	Information service activities	18.1 e	87.1 e	108.6 e	132.9	142.3	86.5	62.3	97.9
64-66	**Financial and insurance activities**	40.6 e	34.1 e	36.9 e	48.3	46.7	24.5	51.2	58.6
68-82	**Real estate; professional, scientific and technical; administrative and support**	365.9 e	396.7 e	576.4 e	555.8	526.0	510.1	492.4	572.9
68	Real estate activities	4.0 e	4.4 e	0.2 e	0.0	0.0	0.0	0.0	0.0
69-75x72	Professional, scientific and technical activities, except scientific R&D	83.6 e	105.0 e	28.2 e	32.1	36.2	49.3	36.1	40.8
72	Scientific research and development	277.2 e	286.6 e	547.7 e	523.0	489.3	460.8	456.2	531.9
77-82	Administrative and support service activities	1.0 e	0.7 e	0.4 e	0.6	0.5	0.0	0.1	0.3
84-99	**Community, social and personal services**	36.0 e	36.0 e	33.3 e	39.0	32.0	39.3	19.0	21.4
84-85	Public administration and defence; compulsory social security and education	10.7 e	10.4 e	11.0 e	15.5	10.2	12.3	6.8	9.2
86-88	Human health and social work activities	19.2 e	20.2 e	20.1 e	18.2	17.9	21.7	5.8	7.2
90-93	Arts, entertainment and recreation	5.4 e	3.8 e	0.2 e	0.1	0.1	0.0	0.0	0.0
94-99	Other services; household-employers; extraterritorial bodies	0.7 e	1.6 e	1.9 e	5.2	3.8	5.3	6.4	5.0

.. Not available; e Estimated value
Note: Detailed metadata at: http://metalinks.oecd.org/anberd/20191119/b539.

CZECH REPUBLIC

R&D expenditure in industry by industry orientation, constant prices
ISIC Rev. 4

2010 USD PPP

		2010	2011	2012	2013	2014	2015	2016	2017
	TOTAL BUSINESS ENTERPRISE	2 195.1	2 496.9	2 755.0	2 949.5	3 257.3	3 299.7	3 314.8	3 790.1
01-03	**AGRICULTURE, FORESTRY AND FISHING**	14.0 e	15.3 e	15.1 e	18.2	20.1	21.1	21.6	27.4
05-09	**MINING AND QUARRYING**	6.0 e	4.5 e	1.8 e	1.9	2.9	2.6	4.5	3.1
10-33	**MANUFACTURING**	1 378.9 e	1 576.9 e	1 640.4 e	1 847.0	2 071.6	2 121.4	2 130.9	2 407.1
10-12	Food products, beverages and tobacco	20.4 e	20.5 e	25.9 e	21.2	17.1	19.2	15.7	23.0
13-15	Textiles, wearing apparel, leather and related products	21.2 e	26.0 e	17.0 e	25.6	31.7	26.7	22.6	23.6
13	Textiles	17.1 e	22.9 e	14.6 e	22.8	27.1	24.1	20.5	21.6
14	Wearing apparel	2.9 e	2.3 e	1.4 e	2.3	2.0	1.7	1.5	1.1
15	Leather and related products, footwear	1.2 e	0.9 e	1.0 e	0.5	2.6	0.9	0.6	0.9
16-18	Wood and paper products and printing	4.3 e	7.4 e	5.0 e	3.2	3.5	5.0	2.3	4.4
16	Wood and wood products, except furniture	2.0 e	4.4 e	2.5 e	1.2	1.9	2.5	1.0	1.6
17	Paper and paper products	0.3 e	2.2 e	2.3 e	1.0	1.0	1.6	0.9	1.9
18	Printing and reproduction of recorded media	2.0 e	0.8 e	0.2 e	0.9	0.7	0.9	0.4	0.9
19-23	Chemical, rubber, plastic, non-metallic mineral products	248.1 e	262.2 e	229.6 e	246.7	261.0	290.9	264.1	266.4
19	Coke and refined petroleum products	0.8 e	1.2 e	1.6 e	1.7	3.9	3.5	1.4	1.2
20-21	Chemical and pharmaceutical products	165.3 e	184.6 e	138.1 e	145.5	155.6	180.9	164.9	166.3
20	Chemicals and chemical products	63.4 e	57.8 e	49.8 e	50.7	47.2	52.5	49.9	53.4
21	Pharmaceuticals, medicinal, chemical and botanical products	101.9 e	126.7 e	88.3 e	94.8	108.4	128.3	115.0	112.9
22	Rubber and plastic products	51.5 e	46.9 e	53.3 e	58.1	65.5	72.0	65.3	66.4
23	Other non-metallic mineral products	30.5 e	29.5 e	36.5 e	41.6	36.0	34.5	32.6	32.6
24-25	Basic metals, metal products, except machinery and equipment	67.2 e	105.9 e	118.9 e	112.4	131.0	147.3	107.7	126.8
24	Basic metals	16.3 e	15.2 e	14.1 e	11.6	11.2	9.9	8.2	14.4
25	Fabricated metal products, except machinery and equipment	50.9 e	90.7 e	104.7 e	100.8	119.8	137.4	99.5	112.3
26-30	Computer, electronic, optical products; electrical machinery, transport equipment	942.8 e	1 054.4 e	1 184.9 e	1 357.2	1 537.7	1 554.3	1 647.1	1 872.2
26	Computer, electronic and optical products	193.7 e	179.5 e	225.2 e	240.1	272.3	267.0	309.7	284.6
27	Electrical equipment	105.7 e	123.4 e	197.6 e	113.2	137.0	138.2	132.8	152.4
28	Machinery and equipment n.e.c.	254.8 e	286.7 e	240.1 e	325.0	344.0	336.7	322.5	320.2
29	Motor vehicles, trailers and semi-trailers	237.6 e	259.7 e	346.4 e	505.4	591.8	645.8	703.6	893.3
30	Other transport equipment	151.1 e	205.1 e	175.6 e	173.5	192.6	166.7	178.6	221.6
31-33	Furniture; repair, installation of machinery and equipment	75.1 e	100.4 e	59.2 e	80.7	89.5	77.9	71.3	90.8
31	Furniture	2.1 e	1.7 e	4.2 e	4.6	9.2	3.0	2.0	2.1
32	Other manufacturing	24.7 e	34.6 e	27.9 e	36.2	32.4	29.0	34.0	38.0
33	Repair and installation of machinery and equipment	48.3 e	64.2 e	27.1 e	40.0	47.9	45.9	35.3	50.7
35-39	**ELECTRICITY, GAS, WATER AND WASTE MANAGEMENT**	15.9 e	20.8 e	22.0 e	27.0	24.8	26.9	20.3	18.9
35-36	Electricity, gas and water	7.6 e	10.4 e	9.4 e	9.5	9.3	9.5	11.6	7.5
37-39	Sewerage, waste management and remediation activities	8.3 e	10.4 e	12.5 e	17.6	15.5	17.4	8.7	11.3
41-43	**CONSTRUCTION**	27.2 e	25.3 e	26.9 e	31.8	35.5	35.0	28.8	32.9
45-99	**TOTAL SERVICES**	753.1 e	854.2 e	1 049.0 e	1 023.4	1 102.3	1 092.7	1 108.7	1 300.6
45-82	**Business sector services**	717.2 e	819.0 e	1 017.1 e	988.1	1 074.2	1 057.9	1 092.2	1 282.8
45-47	Wholesale and retail trade; motor vehicle and motorcycle repairs	22.9 e	20.8 e	1.8 e	0.0	0.1	3.1	3.3	5.0
49-53	Transportation and storage	9.1 e	2.0 e	2.6 e	4.2	3.9	3.7	2.7	4.0
55-56	Accommodation and food service activities	0.0 e	0.1 e	1.1 e	0.0	0.0	0.1	0.1	0.2
58-63	Information and communication	278.7 e	375.7 e	423.8 e	435.1	565.7	577.1	614.9	745.7
58-60	Publishing, audiovisual and broadcasting activities	1.7 e	2.0 e	16.2 e	0.0	2.1	0.5	0.4	0.8
58	Publishing activities	..	..	..	..	..	0.1	..	0.4
59-60	Motion picture, video and TV programme production; broadcasting activities	..	..	..	..	..	0.5	..	0.4
59	Motion picture, video and TV programme production; sound and music	..	..	..	..	..	..	..	0.3
60	Programming and broadcasting activities	..	..	..	..	..	..	..	0.1
61	Telecommunications	53.2 e	46.2 e	49.7 e	54.9	62.0	57.9	62.6	59.9
62-63	IT and other information services	223.9 e	327.5 e	357.9 e	380.2	501.7	518.7	551.8	685.0
62	Computer programming, consultancy and related activities	205.8 e	242.6 e	253.8 e	259.4	376.4	442.0	497.8	603.1
63	Information service activities	18.1 e	85.0 e	104.1 e	120.7	125.3	76.7	54.0	81.8
64-66	Financial and insurance activities	40.6 e	33.3 e	35.3 e	43.9	41.1	21.7	44.4	49.0
68-82	Real estate; professional, scientific and technical; administrative and support	365.9 e	387.1 e	552.4 e	504.9	463.3	452.2	426.8	479.0
68	Real estate activities	4.0 e	4.3 e	0.1 e	0.0	0.0	0.0	0.0	0.0
69-75x72	Professional, scientific and technical activities, except scientific R&D	83.6 e	102.4 e	27.0 e	29.2	31.9	43.7	31.3	34.1
72	Scientific research and development	277.2 e	279.7 e	524.9 e	475.1	430.9	408.5	395.4	444.6
77-82	Administrative and support service activities	1.0 e	0.7 e	0.4 e	0.6	0.4	0.0	0.1	0.3
84-99	Community, social and personal services	36.0 e	35.2 e	31.9 e	35.4	28.2	34.8	16.4	17.9
84-85	Public administration and defence; compulsory social security and education	10.7 e	10.1 e	10.6 e	14.1	9.0	10.9	5.9	7.7
86-88	Human health and social work activities	19.2 e	19.8 e	19.3 e	16.5	15.8	19.2	5.0	6.0
90-93	Arts, entertainment and recreation	5.4 e	3.7 e	0.2 e	0.1	0.1	0.0	0.0	0.0
94-99	Other services; household-employers; extraterritorial bodies	0.7 e	1.5 e	1.8 e	4.7	3.3	4.7	5.5	4.1

.. Not available; e Estimated value
Note: Detailed metadata at: *http://metalinks.oecd.org/anberd/20191119/b539.*

DENMARK

R&D expenditure in industry by main activity of the enterprise, current prices
ISIC Rev. 4

Million USD PPP

		2010	2011	2012	2013	2014	2015	2016	2017
	TOTAL BUSINESS ENTERPRISE	4 664.8	4 859.9	4 897.4	4 936.6	5 023.4	5 406.7	5 864.7	6 171.1
01-03	AGRICULTURE, FORESTRY AND FISHING	7.0	7.0	5.8	7.1	6.5	6.7	4.1	55.5
05-09	MINING AND QUARRYING	5.7	5.6	1.9	6.4	11.1	11.2	10.2	10.8
10-33	MANUFACTURING	2 441.1	2 524.4	2 754.5	2 870.2	2 913.6	3 048.2	3 096.3	3 447.2
10-12	Food products, beverages and tobacco	49.8	69.0	81.9	64.8	54.0	64.4	70.6	78.8
13-15	Textiles, wearing apparel, leather and related products	4.0	2.4	2.7	2.7	2.7	3.1	4.3	7.5
13	Textiles	2.5	1.5	1.7	2.3	2.3	2.7	4.0	6.9
14	Wearing apparel	..	..	1.0	0.5	0.4	0.5	0.3	0.5
15	Leather and related products, footwear	..	..	0.0	0.0	0.0	0.0	0.0	0.0
16-18	Wood and paper products and printing	6.3	5.9	4.6	46.7	7.9	3.1	2.5	5.8
16	Wood and wood products, except furniture	1.1	1.4	1.5	43.4	2.3	1.9	1.3	1.7
17	Paper and paper products	3.9	4.2	3.1	3.3	5.6	1.2	1.1	1.4
18	Printing and reproduction of recorded media	1.3	0.3	0.0	0.0	0.0	0.0	0.0	2.6
19-23	Chemical, rubber, plastic, non-metallic mineral products	1 194.9	1 185.8	1 418.6	1 476.6	1 541.9	1 678.3	1 831.0	1 751.4
19	Coke and refined petroleum products	..	..	..	..	..	..	..	..
20-21	Chemical and pharmaceutical products	..	..	..	..	..	..	..	..
20	Chemicals and chemical products	..	..	..	..	..	..	..	..
21	Pharmaceuticals, medicinal, chemical and botanical products	930.5	892.2	1 065.8	1 127.2	1 162.6	1 239.0	1 453.4	1 394.3
22	Rubber and plastic products	51.0	50.3	53.8	55.0	55.8	62.4	16.2	19.4
23	Other non-metallic mineral products	5.5	4.7	22.4	23.4	24.7	26.2	6.2	24.5
24-25	Basic metals, metal products, except machinery and equipment	15.9	19.5	19.8	19.8	17.5	24.1	27.4	26.0
24	Basic metals	2.8	3.1	3.2	2.9	2.9	3.3	4.4	5.8
25	Fabricated metal products, except machinery and equipment	13.1	16.4	16.6	16.8	14.6	20.8	23.0	20.2
26-30	Computer, electronic, optical products; electrical machinery, transport equipment	1 040.4	1 112.5	1 079.5	1 078.1	1 081.8	1 014.6	963.0	1 378.6
26	Computer, electronic and optical products	334.2	325.7	373.3	406.2	412.4	438.4	481.7	511.4
27	Electrical equipment	70.3	78.6	73.1	69.0	67.7	57.4	72.6	71.4
28	Machinery and equipment n.e.c.	620.3	687.7	612.4	581.1	583.3	498.4	387.7	773.2
29	Motor vehicles, trailers and semi-trailers	10.5	14.9	15.3	15.6	11.6	10.8	14.0	12.2
30	Other transport equipment	5.1	5.5	5.4	6.1	6.8	9.7	7.0	10.3
31-33	Furniture; repair, installation of machinery and equipment	129.6	129.3	147.3	181.5	208.0	261.0	197.7	199.2
31	Furniture	5.2	6.1	4.5	4.0	5.6	6.8	7.4	8.7
32	Other manufacturing	123.7	123.2	141.3	177.5	202.4	253.7	190.1	190.5
33	Repair and installation of machinery and equipment	0.7	0.0	1.5	0.0	0.0	0.4	0.1	0.0
35-39	ELECTRICITY, GAS, WATER AND WASTE MANAGEMENT	31.4	37.3	13.2	12.4	13.5	27.9	19.4	23.0
35-36	Electricity, gas and water	30.5	34.2	9.2	10.9	8.9	13.0	14.2	18.5
37-39	Sewerage, waste management and remediation activities	0.9	3.1	4.0	1.5	4.6	14.9	5.2	4.6
41-43	CONSTRUCTION	7.3	5.3	5.9	7.2	5.0	5.1	6.2	5.2
45-99	TOTAL SERVICES	2 172.3	2 280.4	2 116.1	2 033.2	2 073.6	2 307.6	2 728.5	2 629.1
45-82	Business sector services	2 171.7	2 250.4	2 072.9	1 996.2	2 043.6	2 294.4	2 714.7	2 571.2
45-47	Wholesale and retail trade; motor vehicle and motorcycle repairs	176.0	255.7	236.8	160.8	224.2	240.3	247.0	359.7
49-53	Transportation and storage	19.4	7.5	15.6	8.9	7.8	9.3	8.7	7.8
55-56	Accommodation and food service activities	0.5	0.3	0.1	1.9	1.2	3.0	1.7	2.4
58-63	Information and communication	769.5	749.3	594.8	492.3	480.6	552.9	688.6	462.3
58-60	Publishing, audiovisual and broadcasting activities	114.2	89.3	74.3	71.4	86.0	133.6	76.5	42.7
58	Publishing activities	105.1	86.9	73.0	67.3	80.9	123.0	74.3	39.5
59-60	Motion picture, video and TV programme production; broadcasting activities	9.1	2.5	1.3	4.1	5.0	10.7	2.2	3.2
59	Motion picture, video and TV programme production; sound and music	9.1	2.5	1.3	4.1	3.5	9.3	2.2	1.1
60	Programming and broadcasting activities	0.0	0.0	0.0	0.0	1.5	1.4	0.0	2.2
61	Telecommunications	31.8	52.0	64.0	52.8	30.6	37.5	27.2	13.8
62-63	IT and other information services	623.4	607.9	456.5	368.1	364.0	381.7	584.9	405.8
62	Computer programming, consultancy and related activities	618.8	595.7	444.5	353.7	350.5	360.2	548.9	387.3
63	Information service activities	4.6	12.2	12.0	14.3	13.5	21.5	36.0	18.4
64-66	Financial and insurance activities	510.0	531.7	541.5	541.4	547.7	632.4	682.5	753.2
68-82	Real estate; professional, scientific and technical; administrative and support	696.4	705.8	684.1	790.9	782.3	856.6	1 086.3	985.9
68	Real estate activities	0.0	1.3	3.1	6.8	2.0	2.3	2.1	8.2
69-75x72	Professional, scientific and technical activities, except scientific R&D	151.2	164.9	161.7	174.9	159.1	248.8	225.7	241.5
72	Scientific research and development	537.4	530.1	512.2	604.6	611.2	601.9	846.6	665.6
77-82	Administrative and support service activities	7.7	9.5	7.0	4.6	10.0	3.6	11.9	70.6
84-99	Community, social and personal services	0.6	30.0	43.2	37.1	30.0	13.1	13.8	57.9
84-85	Public administration and defence; compulsory social security and education	..	..	..	..	..	..	..	..
86-88	Human health and social work activities	..	..	..	..	..	..	..	..
90-93	Arts, entertainment and recreation	0.3	0.1	6.1	5.2	5.0	4.4	6.6	16.2
94-99	Other services; household-employers; extraterritorial bodies	0.1	29.9	29.6	31.5	24.7	8.9	7.0	41.6

.. Not available

Note: Detailed metadata at: http://metalinks.oecd.org/anberd/20191119/b539.

DENMARK

R&D expenditure in industry by main activity of the enterprise, constant prices
ISIC Rev. 4

2010 USD PPP

		2010	2011	2012	2013	2014	2015	2016	2017
	TOTAL BUSINESS ENTERPRISE	**4 664.8**	**4 749.6**	**4 736.3**	**4 601.2**	**4 617.9**	**4 931.7**	**5 259.9**	**5 244.7**
01-03	**AGRICULTURE, FORESTRY AND FISHING**	**7.0**	**6.8**	**5.6**	**6.6**	**6.0**	**6.1**	**3.6**	**47.2**
05-09	**MINING AND QUARRYING**	**5.7**	**5.4**	**1.8**	**6.0**	**10.2**	**10.2**	**9.2**	**9.2**
10-33	**MANUFACTURING**	**2 441.1**	**2 467.1**	**2 663.9**	**2 675.2**	**2 678.4**	**2 780.4**	**2 777.0**	**2 929.7**
10-12	Food products, beverages and tobacco	49.8	67.4	79.2	60.4	49.7	58.7	63.3	66.9
13-15	Textiles, wearing apparel, leather and related products	4.0	2.3	2.6	2.5	2.5	2.9	3.8	6.3
13	Textiles	2.5	1.5	1.7	2.1	2.1	2.5	3.6	5.9
14	Wearing apparel	..	..	0.9	0.4	0.4	0.5	0.2	0.4
15	Leather and related products, footwear	..	..	0.0	0.0	0.0	0.0	0.0	0.0
16-18	Wood and paper products and printing	6.3	5.7	4.4	43.5	7.3	2.9	2.2	4.9
16	Wood and wood products, except furniture	1.1	1.4	1.5	40.4	2.1	1.7	1.2	1.5
17	Paper and paper products	3.9	4.1	3.0	3.1	5.1	1.1	1.0	1.2
18	Printing and reproduction of recorded media	1.3	0.3	0.0	0.0	0.0	0.0	0.0	2.2
19-23	Chemical, rubber, plastic, non-metallic mineral products	1 194.9	1 158.9	1 372.0	1 376.3	1 417.4	1 530.8	1 642.1	1 488.5
19	Coke and refined petroleum products	..	..	..	..	..	..	..	..
20-21	Chemical and pharmaceutical products	..	..	..	..	..	..	..	..
20	Chemicals and chemical products	..	..	..	..	..	..	..	..
21	Pharmaceuticals, medicinal, chemical and botanical products	930.5	872.0	1 030.8	1 050.6	1 068.7	1 130.2	1 303.5	1 185.0
22	Rubber and plastic products	51.0	49.2	52.0	51.3	51.3	57.0	14.5	16.5
23	Other non-metallic mineral products	5.5	4.6	21.7	21.8	22.7	23.9	5.6	20.8
24-25	Basic metals, metal products, except machinery and equipment	15.9	19.1	19.2	18.4	16.1	22.0	24.6	22.1
24	Basic metals	2.8	3.1	3.1	2.7	2.6	3.0	3.9	4.9
25	Fabricated metal products, except machinery and equipment	13.1	16.0	16.1	15.7	13.4	19.0	20.7	17.1
26-30	Computer, electronic, optical products; electrical machinery, transport equipment	1 040.4	1 087.2	1 044.0	1 004.8	994.4	925.5	863.6	1 171.6
26	Computer, electronic and optical products	334.2	318.3	361.0	378.7	379.1	399.9	432.0	434.7
27	Electrical equipment	70.3	76.9	70.7	64.4	62.2	52.3	65.1	60.7
28	Machinery and equipment n.e.c.	620.3	672.1	592.3	541.6	536.2	454.6	347.7	657.2
29	Motor vehicles, trailers and semi-trailers	10.5	14.6	14.8	14.6	10.7	9.9	12.5	10.4
30	Other transport equipment	5.1	5.4	5.2	5.7	6.3	8.9	6.3	8.8
31-33	Furniture; repair, installation of machinery and equipment	129.6	126.4	142.4	169.2	191.2	238.0	177.3	169.3
31	Furniture	5.2	6.0	4.3	3.7	5.1	6.2	6.7	7.4
32	Other manufacturing	123.7	120.4	136.7	165.5	186.0	231.4	170.5	161.9
33	Repair and installation of machinery and equipment	0.7	0.0	1.5	0.0	0.0	0.4	0.1	0.0
35-39	**ELECTRICITY, GAS, WATER AND WASTE MANAGEMENT**	**31.4**	**36.5**	**12.8**	**11.6**	**12.4**	**25.5**	**17.4**	**19.6**
35-36	Electricity, gas and water	30.5	33.4	8.9	10.2	8.2	11.9	12.8	15.7
37-39	Sewerage, waste management and remediation activities	0.9	3.0	3.9	1.4	4.3	13.6	4.7	3.9
41-43	**CONSTRUCTION**	**7.3**	**5.2**	**5.7**	**6.7**	**4.6**	**4.6**	**5.6**	**4.4**
45-99	**TOTAL SERVICES**	**2 172.3**	**2 228.6**	**2 046.5**	**1 895.1**	**1 906.2**	**2 104.8**	**2 447.1**	**2 234.4**
45-82	**Business sector services**	**2 171.7**	**2 199.3**	**2 004.7**	**1 860.6**	**1 878.6**	**2 092.8**	**2 434.8**	**2 185.3**
45-47	Wholesale and retail trade; motor vehicle and motorcycle repairs	176.0	249.9	229.0	149.9	206.1	219.2	221.6	305.7
49-53	Transportation and storage	19.4	7.4	15.1	8.3	7.1	8.5	7.8	6.6
55-56	Accommodation and food service activities	0.5	0.3	0.1	1.7	1.1	2.7	1.5	2.0
58-63	Information and communication	769.5	732.3	575.2	458.8	441.8	504.3	617.6	392.9
58-60	Publishing, audiovisual and broadcasting activities	114.2	87.3	71.9	66.6	79.0	121.9	68.6	36.3
58	Publishing activities	105.1	84.9	70.6	62.7	74.4	112.2	66.6	33.6
59-60	Motion picture, video and TV programme production; broadcasting activities	9.1	2.4	1.3	3.9	4.6	9.7	2.0	2.8
59	Motion picture, video and TV programme production; sound and music	9.1	2.4	1.3	3.9	3.3	8.5	2.0	0.9
60	Programming and broadcasting activities	0.0	0.0	0.0	0.0	1.4	1.2	0.0	1.8
61	Telecommunications	31.8	50.9	61.9	49.2	28.1	34.2	24.4	11.7
62-63	IT and other information services	623.4	594.1	441.5	343.1	334.7	348.2	524.6	344.9
62	Computer programming, consultancy and related activities	618.8	582.2	429.9	329.7	322.2	328.6	492.3	329.2
63	Information service activities	4.6	11.9	11.6	13.4	12.4	19.6	32.3	15.7
64-66	Financial and insurance activities	510.0	519.6	523.7	504.7	503.5	576.9	612.1	640.1
68-82	Real estate; professional, scientific and technical; administrative and support	696.4	689.8	661.6	737.2	719.1	781.3	974.3	837.9
68	Real estate activities	0.0	1.2	3.0	6.3	1.9	2.1	1.9	7.0
69-75x72	Professional, scientific and technical activities, except scientific R&D	151.2	161.2	156.4	163.0	146.3	226.9	202.4	205.3
72	Scientific research and development	537.4	518.1	495.3	563.5	561.8	549.0	759.3	565.7
77-82	Administrative and support service activities	7.7	9.3	6.8	4.3	9.2	3.2	10.7	60.0
84-99	Community, social and personal services	0.6	29.3	41.8	34.5	27.6	12.0	12.4	49.2
84-85	Public administration and defence; compulsory social security and education	..	..	..	..	..	..	..	..
86-88	Human health and social work activities	..	..	..	..	..	..	..	..
90-93	Arts, entertainment and recreation	0.3	0.1	5.9	4.9	4.6	4.0	5.9	13.8
94-99	Other services; household-employers; extraterritorial bodies	0.1	29.3	28.7	29.4	22.7	8.1	6.3	35.4

.. Not available

Note: Detailed metadata at: *http://metalinks.oecd.org/anberd/20191119/b539.*

ESTONIA

R&D expenditure in industry by main activity of the enterprise, current prices
ISIC Rev. 4

Million USD PPP

		2010	2011	2012	2013	2014	2015	2016	2017
	TOTAL BUSINESS ENTERPRISE	228.0	474.7	420.3	297.8	236.9	259.5	261.0	268.0
01-03	**AGRICULTURE, FORESTRY AND FISHING**	..	0.1	..	..	..	0.0	0.0	0.0
05-09	**MINING AND QUARRYING**	..	..	..	..	..	..	..	..
10-33	**MANUFACTURING**	83.7	302.8	182.3	102.9	51.0	70.0	64.3	79.3
10-12	Food products, beverages and tobacco	3.0	2.7	2.6	9.0	6.0	6.3	10.1	3.4
13-15	Textiles, wearing apparel, leather and related products	1.0	1.0	0.9	1.0	1.2	1.2	1.0	1.0
13	Textiles	..	..	..	..	..	..	..	..
14	Wearing apparel	..	..	..	..	..	..	..	..
15	Leather and related products, footwear	..	..	..	..	..	..	..	..
16-18	Wood and paper products and printing	3.9	1.1	0.2	0.6	0.1	1.1	0.6	0.2
16	Wood and wood products, except furniture	..	..	..	0.6	0.1	0.0	0.3	0.2
17	Paper and paper products	0.0	0.0	0.0	0.0	0.0	0.0	0.0	0.0
18	Printing and reproduction of recorded media	..	..	..	0.0	0.0	1.0	0.3	0.0
19-23	Chemical, rubber, plastic, non-metallic mineral products	..	..	..	..	..	..	..	..
19	Coke and refined petroleum products	..	263.9	146.3	64.5	9.1	22.2	1.5	8.6
20-21	Chemical and pharmaceutical products	6.9	9.2	8.5	6.7	5.9	6.3	5.0	5.4
20	Chemicals and chemical products	6.4	3.0	6.8	4.8	3.7	4.6	4.2	4.0
21	Pharmaceuticals, medicinal, chemical and botanical products	0.5	6.2	1.7	1.9	2.1	1.6	0.8	1.4
22	Rubber and plastic products	1.3	1.7	1.6	0.8	7.6	0.4	0.7	1.0
23	Other non-metallic mineral products	..	..	..	..	..	..	..	..
24-25	Basic metals, metal products, except machinery and equipment	..	0.7	0.4	..	..	..	..	..
24	Basic metals	..	0.0	0.0	..	..	..	..	..
25	Fabricated metal products, except machinery and equipment	0.7	0.7	0.4	1.6	1.4	0.9	0.9	1.0
26-30	Computer, electronic, optical products; electrical machinery, transport equipment	13.3	19.2	18.7	16.0	16.7	29.4	41.8	56.1
26	Computer, electronic and optical products	5.6	5.7	4.5	5.0	8.0	12.4	16.9	26.1
27	Electrical equipment	3.2	7.9	8.4	3.4	4.7	9.1	10.2	19.0
28	Machinery and equipment n.e.c.	2.0	1.6	1.4	5.2	1.2	1.6	2.9	6.3
29	Motor vehicles, trailers and semi-trailers	1.8	3.7	4.4	2.3	2.8	3.3	8.5	4.7
30	Other transport equipment	..	..	..	..	..	..	..	..
31-33	Furniture; repair, installation of machinery and equipment	..	3.0	..	2.2	..	..	..	..
31	Furniture	0.5	0.4	0.6	0.4	..	..	..	..
32	Other manufacturing	2.2	2.4	1.6	1.5	1.5	0.6	1.3	1.5
33	Repair and installation of machinery and equipment	..	0.1	..	0.4	0.2	0.2	0.4	0.0
35-39	**ELECTRICITY, GAS, WATER AND WASTE MANAGEMENT**	4.9	23.7	33.0	9.6	25.2	15.4	16.3	16.1
35-36	Electricity, gas and water	..	..	..	..	..	..	..	..
37-39	Sewerage, waste management and remediation activities	..	..	..	..	..	..	..	..
41-43	**CONSTRUCTION**	..	0.7	5.9	..	..	..	1.1	2.2
45-99	**TOTAL SERVICES**	137.5	147.0	198.7	181.1	155.0	173.3	173.6	169.8
45-82	**Business sector services**	137.5	144.5	196.2	178.9	151.1	170.9	173.3	169.6
45-47	Wholesale and retail trade; motor vehicle and motorcycle repairs	2.9	2.9	3.3	2.7	2.7	0.2	2.4	4.1
49-53	Transportation and storage	..	..	..	..	..	..	..	..
55-56	Accommodation and food service activities	0.0	0.0	0.0	0.0	0.0	0.0	0.0	0.0
58-63	Information and communication	57.6	68.9	101.0	85.2	71.6	93.9	104.0	92.8
58-60	Publishing, audiovisual and broadcasting activities	..	..	..	..	..	..	..	..
58	Publishing activities	..	..	..	..	..	..	..	..
59-60	Motion picture, video and TV programme production; broadcasting activities	0.0	0.0	0.0	0.0	0.0	0.0	0.0	0.0
59	Motion picture, video and TV programme production; sound and music	0.0	0.0	0.0	0.0	0.0	0.0	0.0	0.0
60	Programming and broadcasting activities	0.0	0.0	0.0	0.0	0.0	0.0	0.0	0.0
61	Telecommunications	3.9	11.5	25.0	11.9	10.8	10.1	13.7	16.5
62-63	IT and other information services	53.6	57.3	75.9	..	..	..	..	..
62	Computer programming, consultancy and related activities	52.6	54.6	73.2	69.6	59.4	78.1	84.2	70.3
63	Information service activities	1.0	2.7	2.7	..	..	..	..	..
64-66	Financial and insurance activities	25.9	22.5	22.5	25.4	25.1	24.5	23.0	29.9
68-82	Real estate; professional, scientific and technical; administrative and support	50.5	49.4	69.4	65.4	50.0	49.9	39.4	38.4
68	Real estate activities	0.0	0.0	0.0	0.0	0.0	0.0	0.0	0.0
69-75x72	Professional, scientific and technical activities, except scientific R&D	6.9	7.9	11.2	10.8	9.6	11.2	9.1	2.6
72	Scientific research and development	41.8	40.5	57.5	54.1	40.2	33.3	30.2	34.3
77-82	Administrative and support service activities	1.9	..	..	..	..	..	..	..
84-99	Community, social and personal services	..	2.6	2.5	2.2	3.9	2.5	0.4	0.2
84-85	Public administration and defence; compulsory social security and education	0.0	0.0	0.0	0.0	0.0	0.0	0.1	0.0
86-88	Human health and social work activities	..	2.6	2.5	2.2	3.9	2.5	0.3	0.2
90-93	Arts, entertainment and recreation	0.0	0.0	0.0	0.0	0.0	0.0	0.0	0.0
94-99	Other services; household-employers; extraterritorial bodies	0.0	0.0	0.0	0.0	0.0	0.0	0.0	0.0

.. Not available

Note: Detailed metadata at: *http://metalinks.oecd.org/anberd/20191119/b539*.

ESTONIA

R&D expenditure in industry by main activity of the enterprise, constant prices
ISIC Rev. 4

2010 USD PPP

		2010	2011	2012	2013	2014	2015	2016	2017
	TOTAL BUSINESS ENTERPRISE	**228.0**	**450.5**	**393.8**	**270.2**	**210.5**	**232.7**	**229.0**	**227.5**
01-03	AGRICULTURE, FORESTRY AND FISHING	..	0.1	..	..	..	0.0	0.0	0.0
05-09	MINING AND QUARRYING	..	..	..	..	..	..	..	..
10-33	MANUFACTURING	83.7	287.4	170.8	93.3	45.3	62.8	56.4	67.3
10-12	Food products, beverages and tobacco	3.0	2.5	2.4	8.1	5.3	5.7	8.9	2.9
13-15	Textiles, wearing apparel, leather and related products	1.0	1.0	0.8	0.9	1.1	1.1	0.9	0.9
13	Textiles	..	..	..	..	..	..	..	..
14	Wearing apparel	..	..	..	..	..	..	..	..
15	Leather and related products, footwear	..	..	..	..	..	..	..	..
16-18	Wood and paper products and printing	3.9	1.1	0.2	0.6	0.1	1.0	0.5	0.2
16	Wood and wood products, except furniture	..	..	..	0.6	0.1	0.0	0.2	0.2
17	Paper and paper products	0.0	0.0	0.0	0.0	0.0	0.0	0.0	0.0
18	Printing and reproduction of recorded media	..	..	..	0.0	0.0	0.9	0.3	0.0
19-23	Chemical, rubber, plastic, non-metallic mineral products								
19	Coke and refined petroleum products	..	250.4	137.1	58.5	8.1	19.9	1.3	7.3
20-21	Chemical and pharmaceutical products	6.9	8.8	8.0	6.1	5.2	5.6	4.4	4.6
20	Chemicals and chemical products	6.4	2.9	6.4	4.3	3.3	4.1	3.7	3.4
21	Pharmaceuticals, medicinal, chemical and botanical products	0.5	5.9	1.6	1.7	1.9	1.5	0.7	1.2
22	Rubber and plastic products	1.3	1.7	1.5	0.8	6.7	0.4	0.6	0.8
23	Other non-metallic mineral products	..	..	..	..	..	..	..	..
24-25	Basic metals, metal products, except machinery and equipment	..	0.7	0.4	..	..	..	..	..
24	Basic metals	..	0.0	0.0	..	..	..	..	..
25	Fabricated metal products, except machinery and equipment	0.7	0.7	0.4	1.5	1.2	0.8	0.8	0.9
26-30	Computer, electronic, optical products; electrical machinery, transport equipment	13.3	18.2	17.6	14.5	14.8	26.4	36.7	47.6
26	Computer, electronic and optical products	5.6	5.4	4.2	4.5	7.1	11.1	14.8	22.2
27	Electrical equipment	3.2	7.5	7.9	3.1	4.2	8.2	8.9	16.1
28	Machinery and equipment n.e.c.	2.0	1.5	1.3	4.7	1.1	1.4	2.6	5.4
29	Motor vehicles, trailers and semi-trailers	1.8	3.5	4.1	2.1	2.5	3.0	7.4	4.0
30	Other transport equipment	..	..	..	..	..	..	..	..
31-33	Furniture; repair, installation of machinery and equipment	..	2.8	..	2.0	..	..	..	..
31	Furniture	0.5	0.4	0.5	0.3	..	..	..	..
32	Other manufacturing	2.2	2.3	1.5	1.3	1.4	0.5	1.1	1.3
33	Repair and installation of machinery and equipment	..	0.1	..	0.3	0.2	0.2	0.3	0.0
35-39	ELECTRICITY, GAS, WATER AND WASTE MANAGEMENT	4.9	22.5	30.9	8.7	22.4	13.8	14.3	13.7
35-36	Electricity, gas and water	..	..	..	..	..	..	..	..
37-39	Sewerage, waste management and remediation activities	..	..	..	..	..	..	..	..
41-43	CONSTRUCTION	..	0.7	5.6	..	..	..	0.9	1.9
45-99	**TOTAL SERVICES**	**137.5**	**139.6**	**186.1**	**164.3**	**137.7**	**155.5**	**152.3**	**144.1**
45-82	Business sector services	137.5	137.1	183.8	162.3	134.2	153.3	152.0	143.9
45-47	Wholesale and retail trade; motor vehicle and motorcycle repairs	2.9	2.7	3.0	2.5	2.4	0.2	2.1	3.5
49-53	Transportation and storage	..	..	..	..	..	..	..	..
55-56	Accommodation and food service activities	0.0	0.0	0.0	0.0	0.0	0.0	0.0	0.0
58-63	Information and communication	57.6	65.4	94.6	77.3	63.6	84.3	91.3	78.8
58-60	Publishing, audiovisual and broadcasting activities	..	..	..	..	..	..	..	..
58	Publishing activities	..	..	..	..	..	..	..	..
59-60	Motion picture, video and TV programme production; broadcasting activities	0.0	0.0	0.0	0.0	0.0	0.0	0.0	0.0
59	Motion picture, video and TV programme production; sound and music	0.0	0.0	0.0	0.0	0.0	0.0	0.0	0.0
60	Programming and broadcasting activities	0.0	0.0	0.0	0.0	0.0	0.0	0.0	0.0
61	Telecommunications	3.9	10.9	23.4	10.8	9.6	9.0	12.0	14.0
62-63	IT and other information services	53.6	54.3	71.2	..	..	..	..	..
62	Computer programming, consultancy and related activities	52.6	51.8	68.6	63.2	52.7	70.0	73.9	59.6
63	Information service activities	1.0	2.5	2.6	..	..	..	..	..
64-66	Financial and insurance activities	25.9	21.3	21.0	23.0	22.3	22.0	20.1	25.3
68-82	**Real estate; professional, scientific and technical; administrative and support**	**50.5**	**46.8**	**65.0**	**59.3**	**44.4**	**44.8**	**34.5**	**32.6**
68	Real estate activities	0.0	0.0	0.0	0.0	0.0	0.0	0.0	0.0
69-75x72	Professional, scientific and technical activities, except scientific R&D	6.9	7.5	10.5	9.8	8.6	10.0	8.0	2.2
72	Scientific research and development	41.8	38.4	53.9	49.1	35.7	29.8	26.5	29.1
77-82	Administrative and support service activities	1.9	..	..	..	..	..	..	..
84-99	Community, social and personal services	..	2.4	2.3	2.0	3.5	2.2	0.3	0.2
84-85	Public administration and defence; compulsory social security and education	0.0	0.0	0.0	0.0	0.0	0.0	0.1	0.0
86-88	Human health and social work activities	..	2.4	2.3	2.0	3.5	2.2	0.2	0.1
90-93	Arts, entertainment and recreation	0.0	0.0	0.0	0.0	0.0	0.0	0.0	0.0
94-99	Other services; household-employers; extraterritorial bodies	0.0	0.0	0.0	0.0	0.0	0.0	0.0	0.0

.. Not available
Note: Detailed metadata at: http://metalinks.oecd.org/anberd/20191119/b539.

FINLAND

R&D expenditure in industry by main activity of the enterprise, current prices
ISIC Rev. 4

Million USD PPP

Code	Activity	2010	2011	2012	2013	2014	2015	2016	2017
	TOTAL BUSINESS ENTERPRISE	5 390.6	5 620.3	5 167.9	5 083.5	4 860.5	4 459.8	4 339.3	4 592.9
01-03	**AGRICULTURE, FORESTRY AND FISHING**	3.9	5.5	2.0	3.2	1.7	1.8	1.9	4.9
05-09	**MINING AND QUARRYING**	9.1	9.3	10.9	9.4	6.9	7.5	10.3	19.0
10-33	**MANUFACTURING**	4 294.3	4 318.3	3 728.4	3 626.2	3 446.2	2 992.9	2 788.2	2 873.2
10-12	Food products, beverages and tobacco	71.6	71.5	65.6	75.7	78.2	66.7	53.9	65.7
13-15	Textiles, wearing apparel, leather and related products	9.6	7.6	5.4	7.0	9.7	12.2	8.5	7.0
13	Textiles	1.5 e	1.0 e	0.8 e	1.7 e	0.7 e	4.4	5.3	4.0
14	Wearing apparel	8.0 e	6.5 e	4.5 e	5.1 e	9.0 e	7.6	3.1 e	2.9 e
15	Leather and related products, footwear	0.1 e	0.1 e	0.1 e	0.1 e	0.0 e	0.1	0.0 e	0.1 e
16-18	Wood and paper products and printing	129.6	101.1	109.1	105.0	99.8	114.4	112.1	116.4
16	Wood and wood products, except furniture	12.0	10.7	8.5	8.4	8.8	5.6	9.3	9.7
17	Paper and paper products	112.7	84.5	94.3	90.0	85.0	99.5	95.0	98.4
18	Printing and reproduction of recorded media	4.9	5.8	6.4	6.6	6.0	9.3	7.9	8.3
19-23	Chemical, rubber, plastic, non-metallic mineral products	367.5	390.1 e	385.0 e	385.5 e	363.5 e	387.6 e	418.6 e	442.5 e
19	Coke and refined petroleum products	45.6	45.6 e	41.9 e	41.4 e	28.7 e	38.6 e	41.8 e	44.1 e
20-21	Chemical and pharmaceutical products	252.6	273.6	267.2	273.8	264.3	276.9	301.2	304.4
20	Chemicals and chemical products	135.7	143.5	117.1	141.4	115.8	133.7	141.6	136.1
21	Pharmaceuticals, medicinal, chemical and botanical products	116.9	130.1	150.1	132.4	148.5	143.3	159.6	168.3
22	Rubber and plastic products	35.9	37.2	38.6	40.0	38.0	41.1	42.9	62.8
23	Other non-metallic mineral products	33.3	33.7	37.3	30.3	32.4	31.0	32.7	31.1
24-25	Basic metals, metal products, except machinery and equipment	116.0	108.3	98.9	93.6	82.1	81.3	79.9	92.6
24	Basic metals	66.8	56.4	51.9	44.7	35.6	41.2	40.7	36.0
25	Fabricated metal products, except machinery and equipment	49.2	51.9	47.0	48.8	46.5	40.1	39.1	56.6
26-30	Computer, electronic, optical products; electrical machinery, transport equipment	3 565.6	3 604.0	3 023.4	2 926.6	2 783.4	2 301.1	2 080.4	2 115.4
26	Computer, electronic and optical products	2 870.1	2 794.6	2 097.5	1 966.8	1 916.4	1 507.0	1 291.3	1 272.5
27	Electrical equipment	258.2	289.4	318.4	331.7	334.4	258.7	248.3	253.8
28	Machinery and equipment n.e.c.	384.8	444.2	518.7	557.1	487.8	471.2	461.4	499.5
29	Motor vehicles, trailers and semi-trailers	21.5	22.9	23.2	27.8	28.3	44.0	45.0	49.1
30	Other transport equipment	31.0	52.9	65.5	43.1	16.4	20.3	34.3	40.4
31-33	Furniture; repair, installation of machinery and equipment	34.4	35.8 e	40.9 e	32.9 e	29.6 e	29.6 e	34.9 e	33.7 e
31	Furniture	6.4	8.5	9.7	7.5	6.8	5.3	4.1	8.0
32	Other manufacturing	16.2	15.4	20.3	14.7	15.3	14.3	19.9	14.3
33	Repair and installation of machinery and equipment	11.8	11.8 e	10.9 e	10.7 e	7.5 e	10.0 e	10.8 e	11.4 e
35-39	**ELECTRICITY, GAS, WATER AND WASTE MANAGEMENT**	45.6	57.4	62.4	53.5	40.6	44.4	72.2	70.6
35-36	Electricity, gas and water	23.5	26.0	33.7	27.7	21.1	23.7	50.4	66.4
37-39	Sewerage, waste management and remediation activities	22.1	31.4	28.7	25.7	19.6	20.7	21.8	4.2
41-43	**CONSTRUCTION**	64.2	55.3	56.5	50.4	87.9	111.1	113.2	134.1
45-99	**TOTAL SERVICES**	973.5	1 174.5	1 307.7	1 340.9	1 277.3	1 302.1	1 353.6	1 491.1
45-82	**Business sector services**	953.3	1 153.6	1 278.5	1 315.6	1 248.3	1 271.4	1 318.0	1 461.2
45-47	Wholesale and retail trade; motor vehicle and motorcycle repairs	80.1	101.7	129.0	93.4	79.4	96.1	99.4	85.1
49-53	Transportation and storage	11.7	17.3	19.6	17.2	16.1	18.6	16.9	13.7
55-56	Accommodation and food service activities	0.7	0.7	1.1	0.5 e	0.1 e	0.1 e	0.1 e	0.3 e
58-63	Information and communication	459.9	500.5	514.4	602.6	563.4	604.4	643.7	783.5
58-60	Publishing, audiovisual and broadcasting activities	57.7	64.4	64.0	75.2	90.2	94.1	67.1	126.2
58	Publishing activities	55.6	61.3	62.2	74.1	86.6	91.0	64.5	123.5
59-60	Motion picture, video and TV programme production; broadcasting activities	2.1	3.1	1.8	1.1	3.5	3.2	2.4	2.7
59	Motion picture, video and TV programme production; sound and music	2.1	..	..	..	..	..	..	..
60	Programming and broadcasting activities	0.1	..	..	..	..	..	..	..
61	Telecommunications	48.7	42.3	27.4	38.8	40.0	34.9	34.3	30.4
62-63	IT and other information services	353.5	393.8	423.0	488.6	433.3	475.3	542.4	626.9
62	Computer programming, consultancy and related activities	336.8	383.3	416.9	473.4	409.9	455.4	519.9	547.2
63	Information service activities	16.7	10.5	6.1	15.2	23.4	19.8	22.5	79.7
64-66	Financial and insurance activities	76.1	79.3	94.8	75.6	103.7	139.5	106.9	133.1
68-82	Real estate; professional, scientific and technical; administrative and support	324.8	454.1	519.6	526.3 e	485.7 e	412.7 e	451.0 e	445.6 e
68	Real estate activities	2.6	3.1	3.2	1.4 e	0.2 e	0.3 e	0.2 e	0.9 e
69-75x72	Professional, scientific and technical activities, except scientific R&D	190.4	170.0	192.3	154.1	140.4	190.1	184.3	175.2
72	Scientific research and development	128.5	276.4	318.8	367.1	338.1	216.6	255.2	264.5
77-82	Administrative and support service activities	3.3	4.5	5.3	3.5	6.8	5.7	11.3	5.0
84-99	**Community, social and personal services**	20.2	21.0	29.2	25.3	29.0	30.7	35.7	29.9
84-85	Public administration and defence; compulsory social security and education	0.0	1.4 e	3.3	1.4	1.9 e	0.0	0.1	0.1 e
86-88	Human health and social work activities	2.8	3.0	4.0	5.3	2.2	2.9	3.1	4.1
90-93	Arts, entertainment and recreation	14.5	13.2 e	16.8	16.7	22.5	26.2	31.0	24.1 e
94-99	Other services; household-employers; extraterritorial bodies	2.9	3.4 e	5.1	1.9	2.4 e	1.5	1.4	1.6

.. Not available; e Estimated value
Note: Detailed metadata at: http://metalinks.oecd.org/anberd/20191119/b539.

FINLAND

R&D expenditure in industry by main activity of the enterprise, constant prices
ISIC Rev. 4

2010 USD PPP

		2010	2011	2012	2013	2014	2015	2016	2017
	TOTAL BUSINESS ENTERPRISE	5 390.6	5 463.6	4 936.4	4 718.6	4 445.6	4 013.4	3 863.6	3 951.8
01-03	**AGRICULTURE, FORESTRY AND FISHING**	3.9	5.3	1.9	3.0	1.5	1.6	1.7	4.2
05-09	**MINING AND QUARRYING**	9.1	9.0	10.4	8.7	6.4	6.7	9.2	16.4
10-33	**MANUFACTURING**	4 294.3	4 197.9	3 561.3	3 365.9	3 152.0	2 693.3	2 482.5	2 472.1
10-12	Food products, beverages and tobacco	71.6	69.5	62.6	70.2	71.5	60.0	48.0	56.5
13-15	Textiles, wearing apparel, leather and related products	9.6	7.4	5.2	6.5	8.9	11.0	7.5	6.0
13	Textiles	1.5 e	1.0 e	0.8 e	1.6 e	0.6 e	4.0	4.8 e	3.4
14	Wearing apparel	8.0 e	6.3 e	4.3 e	4.8 e	8.2 e	6.8	2.7 e	2.5 e
15	Leather and related products, footwear	0.1 e	0.1 e	0.1 e	0.1 e	0.0 e	0.1	0.0 e	0.0 e
16-18	Wood and paper products and printing	129.6	98.2	104.3	97.5	91.2	102.9	99.8	100.2
16	Wood and wood products, except furniture	12.0	10.4	8.1	7.8	8.1	5.1	8.3	8.3
17	Paper and paper products	112.7	82.2	90.0	83.6	77.7	89.5	84.6	84.7
18	Printing and reproduction of recorded media	4.9	5.7	6.1	6.2	5.4	8.3	7.0	7.2
19-23	Chemical, rubber, plastic, non-metallic mineral products	367.5	379.2 e	367.7 e	357.8 e	332.4 e	348.8 e	372.7 e	380.7 e
19	Coke and refined petroleum products	45.6	44.3 e	40.1 e	38.4 e	26.3 e	34.7 e	37.2 e	37.9 e
20-21	Chemical and pharmaceutical products	252.6	265.9	255.3	254.2	241.8	249.2	268.2	261.9
20	Chemicals and chemical products	135.7	139.5	111.8	131.2	106.0	120.3	126.1	117.1
21	Pharmaceuticals, medicinal, chemical and botanical products	116.9	126.4	143.4	122.9	135.8	128.9	142.1	144.8
22	Rubber and plastic products	35.9	36.2	36.8	37.1	34.8	37.0	38.2	54.1
23	Other non-metallic mineral products	33.3	32.8	35.6	28.1	29.6	27.9	29.1	26.8
24-25	Basic metals, metal products, except machinery and equipment	116.0	105.3	94.5	86.8	75.1	73.2	71.1	79.7
24	Basic metals	66.8	54.8	49.6	41.5	32.6	37.1	36.2	31.0
25	Fabricated metal products, except machinery and equipment	49.2	50.4	44.9	45.3	42.5	36.1	34.9	48.7
26-30	Computer, electronic, optical products; electrical machinery, transport equipment	3 565.6	3 503.6	2 887.9	2 716.5	2 545.8	2 070.8	1 852.3	1 820.2
26	Computer, electronic and optical products	2 870.1	2 716.7	2 003.5	1 825.7	1 752.8	1 356.1	1 149.8	1 094.9
27	Electrical equipment	258.2	281.3	304.1	307.9	305.9	232.8	221.1	218.4
28	Machinery and equipment n.e.c.	384.8	431.8	495.5	517.1	446.1	424.0	410.8	429.8
29	Motor vehicles, trailers and semi-trailers	21.5	22.3	22.2	25.8	25.9	39.6	40.1	42.3
30	Other transport equipment	31.0	51.5	62.6	40.0	15.0	18.2	30.5	34.7
31-33	Furniture; repair, installation of machinery and equipment	34.4	34.8 e	39.1 e	30.6 e	27.1 e	26.7 e	31.0 e	29.0 e
31	Furniture	6.4	8.3	9.3	7.0	6.3	4.8	3.7	6.9
32	Other manufacturing	16.2	15.0	19.4	13.6	14.0	12.9	17.7	12.3
33	Repair and installation of machinery and equipment	11.8	11.5 e	10.4 e	10.0 e	6.8 e	9.0 e	9.7 e	9.8 e
35-39	**ELECTRICITY, GAS, WATER AND WASTE MANAGEMENT**	45.6	55.8	59.6	49.6	37.1	40.0	64.3	60.7
35-36	Electricity, gas and water	23.5	25.3	32.2	25.7	19.3	21.3	44.9	57.1
37-39	Sewerage, waste management and remediation activities	22.1	30.5	27.4	23.9	17.9	18.6	19.4	3.6
41-43	**CONSTRUCTION**	64.2	53.7	54.0	46.8	80.4	100.0	100.8	115.4
45-99	**TOTAL SERVICES**	973.5	1 141.8	1 249.1	1 244.7	1 168.3	1 171.8	1 205.2	1 283.0
45-82	**Business sector services**	953.3	1 121.4	1 221.3	1 221.2	1 141.8	1 144.1	1 173.5	1 257.3
45-47	Wholesale and retail trade; motor vehicle and motorcycle repairs	80.1	98.8	123.2	86.7	72.6	86.5	88.5	73.2
49-53	Transportation and storage	11.7	16.9	18.7	16.0	14.7	16.8	15.1	11.8
55-56	Accommodation and food service activities	0.7	0.7	1.0	0.4	0.1 e	0.1	0.0	0.2 e
58-63	Information and communication	459.9	486.5	491.4	559.4	515.3	543.9	573.1	674.1
58-60	Publishing, audiovisual and broadcasting activities	57.7	62.6	61.2	69.8	82.5	84.7	59.7	108.6
58	Publishing activities	55.6	59.6	59.4	68.8	79.2	81.9	57.4	106.2
59-60	Motion picture, video and TV programme production; broadcasting activities	2.1	3.0	1.7	1.0	3.2	2.9	2.2	2.4
59	Motion picture, video and TV programme production; sound and music	2.1	..	..	..	..	..	..	..
60	Programming and broadcasting activities	0.1	..	..	..	..	..	..	..
61	Telecommunications	48.7	41.1	26.2	36.0	36.6	31.4	30.5	26.2
62-63	IT and other information services	353.5	382.8	404.0	453.6	396.3	427.7	482.9	539.4
62	Computer programming, consultancy and related activities	336.8	372.6	398.2	439.4	374.9	409.8	462.9	470.8
63	Information service activities	16.7	10.2	5.8	14.1	21.4	17.8	20.0	68.6
64-66	Financial and insurance activities	76.1	77.1	90.6	70.1	94.9	125.5	95.2	114.5
68-82	Real estate; professional, scientific and technical; administrative and support	324.8	441.4	496.4	488.5 e	444.2 e	371.4 e	401.6 e	383.4 e
68	Real estate activities	2.6	3.0	3.1	1.3 e	0.2 e	0.3 e	0.1 e	0.7 e
69-75x72	Professional, scientific and technical activities, except scientific R&D	190.4	165.3	183.7	143.0	128.4	171.1	164.1	150.8
72	Scientific research and development	128.5	268.7	304.5	340.8	309.2	195.0	227.3	227.6
77-82	Administrative and support service activities	3.3	4.4	5.1	3.3	6.3	5.2	10.1	4.3
84-99	Community, social and personal services	20.2	20.4	27.9	23.5	26.5	27.7	31.8	25.7
84-85	Public administration and defence; compulsory social security and education	0.0	1.3 e	3.1	1.3	1.7 e	0.0	0.1	0.1 e
86-88	Human health and social work activities	2.8	3.0	3.8	4.9	2.0	2.6	2.8	3.5
90-93	Arts, entertainment and recreation	14.5	12.8 e	16.0	15.5	20.6	23.6	27.6	20.7 e
94-99	Other services; household-employers; extraterritorial bodies	2.9	3.3 e	4.9	1.7	2.2 e	1.4	1.3	1.4

.. Not available; e Estimated value
Note: Detailed metadata at: http://metalinks.oecd.org/anberd/20191119/b539.

FINLAND

R&D expenditure in industry by industry orientation, current prices
ISIC Rev. 4

Million USD PPP

		2010	2011	2012	2013	2014	2015	2016	2017
	TOTAL BUSINESS ENTERPRISE	5 390.6	5 620.3	5 167.9	5 083.5	4 860.5	4 459.8	4 339.3	4 592.9
01-03	**AGRICULTURE, FORESTRY AND FISHING**	13.2	22.3	21.0	13.8	12.2	18.0	20.5	26.8
05-09	**MINING AND QUARRYING**	41.7	40.8	18.4	15.5	15.7	20.1	21.9	23.6
10-33	**MANUFACTURING**	4 406.2	4 500.8	3 916.0	3 800.2	3 664.6	3 310.4	3 073.7	3 158.2
10-12	Food products, beverages and tobacco	74.2	71.0	81.2	82.1	86.7	75.5	59.1	74.8
13-15	Textiles, wearing apparel, leather and related products	13.6	14.1	9.4	10.2	11.2	16.9	8.7	9.8
13	Textiles	9.1	8.7	5.8	7.8	5.1	14.5	5.2	5.1
14	Wearing apparel	4.2	4.8	2.8	2.0	5.9	2.1	3.4	4.5 e
15	Leather and related products, footwear	0.3	0.6	0.8	0.4	0.2	0.3	0.2	0.2 e
16-18	Wood and paper products and printing	123.8	95.4	109.5	108.1	99.6	117.3	116.5	121.3
16	Wood and wood products, except furniture	9.1	7.8	7.2	8.6	8.0	3.7	5.4	7.8
17	Paper and paper products	112.1	82.0	95.3	92.0	85.0	103.7	98.4	95.1
18	Printing and reproduction of recorded media	2.7	5.6	6.0	7.5	6.6	9.9	12.6	18.5
19-23	Chemical, rubber, plastic, non-metallic mineral products	415.6	432.9	406.1	402.6	368.2	405.5	435.9	478.2 e
19	Coke and refined petroleum products	45.8	47.9	49.1	51.0	33.7	42.2	48.8	43.6 e
20-21	Chemical and pharmaceutical products	312.5	326.0	297.1	292.6	279.5	301.3	319.1	339.3
20	Chemicals and chemical products	130.6	134.6	100.8	125.7	94.5	115.2	111.8	117.9
21	Pharmaceuticals, medicinal, chemical and botanical products	181.9	191.4	196.3	166.9	185.0	186.1	207.3	221.4
22	Rubber and plastic products	36.8	41.6	43.0	48.3	40.7	46.3	44.7	69.7
23	Other non-metallic mineral products	20.5	17.5	16.9	10.7	14.2	15.7	23.3	25.7
24-25	Basic metals, metal products, except machinery and equipment	214.1	150.9	94.4	145.2	157.9	170.4	181.7	180.5
24	Basic metals	41.5	37.4	35.1	31.0	42.3	33.6	25.8	28.3
25	Fabricated metal products, except machinery and equipment	172.6	113.5	59.3	114.2	115.6	136.8	155.9	152.2
26-30	Computer, electronic, optical products; electrical machinery, transport equipment	3 488.8	3 658.3	3 133.7	2 968.6	2 854.2	2 430.8	2 135.0	2 174.8
26	Computer, electronic and optical products	2 950.3	2 937.1	2 256.8	2 117.0	2 056.9	1 620.0	1 363.6	1 322.7
27	Electrical equipment	240.9	278.5	314.7	320.2	330.5	265.8	248.2	257.6
28	Machinery and equipment n.e.c.	239.3	348.6	457.9	452.3	415.4	460.1	434.4	516.4
29	Motor vehicles, trailers and semi-trailers	16.8	18.7	5.9	11.7	8.5	40.4	30.0	24.3
30	Other transport equipment	41.5	75.4	98.5	67.4	42.9	44.4	59.1	53.9
31-33	Furniture; repair, installation of machinery and equipment	76.2	78.2	81.8	83.4	86.8	94.0	136.8	118.8 e
31	Furniture	4.6	6.3	7.6	6.1	7.0	5.8	5.5	7.2
32	Other manufacturing	55.3	60.5	61.9	66.8	73.2	78.2	102.5	86.0
33	Repair and installation of machinery and equipment	16.3	11.4	12.3	10.5	6.6	10.0	28.7	25.6 e
35-39	**ELECTRICITY, GAS, WATER AND WASTE MANAGEMENT**	45.4	41.7	32.6	27.9	22.0	19.3	18.6	34.0
35-36	Electricity, gas and water	38.7	30.1	27.7	20.9	17.2	12.3	16.1	28.8
37-39	Sewerage, waste management and remediation activities	6.7	11.6	4.9	7.1	4.9	7.0	2.5	5.1
41-43	**CONSTRUCTION**	64.8	74.0	72.4	62.3	26.2	34.0	42.0	38.9
45-99	**TOTAL SERVICES**	819.2	940.7	1 107.5	1 164.0	1 119.9	1 058.1	1 162.4	1 311.3
45-82	**Business sector services**	778.2	900.8	1 034.6	1 097.9	1 044.6	1 020.2	1 115.4	1 245.4
45-47	Wholesale and retail trade; motor vehicle and motorcycle repairs	6.4	15.7	3.4	7.8	6.9	12.2	5.9	6.8
49-53	Transportation and storage	12.3	17.4	18.3	14.8	17.1	17.9	17.9	13.2 e
55-56	Accommodation and food service activities	1.3	8.2	1.1	0.4	0.2	0.5	0.0	0.0 e
58-63	Information and communication	517.0	644.7	760.1	805.4	723.9	698.6	794.8	820.6
58-60	Publishing, audiovisual and broadcasting activities	9.0	11.6	15.3	19.9	15.1	18.2	19.4	43.2
58	Publishing activities	6.9	9.1	13.1	17.8	12.7	16.0	18.3	40.9 e
59-60	Motion picture, video and TV programme production; broadcasting activities	2.1	2.5	2.3	2.1	2.4	2.3	1.1	2.4 e
59	Motion picture, video and TV programme production; sound and music	0.7	1.0	1.1	0.2	0.9	0.6	0.3 e	0.6 e
60	Programming and broadcasting activities	1.3	1.5	1.2	1.9	1.5	1.7	0.8 e	1.8 e
61	Telecommunications	90.1	227.9	290.3	272.9	218.0	95.3	127.9	83.8
62-63	IT and other information services	417.9	405.1	454.4	512.6	490.8	585.1	647.6	693.4
62	Computer programming, consultancy and related activities	292.6	279.4	327.9	366.3	360.4	493.5	530.8	572.1
63	Information service activities	125.3	125.8	126.6	146.4	130.4	91.6	116.8	121.3
64-66	Financial and insurance activities	73.0	75.2	92.6	71.8	102.2	131.6	108.8	136.4
68-82	Real estate; professional, scientific and technical; administrative and support	168.3	139.6	159.0	197.6	194.3	159.5	188.0	268.4
68	Real estate activities	10.0	2.7	5.7	4.5	3.6	2.1	1.7	5.5
69-75x72	Professional, scientific and technical activities, except scientific R&D	41.4	21.8	22.9	22.8	31.5	39.1	52.8	41.2
72	Scientific research and development	110.1	107.1	126.9	164.6	154.6	107.2	129.1	216.3
77-82	Administrative and support service activities	6.9	8.0	3.6	5.7	4.6	11.2	4.4	5.4
84-99	Community, social and personal services	41.0	39.9	72.9	66.1	75.3	37.8	47.0	65.9
84-85	Public administration and defence; compulsory social security and education	1.2	1.8	4.4	1.7	3.4	1.5	1.9	2.8 e
86-88	Human health and social work activities	7.2	4.2	7.4	11.3	8.2	8.0	5.9	9.1
90-93	Arts, entertainment and recreation	10.1	10.1	10.2	11.8	11.7	15.1	17.6	25.3 e
94-99	Other services; household-employers; extraterritorial bodies	22.5	23.8	51.0	41.3	52.1	13.2	21.7	28.7

e Estimated value
Note: Detailed metadata at: *http://metalinks.oecd.org/anberd/20191119/b539.*

FINLAND

R&D expenditure in industry by industry orientation, constant prices
ISIC Rev. 4

2010 USD PPP

		2010	2011	2012	2013	2014	2015	2016	2017
	TOTAL BUSINESS ENTERPRISE	5 390.6	5 463.7	4 936.4	4 718.6	4 445.6	4 013.4	3 863.6	3 951.8
01-03	**AGRICULTURE, FORESTRY AND FISHING**	13.2	21.7	20.1	12.8	11.1	16.2	18.3	23.1
05-09	**MINING AND QUARRYING**	41.7	39.7	17.5	14.4	14.3	18.1	19.5	20.3
10-33	**MANUFACTURING**	4 406.2	4 375.4	3 740.6	3 527.4	3 351.7	2 979.0	2 736.7	2 717.4
10-12	Food products, beverages and tobacco	74.2	69.1	77.5	76.2	79.3	67.9	52.6	64.4
13-15	Textiles, wearing apparel, leather and related products	13.6	13.7	9.0	9.4	10.3	15.2	7.8	8.4
13	Textiles	9.1	8.4	5.5	7.3	4.7	13.0	4.6	4.4
14	Wearing apparel	4.2	4.7	2.7	1.8	5.4	1.9	3.0	3.8 e
15	Leather and related products, footwear	0.3	0.6	0.8	0.4	0.2	0.3	0.1	0.2 e
16-18	Wood and paper products and printing	123.8	92.7	104.6	100.4	91.1	105.6	103.7	104.4
16	Wood and wood products, except furniture	9.1	7.6	6.9	8.0	7.3	3.4	4.8	6.7
17	Paper and paper products	112.1	79.7	91.0	85.4	77.7	93.3	87.7	81.8
18	Printing and reproduction of recorded media	2.7	5.4	5.7	7.0	6.1	8.9	11.2	15.9
19-23	Chemical, rubber, plastic, non-metallic mineral products	415.6	420.8	387.9	373.7	336.8	364.9	388.2	411.5 e
19	Coke and refined petroleum products	45.8	46.5	46.9	47.4	30.8	38.0	43.5	37.5 e
20-21	Chemical and pharmaceutical products	312.5	316.9	283.7	271.6	255.7	271.2	284.1	291.9
20	Chemicals and chemical products	130.6	130.8	96.3	116.7	86.5	103.7	99.5	101.4
21	Pharmaceuticals, medicinal, chemical and botanical products	181.9	186.0	187.5	154.9	169.2	167.5	184.6	190.5
22	Rubber and plastic products	36.8	40.4	41.1	44.8	37.3	41.7	39.8	59.9
23	Other non-metallic mineral products	20.5	17.0	16.2	9.9	13.0	14.1	20.8	22.1
24-25	Basic metals, metal products, except machinery and equipment	214.1	146.7	90.1	134.8	144.4	153.3	161.7	155.3
24	Basic metals	41.5	36.4	33.5	28.8	38.7	30.2	22.9	24.3
25	Fabricated metal products, except machinery and equipment	172.6	110.4	56.6	106.0	105.7	123.1	138.8	131.0
26-30	Computer, electronic, optical products; electrical machinery, transport equipment	3 488.8	3 556.3	2 993.3	2 755.5	2 610.6	2 187.4	1 901.0	1 871.3
26	Computer, electronic and optical products	2 950.3	2 855.3	2 155.7	1 965.0	1 881.3	1 457.9	1 214.1	1 138.1
27	Electrical equipment	240.9	270.7	300.6	297.2	302.3	239.2	221.0	221.6
28	Machinery and equipment n.e.c.	239.3	338.8	437.4	419.8	379.9	414.0	386.8	444.3
29	Motor vehicles, trailers and semi-trailers	16.8	18.2	5.6	10.9	7.8	36.3	26.7	20.9
30	Other transport equipment	41.5	73.3	94.0	62.5	39.2	40.0	52.6	46.4
31-33	Furniture; repair, installation of machinery and equipment	76.2	76.1	78.1	77.4	79.4	84.6	121.8	102.2 e
31	Furniture	4.6	6.2	7.2	5.6	6.4	5.2	4.9	6.2
32	Other manufacturing	55.3	58.8	59.1	62.0	66.9	70.3	91.3	74.0
33	Repair and installation of machinery and equipment	16.3	11.1	11.7	9.7	6.0	9.0	25.6	22.0 e
35-39	**ELECTRICITY, GAS, WATER AND WASTE MANAGEMENT**	45.4	40.5	31.1	25.9	20.2	17.4	16.6	29.2
35-36	Electricity, gas and water	38.7	29.2	26.4	19.4	15.7	11.0	14.4	24.8
37-39	Sewerage, waste management and remediation activities	6.7	11.3	4.7	6.6	4.4	6.3	2.2	4.4
41-43	**CONSTRUCTION**	64.8	71.9	69.2	57.8	24.0	30.6	37.4	33.5
45-99	**TOTAL SERVICES**	819.2	914.5	1 057.9	1 080.4	1 024.3	952.2	1 034.9	1 128.3
45-82	**Business sector services**	778.2	875.7	988.2	1 019.1	955.5	918.1	993.1	1 071.5
45-47	**Wholesale and retail trade; motor vehicle and motorcycle repairs**	6.4	15.2	3.3	7.3	6.4	11.0	5.2	5.9
49-53	**Transportation and storage**	12.3	17.0	17.5	13.7	15.6	16.1	15.9	11.4 e
55-56	**Accommodation and food service activities**	1.3	7.9	1.0	0.4	0.2	0.4	0.0	0.0 e
58-63	**Information and communication**	517.0	626.7	726.1	747.6	662.1	628.7	707.7	706.0
58-60	Publishing, audiovisual and broadcasting activities	9.0	11.3	14.6	18.5	13.8	16.4	17.3	37.2
58	Publishing activities	6.9	8.8	12.5	16.5	11.6	14.4	16.3	35.2 e
59-60	Motion picture, video and TV programme production; broadcasting activities	2.1	2.5	2.2	1.9	2.2	2.1	0.9	2.0 e
59	Motion picture, video and TV programme production; sound and music	0.7	1.0	1.1	0.2	0.8	0.5	0.2 e	0.5 e
60	Programming and broadcasting activities	1.3	1.5	1.1	1.7	1.4	1.5	0.7 e	1.5 e
61	Telecommunications	90.1	221.6	277.3	253.3	199.4	85.8	113.9	72.1
62-63	IT and other information services	417.9	393.9	434.1	475.8	448.9	526.5	576.6	596.6
62	Computer programming, consultancy and related activities	292.6	271.6	313.2	340.0	329.6	444.1	472.6	492.3
63	Information service activities	125.3	122.3	120.9	135.8	119.3	82.4	104.0	104.3
64-66	**Financial and insurance activities**	73.0	73.1	88.5	66.6	93.5	118.4	96.9	117.3
68-82	**Real estate; professional, scientific and technical; administrative and support**	168.3	135.8	151.9	183.4	177.7	143.6	167.4	230.9
68	Real estate activities	10.0	2.7	5.4	4.2	3.3	1.9	1.6	4.7
69-75x72	Professional, scientific and technical activities, except scientific R&D	41.4	21.2	21.8	21.1	28.8	35.2	47.0	35.4
72	Scientific research and development	110.1	104.1	121.2	152.8	141.4	96.4	114.9	186.1
77-82	Administrative and support service activities	6.9	7.8	3.4	5.3	4.2	10.1	3.9	4.6
84-99	Community, social and personal services	41.0	38.8	69.6	61.3	68.9	34.0	41.9	56.7
84-85	Public administration and defence; compulsory social security and education	1.2	1.8	4.2	1.5	3.1	1.3	1.7	2.4 e
86-88	Human health and social work activities	7.2	4.1	7.0	10.5	7.5	7.2	5.2	7.8
90-93	Arts, entertainment and recreation	10.1	9.8	9.7	11.0	10.7	13.6	15.6	21.7 e
94-99	Other services; household-employers; extraterritorial bodies	22.5	23.1	48.7	38.3	47.7	11.9	19.3	24.7

e Estimated value
Note: Detailed metadata at: *http://metalinks.oecd.org/anberd/20191119/b539*.

FRANCE

R&D expenditure in industry by main activity of the enterprise, current prices
ISIC Rev. 4

Million USD PPP

		2010	2011	2012	2013	2014	2015	2016	2017
	TOTAL BUSINESS ENTERPRISE	32 121.9	34 290.4	35 581.4	37 688.6 e	38 551.3	39 279.2 e	40 494.9	..
01-03	**AGRICULTURE, FORESTRY AND FISHING**	159.1	179.9	185.4	218.3 e	225.4 e	228.4 e	258.0	..
05-09	**MINING AND QUARRYING**	17.6	14.1	17.5	18.4 e	18.0 e	17.8 e	17.8	..
10-33	**MANUFACTURING**	16 175.1	17 057.9	17 866.7	19 134.7 e	19 638.4 e	19 894.9 e	20 241.6	..
10-12	Food products, beverages and tobacco	442.7	396.1	414.1	443.4 e	468.8 e	485.1 e	474.4	..
13-15	Textiles, wearing apparel, leather and related products	165.0	134.5	134.9	153.9 e	141.5 e	140.6 e	191.5	..
13	Textiles	102.5	89.8	88.1	97.8 e	97.9 e	103.0 e	127.4	..
14	Wearing apparel	51.0	37.4	39.9	49.8 e	38.6 e	32.1 e	55.3	..
15	Leather and related products, footwear	11.4	7.2	7.0	6.3 e	5.0 e	5.5 e	8.8	..
16-18	Wood and paper products and printing	66.4	78.0	87.8	92.2 e	91.5 e	86.8 e	77.1	..
16	Wood and wood products, except furniture	17.8	17.1	22.6	22.7 e	23.8 e	24.4 e	20.6	..
17	Paper and paper products	31.7	48.5	47.3	52.2 e	47.1 e	40.0 e	42.1	..
18	Printing and reproduction of recorded media	16.9	12.5	17.9	17.3 e	20.7 e	22.4 e	14.4	..
19-23	Chemical, rubber, plastic, non-metallic mineral products	3 340.9	3 166.3	3 285.7	3 436.8 e	3 483.6 e	3 543.4 e	3 626.1	..
19	Coke and refined petroleum products	126.7	127.8	91.8	123.5 e	110.7 e	75.2 e	69.1	..
20-21	Chemical and pharmaceutical products	2 238.8	1 988.2	2 031.0	2 147.1 e	2 209.0 e	2 266.8 e	2 310.1	..
20	Chemicals and chemical products	1 263.9	990.5	1 074.4	1 159.1 e	1 153.5 e	1 166.6 e	1 242.4	..
21	Pharmaceuticals, medicinal, chemical and botanical products	974.8	997.7	956.6	988.0 e	1 055.5 e	1 100.2 e	1 067.7	..
22	Rubber and plastic products	782.8	832.8	943.3	931.8 e	931.5 e	964.1 e	972.6	..
23	Other non-metallic mineral products	192.6	217.5	219.6	234.4 e	232.3 e	237.3 e	274.4	..
24-25	Basic metals, metal products, except machinery and equipment	878.9	1 074.2	1 105.3	1 161.4 e	1 157.8 e	1 123.8 e	1 102.3	..
24	Basic metals	142.7	289.7	290.5	304.4 e	301.3 e	259.7 e	185.7	..
25	Fabricated metal products, except machinery and equipment	736.2	784.5	814.8	857.0 e	856.6 e	864.0 e	916.6	..
26-30	Computer, electronic, optical products; electrical machinery, transport equipment	10 772.1	11 540.5	12 107.4	13 084.9 e	13 447.4 e	13 611.7 e	13 934.5	..
26	Computer, electronic and optical products	3 615.9	3 795.6	4 007.9	4 502.6 e	4 656.1 e	4 676.9 e	4 835.9	..
27	Electrical equipment	741.9	771.2	790.5	810.3 e	817.9 e	835.7 e	871.5	..
28	Machinery and equipment n.e.c.	1 115.4	1 219.0	1 293.3	1 270.4 e	1 244.5 e	1 286.6 e	1 385.7	..
29	Motor vehicles, trailers and semi-trailers	2 111.7	2 280.1	2 251.7	2 341.1 e	2 434.0 e	2 608.5 e	2 904.4	..
30	Other transport equipment	3 187.2	3 474.7	3 763.9	4 160.5 e	4 295.0 e	4 204.0 e	3 936.9	..
31-33	Furniture; repair, installation of machinery and equipment	509.1	668.3	731.5	762.2 e	847.8 e	903.6 e	835.7	..
31	Furniture	21.4	20.8	20.7	22.6 e	19.7 e	15.8 e	15.0	..
32	Other manufacturing	261.1	328.3	345.5	376.2 e	400.0 e	403.8 e	381.3	..
33	Repair and installation of machinery and equipment	226.7	319.2	365.3	363.4 e	428.1 e	484.0 e	439.4	..
35-39	**ELECTRICITY, GAS, WATER AND WASTE MANAGEMENT**	587.3	643.7	647.8	705.5 e	782.6 e	860.0 e	923.6	..
35-36	Electricity, gas and water	533.1	611.8	621.1	666.8 e	739.3 e	817.7 e	882.2	..
37-39	Sewerage, waste management and remediation activities	54.2	31.9	26.8	38.7 e	43.4 e	42.3 e	41.4	..
41-43	**CONSTRUCTION**	193.5	153.5	173.2	180.0 e	145.5 e	124.6 e	156.8	..
45-99	**TOTAL SERVICES**	14 989.3	16 241.2	16 690.9	17 431.6 e	17 741.4 e	18 153.5 e	18 897.2	..
45-82	**Business sector services**	14 933.8	16 177.5	16 625.1	17 352.1 e	17 662.8 e	18 061.8 e	18 749.3	..
45-47	Wholesale and retail trade; motor vehicle and motorcycle repairs	1 427.6	1 757.4	1 819.0	2 014.8 e	2 038.9 e	2 132.7 e	2 552.7	..
49-53	Transportation and storage	41.3	57.6	55.5	56.5 e	144.9 e	224.4 e	199.3	..
55-56	Accommodation and food service activities	1.3	0.4	4.1	5.2 e	3.9 e	2.5 e	2.3	..
58-63	Information and communication	3 477.6	3 581.2	3 935.3	4 461.5 e	4 603.8 e	4 664.1 e	4 925.7	..
58-60	Publishing, audiovisual and broadcasting activities	952.6	939.2	1 067.4	1 214.6 e	1 261.2 e	1 316.2 e	1 459.0	..
58	Publishing activities	838.8	870.4	983.2	1 146.8 e	1 205.3 e	1 259.8 e	1 406.5	..
59-60	Motion picture, video and TV programme production; broadcasting activities	113.7	68.8	84.2	67.7 e	55.9 e	56.4 e	52.5	..
59	Motion picture, video and TV programme production; sound and music	99.7	58.9	74.9	60.8 e	52.6 e	55.4 e	51.5 e	..
60	Programming and broadcasting activities	14.0	10.0	9.4	7.0 e	3.3 e	1.0 e	0.9 e	..
61	Telecommunications	774.1	708.4	853.8	1 030.7 e	1 014.5 e	953.9 e	996.2	..
62-63	IT and other information services	1 750.9	1 933.6	2 014.1	2 216.2 e	2 328.1 e	2 394.1 e	2 470.5	..
62	Computer programming, consultancy and related activities	1 607.9	1 797.5	1 892.7	2 079.2 e	2 177.8 e	2 230.1 e	2 282.8	..
63	Information service activities	143.0	136.1	121.4	137.0 e	150.2 e	164.0 e	187.7	..
64-66	Financial and insurance activities	258.8	311.0	302.9	311.0 e	296.2 e	302.9 e	371.7	..
68-82	Real estate; professional, scientific and technical; administrative and support	9 727.2	10 469.8	10 508.2	10 503.2 e	10 575.2 e	10 735.1 e	10 697.4	..
68	Real estate activities	2.5	4.3	2.1	2.7 e	1.2 e	1.3 e	7.3	..
69-75x72	Professional, scientific and technical activities, except scientific R&D	5 289.0	5 970.7	5 926.6	5 840.0 e	5 881.9 e	5 946.6 e	5 774.1	..
72	Scientific research and development	4 307.7	4 332.2	4 388.8	4 416.1 e	4 470.9 e	4 608.2 e	4 712.4	..
77-82	Administrative and support service activities	128.0	162.6	190.7	244.4 e	221.2 e	179.0 e	203.6	..
84-99	Community, social and personal services	55.6	63.7	65.7	79.5 e	78.5 e	91.7 e	147.9	..
84-85	Public administration and defence; compulsory social security and education	5.5	4.6	4.5	5.8 e	5.5 e	8.3 e	18.1	..
86-88	Human health and social work activities	12.1	16.9	18.0	24.7 e	26.5 e	30.0 e	43.6	..
90-93	Arts, entertainment and recreation	1.4	4.1	6.9	8.1 e	4.0 e	5.5 e	21.7	..
94-99	Other services; household-employers; extraterritorial bodies	36.6	38.2	36.4	41.0 e	42.6 e	47.9 e	64.5	..

.. Not available; e Estimated value
Note: Detailed metadata at: http://metalinks.oecd.org/anberd/20191119/b539.

FRANCE

R&D expenditure in industry by main activity of the enterprise, constant prices
ISIC Rev. 4

2010 USD PPP

		2010	2011	2012	2013	2014	2015	2016	2017
	TOTAL BUSINESS ENTERPRISE	32 121.9	33 438.3	34 418.5	34 776.1 e	35 190.4	35 491.4 e	35 779.5	..
01-03	AGRICULTURE, FORESTRY AND FISHING	159.1	175.4	179.3	201.5 e	205.8 e	206.4 e	228.0	..
05-09	MINING AND QUARRYING	17.6	13.8	17.0	17.0 e	16.4 e	16.1 e	15.7	..
10-33	**MANUFACTURING**	16 175.1	16 634.0	17 282.8	17 656.0 e	17 926.3 e	17 976.4 e	17 884.6	..
10-12	Food products, beverages and tobacco	442.7	386.2	400.5	409.2 e	428.0 e	438.3 e	419.1	..
13-15	Textiles, wearing apparel, leather and related products	165.0	131.2	130.5	142.0 e	129.1 e	127.0 e	169.2	..
13	Textiles	102.5	87.6	85.2	90.3 e	89.3 e	93.0 e	112.6	..
14	Wearing apparel	51.0	36.5	38.6	46.0 e	35.2 e	29.0 e	48.9	..
15	Leather and related products, footwear	11.4	7.1	6.8	5.8 e	4.5 e	5.0 e	7.8	..
16-18	Wood and paper products and printing	66.4	76.1	84.9	85.0 e	83.6 e	78.4 e	68.1	..
16	Wood and wood products, except furniture	17.8	16.6	21.9	21.0 e	21.7 e	22.1 e	18.2	..
17	Paper and paper products	31.7	47.3	45.7	48.1 e	43.0 e	36.1 e	37.2	..
18	Printing and reproduction of recorded media	16.9	12.2	17.3	16.0 e	18.9 e	20.3 e	12.8	..
19-23	Chemical, rubber, plastic, non-metallic mineral products	3 340.9	3 087.6	3 178.3	3 171.2 e	3 179.9 e	3 201.7 e	3 203.9	..
19	Coke and refined petroleum products	126.7	124.6	88.8	113.9 e	101.1 e	67.9 e	61.0	..
20-21	Chemical and pharmaceutical products	2 238.8	1 938.8	1 964.7	1 981.2 e	2 016.4 e	2 048.2 e	2 041.1	..
20	Chemicals and chemical products	1 263.9	965.9	1 039.3	1 069.5 e	1 052.9 e	1 054.1 e	1 097.7	..
21	Pharmaceuticals, medicinal, chemical and botanical products	974.8	972.9	925.4	911.6 e	963.5 e	994.1 e	943.4	..
22	Rubber and plastic products	782.8	812.1	912.4	859.8 e	850.3 e	871.2 e	859.4	..
23	Other non-metallic mineral products	192.6	212.0	212.4	216.3 e	212.0 e	214.4 e	242.4	..
24-25	Basic metals, metal products, except machinery and equipment	878.9	1 047.5	1 069.2	1 071.7 e	1 056.9 e	1 015.4 e	973.9	..
24	Basic metals	142.7	282.5	281.0	280.9 e	275.0 e	234.7 e	164.1	..
25	Fabricated metal products, except machinery and equipment	736.2	765.0	788.1	790.8 e	781.9 e	780.7 e	809.9	..
26-30	Computer, electronic, optical products; electrical machinery, transport equipment	10 772.1	11 253.7	11 711.7	12 073.7 e	12 275.0 e	12 299.1 e	12 311.9	..
26	Computer, electronic and optical products	3 615.9	3 701.2	3 876.9	4 154.6 e	4 250.2 e	4 225.9 e	4 272.8	..
27	Electrical equipment	741.9	752.0	764.6	747.7 e	746.6 e	755.1 e	770.0	..
28	Machinery and equipment n.e.c.	1 115.4	1 188.7	1 251.0	1 172.2 e	1 136.0 e	1 162.6 e	1 224.4	..
29	Motor vehicles, trailers and semi-trailers	2 111.7	2 223.4	2 178.1	2 160.2 e	2 221.8 e	2 356.9 e	2 566.2	..
30	Other transport equipment	3 187.2	3 388.3	3 640.9	3 839.0 e	3 920.6 e	3 798.6 e	3 478.5	..
31-33	Furniture; repair, installation of machinery and equipment	509.1	651.7	707.6	703.3 e	773.9 e	816.5 e	738.4	..
31	Furniture	21.4	20.3	20.0	20.8 e	18.0 e	14.2 e	13.3	..
32	Other manufacturing	261.1	320.2	334.2	347.1 e	365.1 e	364.9 e	336.9	..
33	Repair and installation of machinery and equipment	226.7	311.2	353.3	335.3 e	390.8 e	437.4 e	388.2	..
35-39	ELECTRICITY, GAS, WATER AND WASTE MANAGEMENT	587.3	627.7	626.6	650.9 e	714.4 e	777.1 e	816.0	..
35-36	Electricity, gas and water	533.1	596.6	600.8	615.3 e	674.8 e	738.8 e	779.4	..
37-39	Sewerage, waste management and remediation activities	54.2	31.1	25.9	35.7 e	39.6 e	38.3 e	36.6	..
41-43	CONSTRUCTION	193.5	149.7	167.5	166.1 e	132.8 e	112.5 e	138.5	..
45-99	**TOTAL SERVICES**	14 989.3	15 837.6	16 145.4	16 084.5 e	16 194.7 e	16 402.9 e	16 696.7	..
45-82	**Business sector services**	14 933.8	15 775.5	16 081.8	16 011.1 e	16 123.0 e	16 320.0 e	16 566.0	..
45-47	Wholesale and retail trade; motor vehicle and motorcycle repairs	1 427.6	1 713.7	1 759.6	1 859.1 e	1 861.1 e	1 927.1 e	2 255.5	..
49-53	Transportation and storage	41.3	56.2	53.7	52.1 e	132.2 e	202.7 e	176.1	..
55-56	Accommodation and food service activities	1.3	0.4	4.0	4.8 e	3.5 e	2.3 e	2.1	..
58-63	Information and communication	3 477.6	3 492.2	3 806.7	4 116.7 e	4 202.4 e	4 214.4 e	4 352.1	..
58-60	Publishing, audiovisual and broadcasting activities	952.6	915.9	1 032.5	1 120.7 e	1 151.2 e	1 189.2 e	1 289.1	..
58	Publishing activities	838.8	848.8	951.0	1 058.2 e	1 100.2 e	1 138.3 e	1 242.7	..
59-60	Motion picture, video and TV programme production; broadcasting activities	113.7	67.1	81.5	62.5 e	51.0 e	50.9 e	46.4	..
59	Motion picture, video and TV programme production; sound and music	99.7	57.4	72.4	56.1 e	48.0 e	50.0 e	45.5 e	..
60	Programming and broadcasting activities	14.0	9.7	9.1	6.4 e	3.0 e	0.9 e	0.8 e	..
61	Telecommunications	774.1	690.8	825.9	951.1 e	926.1 e	861.9 e	880.2	..
62-63	IT and other information services	1 750.9	1 885.6	1 948.3	2 044.9 e	2 125.1 e	2 163.2 e	2 182.8	..
62	Computer programming, consultancy and related activities	1 607.9	1 752.8	1 830.8	1 918.5 e	1 988.0 e	2 015.0 e	2 016.9	..
63	Information service activities	143.0	132.7	117.4	126.4 e	137.1 e	148.2 e	165.9	..
64-66	**Financial and insurance activities**	258.8	303.2	293.0	287.0 e	270.4 e	273.7 e	328.4	..
68-82	Real estate; professional, scientific and technical; administrative and support	9 727.2	10 209.7	10 164.8	9 691.5 e	9 653.3 e	9 699.9 e	9 451.8	..
68	Real estate activities	2.5	4.2	2.1	2.5 e	1.1 e	1.2 e	6.5	..
69-75x72	Professional, scientific and technical activities, except scientific R&D	5 289.0	5 822.3	5 732.9	5 388.7 e	5 369.1 e	5 373.2 e	5 101.7	..
72	Scientific research and development	4 307.7	4 224.6	4 245.4	4 074.8 e	4 081.1 e	4 163.8 e	4 163.7	..
77-82	Administrative and support service activities	128.0	158.6	184.5	225.5 e	201.9 e	161.8 e	179.9	..
84-99	Community, social and personal services	55.6	62.2	63.6	73.4 e	71.7 e	82.8 e	130.7	..
84-85	Public administration and defence; compulsory social security and education	5.5	4.5	4.4	5.3 e	5.0 e	7.5 e	16.0	..
86-88	Human health and social work activities	12.1	16.5	17.4	22.8 e	24.2 e	27.1 e	38.5	..
90-93	Arts, entertainment and recreation	1.4	4.0	6.6	7.5 e	3.7 e	5.0 e	19.2	..
94-99	Other services; household-employers; extraterritorial bodies	36.6	37.2	35.2	37.8 e	38.8 e	43.3 e	57.0	..

.. Not available; e Estimated value
Note: Detailed metadata at: http://metalinks.oecd.org/anberd/20191119/b539.

FRANCE

R&D expenditure in industry by industry orientation, current prices
ISIC Rev. 4

Million USD PPP

		2010	2011	2012	2013	2014	2015	2016	2017
	TOTAL BUSINESS ENTERPRISE	32 121.9	34 290.4	35 581.4	37 834.5	..	..	..	..
01-03	**AGRICULTURE, FORESTRY AND FISHING**	476.2	496.5	532.2	624.4	..	..	..	..
05-09	**MINING AND QUARRYING**	270.1	281.2	295.3	297.8	..	..	..	..
10-33	**MANUFACTURING**	24 616.0	26 216.5	26 762.7	27 918.4	..	..	..	..
10-12	Food products, beverages and tobacco	725.0	721.6	734.8	811.9	..	..	..	..
13-15	Textiles, wearing apparel, leather and related products	194.0	166.2	149.4	172.9	..	..	..	..
13	Textiles	103.6	92.9	80.1	88.8	..	..	..	..
14	Wearing apparel	74.5	66.3	61.7	74.3	..	..	..	..
15	Leather and related products, footwear	15.9	7.0	7.6	9.7	..	..	..	..
16-18	Wood and paper products and printing	92.1	116.8	123.2	125.1	..	..	..	..
16	Wood and wood products, except furniture	32.5	34.3	35.4	34.4	..	..	..	..
17	Paper and paper products	53.6	73.7	75.3	78.5	..	..	..	..
18	Printing and reproduction of recorded media	6.0	8.8	12.3	12.2	..	..	..	..
19-23	Chemical, rubber, plastic, non-metallic mineral products	6 945.3	7 076.0	7 239.4	7 710.4	..	..	..	..
19	Coke and refined petroleum products	260.5	255.9	238.4	277.1	..	..	..	..
20-21	Chemical and pharmaceutical products	5 520.0	5 565.1	5 649.9	6 020.3	..	..	..	..
20	Chemicals and chemical products	1 750.4	1 831.9	1 940.2	2 185.4	..	..	..	..
21	Pharmaceuticals, medicinal, chemical and botanical products	3 769.6	3 733.2	3 709.7	3 834.8	..	..	..	..
22	Rubber and plastic products	813.3	887.7	979.6	992.7	..	..	..	..
23	Other non-metallic mineral products	351.5	367.3	371.4	420.4	..	..	..	..
24-25	Basic metals, metal products, except machinery and equipment	1 214.0	1 295.3	1 295.2	1 347.9	..	..	..	..
24	Basic metals	467.3	503.5	462.0	484.2	..	..	..	..
25	Fabricated metal products, except machinery and equipment	746.7	791.9	833.1	863.7	..	..	..	..
26-30	Computer, electronic, optical products; electrical machinery, transport equipment	15 002.0	16 321.0	16 722.7	17 239.0	..	..	..	..
26	Computer, electronic and optical products	4 549.6	4 586.2	4 781.8	5 062.8	..	..	..	..
27	Electrical equipment	1 034.0	1 141.1	1 179.1	1 256.3	..	..	..	..
28	Machinery and equipment n.e.c.	1 109.9	1 214.9	1 302.3	1 363.9	..	..	..	..
29	Motor vehicles, trailers and semi-trailers	4 935.4	5 592.0	5 324.8	4 877.1	..	..	..	..
30	Other transport equipment	3 373.1	3 786.8	4 134.8	4 678.9	..	..	..	..
31-33	Furniture; repair, installation of machinery and equipment	443.5	519.9	498.2	511.1	..	..	..	..
31	Furniture	19.7	28.2	23.1	27.5	..	..	..	..
32	Other manufacturing	423.8	491.5	475.1	483.6	..	..	..	..
33	Repair and installation of machinery and equipment	0.0	0.0	0.0	0.0	..	..	..	..
35-39	**ELECTRICITY, GAS, WATER AND WASTE MANAGEMENT**	612.7	697.5	710.4	769.6	..	..	..	..
35-36	Electricity, gas and water	574.1	652.6	664.2	716.8	..	..	..	..
37-39	Sewerage, waste management and remediation activities	38.5	44.9	46.2	52.7	..	..	..	..
41-43	**CONSTRUCTION**	103.4	128.3	138.2	128.3	..	..	..	..
45-99	**TOTAL SERVICES**	6 043.6	6 470.4	7 142.6	8 082.9	..	..	..	..
45-82	**Business sector services**	6 017.2	6 434.9	7 084.8	8 008.3	..	..	..	..
45-47	Wholesale and retail trade; motor vehicle and motorcycle repairs	0.0	0.0	0.0	0.0	..	..	..	..
49-53	Transportation and storage	52.5	72.4	63.8	62.2	..	..	..	..
55-56	Accommodation and food service activities	0.0	0.0	0.0	0.0	..	..	..	..
58-63	Information and communication	4 077.7	4 233.4	4 523.6	5 015.1	..	..	..	..
58-60	Publishing, audiovisual and broadcasting activities	1 054.9	1 063.4	1 132.3	1 302.1	..	..	..	..
58	Publishing activities	897.4	956.2	1 007.5	1 201.8	..	..	..	..
59-60	Motion picture, video and TV programme production; broadcasting activities	157.5	107.2	125.0	100.3	..	..	..	..
59	Motion picture, video and TV programme production; sound and music	94.5	53.9	67.6	51.5	..	..	..	..
60	Programming and broadcasting activities	63.1	53.3	57.3	48.7	..	..	..	..
61	Telecommunications	943.6	959.7	1 097.4	1 215.3	..	..	..	..
62-63	IT and other information services	2 079.1	2 210.3	2 294.0	2 497.8	..	..	..	..
62	Computer programming, consultancy and related activities	1 924.3	2 020.0	2 133.1	2 324.4	..	..	..	..
63	Information service activities	154.8	190.3	160.8	173.4	..	..	..	..
64-66	**Financial and insurance activities**	201.8	231.9	235.8	246.3	..	..	..	..
68-82	**Real estate; professional, scientific and technical; administrative and support**	1 685.2	1 897.2	2 261.4	2 684.7	..	..	..	..
68	Real estate activities	0.0	0.0	0.0	0.0	..	..	..	..
69-75x72	Professional, scientific and technical activities, except scientific R&D	1 160.5	1 275.4	1 486.6	1 817.4	..	..	..	..
72	Scientific research and development	406.0	501.8	621.6	699.1	..	..	..	..
77-82	Administrative and support service activities	118.7	119.9	153.3	168.2	..	..	..	..
84-99	Community, social and personal services	26.4	35.5	57.8	74.5	..	..	..	..
84-85	Public administration and defence; compulsory social security and education	1.2	3.1	4.3 e	4.1	..	..	..	..
86-88	Human health and social work activities	20.7	23.1	30.1	37.0	..	..	..	..
90-93	Arts, entertainment and recreation	1.2	2.5	3.6	7.3	..	..	..	..
94-99	Other services; household-employers; extraterritorial bodies	3.2	6.8	19.8 e	26.2	..	..	..	..

.. Not available; e Estimated value
Note: Detailed metadata at: http://metalinks.oecd.org/anberd/20191119/b539.

FRANCE

R&D expenditure in industry by industry orientation, constant prices
ISIC Rev. 4

2010 USD PPP

		2010	2011	2012	2013	2014	2015	2016	2017
	TOTAL BUSINESS ENTERPRISE	**32 121.9**	**33 438.3**	**34 418.5**	**34 910.7**	..	..	..	..
01-03	**AGRICULTURE, FORESTRY AND FISHING**	**476.2**	**484.2**	**514.8**	**576.2**	..	..	..	..
05-09	**MINING AND QUARRYING**	**270.1**	**274.2**	**285.6**	**274.8**	..	..	..	..
10-33	**MANUFACTURING**	**24 616.0**	**25 565.0**	**25 888.1**	**25 761.0**	..	..	..	..
10-12	Food products, beverages and tobacco	725.0	703.7	710.8	749.2	..	..	..	..
13-15	Textiles, wearing apparel, leather and related products	194.0	162.0	144.5	159.5	..	..	..	..
13	Textiles	103.6	90.6	77.4	82.0	..	..	..	..
14	Wearing apparel	74.5	64.6	59.7	68.6	..	..	..	..
15	Leather and related products, footwear	15.9	6.8	7.3	9.0	..	..	..	..
16-18	Wood and paper products and printing	92.1	113.9	119.2	115.4	..	..	..	..
16	Wood and wood products, except furniture	32.5	33.4	34.3	31.7	..	..	..	..
17	Paper and paper products	53.6	71.9	72.9	72.4	..	..	..	..
18	Printing and reproduction of recorded media	6.0	8.6	11.9	11.3	..	..	..	..
19-23	Chemical, rubber, plastic, non-metallic mineral products	6 945.3	6 900.1	7 002.8	7 114.6	..	..	..	..
19	Coke and refined petroleum products	260.5	249.5	230.6	255.7	..	..	..	..
20-21	Chemical and pharmaceutical products	5 520.0	5 426.8	5 465.2	5 555.0	..	..	..	..
20	Chemicals and chemical products	1 750.4	1 786.4	1 876.8	2 016.6	..	..	..	..
21	Pharmaceuticals, medicinal, chemical and botanical products	3 769.6	3 640.4	3 588.5	3 538.5	..	..	..	..
22	Rubber and plastic products	813.3	865.7	947.6	916.0	..	..	..	..
23	Other non-metallic mineral products	351.5	358.2	359.3	387.9	..	..	..	..
24-25	Basic metals, metal products, except machinery and equipment	1 214.0	1 263.1	1 252.8	1 243.7	..	..	..	..
24	Basic metals	467.3	490.9	446.9	446.8	..	..	..	..
25	Fabricated metal products, except machinery and equipment	746.7	772.2	805.9	796.9	..	..	..	..
26-30	Computer, electronic, optical products; electrical machinery, transport equipment	15 002.0	15 915.4	16 176.2	15 906.8	..	..	..	..
26	Computer, electronic and optical products	4 549.6	4 472.3	4 625.5	4 671.6	..	..	..	..
27	Electrical equipment	1 034.0	1 112.7	1 140.5	1 159.3	..	..	..	..
28	Machinery and equipment n.e.c.	1 109.9	1 184.7	1 259.7	1 258.5	..	..	..	..
29	Motor vehicles, trailers and semi-trailers	4 935.4	5 453.0	5 150.7	4 500.2	..	..	..	..
30	Other transport equipment	3 373.1	3 692.7	3 999.6	4 317.3	..	..	..	..
31-33	Furniture; repair, installation of machinery and equipment	443.5	506.8	481.9	471.6	..	..	..	..
31	Furniture	19.7	27.5	22.3	25.4	..	..	..	..
32	Other manufacturing	423.8	479.3	459.5	446.2	..	..	..	..
33	Repair and installation of machinery and equipment	0.0	0.0	0.0	0.0	..	..	..	..
35-39	**ELECTRICITY, GAS, WATER AND WASTE MANAGEMENT**	**612.7**	**680.1**	**687.2**	**710.1**	..	..	..	..
35-36	Electricity, gas and water	574.1	636.4	642.5	661.4	..	..	..	..
37-39	Sewerage, waste management and remediation activities	38.5	43.8	44.7	48.7	..	..	..	..
41-43	**CONSTRUCTION**	**103.4**	**125.1**	**133.7**	**118.3**	..	..	..	..
45-99	**TOTAL SERVICES**	**6 043.6**	**6 309.6**	**6 909.2**	**7 458.2**	..	..	..	..
45-82	**Business sector services**	**6 017.2**	**6 275.0**	**6 853.3**	**7 389.5**	..	..	..	..
45-47	**Wholesale and retail trade; motor vehicle and motorcycle repairs**	**0.0**	**0.0**	**0.0**	**0.0**	..	..	..	..
49-53	**Transportation and storage**	**52.5**	**70.6**	**61.8**	**57.4**	..	..	..	..
55-56	**Accommodation and food service activities**	**0.0**	**0.0**	**0.0**	**0.0**	..	..	..	..
58-63	**Information and communication**	**4 077.7**	**4 128.2**	**4 375.8**	**4 627.6**	..	..	..	..
58-60	Publishing, audiovisual and broadcasting activities	1 054.9	1 037.0	1 095.3	1 201.4	..	..	..	..
58	Publishing activities	897.4	932.5	974.5	1 108.9	..	..	..	..
59-60	Motion picture, video and TV programme production; broadcasting activities	157.5	104.5	120.9	92.5	..	..	..	..
59	Motion picture, video and TV programme production; sound and music	94.5	52.5	65.4	47.5	..	..	..	..
60	Programming and broadcasting activities	63.1	52.0	55.5	44.9	..	..	..	..
61	Telecommunications	943.6	935.9	1 061.5	1 121.4	..	..	..	..
62-63	IT and other information services	2 079.1	2 155.4	2 219.0	2 304.8	..	..	..	..
62	Computer programming, consultancy and related activities	1 924.3	1 969.8	2 063.4	2 144.8	..	..	..	..
63	Information service activities	154.8	185.6	155.6	160.0	..	..	..	..
64-66	**Financial and insurance activities**	**201.8**	**226.2**	**228.1**	**227.3**	..	..	..	..
68-82	**Real estate; professional, scientific and technical; administrative and support**	**1 685.2**	**1 850.0**	**2 187.5**	**2 477.2**	..	..	..	..
68	Real estate activities	0.0	0.0	0.0	0.0	..	..	..	..
69-75x72	Professional, scientific and technical activities, except scientific R&D	1 160.5	1 243.7	1 438.0	1 677.0	..	..	..	..
72	Scientific research and development	406.0	489.4	601.3	645.1	..	..	..	..
77-82	Administrative and support service activities	118.7	116.9	148.3	155.2	..	..	..	..
84-99	Community, social and personal services	26.4	34.7	55.9	68.8	..	..	..	..
84-85	Public administration and defence; compulsory social security and education	1.2	3.0	4.2 e	3.8	..	..	..	..
86-88	Human health and social work activities	20.7	22.5	29.1	34.1	..	..	..	..
90-93	Arts, entertainment and recreation	1.2	2.5	3.4	6.7	..	..	..	..
94-99	Other services; household-employers; extraterritorial bodies	3.2	6.7	19.2 e	24.2	..	..	..	..

.. Not available; e Estimated value
Note: Detailed metadata at: *http://metalinks.oecd.org/anberd/20191119/b539*.

GERMANY

R&D expenditure in industry by main activity of the enterprise, current prices
ISIC Rev. 4

Million USD PPP

		2010	2011	2012	2013	2014	2015	2016	2017
	TOTAL BUSINESS ENTERPRISE	**58 289.3**	**64 758.0**	**68 327.0**	**69 136.9**	**74 123.8**	**78 353.2**	**81 739.0**	..
01-03	**AGRICULTURE, FORESTRY AND FISHING**	176.7	159.9	175.7	185.6	178.0	192.8	205.8	..
05-09	**MINING AND QUARRYING**	15.3	12.7	13.6	19.9	16.1	27.0	26.7	..
10-33	**MANUFACTURING**	**49 982.0**	**55 447.2**	**58 854.9**	**59 434.2**	**64 351.7**	**66 733.7**	**69 422.2**	..
10-12	Food products, beverages and tobacco	408.1	390.5	400.0	406.2	414.1	408.3	407.5	..
13-15	Textiles, wearing apparel, leather and related products	154.0	151.1	155.4	145.8	149.6	117.0	122.9	..
13	Textiles	84.5	78.7	81.8	72.5	72.0	68.1	..	..
14	Wearing apparel	62.6	65.4	66.3	66.1	70.1	43.7	..	..
15	Leather and related products, footwear	7.1	7.0	7.2	7.2	7.4	5.1	..	..
16-18	Wood and paper products and printing	258.4	231.6	218.4	293.0	291.1	276.4	298.6	..
16	Wood and wood products, except furniture	28.4	28.7	25.2	25.7	25.4	25.7	..	..
17	Paper and paper products	91.9	77.7	73.8	130.2	133.7	126.0	..	..
18	Printing and reproduction of recorded media	138.0	125.3	119.4	137.1	132.0	123.4	..	..
19-23	Chemical, rubber, plastic, non-metallic mineral products	10 021.6	11 011.9	11 337.5	11 328.3	11 831.8	11 922.9	13 108.5	..
19	Coke and refined petroleum products	110.7	119.6	121.9	120.9	154.6	173.5	183.7	..
20-21	Chemical and pharmaceutical products	8 521.6	9 339.5	9 638.4	9 578.8	9 966.1	9 952.3	10 969.2	..
20	Chemicals and chemical products	3 880.2	4 179.7	4 440.5	4 319.4	4 719.1	4 866.9	5 091.2	..
21	Pharmaceuticals, medicinal, chemical and botanical products	4 641.4	5 159.8	5 197.9	5 259.4	5 247.0	5 085.4	5 878.0	..
22	Rubber and plastic products	1 034.9	1 196.1	1 214.4	1 251.8	1 318.2	1 398.6	1 527.4	..
23	Other non-metallic mineral products	354.4	356.8	362.8	376.8	392.9	398.5	428.2	..
24-25	Basic metals, metal products, except machinery and equipment	1 497.3	1 574.8	1 644.5	1 643.4	1 670.6	1 741.8	1 798.8	..
24	Basic metals	612.3	654.5	688.1	683.9	695.4	682.6	701.8	..
25	Fabricated metal products, except machinery and equipment	885.0	920.3	956.4	959.5	975.2	1 059.2	1 097.0	..
26-30	Computer, electronic, optical products; electrical machinery, transport equipment	36 346.2	40 548.1	43 633.5	43 967.2	48 216.6	49 779.3	51 393.6	..
26	Computer, electronic and optical products	7 446.0	8 321.4	9 389.4	9 476.1	9 762.4	9 693.9	9 936.2	..
27	Electrical equipment	1 670.2	2 030.7	2 200.5	2 749.3	2 824.3	2 891.1	2 989.7	..
28	Machinery and equipment n.e.c.	5 709.9	6 215.6	6 583.2	6 954.5	7 348.6	7 017.5	7 354.1	..
29	Motor vehicles, trailers and semi-trailers	18 397.2	20 681.6	22 052.6	22 183.0	25 577.9	27 594.3	28 478.4	..
30	Other transport equipment	3 122.8	3 298.8	3 408.0	2 604.5	2 690.1	2 580.0	2 635.4	..
31-33	Furniture; repair, installation of machinery and equipment	1 296.4	1 539.2	1 465.7	1 650.3	1 778.0	2 488.7	2 292.4	..
31	Furniture	65.1	52.9	50.7	48.3	50.7	45.0	42.5	..
32	Other manufacturing	547.5	697.3	667.3	786.0	840.9	804.7	757.9	..
33	Repair and installation of machinery and equipment	683.8	789.0	747.8	816.0	886.4	1 639.0	1 492.0	..
35-39	**ELECTRICITY, GAS, WATER AND WASTE MANAGEMENT**	243.9	250.3	236.4	269.1	254.2	207.0	201.3	..
35-36	Electricity, gas and water	235.4	235.4	224.3	251.6	237.3	192.8	..	..
37-39	Sewerage, waste management and remediation activities	8.6	14.8	12.1	17.6	16.9	14.1	..	..
41-43	**CONSTRUCTION**	95.0	83.4	89.7	103.3	104.0	96.4	104.5	..
45-99	**TOTAL SERVICES**	**7 776.4**	**8 804.6**	**8 956.7**	**9 124.9**	**9 219.6**	**11 096.4**	**11 778.7**	..
45-82	**Business sector services**	7 756.4	8 773.6	8 925.3	9 087.6	9 183.1	11 055.2	11 740.0	..
45-47	Wholesale and retail trade; motor vehicle and motorcycle repairs	278.3	331.7	360.2	333.6	333.8	339.4	304.3	..
49-53	Transportation and storage	78.9	137.7	156.0	118.2	123.7	172.3	142.7	..
55-56	Accommodation and food service activities	0.5	0.5	0.5	0.3	0.3	0.0	0.0	..
58-63	Information and communication	3 293.6	3 790.4	4 033.4	4 092.0	4 199.4	4 094.3	4 333.6	..
58-60	Publishing, audiovisual and broadcasting activities	46.8	53.5	53.4	34.5	35.1	38.6	..	..
58	Publishing activities	..	..	..	..	..	..	..	..
59-60	Motion picture, video and TV programme production; broadcasting activities	..	..	..	..	..	..	..	..
59	Motion picture, video and TV programme production; sound and music	..	..	..	..	..	..	..	..
60	Programming and broadcasting activities	..	..	..	..	..	..	..	..
61	Telecommunications	748.6	723.8	789.0	482.7	495.6	257.1	..	..
62-63	IT and other information services	2 498.2	3 013.0	3 189.7	3 574.8	3 668.7	3 798.6	..	..
62	Computer programming, consultancy and related activities	2 431.4	2 893.6	3 065.2	3 449.0	3 540.3	3 668.8	..	..
63	Information service activities	66.8	119.4	124.5	125.8	128.4	129.8	..	..
64-66	**Financial and insurance activities**	**288.8**	**330.8**	**336.9**	**374.7**	**413.0**	**365.1**	**379.4**	..
68-82	**Real estate; professional, scientific and technical; administrative and support**	3 816.0	4 182.6	4 038.3	4 168.8	4 112.8	6 084.2	6 579.6	..
68	Real estate activities	0.6	1.0	1.0	0.9	0.9	1.3	1.0	..
69-75x72	Professional, scientific and technical activities, except scientific R&D	1 698.8	1 967.2	1 837.5	1 956.5	1 808.0	3 233.0	3 584.2	..
72	Scientific research and development	2 070.8	2 168.8	2 150.7	2 174.7	2 267.4	2 789.5	2 940.1	..
77-82	Administrative and support service activities	45.8	45.6	49.0	36.7	36.5	60.4	54.3	..
84-99	Community, social and personal services	20.0	30.9	31.4	37.3	36.5	41.1	38.6	..
84-85	Public administration and defence; compulsory social security and education	..	2.8	2.8	3.5	3.3	1.3	1.7	..
86-88	Human health and social work activities	..	4.6	4.7	8.1	8.2	10.3	9.6	..
90-93	Arts, entertainment and recreation	..	1.6	1.7	4.5	4.4	2.6	2.7	..
94-99	Other services; household-employers; extraterritorial bodies	..	21.9	22.2	21.2	20.7	25.7	24.6	..

.. Not available

Note: Detailed metadata at: http://metalinks.oecd.org/anberd/20191119/b539.

GERMANY

R&D expenditure in industry by main activity of the enterprise, constant prices
ISIC Rev. 4

2010 USD PPP

Code	Activity	2010	2011	2012	2013	2014	2015	2016	2017
	TOTAL BUSINESS ENTERPRISE	58 289.3	62 769.8	65 100.9	63 580.4	66 482.6	69 716.7	70 893.0	..
01-03	**AGRICULTURE, FORESTRY AND FISHING**	176.7	155.0	167.4	170.7	159.7	171.6	178.5	..
05-09	**MINING AND QUARRYING**	15.3	12.3	12.9	18.3	14.5	24.0	23.1	..
10-33	**MANUFACTURING**	49 982.0	53 744.8	56 076.2	54 657.5	57 717.9	59 377.9	60 210.5	..
10-12	Food products, beverages and tobacco	408.1	378.5	381.1	373.5	371.4	363.3	353.4	..
13-15	Textiles, wearing apparel, leather and related products	154.0	146.5	148.0	134.1	134.1	104.1	106.6	..
13	Textiles	84.5	76.3	77.9	66.7	64.6	60.6	..	..
14	Wearing apparel	62.6	63.4	63.2	60.8	62.9	38.9	..	..
15	Leather and related products, footwear	7.1	6.8	6.9	6.6	6.6	4.6	..	..
16-18	Wood and paper products and printing	258.4	224.5	208.0	269.4	261.0	245.9	259.0	..
16	Wood and wood products, except furniture	28.4	27.8	24.0	23.6	22.7	22.9	..	..
17	Paper and paper products	91.9	75.3	70.3	119.8	119.9	112.1	..	..
18	Printing and reproduction of recorded media	138.0	121.4	113.8	126.1	118.4	109.8	..	..
19-23	Chemical, rubber, plastic, non-metallic mineral products	10 021.6	10 673.8	10 802.2	10 417.9	10 612.1	10 608.7	11 369.1	..
19	Coke and refined petroleum products	110.7	115.9	116.2	111.2	138.7	154.4	159.3	..
20-21	Chemical and pharmaceutical products	8 521.6	9 052.7	9 183.3	8 808.9	8 938.7	8 855.3	9 513.7	..
20	Chemicals and chemical products	3 880.2	4 051.4	4 230.9	3 972.2	4 232.6	4 330.4	4 415.7	..
21	Pharmaceuticals, medicinal, chemical and botanical products	4 641.4	5 001.3	4 952.5	4 836.7	4 706.1	4 524.9	5 098.0	..
22	Rubber and plastic products	1 034.9	1 159.4	1 157.0	1 151.2	1 182.3	1 244.5	1 324.7	..
23	Other non-metallic mineral products	354.4	345.8	345.7	346.5	352.4	354.6	371.4	..
24-25	Basic metals, metal products, except machinery and equipment	1 497.3	1 526.4	1 566.8	1 511.3	1 498.4	1 549.8	1 560.1	..
24	Basic metals	612.3	634.4	655.6	629.0	623.7	607.4	608.7	..
25	Fabricated metal products, except machinery and equipment	885.0	892.1	911.2	882.4	874.7	942.5	951.5	..
26-30	Computer, electronic, optical products; electrical machinery, transport equipment	36 346.2	39 303.2	41 573.4	40 433.5	43 246.1	44 292.4	44 574.1	..
26	Computer, electronic and optical products	7 446.0	8 065.9	8 946.1	8 714.5	8 756.1	8 625.4	8 617.7	..
27	Electrical equipment	1 670.2	1 968.4	2 096.6	2 528.3	2 533.1	2 572.4	2 593.0	..
28	Machinery and equipment n.e.c.	5 709.9	6 024.8	6 272.4	6 395.5	6 591.0	6 244.0	6 378.3	..
29	Motor vehicles, trailers and semi-trailers	18 397.2	20 046.6	21 011.4	20 400.1	22 941.2	24 552.7	24 699.6	..
30	Other transport equipment	3 122.8	3 197.5	3 247.1	2 395.1	2 412.8	2 295.6	2 285.7	..
31-33	Furniture; repair, installation of machinery and equipment	1 296.4	1 491.9	1 396.5	1 517.6	1 594.7	2 214.4	1 988.2	..
31	Furniture	65.1	51.2	48.3	44.4	45.5	40.0	36.9	..
32	Other manufacturing	547.5	675.9	635.8	722.9	754.2	716.0	657.3	..
33	Repair and installation of machinery and equipment	683.8	764.8	712.5	750.4	795.0	1 458.3	1 294.1	..
35-39	**ELECTRICITY, GAS, WATER AND WASTE MANAGEMENT**	243.9	242.6	225.2	247.5	228.0	184.2	174.6	..
35-36	Electricity, gas and water	235.4	228.2	213.7	231.3	212.9	171.6	..	..
37-39	Sewerage, waste management and remediation activities	8.6	14.4	11.5	16.1	15.2	12.6	..	..
41-43	**CONSTRUCTION**	95.0	80.9	85.4	95.0	93.3	85.8	90.6	..
45-99	**TOTAL SERVICES**	7 776.4	8 534.2	8 533.8	8 391.5	8 269.2	9 873.3	10 215.8	..
45-82	**Business sector services**	7 756.4	8 504.2	8 503.9	8 357.2	8 236.4	9 836.6	10 182.2	..
45-47	Wholesale and retail trade; motor vehicle and motorcycle repairs	278.3	321.5	343.2	306.8	299.4	302.0	263.9	..
49-53	Transportation and storage	78.9	133.5	148.6	108.7	110.9	153.2	123.8	..
55-56	Accommodation and food service activities	0.5	0.5	0.5	0.2	0.2	0.0	0.0	..
58-63	Information and communication	3 293.6	3 674.0	3 843.0	3 763.1	3 766.5	3 643.0	3 758.6	..
58-60	Publishing, audiovisual and broadcasting activities	46.8	51.9	50.8	31.7	31.5	34.3	..	..
58	Publishing activities	..	..	..	..	..	..	..	..
59-60	Motion picture, video and TV programme production; broadcasting activities	..	..	..	..	..	..	..	..
59	Motion picture, video and TV programme production; sound and music	..	..	..	..	..	..	..	..
60	Programming and broadcasting activities	..	..	..	..	..	..	..	..
61	Telecommunications	748.6	701.6	751.7	443.9	444.5	228.8	..	..
62-63	IT and other information services	2 498.2	2 920.5	3 039.1	3 287.5	3 290.5	3 379.9	..	..
62	Computer programming, consultancy and related activities	2 431.4	2 804.8	2 920.5	3 171.8	3 175.4	3 264.4	..	..
63	Information service activities	66.8	115.8	118.6	115.7	115.1	115.5	..	..
64-66	**Financial and insurance activities**	288.8	320.6	321.0	344.6	370.5	324.8	329.0	..
68-82	**Real estate; professional, scientific and technical; administrative and support**	3 816.0	4 054.2	3 847.6	3 833.7	3 688.8	5 413.6	5 706.6	..
68	Real estate activities	0.6	1.0	1.0	0.8	0.8	1.1	0.9	..
69-75x72	Professional, scientific and technical activities, except scientific R&D	1 698.8	1 906.8	1 750.8	1 799.3	1 621.6	2 876.6	3 108.6	..
72	Scientific research and development	2 070.8	2 102.2	2 049.1	1 999.9	2 033.7	2 482.0	2 550.0	..
77-82	Administrative and support service activities	45.8	44.2	46.7	33.7	32.8	53.8	47.1	..
84-99	Community, social and personal services	20.0	30.0	29.9	34.3	32.8	36.6	33.5	..
84-85	Public administration and defence; compulsory social security and education	..	2.7	2.7	3.2	2.9	1.1	1.5	..
86-88	Human health and social work activities	..	4.4	4.5	7.5	7.3	9.2	8.4	..
90-93	Arts, entertainment and recreation	..	1.6	1.6	4.2	4.0	2.3	2.4	..
94-99	Other services; household-employers; extraterritorial bodies	..	21.3	21.2	19.5	18.5	22.9	21.3	..

.. Not available

Note: Detailed metadata at: http://metalinks.oecd.org/anberd/20191119/b539.

GREECE

R&D expenditure in industry by main activity of the enterprise, current prices
ISIC Rev. 4

Million USD PPP

		2010	2011	2012	2013	2014	2015	2016	2017
	TOTAL BUSINESS ENTERPRISE	..	681.3	669.8	774.1	825.3	922.3	1 233.0	1 695.4
01-03	**AGRICULTURE, FORESTRY AND FISHING**	..	2.0	1.5 e	1.5	2.1 e	2.9	3.9 e	5.1
05-09	**MINING AND QUARRYING**	..	0.5	2.3 e	1.1	0.0 e	2.1	33.9 e	83.8
10-33	**MANUFACTURING**	..	267.2	258.2 e	278.5	251.3 e	245.9	338.9 e	500.9
10-12	Food products, beverages and tobacco	..	23.7	36.6 e	47.8 e	40.2 e	32.0	44.5 e	71.7
13-15	Textiles, wearing apparel, leather and related products	..	1.7	1.2 e	1.5	3.0 e	4.5	5.0 e	4.8
13	Textiles	..	..	..	..	..	..	..	4.7
14	Wearing apparel	..	..	..	..	..	..	..	0.1
15	Leather and related products, footwear	..	..	..	..	..	..	..	0.0
16-18	Wood and paper products and printing	..	14.5	7.4 e	3.3	2.6 e	6.3	14.0 e	24.2
16	Wood and wood products, except furniture	..	..	..	..	..	..	..	0.3
17	Paper and paper products	..	..	..	..	..	..	..	19.5
18	Printing and reproduction of recorded media	..	..	..	..	..	..	..	4.3
19-23	Chemical, rubber, plastic, non-metallic mineral products	..	122.6	120.8 e	129.5	110.5 e	103.5	150.5 e	235.1
19	Coke and refined petroleum products	..	7.2 e	8.2 e	7.8 e	3.5 e	10.4	41.7 e	90.3
20-21	Chemical and pharmaceutical products	..	107.2	104.8 e	113.2	98.7 e	84.3	96.8 e	127.8
20	Chemicals and chemical products	..	22.7	20.3 e	20.0	15.8 e	15.0	24.6 e	41.4
21	Pharmaceuticals, medicinal, chemical and botanical products	..	84.6	84.5 e	93.2	82.9 e	69.3	72.2 e	86.4
22	Rubber and plastic products	..	3.0	3.3 e	3.5	2.3 e	1.5	3.3 e	6.7
23	Other non-metallic mineral products	..	5.2	4.4 e	5.0	6.0 e	7.3	8.7 e	10.3
24-25	Basic metals, metal products, except machinery and equipment	..	35.5	37.9 e	44.5	43.5 e	44.7	59.9 e	85.2
24	Basic metals	..	17.7	16.5 e	17.4	15.8 e	15.1	19.3 e	26.8
25	Fabricated metal products, except machinery and equipment	..	17.8	21.4 e	27.0	27.7 e	29.6	40.7 e	58.4
26-30	Computer, electronic, optical products; electrical machinery, transport equipment	..	67.3	52.7 e	49.9	48.3 e	50.8	60.6 e	75.2
26	Computer, electronic and optical products	..	32.3	25.4 e	23.2	20.1 e	19.6	24.8 e	33.9
27	Electrical equipment	..	14.9	12.2 e	11.8	11.1 e	11.7	15.1 e	20.6
28	Machinery and equipment n.e.c.	..	10.4	9.4 e	10.4	11.1 e	12.1	14.4 e	17.7
29	Motor vehicles, trailers and semi-trailers	..	0.6 e	0.4 e	0.3	0.0 e	0.0	0.5 e	1.2
30	Other transport equipment	..	9.0 e	5.3 e	4.2	6.0 e	7.5	5.8 e	1.8
31-33	Furniture; repair, installation of machinery and equipment	..	2.0	1.7 e	2.1	3.2 e	4.1	4.5 e	4.6
31	Furniture	..	..	..	..	..	..	..	0.6
32	Other manufacturing	..	..	..	..	..	..	..	4.1
33	Repair and installation of machinery and equipment	..	..	..	..	..	..	..	0.0
35-39	**ELECTRICITY, GAS, WATER AND WASTE MANAGEMENT**	..	8.8	8.1 e	9.7	12.4 e	16.7	23.7 e	32.9
35-36	Electricity, gas and water	..	7.4	6.9 e	8.4	10.9 e	15.0	22.2 e	31.6
37-39	Sewerage, waste management and remediation activities	..	1.4	1.2 e	1.3	1.5 e	1.6	1.5 e	1.3
41-43	**CONSTRUCTION**	..	7.5	5.0 e	3.8	3.2 e	5.1	10.9 e	19.3
45-99	**TOTAL SERVICES**	..	395.2	394.7 e	479.5	556.4 e	649.7	821.6 e	1 053.4
45-82	**Business sector services**	..	392.4	391.2 e	475.4	553.1 e	645.3	810.9 e	1 032.7
45-47	Wholesale and retail trade; motor vehicle and motorcycle repairs	..	41.9	65.7 e	103.0	131.6 e	147.9	156.8 e	163.1
49-53	Transportation and storage	..	0.3	7.2 e	7.0	0.0 e	4.0	63.6 e	158.9
55-56	Accommodation and food service activities	..	0.1 e	0.6 e	1.1	1.2 e	1.0 e	0.6 e	0.1
58-63	Information and communication	..	98.1	100.0 e	115.7	115.5 e	126.4	174.7 e	250.5
58-60	Publishing, audiovisual and broadcasting activities	..	0.1	6.6 e	11.3	9.3 e	4.9	3.6 e	4.7
58	Publishing activities	..	0.1	5.9 e	10.2	8.5 e	4.4 e	2.7 e	2.7
59-60	Motion picture, video and TV programme production; broadcasting activities	..	0.0	0.7 e	1.1	0.8 e	0.5 e	0.9 e	1.9
59	Motion picture, video and TV programme production; sound and music	..	..	..	..	..	..	..	1.2
60	Programming and broadcasting activities	..	..	..	..	..	..	..	0.8
61	Telecommunications	..	41.0	27.2 e	17.9	9.0 e	14.1	42.2 e	86.1
62-63	IT and other information services	..	56.9	66.2 e	86.5	97.2 e	107.4	128.8 e	159.7
62	Computer programming, consultancy and related activities	..	52.6	63.8 e	85.1	96.0 e	105.6	126.4 e	156.6
63	Information service activities	..	4.3	2.4 e	1.4	1.3 e	1.8	2.4 e	3.1
64-66	Financial and insurance activities	..	143.7	131.2 e	163.5	217.9 e	269.3	298.7 e	316.3
68-82	Real estate; professional, scientific and technical; administrative and support	..	108.4	86.5 e	85.1	86.8 e	96.7	116.6 e	143.8
68	Real estate activities	..	0.0 e	0.0 e	0.0	0.0 e	0.0	0.0 e	0.0
69-75x72	Professional, scientific and technical activities, except scientific R&D	..	48.2	31.9 e	24.3	21.0 e	25.3	36.9 e	53.4
72	Scientific research and development	..	59.5	53.7 e	60.1	65.7 e	71.3	78.1 e	86.3
77-82	Administrative and support service activities	..	0.7	0.8 e	0.7	0.1 e	0.0	1.5 e	4.0
84-99	Community, social and personal services	..	2.8	3.6 e	4.1	3.3 e	4.4	10.7 e	20.7
84-85	Public administration and defence; compulsory social security and education	..	1.7	2.0 e	2.0	1.1 e	1.7	6.1 e	13.1
86-88	Human health and social work activities	..	0.5	1.1 e	1.8	2.2 e	2.7	3.8 e	5.4
90-93	Arts, entertainment and recreation	..	0.0	0.0 e	0.0	0.0 e	0.0 e	0.1 e	0.2
94-99	Other services; household-employers; extraterritorial bodies	..	0.6	0.5 e	0.3 e	0.0 e	0.0 e	0.7 e	2.0

.. Not available; e Estimated value
Note: Detailed metadata at: *http://metalinks.oecd.org/anberd/20191119/b539.*

GREECE

R&D expenditure in industry by main activity of the enterprise, constant prices
ISIC Rev. 4

2010 USD PPP

		2010	2011	2012	2013	2014	2015	2016	2017
	TOTAL BUSINESS ENTERPRISE	..	667.6	632.5	690.2	725.6	810.8	1 071.5	1 430.0
01-03	AGRICULTURE, FORESTRY AND FISHING	..	2.0	1.4 e	1.4	1.8 e	2.6	3.4 e	4.3
05-09	MINING AND QUARRYING	..	0.5	2.2 e	1.0	0.0 e	1.8	29.5 e	70.7
10-33	MANUFACTURING	..	261.9	243.8 e	248.3	220.9 e	216.1	294.6 e	422.5
10-12	Food products, beverages and tobacco	..	23.2	34.6 e	42.6 e	35.3 e	28.1	38.6 e	60.5
13-15	Textiles, wearing apparel, leather and related products	..	1.7	1.1 e	1.4	2.7 e	4.0	4.3 e	4.0
13	Textiles	..	..	..	..	..	..	..	3.9
14	Wearing apparel	..	..	..	..	..	..	..	0.1
15	Leather and related products, footwear	..	..	..	..	..	..	..	0.0
16-18	Wood and paper products and printing	..	14.2	7.0 e	2.9	2.3 e	5.6	12.1 e	20.4
16	Wood and wood products, except furniture	..	..	..	..	..	..	..	0.3
17	Paper and paper products	..	..	..	..	..	..	..	16.5
18	Printing and reproduction of recorded media	..	..	..	..	..	..	..	3.6
19-23	Chemical, rubber, plastic, non-metallic mineral products	..	120.2	114.1 e	115.4	97.1 e	91.0	130.8 e	198.3
19	Coke and refined petroleum products	..	7.1 e	7.8 e	6.9 e	3.1 e	9.1	36.2 e	76.1
20-21	Chemical and pharmaceutical products	..	105.1	99.0 e	100.9	86.7 e	74.1	84.1 e	107.8
20	Chemicals and chemical products	..	22.2	19.2 e	17.8	13.9 e	13.2	21.4 e	34.9
21	Pharmaceuticals, medicinal, chemical and botanical products	..	82.9	79.8 e	83.1	72.9 e	60.9	62.8 e	72.9
22	Rubber and plastic products	..	2.9	3.1 e	3.1	2.0 e	1.3	2.8 e	5.7
23	Other non-metallic mineral products	..	5.1	4.2 e	4.4	5.3 e	6.4	7.6 e	8.7
24-25	Basic metals, metal products, except machinery and equipment	..	34.8	35.8 e	39.6	38.3 e	39.3	52.1 e	71.9
24	Basic metals	..	17.4	15.6 e	15.5	13.9 e	13.3	16.7 e	22.6
25	Fabricated metal products, except machinery and equipment	..	17.5	20.2 e	24.1	24.4 e	26.0	35.3 e	49.3
26-30	Computer, electronic, optical products; electrical machinery, transport equipment	..	65.9	49.7 e	44.5	42.4 e	44.7	52.7 e	63.5
26	Computer, electronic and optical products	..	31.7	24.0 e	20.7	17.6 e	17.2	21.6 e	28.6
27	Electrical equipment	..	14.6	11.5 e	10.6	9.8 e	10.3	13.2 e	17.4
28	Machinery and equipment n.e.c.	..	10.2	8.9 e	9.3	9.8 e	10.6	12.5 e	14.9
29	Motor vehicles, trailers and semi-trailers	..	0.6 e	0.4 e	0.3	0.0 e	0.0	0.4 e	1.1
30	Other transport equipment	..	8.8 e	5.0 e	3.7	5.2 e	6.6	5.0 e	1.5
31-33	Furniture; repair, installation of machinery and equipment	..	1.9	1.6 e	1.9	2.8 e	3.6	3.9 e	3.9
31	Furniture	..	..	..	..	..	..	..	0.5
32	Other manufacturing	..	..	..	..	..	..	..	3.4
33	Repair and installation of machinery and equipment	..	..	..	..	..	..	..	0.0
35-39	ELECTRICITY, GAS, WATER AND WASTE MANAGEMENT	..	8.6	7.6 e	8.6	10.9 e	14.6	20.6 e	27.8
35-36	Electricity, gas and water	..	7.2	6.5 e	7.5	9.6 e	13.2	19.3 e	26.6
37-39	Sewerage, waste management and remediation activities	..	1.4	1.1 e	1.2	1.3 e	1.4	1.3 e	1.1
41-43	CONSTRUCTION	..	7.4	4.8 e	3.3	2.8 e	4.5	9.4 e	16.3
45-99	**TOTAL SERVICES**	..	387.3	372.7 e	427.5	489.2 e	571.1	714.0 e	888.5
45-82	**Business sector services**	..	384.5	369.3 e	423.9	486.3 e	567.3	704.7 e	871.1
45-47	**Wholesale and retail trade; motor vehicle and motorcycle repairs**	..	41.0	62.0 e	91.8	115.8 e	130.0	136.3 e	137.6
49-53	**Transportation and storage**	..	0.3	6.8 e	6.2	0.0 e	3.5	55.3 e	134.0
55-56	**Accommodation and food service activities**	..	0.1 e	0.6 e	1.0	1.1 e	0.9 e	0.5 e	0.1
58-63	**Information and communication**	..	96.1	94.4 e	103.2	101.6 e	111.1	151.8 e	211.3
58-60	Publishing, audiovisual and broadcasting activities	..	0.1	6.3 e	10.1	8.2 e	4.3	3.2 e	3.9
58	Publishing activities	..	0.1	5.6 e	9.1	7.4 e	3.9 e	2.4 e	2.3
59-60	Motion picture, video and TV programme production; broadcasting activities	..	0.0	0.7 e	1.0	0.7 e	0.4 e	0.8 e	1.6
59	Motion picture, video and TV programme production; sound and music	..	..	..	..	..	..	..	1.0
60	Programming and broadcasting activities	..	..	..	..	..	..	..	0.6
61	Telecommunications	..	40.2	25.7 e	15.9	7.9 e	12.4	36.7 e	72.6
62-63	IT and other information services	..	55.8	62.5 e	77.1	85.5 e	94.4	111.9 e	134.7
62	Computer programming, consultancy and related activities	..	51.6	60.2 e	75.9	84.4 e	92.9	109.9 e	132.1
63	Information service activities	..	4.2	2.3 e	1.3	1.1 e	1.5	2.1 e	2.6
64-66	**Financial and insurance activities**	..	140.8	123.9 e	145.8	191.6 e	236.7	259.6 e	266.8
68-82	**Real estate; professional, scientific and technical; administrative and support**	..	106.3	81.6 e	75.9	76.4 e	85.0	101.3 e	121.3
68	Real estate activities	..	0.0 e	0.0 e	0.0	0.0 e	0.0 e	0.0 e	0.0
69-75x72	Professional, scientific and technical activities, except scientific R&D	..	47.3	30.2 e	21.6	18.5 e	22.3	32.1 e	45.0
72	Scientific research and development	..	58.3	50.7 e	53.6	57.8 e	62.7	67.9 e	72.8
77-82	Administrative and support service activities	..	0.7 e	0.7 e	0.6	0.1 e	0.0 e	1.3 e	3.4
84-99	Community, social and personal services	..	2.8	3.4 e	3.7	2.9 e	3.9	9.3 e	17.5
84-85	Public administration and defence; compulsory social security and education	..	1.7	1.9 e	1.8	1.0 e	1.5 e	5.3 e	11.1
86-88	Human health and social work activities	..	0.5	1.0 e	1.6	1.9 e	2.4	3.3 e	4.5
90-93	Arts, entertainment and recreation	..	0.0	0.0 e	0.0 e	0.0 e	0.0 e	0.1 e	0.1
94-99	Other services; household-employers; extraterritorial bodies	..	0.6	0.5 e	0.3 e	0.0 e	0.0 e	0.6 e	1.7

.. Not available; e Estimated value
Note: Detailed metadata at: *http://metalinks.oecd.org/anberd/20191119/b539*.

HUNGARY

R&D expenditure in industry by main activity of the enterprise, current prices
ISIC Rev. 4

Million USD PPP

ISIC	Activity	2010	2011	2012	2013	2014	2015	2016	2017
	TOTAL BUSINESS ENTERPRISE	1 467.7	1 690.4	1 899.9	2 333.8	2 437.9	2 595.8	2 352.7	2 779.3
01-03	**AGRICULTURE, FORESTRY AND FISHING**	21.4 e	23.7 e	32.2 e	38.3 e	39.8	27.2	19.4	27.8
05-09	**MINING AND QUARRYING**	0.0 e	0.0 e	1.8 e	0.8 e	1.1 e	2.9	0.2	0.9
10-33	**MANUFACTURING**	862.3 e	939.5 e	1 070.1 e	1 171.2 e	1 091.3	1 052.2	1 135.9	1 302.1
10-12	Food products, beverages and tobacco	26.4 e	32.0 e	32.4 e	37.4 e	21.8	21.1	18.6	27.9
13-15	Textiles, wearing apparel, leather and related products	..	..	..	..	..	..	..	1.7
13	Textiles	..	..	..	..	..	..	..	..
14	Wearing apparel	..	..	..	..	..	..	..	..
15	Leather and related products, footwear	..	..	..	..	..	..	..	..
16-18	Wood and paper products and printing	8.9 e	9.8 e	12.6 e	31.9 e	29.1	10.5	15.6	50.6
16	Wood and wood products, except furniture	1.1 e	2.1 e	0.6 e	4.7 e	2.0	0.5 e	0.2 e	1.4
17	Paper and paper products	2.8 e	4.7 e	5.7 e	22.5 e	3.4	0.8 e	12.2	27.7
18	Printing and reproduction of recorded media	5.0 e	3.0 e	6.3 e	4.7 e	23.7	9.2	3.2 e	21.5
19-23	Chemical, rubber, plastic, non-metallic mineral products	..	..	..	..	..	..	..	475.7
19	Coke and refined petroleum products	..	..	..	..	..	..	..	..
20-21	Chemical and pharmaceutical products	413.0	403.4 e	451.7 e	448.5 e	448.3	431.5	417.5	424.4
20	Chemicals and chemical products	21.2 e	22.6 e	15.8 e	28.2 e	15.1	24.6	10.9	24.4
21	Pharmaceuticals, medicinal, chemical and botanical products	391.7	380.8 e	436.0 e	420.3 e	433.2	406.9	406.5	400.0
22	Rubber and plastic products	9.3 e	13.1 e	14.5 e	15.7 e	18.7	13.2	16.3	21.1
23	Other non-metallic mineral products	5.0 e	5.5 e	13.0 e	5.7 e	5.4	6.3	5.6	..
24-25	Basic metals, metal products, except machinery and equipment	13.5 e	16.9 e	42.6 e	39.0 e	46.1	22.2	32.0 e	46.1
24	Basic metals	2.5 e	1.2 e	1.3 e	2.1 e	3.3	3.9 e	7.9	13.8
25	Fabricated metal products, except machinery and equipment	10.9 e	15.7 e	41.3 e	37.0 e	42.9	18.3	24.1	32.3
26-30	Computer, electronic, optical products; electrical machinery, transport equipment	334.2 e	401.7 e	433.5 e	509.7 e	450.8	493.9	552.3	649.5
26	Computer, electronic and optical products	88.7 e	113.0 e	97.0 e	95.4 e	35.7	37.8	44.9	44.7
27	Electrical equipment	44.9 e	51.7 e	48.0 e	68.0 e	64.0	51.6	56.9	80.3
28	Machinery and equipment n.e.c.	70.9 e	95.4 e	121.2 e	133.3 e	130.0	119.9	126.6	135.8
29	Motor vehicles, trailers and semi-trailers	127.7 e	139.7 e	165.1 e	211.0 e	208.9	274.4	310.9	377.4
30	Other transport equipment	2.0 e	1.8 e	2.2 e	2.1 e	12.1	10.1	13.0	11.2
31-33	Furniture; repair, installation of machinery and equipment	33.4 e	36.4 e	47.4 e	66.2 e	54.8	37.1	49.0	50.7
31	Furniture	1.1 e	3.4 e	3.5 e	13.3 e	5.2	2.8	4.9	5.4
32	Other manufacturing	16.5 e	21.0 e	24.4 e	24.2 e	34.6	22.9	31.6	32.7
33	Repair and installation of machinery and equipment	15.8 e	11.9 e	19.5 e	28.7 e	15.0	11.4	12.6	12.6
35-39	**ELECTRICITY, GAS, WATER AND WASTE MANAGEMENT**	5.7 e	4.6 e	3.4 e	12.7 e	8.5 e	21.6	8.7	5.2
35-36	Electricity, gas and water	2.5 e	2.0 e	1.9 e	2.7 e	4.2 e	13.5	4.3	2.7
37-39	Sewerage, waste management and remediation activities	3.2 e	2.6 e	1.6 e	10.1 e	4.3	8.1	4.4	2.5
41-43	**CONSTRUCTION**	5.7 e	7.9 e	8.2 e	22.2 e	19.8	14.1	10.6	38.8
45-99	**TOTAL SERVICES**	572.6	714.8 e	784.1 e	1 088.5 e	1 277.2	1 477.7	1 177.9	1 404.4
45-82	**Business sector services**	561.0	702.4 e	768.5 e	1 074.7 e	1 261.5	1 460.7	1 166.2	1 390.4
45-47	Wholesale and retail trade; motor vehicle and motorcycle repairs	138.7 e	207.7 e	217.8 e	275.2 e	359.9	360.2	147.1	179.3
49-53	Transportation and storage	0.1 e	1.0 e	2.9 e	7.5 e	6.5	7.3	5.8 e	8.3
55-56	Accommodation and food service activities	..	..	..	..	..	..	..	8.4
58-63	Information and communication	39.4 e	51.1 e	122.0 e	161.9 e	244.9	208.6	174.2	234.2
58-60	Publishing, audiovisual and broadcasting activities	7.0 e	8.8 e	16.5 e	22.6 e	29.7	23.2	22.1	35.4
58	Publishing activities	..	..	..	..	29.5	..	22.1	..
59-60	Motion picture, video and TV programme production; broadcasting activities	..	..	..	..	0.1	..	..	..
59	Motion picture, video and TV programme production; sound and music	..	..	..	..	..	..	..	..
60	Programming and broadcasting activities	..	..	..	..	..	..	..	..
61	Telecommunications	..	..	..	..	3.4	11.7	4.9	5.1
62-63	IT and other information services	..	..	..	..	211.9	173.7	147.3	193.7
62	Computer programming, consultancy and related activities	..	..	..	..	188.0	164.3	137.3	189.9
63	Information service activities	..	..	..	..	23.9	9.4	10.0	3.9
64-66	Financial and insurance activities	..	..	..	..	..	..	..	3.1
68-82	Real estate; professional, scientific and technical; administrative and support	379.5 e	436.8 e	417.6 e	626.0 e	646.5	881.0	838.5	957.1
68	Real estate activities	2.0 e	4.0 e	3.5 e	8.8 e	15.1	11.5	4.2	3.8
69-75x72	Professional, scientific and technical activities, except scientific R&D	22.3 e	134.1 e	159.9 e	45.9 e	86.4	85.2	51.2	83.5
72	Scientific research and development	352.7	295.1 e	250.6 e	564.6 e	528.2	755.9	768.9	851.6
77-82	Administrative and support service activities	2.5 e	3.5 e	3.6 e	6.7 e	16.8	28.4	14.2	18.2
84-99	**Community, social and personal services**	11.6 e	12.3 e	15.6 e	13.8 e	15.7	17.0	11.6	14.0
84-85	Public administration and defence; compulsory social security and education	0.5 e	0.2 e	2.9 e	1.3 e	2.4	3.6	1.3	2.1
86-88	Human health and social work activities	3.5 e	3.2 e	4.7 e	2.4 e	3.5	3.6	1.8	4.9
90-93	Arts, entertainment and recreation	0.6 e	1.0 e	1.7 e	1.5 e	2.0	2.7	5.9	2.0
94-99	Other services; household-employers; extraterritorial bodies	7.0 e	7.9 e	6.4 e	8.6 e	7.9	7.1	2.7	5.0

.. Not available; e Estimated value
Note: Detailed metadata at: http://metalinks.oecd.org/anberd/20191119/b539.

HUNGARY

R&D expenditure in industry by main activity of the enterprise, constant prices
ISIC Rev. 4

2010 USD PPP

		2010	2011	2012	2013	2014	2015	2016	2017
	TOTAL BUSINESS ENTERPRISE	1 467.7	1 624.8	1 785.8	2 120.0	2 218.8	2 373.8	2 166.4	2 491.5
01-03	**AGRICULTURE, FORESTRY AND FISHING**	21.4 e	22.7 e	30.3 e	34.8 e	36.3	24.9	17.9	25.0
05-09	**MINING AND QUARRYING**	0.0 e	0.0 e	1.7 e	0.8 e	1.0 e	2.6	0.2	0.8
10-33	**MANUFACTURING**	862.3 e	903.0 e	1 005.9 e	1 063.9 e	993.2	962.3	1 045.9	1 167.3
10-12	Food products, beverages and tobacco	26.4 e	30.8 e	30.5 e	34.0 e	19.8	19.3	17.2	25.0
13-15	Textiles, wearing apparel, leather and related products	..	..	..	..	..	..	..	1.5
13	Textiles	..	..	..	..	..	..	..	..
14	Wearing apparel	..	..	..	..	..	..	..	..
15	Leather and related products, footwear	..	..	..	..	..	..	..	..
16-18	Wood and paper products and printing	8.9 e	9.4 e	11.8 e	28.9 e	26.5	9.6	14.3	45.4
16	Wood and wood products, except furniture	1.1 e	2.0 e	0.5 e	4.2 e	1.8	0.4 e	0.2 e	1.3
17	Paper and paper products	2.8 e	4.5 e	5.4 e	20.4 e	3.1	0.7 e	11.3	24.8
18	Printing and reproduction of recorded media	5.0 e	2.9 e	5.9 e	4.3 e	21.5	8.4	2.9 e	19.3
19-23	Chemical, rubber, plastic, non-metallic mineral products	..	..	..	..	..	..	..	426.5
19	Coke and refined petroleum products	..	..	..	..	..	..	..	..
20-21	Chemical and pharmaceutical products	413.0 e	387.7 e	424.6 e	407.4 e	408.0	394.6	384.4	380.5
20	Chemicals and chemical products	21.2 e	21.7 e	14.8 e	25.6 e	13.8	22.5	10.1	21.8
21	Pharmaceuticals, medicinal, chemical and botanical products	391.7 e	366.0 e	409.8 e	381.8 e	394.2	372.1	374.3	358.6
22	Rubber and plastic products	9.3 e	12.6 e	13.6 e	14.2 e	17.0	12.1	15.0	18.9
23	Other non-metallic mineral products	5.0 e	5.3 e	12.2 e	5.2 e	4.9	5.8	5.2	..
24-25	Basic metals, metal products, except machinery and equipment	13.5 e	16.2 e	40.0 e	35.5 e	42.0	20.3 e	29.4 e	41.3
24	Basic metals	2.5 e	1.1 e	1.2 e	1.9 e	3.0	3.5 e	7.3	12.4
25	Fabricated metal products, except machinery and equipment	10.9 e	15.1 e	38.8 e	33.6 e	39.0	16.8	22.2	28.9
26-30	Computer, electronic, optical products; electrical machinery, transport equipment	334.2 e	386.1 e	407.5 e	463.0 e	410.3	451.7	508.6	582.3
26	Computer, electronic and optical products	88.7 e	108.6 e	91.2 e	86.6 e	32.5	34.6	41.3	40.1
27	Electrical equipment	44.9 e	49.7 e	45.1 e	61.8 e	58.3	47.2	52.4	72.0
28	Machinery and equipment n.e.c.	70.9 e	91.7 e	113.9 e	121.1 e	118.2	109.7	116.6	121.7
29	Motor vehicles, trailers and semi-trailers	127.7 e	134.3 e	155.2 e	191.7 e	190.1	250.9	286.3	338.4
30	Other transport equipment	2.0 e	1.8 e	2.1 e	1.9 e	11.0	9.3	12.0	10.1
31-33	Furniture; repair, installation of machinery and equipment	33.4 e	35.0 e	44.6 e	60.1 e	49.9	33.9	45.1	45.4
31	Furniture	1.1 e	3.3 e	3.3 e	12.1 e	4.8	2.5	4.5	4.9
32	Other manufacturing	16.5 e	20.2 e	22.9 e	21.9 e	31.5	20.9	29.1	29.3
33	Repair and installation of machinery and equipment	15.8 e	11.5 e	18.3 e	26.1 e	13.6	10.4	11.6	11.3
35-39	**ELECTRICITY, GAS, WATER AND WASTE MANAGEMENT**	5.7 e	4.4 e	3.2 e	11.6 e	7.8 e	19.8	8.0	4.7
35-36	Electricity, gas and water	2.5 e	2.0 e	1.8 e	2.4 e	3.8 e	12.3	4.0	2.4
37-39	Sewerage, waste management and remediation activities	3.2 e	2.5 e	1.5 e	9.1 e	3.9	7.4	4.1	2.3
41-43	**CONSTRUCTION**	5.7 e	7.6 e	7.7 e	20.2 e	18.0	12.9	9.8	34.8
45-99	**TOTAL SERVICES**	572.6 e	687.0 e	737.0 e	988.8 e	1 162.4	1 351.4	1 084.6	1 259.0
45-82	**Business sector services**	561.0 e	675.1 e	722.4 e	976.3 e	1 148.1	1 335.8	1 073.9	1 246.5
45-47	Wholesale and retail trade; motor vehicle and motorcycle repairs	138.7 e	199.6 e	204.8 e	250.0 e	327.5	329.4	135.4	160.7
49-53	Transportation and storage	0.1 e	0.9 e	2.8 e	6.8 e	5.9	6.7	5.4 e	7.5
55-56	Accommodation and food service activities	..	..	..	..	..	..	..	7.6
58-63	Information and communication	39.4 e	49.1 e	114.7 e	147.1 e	222.9	190.8	160.4	210.0
58-60	Publishing, audiovisual and broadcasting activities	7.0 e	8.4 e	15.6 e	20.5 e	27.0	21.2	20.3	31.7
58	Publishing activities	..	..	..	..	26.9	..	20.3	..
59-60	Motion picture, video and TV programme production; broadcasting activities	..	..	..	..	0.1	..	..	..
59	Motion picture, video and TV programme production; sound and music	..	..	..	..	..	..	..	..
60	Programming and broadcasting activities	..	..	..	..	..	..	..	..
61	Telecommunications	..	..	..	..	3.1	10.7	4.5	4.6
62-63	IT and other information services	..	..	..	..	192.8	158.8	135.6	173.7
62	Computer programming, consultancy and related activities	..	..	..	..	171.1	150.2	126.4	170.2
63	Information service activities	..	..	..	..	21.8	8.6	9.2	3.5
64-66	Financial and insurance activities	..	..	..	..	..	..	..	2.8
68-82	Real estate; professional, scientific and technical; administrative and support	379.5 e	419.8 e	392.5 e	568.6 e	588.4	805.7	772.1	858.0
68	Real estate activities	2.0 e	3.8 e	3.3 e	8.0 e	13.7	10.5	3.9	3.4
69-75x72	Professional, scientific and technical activities, except scientific R&D	22.3 e	128.9 e	150.3 e	41.7 e	78.6	78.0	47.2	74.8
72	Scientific research and development	352.7 e	283.7 e	235.5 e	512.8 e	480.8	691.2	708.0	763.4
77-82	Administrative and support service activities	2.5 e	3.4 e	3.4 e	6.1 e	15.3	26.0	13.0	16.3
84-99	**Community, social and personal services**	11.6 e	11.8 e	14.7 e	12.5 e	14.3	15.5	10.7	12.6
84-85	Public administration and defence; compulsory social security and education	0.5 e	0.2 e	2.7 e	1.2 e	2.2	3.3	1.2	1.8
86-88	Human health and social work activities	3.5 e	3.1 e	4.4 e	2.2 e	3.2	3.3	1.6	4.4
90-93	Arts, entertainment and recreation	0.6 e	1.0 e	1.6 e	1.4 e	1.8	2.4	5.4	1.8
94-99	Other services; household-employers; extraterritorial bodies	7.0 e	7.6 e	6.0 e	7.8 e	7.2	6.5	2.5	4.5

.. Not available; e Estimated value
Note: Detailed metadata at: *http://metalinks.oecd.org/anberd/20191119/b539.*

ICELAND

R&D expenditure in industry by main activity of the enterprise, current prices
ISIC Rev. 4

Million USD PPP

		2010	2011	2012	2013	2014	2015	2016	2017
	TOTAL BUSINESS ENTERPRISE	..	..	..	135.9	178.1	221.0	226.2	261.5
01-03	**AGRICULTURE, FORESTRY AND FISHING**	..	..	..	1.4	1.4	2.4	1.7	5.8
05-09	**MINING AND QUARRYING**	..	..	..	0.0	0.0	0.1	0.1	0.0
10-33	**MANUFACTURING**	..	..	..	33.7	34.5	36.3	39.2	59.1
10-12	Food products, beverages and tobacco	..	..	..	4.0	4.4	3.7	4.2	4.3
13-15	Textiles, wearing apparel, leather and related products	..	..	..	0.0	0.0	0.1	0.1	0.1
13	Textiles	..	..	..	..	..	0.0	0.0	0.1
14	Wearing apparel	..	..	..	..	..	0.0	0.0	0.0
15	Leather and related products, footwear	..	..	..	..	..	0.1	0.1	0.0
16-18	Wood and paper products and printing	..	..	..	0.1	0.2	0.1	0.1	0.0
16	Wood and wood products, except furniture	..	..	..	..	..	..	..	..
17	Paper and paper products	..	..	..	..	..	..	..	..
18	Printing and reproduction of recorded media	..	..	..	..	..	..	..	..
19-23	Chemical, rubber, plastic, non-metallic mineral products	..	..	..	3.1	3.2	7.2	5.7	4.0
19	Coke and refined petroleum products	..	..	..	0.1	0.1	3.4	1.4	0.5
20-21	Chemical and pharmaceutical products	..	..	..	2.8	2.8	2.9	3.3	2.8
20	Chemicals and chemical products	..	..	..	2.4	2.5	1.9	1.9	2.0
21	Pharmaceuticals, medicinal, chemical and botanical products	..	..	..	0.4	0.2	1.0	1.4	0.7
22	Rubber and plastic products	..	..	..	0.3	0.3	0.6	0.6	0.7
23	Other non-metallic mineral products	..	..	..	0.0	0.0	0.4	0.4	0.0
24-25	Basic metals, metal products, except machinery and equipment	..	..	..	2.5	2.5	2.3	3.4	5.6
24	Basic metals	..	..	..	0.6	0.7	0.4	1.5	2.7
25	Fabricated metal products, except machinery and equipment	..	..	..	1.9	1.8	1.8	1.9	2.9
26-30	Computer, electronic, optical products; electrical machinery, transport equipment	..	..	..	8.8	9.1	5.7	7.9	22.3
26	Computer, electronic and optical products	..	..	..	2.7	2.8	2.4	2.8	3.6
27	Electrical equipment	..	..	..	0.0	0.1	1.4	1.7	0.3
28	Machinery and equipment n.e.c.	..	..	..	5.9	5.9	1.8	3.3	18.4
29	Motor vehicles, trailers and semi-trailers	..	..	..	0.0	0.0	0.0	0.0	0.0
30	Other transport equipment	..	..	..	0.2	0.2	0.1	0.0	0.0
31-33	Furniture; repair, installation of machinery and equipment	..	..	..	15.1	15.2	17.2	17.8	22.6
31	Furniture	..	..	..	0.0	0.0	0.0	0.0	0.2
32	Other manufacturing	..	..	..	15.1	14.9	16.1	16.8	21.4
33	Repair and installation of machinery and equipment	..	..	..	0.0	0.3	1.1	1.0	1.0
35-39	**ELECTRICITY, GAS, WATER AND WASTE MANAGEMENT**	..	..	..	5.8	8.5	7.9	9.7	7.4
35-36	Electricity, gas and water	..	..	..	5.5	8.2	7.6	9.3	6.8
37-39	Sewerage, waste management and remediation activities	..	..	..	0.3	0.3	0.3	0.3	0.6
41-43	**CONSTRUCTION**	..	..	..	0.0	1.1	0.0	0.0	0.0
45-99	**TOTAL SERVICES**	..	..	..	95.0	132.5	174.3	175.5	189.2
45-82	**Business sector services**	..	..	..	90.3	127.4	168.5	170.4	185.9
45-47	Wholesale and retail trade; motor vehicle and motorcycle repairs	..	..	..	0.7	0.6	1.3	1.7	1.2
49-53	Transportation and storage	..	..	..	0.2	0.2	0.1	0.2	0.3
55-56	Accommodation and food service activities	..	..	..	0.1	0.1	0.7	0.4	0.0
58-63	Information and communication	..	..	..	24.4	29.9	52.4	54.3	64.0
58-60	Publishing, audiovisual and broadcasting activities	..	..	..	..	1.0	2.5	2.9	2.6
58	Publishing activities	..	..	..	..	1.0	2.5	2.9	2.6
59-60	Motion picture, video and TV programme production; broadcasting activities	..	..	..	..	0.0	0.0	0.0	0.0
59	Motion picture, video and TV programme production; sound and music	..	..	..	..	..	..	..	..
60	Programming and broadcasting activities	..	..	..	..	..	..	..	..
61	Telecommunications	..	..	..	..	0.0	0.0	0.0	0.1
62-63	IT and other information services	..	..	..	..	28.9	49.9	51.4	61.4
62	Computer programming, consultancy and related activities	..	..	..	..	25.1	38.3	42.2	54.5
63	Information service activities	..	..	..	..	3.9	11.6	9.3	6.9
64-66	**Financial and insurance activities**	..	..	..	0.5	0.5	0.2	0.4	2.0
68-82	Real estate; professional, scientific and technical; administrative and support	..	..	..	64.3	96.0	113.7	113.3	118.4
68	Real estate activities	..	..	..	0.0	0.0	0.0	0.0	0.0
69-75x72	Professional, scientific and technical activities, except scientific R&D	..	..	..	9.2	7.4	0.0	7.5	7.1
72	Scientific research and development	..	..	..	53.7	87.3	112.4	104.1	107.8
77-82	Administrative and support service activities	..	..	..	1.4	1.3	1.4	1.7	3.6
84-99	**Community, social and personal services**	..	..	..	4.7	5.1	5.9	5.1	3.3
84-85	Public administration and defence; compulsory social security and education	..	..	..	0.6	0.8	0.7	0.5	0.1
86-88	Human health and social work activities	..	..	..	3.0	3.2	4.3	3.4	2.3
90-93	Arts, entertainment and recreation	..	..	..	0.8	0.7	0.6	1.0	0.0
94-99	Other services; household-employers; extraterritorial bodies	..	..	..	0.3	0.4	0.3	0.2	0.9

.. Not available

Note: Detailed metadata at: http://metalinks.oecd.org/anberd/20191119/b539.

ICELAND

R&D expenditure in industry by main activity of the enterprise, constant prices
ISIC Rev. 4

2010 USD PPP

		2010	2011	2012	2013	2014	2015	2016	2017
	TOTAL BUSINESS ENTERPRISE	..	..	..	128.6	164.3	197.8	198.7	222.0
01-03	AGRICULTURE, FORESTRY AND FISHING	..	..	..	1.3	1.3	2.1	1.5	4.9
05-09	MINING AND QUARRYING	..	..	..	0.0	0.0	0.1	0.1	0.0
10-33	MANUFACTURING	..	..	..	31.9	31.9	32.4	34.4	50.1
10-12	Food products, beverages and tobacco	..	..	..	3.8	4.0	3.3	3.7	3.6
13-15	Textiles, wearing apparel, leather and related products	..	..	..	0.0	0.0	0.1	0.1	0.1
13	Textiles	..	..	..	..	..	0.0	0.0	0.1
14	Wearing apparel	..	..	..	..	..	0.0	0.0	0.0
15	Leather and related products, footwear	..	..	..	..	..	0.1	0.1	0.0
16-18	Wood and paper products and printing	..	..	..	0.1	0.1	0.1	0.1	0.0
16	Wood and wood products, except furniture	..	..	..	..	..	..	..	..
17	Paper and paper products	..	..	..	..	..	..	..	..
18	Printing and reproduction of recorded media	..	..	..	..	..	..	..	..
19-23	Chemical, rubber, plastic, non-metallic mineral products	..	..	..	3.0	2.9	6.5	5.0	3.4
19	Coke and refined petroleum products	..	..	..	0.1	0.1	3.0	1.2	0.5
20-21	Chemical and pharmaceutical products	..	..	..	2.6	2.6	2.6	2.9	2.3
20	Chemicals and chemical products	..	..	..	2.3	2.4	1.7	1.7	1.7
21	Pharmaceuticals, medicinal, chemical and botanical products	..	..	..	0.3	0.2	0.9	1.2	0.6
22	Rubber and plastic products	..	..	..	0.3	0.3	0.5	0.6	0.6
23	Other non-metallic mineral products	..	..	..	0.0	0.0	0.3	0.3	0.0
24-25	Basic metals, metal products, except machinery and equipment	..	..	..	2.4	2.3	2.0	3.0	4.8
24	Basic metals	..	..	..	0.6	0.7	0.4	1.3	2.3
25	Fabricated metal products, except machinery and equipment	..	..	..	1.8	1.6	1.6	1.7	2.5
26-30	Computer, electronic, optical products; electrical machinery, transport equipment	..	..	..	8.3	8.4	5.1	6.9	19.0
26	Computer, electronic and optical products	..	..	..	2.6	2.6	2.1	2.5	3.1
27	Electrical equipment	..	..	..	0.0	0.1	1.2	1.5	0.3
28	Machinery and equipment n.e.c.	..	..	..	5.6	5.5	1.6	2.9	15.6
29	Motor vehicles, trailers and semi-trailers	..	..	..	0.0	0.0	0.0	0.0	0.0
30	Other transport equipment	..	..	..	0.2	0.2	0.1	0.0	0.0
31-33	Furniture; repair, installation of machinery and equipment	..	..	..	14.3	14.1	15.4	15.6	19.2
31	Furniture	..	..	..	0.0	0.0	0.0	0.0	0.2
32	Other manufacturing	..	..	..	14.3	13.7	14.4	14.7	18.2
33	Repair and installation of machinery and equipment	..	..	..	0.0	0.3	1.0	0.9	0.8
35-39	ELECTRICITY, GAS, WATER AND WASTE MANAGEMENT	..	..	..	5.5	7.9	7.0	8.5	6.3
35-36	Electricity, gas and water	..	..	..	5.2	7.6	6.8	8.2	5.8
37-39	Sewerage, waste management and remediation activities	..	..	..	0.2	0.3	0.3	0.3	0.5
41-43	CONSTRUCTION	..	..	..	0.0	1.0	0.0	0.0	0.0
45-99	TOTAL SERVICES	..	..	..	89.9	122.2	156.0	154.2	160.7
45-82	Business sector services	..	..	..	85.4	117.6	150.8	149.7	157.9
45-47	Wholesale and retail trade; motor vehicle and motorcycle repairs	..	..	..	0.6	0.6	1.2	1.5	1.0
49-53	Transportation and storage	..	..	..	0.2	0.2	0.1	0.2	0.2
55-56	Accommodation and food service activities	..	..	..	0.1	0.1	0.6	0.3	0.0
58-63	Information and communication	..	..	..	23.1	27.6	46.9	47.7	54.3
58-60	Publishing, audiovisual and broadcasting activities	..	..	..	..	0.9	2.2	2.5	2.2
58	Publishing activities	..	..	..	..	0.9	2.2	2.5	2.2
59-60	Motion picture, video and TV programme production; broadcasting activities	..	..	..	..	0.0	0.0	0.0	0.0
59	Motion picture, video and TV programme production; sound and music	..	..	..	..	..	..	..	..
60	Programming and broadcasting activities	..	..	..	..	..	..	..	..
61	Telecommunications	..	..	..	..	0.0	0.0	0.0	0.1
62-63	IT and other information services	..	..	..	..	26.7	44.7	45.2	52.1
62	Computer programming, consultancy and related activities	..	..	..	..	23.1	34.3	37.1	46.3
63	Information service activities	..	..	..	..	3.6	10.4	8.1	5.8
64-66	Financial and insurance activities	..	..	..	0.5	0.5	0.2	0.4	1.7
68-82	Real estate; professional, scientific and technical; administrative and support	..	..	..	60.9	88.6	101.8	99.5	100.6
68	Real estate activities	..	..	..	0.0	0.0	0.0	0.0	0.0
69-75x72	Professional, scientific and technical activities, except scientific R&D	..	..	..	8.7	6.8	0.0	6.6	6.1
72	Scientific research and development	..	..	..	50.8	80.6	100.6	91.4	91.5
77-82	Administrative and support service activities	..	..	..	1.4	1.2	1.2	1.5	3.0
84-99	Community, social and personal services	..	..	..	4.5	4.7	5.3	4.5	2.8
84-85	Public administration and defence; compulsory social security and education	..	..	..	0.5	0.7	0.6	0.5	0.1
86-88	Human health and social work activities	..	..	..	2.9	3.0	3.9	3.0	1.9
90-93	Arts, entertainment and recreation	..	..	..	0.7	0.7	0.5	0.9	0.0
94-99	Other services; household-employers; extraterritorial bodies	..	..	..	0.3	0.3	0.2	0.2	0.8

.. Not available

Note: Detailed metadata at: http://metalinks.oecd.org/anberd/20191119/b539.

IRELAND

R&D expenditure in industry by main activity of the enterprise, current prices
ISIC Rev. 4

Million USD PPP

		2010	2011	2012	2013	2014	2015	2016	2017
	TOTAL BUSINESS ENTERPRISE	2 158.3	2 236.4	2 383.4	2 492.4	2 572.3	2 758.6	..	..
01-03	AGRICULTURE, FORESTRY AND FISHING	1.2 e	2.5	2.2 e	1.5 e	1.5 e	1.2	..	..
05-09	MINING AND QUARRYING	0.5 e	1.0 e	1.4 e	1.4 e	2.1 e	2.5	..	..
10-33	MANUFACTURING	858.6	864.1	962.9 e	1 047.7	1 043.0 e	1 082.2	..	..
10-12	Food products, beverages and tobacco	86.0 e	88.6 e	94.2 e	98.3	93.4 e	92.7	..	..
13-15	Textiles, wearing apparel, leather and related products	4.3	3.9	4.6 e	5.3 e	5.6 e	6.2	..	..
13	Textiles	..	..	..	..	..	..	..	..
14	Wearing apparel	..	..	..	..	..	..	..	..
15	Leather and related products, footwear	..	..	..	..	..	..	..	..
16-18	Wood and paper products and printing	31.8	32.7	38.9 e	44.6	22.4 e	1.2	..	..
16	Wood and wood products, except furniture	14.1	9.7	..	6.8	..	..	..	..
17	Paper and paper products	..	..	..	..	..	..	..	..
18	Printing and reproduction of recorded media	..	..	..	..	..	..	..	..
19-23	Chemical, rubber, plastic, non-metallic mineral products	335.3	231.7	265.4 e	295.4	301.6 e	321.2	..	..
19	Coke and refined petroleum products	0.0	0.0	0.0 e	0.0	0.0 e	0.0	..	..
20-21	Chemical and pharmaceutical products	312.6	212.8	240.2 e	264.2	276.7 e	301.4	..	..
20	Chemicals and chemical products	35.4	59.8	61.0 e	61.2	89.7 e	122.3	..	..
21	Pharmaceuticals, medicinal, chemical and botanical products	277.2	153.0	179.2 e	203.0	186.9 e	179.1	..	..
22	Rubber and plastic products	13.1	13.1	18.6 e	24.1	19.6 e	16.1	..	..
23	Other non-metallic mineral products	9.6	5.9	6.5 e	7.1	5.3 e	3.7	..	..
24-25	Basic metals, metal products, except machinery and equipment	21.6 e	33.5	36.5 e	39.0	35.4 e	33.4	..	..
24	Basic metals	3.4	2.8	4.3 e	5.8	5.8 e	6.2	..	..
25	Fabricated metal products, except machinery and equipment	18.3 e	30.7	32.2 e	33.3	29.6 e	27.2	..	..
26-30	Computer, electronic, optical products; electrical machinery, transport equipment	256.8 e	242.7	289.4 e	332.3	364.9 e	413.9	..	..
26	Computer, electronic and optical products	178.9	183.8	219.1 e	251.6	289.2 e	339.7	..	..
27	Electrical equipment	19.9	15.3	18.2 e	20.9	19.9 e	19.8	..	..
28	Machinery and equipment n.e.c.	55.2	35.8	42.6 e	49.0	48.1 e	49.4	..	..
29	Motor vehicles, trailers and semi-trailers	1.5	5.7	6.8 e	7.8 e	5.6 e	3.7	..	..
30	Other transport equipment	1.3 e	2.2	2.6 e	3.0 e	2.1 e	1.2	..	..
31-33	Furniture; repair, installation of machinery and equipment	122.8 e	230.9 e	233.8 e	232.8 e	219.6 e	216.2	..	..
31	Furniture	1.5	1.6 e	1.8 e	2.1 e	2.2 e	2.5	..	..
32	Other manufacturing	119.3	220.4	225.0 e	225.8	213.8 e	211.2	..	..
33	Repair and installation of machinery and equipment	2.1 e	9.0	7.0 e	4.9	3.6 e	2.5	..	..
35-39	ELECTRICITY, GAS, WATER AND WASTE MANAGEMENT	9.7 e	19.8	13.9 e	7.6	8.0 e	8.6	..	..
35-36	Electricity, gas and water	..	14.5	9.9 e	5.1	4.9 e	4.9	..	..
37-39	Sewerage, waste management and remediation activities	..	5.3	4.0 e	2.5	3.0 e	3.7	..	..
41-43	CONSTRUCTION	1.5	3.1	3.1 e	3.1	2.1 e	1.2	..	..
45-99	**TOTAL SERVICES**	1 286.8 e	1 345.9 e	1 399.9 e	1 431.2	1 515.6 e	1 664.1	..	..
45-82	Business sector services	1 281.1	1 334.0	1 383.0 e	1 409.4	1 500.7 e	1 655.4	..	..
45-47	Wholesale and retail trade; motor vehicle and motorcycle repairs	192.4	212.2	183.2 e	150.3	218.1 e	295.3	..	..
49-53	Transportation and storage	0.0	2.5	2.0 e	1.5	2.5 e	3.7	..	..
55-56	Accommodation and food service activities	0.0	0.7	0.6 e	0.5	0.2 e	0.0	..	..
58-63	Information and communication	563.6	686.9	745.0 e	791.7	793.0 e	827.7	..	..
58-60	Publishing, audiovisual and broadcasting activities	207.4	211.9	210.1 e	204.6	154.1 e	109.9	..	..
58	Publishing activities	206.6	211.2	208.6 e	202.4	152.5 e	108.8 e	..	..
59-60	Motion picture, video and TV programme production; broadcasting activities	0.9	0.7	1.4 e	2.1	1.6 e	1.2 e	..	..
59	Motion picture, video and TV programme production; sound and music	..	..	..	2.0	1.5 e	1.1 e	..	..
60	Programming and broadcasting activities	..	..	..	0.1	0.1 e	0.1 e	..	..
61	Telecommunications	7.2	13.9	16.0 e	17.9	16.0 e	14.8	..	..
62-63	IT and other information services	349.0	461.1	518.8 e	569.2	622.9 e	702.9	..	..
62	Computer programming, consultancy and related activities	344.4	413.3	467.8 e	515.6	567.0 e	642.4	..	..
63	Information service activities	4.5	47.8	51.1 e	53.6	55.9 e	60.5	..	..
64-66	Financial and insurance activities	181.9	57.2	61.2 e	64.3	58.1 e	54.4	..	..
68-82	Real estate; professional, scientific and technical; administrative and support	343.1	374.4	391.0 e	401.3	428.8 e	474.4	..	..
68	Real estate activities	0.0	0.0	0.0 e	0.0	0.0 e	0.0	..	..
69-75x72	Professional, scientific and technical activities, except scientific R&D	34.2	71.7	95.0 e	117.2	121.9 e	131.0	..	..
72	Scientific research and development	301.9	279.9	273.4 e	262.1	274.3 e	296.5	..	..
77-82	Administrative and support service activities	7.0	22.8	22.6 e	21.9	32.6 e	44.5	..	..
84-99	Community, social and personal services	5.8 e	11.9 e	16.9 e	21.7	14.9 e	8.6	..	..
84-85	Public administration and defence; compulsory social security and education	..	..	..	..	..	2.5	..	..
86-88	Human health and social work activities	..	2.6	..	3.3	..	3.7	..	..
90-93	Arts, entertainment and recreation	..	2.4	..	5.7	..	2.5	..	..
94-99	Other services; household-employers; extraterritorial bodies	..	..	..	..	..	..	..	..

.. Not available; e Estimated value
Note: Detailed metadata at: http://metalinks.oecd.org/anberd/20191119/b539.

IRELAND

R&D expenditure in industry by main activity of the enterprise, constant prices
ISIC Rev. 4

2010 USD PPP

		2010	2011	2012	2013	2014	2015	2016	2017
	TOTAL BUSINESS ENTERPRISE	2 158.3	2 225.0	2 296.7	2 336.1	2 440.0	2 407.6	..	..
01-03	**AGRICULTURE, FORESTRY AND FISHING**	1.2 e	2.5	2.2 e	1.4 e	1.5 e	1.1	..	..
05-09	**MINING AND QUARRYING**	0.5 e	1.0 e	1.3 e	1.3 e	2.0 e	2.2	..	..
10-33	**MANUFACTURING**	858.6	859.7	927.9 e	982.0	989.4 e	944.5	..	..
10-12	Food products, beverages and tobacco	86.0 e	88.2 e	90.8 e	92.2	88.6 e	80.9	..	..
13-15	Textiles, wearing apparel, leather and related products	4.3	3.9	4.5 e	5.0 e	5.3 e	5.4	..	..
13	Textiles	..	..	..	..	..	..	..	..
14	Wearing apparel	..	..	..	..	..	..	..	..
15	Leather and related products, footwear	..	..	..	..	..	..	..	..
16-18	Wood and paper products and printing	31.8	32.6	37.5 e	41.8	21.3 e	1.1	..	..
16	Wood and wood products, except furniture	14.1	9.7		6.3			..	..
17	Paper and paper products	..	..	..	..	..	..	..	..
18	Printing and reproduction of recorded media	..	..	..	..	..	..	..	..
19-23	Chemical, rubber, plastic, non-metallic mineral products	335.3	230.5	255.7 e	276.9	286.1 e	280.3	..	..
19	Coke and refined petroleum products	0.0	0.0	0.0 e	0.0	0.0 e	0.0	..	..
20-21	Chemical and pharmaceutical products	312.6	211.7	231.5 e	247.6	262.4 e	263.1	..	..
20	Chemicals and chemical products	35.4	59.5	58.8 e	57.3	85.1 e	106.7	..	..
21	Pharmaceuticals, medicinal, chemical and botanical products	277.2	152.2	172.7 e	190.3	177.3 e	156.3	..	..
22	Rubber and plastic products	13.1	13.0	18.0 e	22.5	18.6 e	14.0	..	..
23	Other non-metallic mineral products	9.6	5.8	6.3 e	6.7	5.0 e	3.2	..	..
24-25	Basic metals, metal products, except machinery and equipment	21.6 e	33.3	35.2 e	36.6	33.6 e	29.1	..	..
24	Basic metals	3.4	2.8	4.1 e	5.4	5.5 e	5.4	..	..
25	Fabricated metal products, except machinery and equipment	18.3 e	30.5	31.1 e	31.2	28.1 e	23.7	..	..
26-30	Computer, electronic, optical products; electrical machinery, transport equipment	256.8 e	241.5	278.9 e	311.4	346.1 e	361.2	..	..
26	Computer, electronic and optical products	178.9	182.8	211.1 e	235.8 e	274.3 e	296.5	..	..
27	Electrical equipment	19.9	15.2	17.6 e	19.6 e	18.9 e	17.3	..	..
28	Machinery and equipment n.e.c.	55.2	35.6	41.1 e	45.9 e	45.6 e	43.1	..	..
29	Motor vehicles, trailers and semi-trailers	1.5	5.7	6.5 e	7.3 e	5.3 e	3.2	..	..
30	Other transport equipment	1.3 e	2.2	2.5 e	2.8 e	2.0 e	1.1	..	..
31-33	Furniture; repair, installation of machinery and equipment	122.8 e	229.7 e	225.3 e	218.2 e	208.3 e	188.7	..	..
31	Furniture	1.5	1.5 e	1.8 e	2.0 e	2.1 e	2.2	..	..
32	Other manufacturing	119.3	219.3	216.8 e	211.6	202.8 e	184.4	..	..
33	Repair and installation of machinery and equipment	2.1 e	8.9	6.8 e	4.6	3.4 e	2.2	..	..
35-39	**ELECTRICITY, GAS, WATER AND WASTE MANAGEMENT**	9.7 e	19.7	13.4 e	7.1	7.5 e	7.5	..	..
35-36	Electricity, gas and water	..	14.4	9.6 e	4.8	4.7 e	4.3	..	..
37-39	Sewerage, waste management and remediation activities	..	5.3	3.8 e	2.4	2.9 e	3.2	..	..
41-43	**CONSTRUCTION**	1.5 e	3.1	3.0 e	2.9	2.0 e	1.1	..	..
45-99	**TOTAL SERVICES**	1 286.8 e	1 339.0 e	1 348.9 e	1 341.4	1 437.7 e	1 452.3	..	..
45-82	**Business sector services**	1 281.1	1 327.2	1 332.7 e	1 321.0	1 423.5 e	1 444.8	..	..
45-47	Wholesale and retail trade; motor vehicle and motorcycle repairs	192.4	211.1	176.5 e	140.8	206.9 e	257.7	..	..
49-53	Transportation and storage	0.0	2.5	2.0 e	1.4	2.4 e	3.2	..	..
55-56	Accommodation and food service activities	0.0	0.7	0.6 e	0.5	0.2 e	0.0	..	..
58-63	Information and communication	563.6	683.4	717.9 e	742.0	752.2 e	722.4	..	..
58-60	Publishing, audiovisual and broadcasting activities	207.4	210.8	202.4 e	191.7	146.1 e	96.0	..	..
58	Publishing activities	206.6	210.1	201.0 e	189.7	144.6 e	95.0 e	..	..
59-60	Motion picture, video and TV programme production; broadcasting activities	0.9	0.7	1.4 e	2.0	1.5 e	1.0 e	..	..
59	Motion picture, video and TV programme production; sound and music	..	..	..	1.9	1.4 e	0.9 e	..	..
60	Programming and broadcasting activities	..	..	..	0.1	0.1 e	0.1 e	..	..
61	Telecommunications	7.2	13.9	15.5 e	16.8	15.2 e	12.9	..	..
62-63	IT and other information services	349.0	458.7	500.0 e	533.5	590.8 e	613.5	..	..
62	Computer programming, consultancy and related activities	344.4	411.2	450.8 e	483.3	537.8 e	560.7	..	..
63	Information service activities	4.5	47.5	49.2 e	50.2	53.0 e	52.8	..	..
64-66	Financial and insurance activities	181.9	56.9	59.0 e	60.2	55.1 e	47.4	..	..
68-82	Real estate; professional, scientific and technical; administrative and support	343.1	372.5	376.8 e	376.1	406.7 e	414.0	..	..
68	Real estate activities	0.0	0.0	0.0 e	0.0	0.0 e	0.0	..	..
69-75x72	Professional, scientific and technical activities, except scientific R&D	34.2	71.4	91.6 e	109.9	115.6 e	114.3	..	..
72	Scientific research and development	301.9	278.4	263.4 e	245.6	260.2 e	258.8	..	..
77-82	Administrative and support service activities	7.0	22.7	21.8 e	20.6	30.9 e	38.8	..	..
84-99	Community, social and personal services	5.8 e	11.8 e	16.3 e	20.4	14.1 e	7.5	..	..
84-85	Public administration and defence; compulsory social security and education	..	..	..	..	..	2.2	..	..
86-88	Human health and social work activities	..	2.6	..	3.1	..	3.2	..	..
90-93	Arts, entertainment and recreation	..	2.4	..	5.3	..	2.2	..	..
94-99	Other services; household-employers; extraterritorial bodies	..	..	..	..	..	..	..	..

.. Not available; e Estimated value
Note: Detailed metadata at: http://metalinks.oecd.org/anberd/20191119/b539.

ISRAEL

R&D expenditure in industry by main activity of the enterprise, current prices
ISIC Rev. 4

Million USD PPP

		2010	2011	2012	2013	2014	2015	2016	2017
	TOTAL BUSINESS ENTERPRISE	7 188.1	7 979.6	8 788.5	9 634.3	9 953.2	10 792.7	12 061.9	..
01-03	**AGRICULTURE, FORESTRY AND FISHING**	..	..	..	..	..	..	..	..
05-09	**MINING AND QUARRYING**	3.5	3.3	5.8	6.5	6.1	4.6	5.3	..
10-33	**MANUFACTURING**	2 169.3	2 396.1	2 372.1	2 580.3	2 313.5	2 377.9	2 441.2	..
10-12	Food products, beverages and tobacco	15.0	20.0	24.1	18.4	16.5	11.8	15.2	..
13-15	Textiles, wearing apparel, leather and related products	17.1 e	21.9 e	22.8 e	20.5	20.8	20.1	21.3	..
13	Textiles	..	..	..	..	..	..	..	..
14	Wearing apparel	..	..	..	..	..	..	..	..
15	Leather and related products, footwear	..	..	..	..	..	..	..	..
16-18	Wood and paper products and printing	5.0 e	3.4 e	3.5 e	3.2	1.2	4.8	4.1	..
16	Wood and wood products, except furniture	..	..	..	..	..	..	..	..
17	Paper and paper products	..	..	..	..	..	..	..	..
18	Printing and reproduction of recorded media	..	..	..	..	..	..	..	..
19-23	Chemical, rubber, plastic, non-metallic mineral products	415.9	375.6	401.0	495.8	400.5	488.5	466.8	..
19	Coke and refined petroleum products	64.2	45.9	66.0	64.8	75.4	88.9	78.5	..
20-21	Chemical and pharmaceutical products	..	..	..	..	..	..	..	..
20	Chemicals and chemical products	..	..	..	..	..	..	..	..
21	Pharmaceuticals, medicinal, chemical and botanical products	313.6	283.2	286.2	383.2	279.0	349.6	338.3	..
22	Rubber and plastic products	..	..	..	..	..	..	..	..
23	Other non-metallic mineral products	..	..	..	..	..	..	..	..
24-25	Basic metals, metal products, except machinery and equipment	42.6	89.5	54.0	53.8	51.4	54.3	51.5	..
24	Basic metals	..	..	..	..	..	..	..	..
25	Fabricated metal products, except machinery and equipment	..	..	..	..	..	..	..	..
26-30	Computer, electronic, optical products; electrical machinery, transport equipment	1 653.6 e	1 861.1 e	1 839.0 e	1 959.0	1 797.5	1 759.1	1 837.6	..
26	Computer, electronic and optical products	1 407.3	1 559.4	1 497.9	1 594.5	1 518.8	1 461.3	1 565.7	..
27	Electrical equipment	150.9 e	184.9 e	209.0 e	206.5 e	200.0	199.0 e	182.4 e	..
28	Machinery and equipment n.e.c.	0.5 e	0.6 e	0.6 e	0.6 e	0.6	0.6 e	0.6 e	..
29	Motor vehicles, trailers and semi-trailers	..	..	..	..	..	..	..	..
30	Other transport equipment	..	..	..	..	..	..	..	..
31-33	Furniture; repair, installation of machinery and equipment	..	..	..	..	..	..	..	..
31	Furniture	..	..	..	..	..	..	..	..
32	Other manufacturing	20.0 e	24.5 e	27.7 e	29.6	25.6	39.3	44.7	..
33	Repair and installation of machinery and equipment	..	..	..	..	..	..	..	..
35-39	**ELECTRICITY, GAS, WATER AND WASTE MANAGEMENT**	32.2 e	69.7 e	53.1 e	63.2	53.0	0.6	0.6	..
35-36	Electricity, gas and water	..	..	..	..	..	..	..	..
37-39	Sewerage, waste management and remediation activities	..	..	..	..	..	..	..	..
41-43	**CONSTRUCTION**	2.1 e	4.5 e	3.5 e	4.1	2.5	18.4	17.1	..
45-99	**TOTAL SERVICES**	4 981.0	5 506.0	6 354.1	6 980.2	7 578.2	8 391.3	9 597.6	..
45-82	**Business sector services**	4 819.8	5 331.7	6 165.2	6 774.2	7 367.3	8 169.9	9 360.7	..
45-47	Wholesale and retail trade; motor vehicle and motorcycle repairs	..	..	..	..	..	8.6	8.5	..
49-53	Transportation and storage	0.0	0.0	0.0	0.0	0.0	0.0	0.0	..
55-56	Accommodation and food service activities	0.0	0.0	0.0	0.0	0.0	0.0	0.0	..
58-63	Information and communication	2 050.2	2 415.9	2 983.6	3 395.0	3 755.5	4 346.5	5 199.3	..
58-60	Publishing, audiovisual and broadcasting activities	..	..	..	..	..	..	..	..
58	Publishing activities	..	..	..	..	..	..	..	..
59-60	Motion picture, video and TV programme production; broadcasting activities	..	..	..	..	..	..	..	..
59	Motion picture, video and TV programme production; sound and music	..	..	..	..	..	..	..	..
60	Programming and broadcasting activities	..	..	..	..	..	..	..	..
61	Telecommunications	..	..	..	..	..	..	..	..
62-63	IT and other information services	..	..	..	..	..	..	..	..
62	Computer programming, consultancy and related activities	..	..	..	..	..	..	..	..
63	Information service activities	..	..	..	..	..	..	..	..
64-66	Financial and insurance activities	3.0	6.4	18.8	22.5	18.5	29.7	36.6	..
68-82	Real estate; professional, scientific and technical; administrative and support	2 766.7	2 909.4	3 162.7	3 356.7	3 593.4	3 785.1	4 116.2	..
68	Real estate activities	0.0	0.0	0.0	0.0	0.0	0.0	0.0	..
69-75x72	Professional, scientific and technical activities, except scientific R&D	..	..	..	..	..	..	..	..
72	Scientific research and development	2 766.7	2 909.4	3 162.7	3 356.7	3 593.4	3 764.4	4 097.0	..
77-82	Administrative and support service activities	..	..	..	..	..	..	..	..
84-99	**Community, social and personal services**	161.2	174.3	188.9	206.0	210.8	221.4	237.0	..
84-85	Public administration and defence; compulsory social security and education	..	..	..	..	..	..	..	..
86-88	Human health and social work activities	..	..	..	..	..	..	..	..
90-93	Arts, entertainment and recreation	..	..	..	..	..	..	..	..
94-99	Other services; household-employers; extraterritorial bodies	..	..	..	..	..	..	..	..

.. Not available; e Estimated value
Note: Detailed metadata at: http://metalinks.oecd.org/anberd/20191119/b539.
Information on data for Israel: http://oe.cd/israel-disclaimer.

ISRAEL

R&D expenditure in industry by main activity of the enterprise, constant prices
ISIC Rev. 4

2010 USD PPP

		2010	2011	2012	2013	2014	2015	2016	2017
	TOTAL BUSINESS ENTERPRISE	7 188.1	7 768.2	8 272.3	8 615.8	9 050.6	9 522.3	10 275.4	..
01-03	AGRICULTURE, FORESTRY AND FISHING	..	..	..	..	..	..	..	..
05-09	**MINING AND QUARRYING**	3.5	3.2	5.4	5.8	5.5	4.1	4.5	..
10-33	**MANUFACTURING**	2 169.3	2 332.6	2 232.8	2 307.5	2 103.7	2 098.0	2 079.6	..
10-12	Food products, beverages and tobacco	15.0	19.5	22.7	16.5	15.0	10.4	12.9	..
13-15	Textiles, wearing apparel, leather and related products	17.1 e	21.4 e	21.4 e	18.3	18.9	17.8	18.2	..
13	Textiles	..	..	..	..	..	..	..	..
14	Wearing apparel	..	..	..	..	..	..	..	..
15	Leather and related products, footwear	..	..	..	..	..	..	..	..
16-18	Wood and paper products and printing	5.0 e	3.3 e	3.3 e	2.8	1.1	4.2	3.5	..
16	Wood and wood products, except furniture	..	..	..	..	..	..	..	..
17	Paper and paper products	..	..	..	..	..	..	..	..
18	Printing and reproduction of recorded media	..	..	..	..	..	..	..	..
19-23	Chemical, rubber, plastic, non-metallic mineral products	415.9	365.6	377.5	443.4	364.2	431.0	397.7	..
19	Coke and refined petroleum products	64.2	44.7	62.1	58.0	68.5	78.4	66.9	..
20-21	Chemical and pharmaceutical products	..	..	..	..	..	..	..	..
20	Chemicals and chemical products	..	..	..	..	..	..	..	..
21	Pharmaceuticals, medicinal, chemical and botanical products	313.6	275.7	269.4	342.7	253.7	308.4	288.2	..
22	Rubber and plastic products	..	..	..	..	..	..	..	..
23	Other non-metallic mineral products	..	..	..	..	..	..	..	..
24-25	Basic metals, metal products, except machinery and equipment	42.6	87.1	50.8	48.1	46.7	47.9	43.9	..
24	Basic metals	..	..	..	..	..	..	..	..
25	Fabricated metal products, except machinery and equipment	..	..	..	..	..	..	..	..
26-30	Computer, electronic, optical products; electrical machinery, transport equipment	1 653.6 e	1 811.8 e	1 731.0 e	1 751.9	1 634.5	1 552.0	1 565.4	..
26	Computer, electronic and optical products	1 407.3	1 518.1	1 409.9	1 426.0	1 381.0	1 289.3	1 333.8	..
27	Electrical equipment	150.9 e	180.0 e	196.7 e	184.7 e	181.8	175.6 e	155.4 e	..
28	Machinery and equipment n.e.c.	0.5 e	0.5 e	0.6 e	0.6 e	0.6	0.5 e	0.5 e	..
29	Motor vehicles, trailers and semi-trailers	..	..	..	..	..	..	..	..
30	Other transport equipment	..	..	..	..	..	..	..	..
31-33	Furniture; repair, installation of machinery and equipment	..	..	..	..	..	..	..	..
31	Furniture	..	..	..	..	..	..	..	..
32	Other manufacturing	20.0 e	23.9 e	26.1 e	26.5	23.3	34.6	38.1	..
33	Repair and installation of machinery and equipment	..	..	..	..	..	..	..	..
35-39	**ELECTRICITY, GAS, WATER AND WASTE MANAGEMENT**	32.2 e	67.8 e	49.9 e	56.5	48.2	0.5	0.5	..
35-36	Electricity, gas and water	..	..	..	..	..	..	..	..
37-39	Sewerage, waste management and remediation activities	..	..	..	..	..	..	..	..
41-43	**CONSTRUCTION**	2.1 e	4.4 e	3.3 e	3.7	2.2	16.3	14.6	..
45-99	**TOTAL SERVICES**	4 981.0	5 360.1	5 980.9	6 242.3	6 890.9	7 403.5	8 176.1	..
45-82	**Business sector services**	4 819.8	5 190.5	5 803.1	6 058.0	6 699.2	7 208.2	7 974.3	..
45-47	**Wholesale and retail trade; motor vehicle and motorcycle repairs**	..	..	..	..	..	7.6	7.3	..
49-53	**Transportation and storage**	0.0	0.0	0.0	0.0	0.0	0.0	0.0	..
55-56	**Accommodation and food service activities**	0.0	0.0	0.0	0.0	0.0	0.0	0.0	..
58-63	**Information and communication**	2 050.2	2 351.9	2 808.4	3 036.1	3 414.9	3 834.8	4 429.3	..
58-60	Publishing, audiovisual and broadcasting activities	..	..	..	..	..	..	..	..
58	Publishing activities	..	..	..	..	..	..	..	..
59-60	Motion picture, video and TV programme production; broadcasting activities	..	..	..	..	..	..	..	..
59	Motion picture, video and TV programme production; sound and music	..	..	..	..	..	..	..	..
60	Programming and broadcasting activities	..	..	..	..	..	..	..	..
61	Telecommunications	..	..	..	..	..	..	..	..
62-63	IT and other information services	..	..	..	..	..	..	..	..
62	Computer programming, consultancy and related activities	..	..	..	..	..	..	..	..
63	Information service activities	..	..	..	..	..	..	..	..
64-66	**Financial and insurance activities**	3.0	6.3	17.7	20.1	16.8	26.2	31.2	..
68-82	**Real estate; professional, scientific and technical; administrative and support**	2 766.7	2 832.3	2 977.0	3 001.8	3 267.5	3 339.6	3 506.6	..
68	Real estate activities	0.0	0.0	0.0	0.0	0.0	0.0	0.0	..
69-75x72	Professional, scientific and technical activities, except scientific R&D	..	..	..	..	..	..	..	..
72	Scientific research and development	2 766.7	2 832.3	2 977.0	3 001.8	3 267.5	3 321.3	3 490.2	..
77-82	Administrative and support service activities	..	..	..	..	..	..	..	..
84-99	**Community, social and personal services**	161.2	169.6	177.8	184.3	191.7	195.3	201.9	..
84-85	Public administration and defence; compulsory social security and education	..	..	..	..	..	..	..	..
86-88	Human health and social work activities	..	..	..	..	..	..	..	..
90-93	Arts, entertainment and recreation	..	..	..	..	..	..	..	..
94-99	Other services; household-employers; extraterritorial bodies	..	..	..	..	..	..	..	..

.. Not available; e Estimated value
Note: Detailed metadata at: *http://metalinks.oecd.org/anberd/20191119/b539*.
Information on data for Israel: *http://oe.cd/israel-disclaimer*.

ITALY

R&D expenditure in industry by main activity of the enterprise, current prices
ISIC Rev. 4

Million USD PPP

		2010	2011	2012	2013	2014	2015	2016	2017
	TOTAL BUSINESS ENTERPRISE	13 682.5	14 268.5	14 854.5	15 570.9	16 688.8	17 449.5	19 735.6	..
01-03	**AGRICULTURE, FORESTRY AND FISHING**	4.5	4.3	4.5	6.0	9.4	12.6	15.6	..
05-09	**MINING AND QUARRYING**	96.9	82.6	83.3	79.9	72.0	62.7	86.4	..
10-33	**MANUFACTURING**	9 801.1	10 501.7	11 035.4	11 229.0	11 810.9	12 226.3	13 774.3	..
10-12	Food products, beverages and tobacco	212.4	198.1	229.5	255.4	270.1	301.6	352.9	..
13-15	Textiles, wearing apparel, leather and related products	548.2	572.6	611.2	651.8	692.7	745.2	836.3	..
13	Textiles	149.4	131.9	137.3	150.1	171.2	179.3	195.2	..
14	Wearing apparel	269.0	281.5	301.4	304.5	306.2	349.0	388.8	..
15	Leather and related products, footwear	129.9	159.1	172.4	197.2	215.4	216.9	252.3	..
16-18	Wood and paper products and printing	89.8	95.3	87.1	101.6	106.0	127.0	154.9	..
16	Wood and wood products, except furniture	18.1	17.9	18.3	18.4	18.3	16.9	25.1	..
17	Paper and paper products	57.4	63.7	56.7	69.4	69.7	92.5	92.9	..
18	Printing and reproduction of recorded media	14.2	13.7	12.0	13.7	18.0	17.6	36.9	..
19-23	Chemical, rubber, plastic, non-metallic mineral products	1 632.1	1 640.7	1 765.1	1 751.9	1 827.2	1 912.0	2 197.3	..
19	Coke and refined petroleum products	11.9	16.6	16.4	18.3	23.5	21.9	14.6	..
20-21	Chemical and pharmaceutical products	1 190.5	1 208.9	1 244.3	1 232.5	1 213.0	1 295.1	1 493.2	..
20	Chemicals and chemical products	469.9	446.6	472.8	494.2	521.3	565.5	667.2	..
21	Pharmaceuticals, medicinal, chemical and botanical products	720.7	762.4	771.5	738.2	691.7	729.6	826.0	..
22	Rubber and plastic products	307.3	309.6	375.5	370.1	443.8	416.4	477.9	..
23	Other non-metallic mineral products	122.4	105.6	128.8	131.0	146.9	178.6	211.6	..
24-25	Basic metals, metal products, except machinery and equipment	470.6	494.1	507.3	568.0	534.9	604.9	728.2	..
24	Basic metals	124.7	138.9	134.4	125.6	109.6	119.3	178.2	..
25	Fabricated metal products, except machinery and equipment	346.0	355.2	372.9	442.4	425.4	485.6	550.0	..
26-30	Computer, electronic, optical products; electrical machinery, transport equipment	6 579.2	7 244.2	7 533.5	7 601.7	8 049.6	8 190.2	9 052.9	..
26	Computer, electronic and optical products	1 783.5	1 902.8	1 828.9	1 757.4	1 771.2	1 857.0	1 366.0	..
27	Electrical equipment	561.7	607.1	631.0	655.1	631.4	684.4	827.6	..
28	Machinery and equipment n.e.c.	1 375.2	1 539.2	1 731.5	1 860.4	1 976.4	2 042.8	2 290.6	..
29	Motor vehicles, trailers and semi-trailers	1 391.0	1 710.5	1 844.0	1 971.2	2 361.9	2 299.1	2 510.0	..
30	Other transport equipment	1 467.8	1 484.8	1 498.0	1 357.8	1 308.6	1 306.8	2 058.7	..
31-33	Furniture; repair, installation of machinery and equipment	268.8	256.1	301.8	298.1	330.3	345.4	451.9	..
31	Furniture	65.2	69.2	75.4	77.0	90.6	99.4	124.7	..
32	Other manufacturing	116.5	118.9	146.3	129.1	146.7	154.6	234.5	..
33	Repair and installation of machinery and equipment	87.0	68.5	80.1	92.0	93.0	91.4	92.7	..
35-39	**ELECTRICITY, GAS, WATER AND WASTE MANAGEMENT**	22.6	28.1	37.2	43.8	212.2	138.5	91.5	..
35-36	Electricity, gas and water	15.1	20.6	28.0	36.3	194.3	120.7	69.5	..
37-39	Sewerage, waste management and remediation activities	7.5	7.5	9.2	7.5	17.9	17.9	22.0	..
41-43	**CONSTRUCTION**	54.1	42.0	48.7	57.1	50.9	142.2	135.9	..
45-99	**TOTAL SERVICES**	3 703.4	3 609.7	3 645.4	4 155.2	4 533.3	4 867.2	5 632.0	..
45-82	**Business sector services**	3 613.5	3 500.0	3 477.1	3 913.6	4 276.2	4 565.1	5 293.6	..
45-47	Wholesale and retail trade; motor vehicle and motorcycle repairs	394.3	336.9	365.2	434.4	480.8	542.7	709.7	..
49-53	Transportation and storage	41.0	36.6	23.9	55.1	51.2	53.4	58.0	..
55-56	Accommodation and food service activities	4.4	3.8	3.2	2.4	3.0	2.7	4.3	..
58-63	Information and communication	1 608.9	1 489.9	1 515.3	1 764.7	1 664.2	1 847.5	2 114.5	..
58-60	Publishing, audiovisual and broadcasting activities	16.9	16.3	23.7	21.3	26.4	31.0	32.9	..
58	Publishing activities	5.9	5.9	15.1	12.2	17.6	20.7	27.2	..
59-60	Motion picture, video and TV programme production; broadcasting activities	11.0	10.4	8.6	9.0	8.9	10.2	5.7	..
59	Motion picture, video and TV programme production; sound and music	..	..	..	..	..	..	..	..
60	Programming and broadcasting activities	..	..	..	..	..	..	..	..
61	Telecommunications	1 235.9	1 090.8	1 088.2	577.9	421.8	436.3	830.1	..
62-63	IT and other information services	356.1	382.8	403.4	1 165.3	1 216.0	1 380.2	1 251.5	..
62	Computer programming, consultancy and related activities	328.1	346.8	362.2	661.9	1 162.6	1 330.4	1 156.0	..
63	Information service activities	27.9	36.0	41.2	503.5	53.4	49.8	95.5	..
64-66	Financial and insurance activities	252.6	188.4	229.4	253.2	303.5	317.4	356.4	..
68-82	Real estate; professional, scientific and technical; administrative and support	1 312.2	1 444.3	1 340.1	1 403.8	1 773.4	1 801.4	2 050.7	..
68	Real estate activities	13.3	7.0	10.3	3.0	4.0	1.5	5.7	..
69-75x72	Professional, scientific and technical activities, except scientific R&D	422.4	495.2	431.8	460.6	487.6	509.5	595.0	..
72	Scientific research and development	864.5	930.2	879.3	929.3	1 242.4	1 216.7	1 330.9	..
77-82	Administrative and support service activities	12.0	12.0	18.6	10.9	39.5	73.7	119.1	..
84-99	Community, social and personal services	89.9	109.7	168.4	241.6	257.1	302.1	338.4	..
84-85	Public administration and defence; compulsory social security and education	3.1	2.9	1.9	2.3	2.2	16.9	5.7	..
86-88	Human health and social work activities	76.2	94.4	155.1	216.7	223.7	238.3	284.9	..
90-93	Arts, entertainment and recreation	2.2	2.0	1.3	10.4	19.5	36.4	30.0	..
94-99	Other services; household-employers; extraterritorial bodies	8.4	10.4	10.0	12.1	11.8	10.4	17.8	..

.. Not available
Note: Detailed metadata at: http://metalinks.oecd.org/anberd/20191119/b539.

ITALY

R&D expenditure in industry by main activity of the enterprise, constant prices
ISIC Rev. 4

2010 USD PPP

		2010	2011	2012	2013	2014	2015	2016	2017
	TOTAL BUSINESS ENTERPRISE	13 682.5	13 798.2	13 964.8	14 261.2	15 188.0	15 709.1	16 978.5	..
01-03	**AGRICULTURE, FORESTRY AND FISHING**	4.5	4.2	4.3	5.5	8.6	11.3	13.4	..
05-09	**MINING AND QUARRYING**	96.9	79.9	78.3	73.2	65.5	56.4	74.3	..
10-33	**MANUFACTURING**	9 801.1	10 155.6	10 374.4	10 284.5	10 748.8	11 006.9	11 850.0	..
10-12	Food products, beverages and tobacco	212.4	191.6	215.7	233.9	245.8	271.5	303.6	..
13-15	Textiles, wearing apparel, leather and related products	548.2	553.7	574.6	597.0	630.4	670.8	719.5	..
13	Textiles	149.4	127.6	129.1	137.5	155.8	161.4	167.9	..
14	Wearing apparel	269.0	272.3	283.4	278.9	278.6	314.1	334.5	..
15	Leather and related products, footwear	129.9	153.8	162.1	180.6	196.0	195.3	217.1	..
16-18	Wood and paper products and printing	89.8	92.2	81.8	93.0	96.5	114.3	133.3	..
16	Wood and wood products, except furniture	18.1	17.3	17.2	16.9	16.7	15.2	21.6	..
17	Paper and paper products	57.4	61.6	53.3	63.6	63.4	83.3	79.9	..
18	Printing and reproduction of recorded media	14.2	13.3	11.3	12.5	16.4	15.8	31.8	..
19-23	Chemical, rubber, plastic, non-metallic mineral products	1 632.1	1 586.7	1 659.4	1 604.6	1 662.9	1 721.3	1 890.3	..
19	Coke and refined petroleum products	11.9	16.1	15.5	16.8	21.4	19.7	12.6	..
20-21	Chemical and pharmaceutical products	1 190.5	1 169.1	1 169.8	1 128.8	1 104.0	1 165.9	1 284.6	..
20	Chemicals and chemical products	469.9	431.8	444.4	452.7	474.4	509.1	574.0	..
21	Pharmaceuticals, medicinal, chemical and botanical products	720.7	737.2	725.3	676.1	629.5	656.8	710.6	..
22	Rubber and plastic products	307.3	299.4	353.0	339.0	403.9	374.9	411.1	..
23	Other non-metallic mineral products	122.4	102.1	121.1	120.0	133.7	160.8	182.0	..
24-25	Basic metals, metal products, except machinery and equipment	470.6	477.9	476.9	520.2	486.8	544.5	626.5	..
24	Basic metals	124.7	134.3	126.4	115.0	99.7	107.4	153.3	..
25	Fabricated metal products, except machinery and equipment	346.0	343.5	350.5	405.2	387.1	437.1	473.2	..
26-30	Computer, electronic, optical products; electrical machinery, transport equipment	6 579.2	7 005.5	7 082.2	6 962.3	7 325.7	7 373.3	7 788.2	..
26	Computer, electronic and optical products	1 783.5	1 840.1	1 719.3	1 609.5	1 611.9	1 671.8	1 175.2	..
27	Electrical equipment	561.7	587.1	593.2	600.0	574.7	616.1	712.0	..
28	Machinery and equipment n.e.c.	1 375.2	1 488.5	1 627.8	1 704.0	1 798.7	1 839.1	1 970.6	..
29	Motor vehicles, trailers and semi-trailers	1 391.0	1 654.1	1 733.5	1 805.4	2 149.5	2 069.8	2 159.4	..
30	Other transport equipment	1 467.8	1 435.9	1 408.3	1 243.6	1 190.9	1 176.5	1 771.1	..
31-33	Furniture; repair, installation of machinery and equipment	268.8	248.2	283.8	273.0	300.6	311.0	388.8	..
31	Furniture	65.2	66.9	70.9	70.6	82.5	89.5	107.3	..
32	Other manufacturing	116.5	115.0	137.5	118.3	133.5	139.2	201.7	..
33	Repair and installation of machinery and equipment	87.0	66.3	75.3	84.2	84.6	82.3	79.8	..
35-39	**ELECTRICITY, GAS, WATER AND WASTE MANAGEMENT**	22.6	27.1	35.0	40.1	193.1	124.7	78.7	..
35-36	Electricity, gas and water	15.1	19.9	26.3	33.3	176.9	108.6	59.8	..
37-39	Sewerage, waste management and remediation activities	7.5	7.3	8.7	6.8	16.3	16.1	19.0	..
41-43	**CONSTRUCTION**	54.1	40.7	45.8	52.3	46.3	128.0	116.9	..
45-99	**TOTAL SERVICES**	3 703.4	3 490.7	3 427.1	3 805.7	4 125.7	4 381.7	4 845.2	..
45-82	**Business sector services**	3 613.5	3 384.6	3 268.8	3 584.4	3 891.7	4 109.8	4 554.1	..
45-47	Wholesale and retail trade; motor vehicle and motorcycle repairs	394.3	325.8	343.4	397.9	437.6	488.6	610.6	..
49-53	Transportation and storage	41.0	35.4	22.5	50.4	46.6	48.0	49.9	..
55-56	Accommodation and food service activities	4.4	3.7	3.0	2.2	2.7	2.4	3.7	..
58-63	Information and communication	1 608.9	1 440.8	1 424.5	1 616.3	1 514.6	1 663.3	1 819.1	..
58-60	Publishing, audiovisual and broadcasting activities	16.9	15.8	22.3	19.5	24.1	27.9	28.3	..
58	Publishing activities	5.9	5.7	14.2	11.2	16.0	18.7	23.4	..
59-60	Motion picture, video and TV programme production; broadcasting activities	11.0	10.1	8.0	8.2	8.1	9.1	4.9	..
59	Motion picture, video and TV programme production; sound and music	..	..	..	..	..	..	..	..
60	Programming and broadcasting activities	..	..	..	..	..	..	..	..
61	Telecommunications	1 235.9	1 054.9	1 023.0	529.3	383.9	392.8	714.1	..
62-63	IT and other information services	356.1	370.2	379.2	1 067.3	1 106.6	1 242.6	1 076.6	..
62	Computer programming, consultancy and related activities	328.1	335.4	340.5	606.2	1 058.0	1 197.7	994.5	..
63	Information service activities	27.9	34.8	38.7	461.1	48.6	44.9	82.2	..
64-66	**Financial and insurance activities**	252.6	182.1	215.6	231.9	276.2	285.7	306.6	..
68-82	**Real estate; professional, scientific and technical; administrative and support**	1 312.2	1 396.7	1 259.8	1 285.7	1 614.0	1 621.7	1 764.2	..
68	Real estate activities	13.3	6.8	9.7	2.7	3.6	1.3	4.9	..
69-75x72	Professional, scientific and technical activities, except scientific R&D	422.4	478.9	406.0	421.9	443.8	458.7	511.9	..
72	Scientific research and development	864.5	899.5	826.7	851.2	1 130.6	1 095.3	1 145.0	..
77-82	Administrative and support service activities	12.0	11.6	17.5	9.9	35.9	66.3	102.5	..
84-99	**Community, social and personal services**	89.9	106.0	158.3	221.2	234.0	272.0	291.1	..
84-85	Public administration and defence; compulsory social security and education	3.1	2.8	1.8	2.1	2.0	15.2	4.9	..
86-88	Human health and social work activities	76.2	91.3	145.8	198.5	203.6	214.6	245.1	..
90-93	Arts, entertainment and recreation	2.2	1.9	1.3	9.6	17.7	32.8	25.8	..
94-99	Other services; household-employers; extraterritorial bodies	8.4	10.1	9.4	11.1	10.7	9.4	15.3	..

.. Not available

Note: Detailed metadata at: http://metalinks.oecd.org/anberd/20191119/b539.

ITALY

R&D expenditure in industry by industry orientation, current prices
ISIC Rev. 4

Million USD PPP

		2010	2011	2012	2013	2014	2015	2016	2017
	TOTAL BUSINESS ENTERPRISE	13 682.5	14 268.5	14 854.5	15 570.9	16 688.8	17 449.5	19 735.6	..
01-03	AGRICULTURE, FORESTRY AND FISHING	86.4	119.3	130.4	130.7	155.8	130.0	356.3	..
05-09	MINING AND QUARRYING	54.4	47.3	50.2	82.6	53.0	116.6	122.4	..
10-33	MANUFACTURING	10 885.9	11 511.1	11 772.1	12 181.1	12 599.6	14 015.5	15 389.3	..
10-12	Food products, beverages and tobacco	327.5	278.6	324.6	385.7	405.4	518.8	736.5	..
13-15	Textiles, wearing apparel, leather and related products	700.2	736.0	785.0	939.1	1 397.6	928.8	1 060.1	..
13	Textiles	283.4	269.5	296.1	353.7	685.4	314.3	394.2	..
14	Wearing apparel	274.8	295.4	310.7	328.2	454.2	372.4	395.3	..
15	Leather and related products, footwear	142.0	171.1	178.3	257.2	258.0	242.1	270.7	..
16-18	Wood and paper products and printing	164.5	171.3	171.2	209.5	314.5	212.9	241.8	..
16	Wood and wood products, except furniture	47.5	46.0	53.6	64.6	75.0	55.7	73.9	..
17	Paper and paper products	88.9	95.8	94.3	99.0	193.7	116.9	119.3	..
18	Printing and reproduction of recorded media	28.2	29.5	23.3	46.0	45.8	40.5	48.5	..
19-23	Chemical, rubber, plastic, non-metallic mineral products	2 231.1	2 291.9	2 281.3	2 227.7	2 320.8	2 589.5	2 742.8	..
19	Coke and refined petroleum products	125.8	130.2	115.5	128.4	56.5	35.3	47.1	..
20-21	Chemical and pharmaceutical products	1 597.9	1 609.5	1 551.2	1 504.1	1 507.0	1 721.1	1 853.8	..
20	Chemicals and chemical products	491.9	439.0	455.2	534.0	541.2	575.0	662.8	..
21	Pharmaceuticals, medicinal, chemical and botanical products	1 106.1	1 170.4	1 096.0	970.2	965.8	1 146.1	1 191.0	..
22	Rubber and plastic products	361.6	419.8	455.0	429.3	592.5	587.0	597.3	..
23	Other non-metallic mineral products	145.8	132.3	159.5	165.9	164.8	246.0	244.5	..
24-25	Basic metals, metal products, except machinery and equipment	601.7	622.0	682.1	821.0	710.7	946.4	963.9	..
24	Basic metals	265.1	280.5	321.9	424.4	321.5	325.5	427.4	..
25	Fabricated metal products, except machinery and equipment	336.5	341.5	360.2	396.6	389.2	620.9	536.5	..
26-30	Computer, electronic, optical products; electrical machinery, transport equipment	6 710.0	7 262.2	7 371.9	7 432.5	7 247.6	8 594.9	9 395.9	..
26	Computer, electronic and optical products	1 965.6	2 031.3	1 983.3	1 964.5	1 987.2	2 402.5	2 677.1	..
27	Electrical equipment	415.0	486.8	504.7	535.2	421.5	561.5	647.2	..
28	Machinery and equipment n.e.c.	950.6	1 069.6	1 172.6	1 224.9	1 340.5	1 417.2	1 755.7	..
29	Motor vehicles, trailers and semi-trailers	1 925.7	2 140.7	2 246.7	2 233.4	2 548.2	2 874.0	3 107.1	..
30	Other transport equipment	1 453.1	1 534.0	1 464.3	1 474.8	950.2	1 339.9	1 208.8	..
31-33	Furniture; repair, installation of machinery and equipment	150.9	149.1	156.1	165.7	203.0	224.2	248.2	..
31	Furniture	43.5	46.8	43.7	45.6	54.7	62.3	70.8	..
32	Other manufacturing	88.6	91.1	93.5	93.9	120.5	142.2	149.9	..
33	Repair and installation of machinery and equipment	18.9	11.2	18.9	26.3	27.7	19.8	27.6	..
35-39	ELECTRICITY, GAS, WATER AND WASTE MANAGEMENT	318.6	328.6	303.1	305.4	429.8	339.1	288.5	..
35-36	Electricity, gas and water	267.6	277.7	258.6	264.6	380.0	291.8	238.4	..
37-39	Sewerage, waste management and remediation activities	51.0	50.9	44.4	40.8	49.8	47.4	50.1	..
41-43	CONSTRUCTION	69.7	64.6	145.2	70.5	77.9	87.3	60.1	..
45-99	TOTAL SERVICES	2 267.5	2 197.6	2 453.6	2 800.5	3 372.8	2 761.0	3 519.0	..
45-82	Business sector services	1 476.2	2 021.4	2 209.9	2 522.0	3 123.1	2 382.8	3 117.4	..
45-47	Wholesale and retail trade; motor vehicle and motorcycle repairs	47.7	42.6	72.2	169.5	390.4	65.7	40.4	..
49-53	Transportation and storage	68.7	66.4	75.2	70.5	77.8	61.5	95.9	..
55-56	Accommodation and food service activities	10.9	10.4	16.7	8.3	15.2	12.3	17.3	..
58-63	Information and communication	929.8	1 494.0	1 539.6	1 624.7	1 834.4	1 618.2	2 145.8	..
58-60	Publishing, audiovisual and broadcasting activities	9.2	12.0	14.0	17.1	23.8	14.4	35.2	..
58	Publishing activities	0.0	0.0	0.0	0.0	0.0	0.0	0.0	..
59-60	Motion picture, video and TV programme production; broadcasting activities	9.2	12.0	14.0	17.1	23.8	14.4	35.2	..
59	Motion picture, video and TV programme production; sound and music	9.2	12.0	14.0	17.1	23.8	14.4	35.2	..
60	Programming and broadcasting activities	0.0	0.0	0.0	0.0	0.0	0.0	0.0	..
61	Telecommunications	522.6	1 050.9	1 084.5	1 009.8	1 127.0	792.0	1 064.8	..
62-63	IT and other information services	398.0	431.0	441.1	597.9	683.5	811.8	1 045.8	..
62	Computer programming, consultancy and related activities	371.8	406.9	414.9	553.5	612.1	729.7	934.6	..
63	Information service activities	26.1	24.1	26.2	44.4	71.5	82.1	111.2	..
64-66	Financial and insurance activities	273.2	216.4	271.2	315.5	361.7	415.4	503.8	..
68-82	Real estate; professional, scientific and technical; administrative and support	146.0	191.5	235.0	333.5	443.5	209.8	314.2	..
68	Real estate activities	0.8	0.1	0.1	0.9	1.0	3.1	2.5	..
69-75x72	Professional, scientific and technical activities, except scientific R&D	142.0	188.6	231.5	328.9	438.8	198.5	266.7	..
72	Scientific research and development	0.0	0.0	0.0	0.0	0.0	0.0	40.8	..
77-82	Administrative and support service activities	3.2	2.8	3.3	3.7	3.7	8.1	4.2	..
84-99	Community, social and personal services	791.3	176.2	243.7	278.4	249.7	378.2	401.6	..
84-85	Public administration and defence; compulsory social security and education	42.6	44.6	51.8	51.7	41.7	44.0	26.5	..
86-88	Human health and social work activities	82.8	114.4	176.3	216.6	186.3	285.4	330.8	..
90-93	Arts, entertainment and recreation	3.1	0.5	3.7	1.9	5.5	9.6	15.3	..
94-99	Other services; household-employers; extraterritorial bodies	662.8	16.7	11.9	8.3	16.1	39.3	29.0	..

.. Not available

Note: Detailed metadata at: http://metalinks.oecd.org/anberd/20191119/b539.

ITALY

R&D expenditure in industry by industry orientation, constant prices
ISIC Rev. 4

2010 USD PPP

		2010	2011	2012	2013	2014	2015	2016	2017
	TOTAL BUSINESS ENTERPRISE	**13 682.5**	**13 798.2**	**13 964.8**	**14 261.2**	**15 188.0**	**15 709.1**	**16 978.5**	..
01-03	**AGRICULTURE, FORESTRY AND FISHING**	86.4	115.4	122.6	119.7	141.7	117.0	306.6	..
05-09	**MINING AND QUARRYING**	54.4	45.8	47.1	75.7	48.2	105.0	105.3	..
10-33	**MANUFACTURING**	**10 885.9**	**11 131.7**	**11 067.0**	**11 156.5**	**11 466.6**	**12 617.6**	**13 239.3**	..
10-12	Food products, beverages and tobacco	327.5	269.5	305.1	353.0	368.9	467.0	633.6	..
13-15	Textiles, wearing apparel, leather and related products	700.2	711.8	738.0	860.1	1 271.9	836.1	912.0	..
13	Textiles	283.4	260.7	278.4	324.0	623.8	282.9	339.1	..
14	Wearing apparel	274.8	285.6	292.1	300.6	413.3	335.2	340.1	..
15	Leather and related products, footwear	142.0	165.4	167.6	235.5	234.8	218.0	232.8	..
16-18	Wood and paper products and printing	164.5	165.7	160.9	191.9	286.3	191.6	208.0	..
16	Wood and wood products, except furniture	47.5	44.5	50.4	59.1	68.3	50.1	63.6	..
17	Paper and paper products	88.9	92.7	88.6	90.7	176.3	105.2	102.7	..
18	Printing and reproduction of recorded media	28.2	28.6	21.9	42.1	41.7	36.4	41.8	..
19-23	Chemical, rubber, plastic, non-metallic mineral products	2 231.1	2 216.3	2 144.7	2 040.3	2 112.1	2 331.2	2 359.6	..
19	Coke and refined petroleum products	125.8	125.9	108.6	117.6	51.4	31.8	40.5	..
20-21	Chemical and pharmaceutical products	1 597.9	1 556.4	1 458.3	1 377.6	1 371.5	1 549.4	1 594.8	..
20	Chemicals and chemical products	491.9	424.6	428.0	489.1	492.6	517.6	570.2	..
21	Pharmaceuticals, medicinal, chemical and botanical products	1 106.1	1 131.9	1 030.3	888.6	878.9	1 031.8	1 024.6	..
22	Rubber and plastic products	361.6	406.0	427.7	393.2	539.2	528.5	513.9	..
23	Other non-metallic mineral products	145.8	128.0	150.0	151.9	150.0	221.5	210.4	..
24-25	Basic metals, metal products, except machinery and equipment	601.7	601.5	641.2	751.9	646.8	852.0	829.2	..
24	Basic metals	265.1	271.2	302.6	388.7	292.6	293.1	367.7	..
25	Fabricated metal products, except machinery and equipment	336.5	330.3	338.6	363.2	354.2	558.9	461.6	..
26-30	Computer, electronic, optical products; electrical machinery, transport equipment	6 710.0	7 022.8	6 930.3	6 807.4	6 595.9	7 737.6	8 083.3	..
26	Computer, electronic and optical products	1 965.6	1 964.3	1 864.5	1 799.2	1 808.5	2 162.8	2 303.1	..
27	Electrical equipment	415.0	470.7	474.5	490.2	383.6	505.5	556.7	..
28	Machinery and equipment n.e.c.	950.6	1 034.4	1 102.4	1 121.6	1 219.9	1 275.9	1 510.5	..
29	Motor vehicles, trailers and semi-trailers	1 925.7	2 070.1	2 112.1	2 045.6	2 319.0	2 587.3	2 673.1	..
30	Other transport equipment	1 453.1	1 483.4	1 376.6	1 350.8	864.8	1 206.2	1 039.9	..
31-33	Furniture; repair, installation of machinery and equipment	150.9	144.2	146.7	151.8	184.7	201.9	213.5	..
31	Furniture	43.5	45.2	41.1	41.7	49.8	56.1	60.9	..
32	Other manufacturing	88.6	88.1	87.9	86.0	109.7	128.0	128.9	..
33	Repair and installation of machinery and equipment	18.9	10.8	17.7	24.1	25.2	17.8	23.7	..
35-39	**ELECTRICITY, GAS, WATER AND WASTE MANAGEMENT**	318.6	317.8	284.9	279.7	391.1	305.2	248.2	..
35-36	Electricity, gas and water	267.6	268.6	243.2	242.4	345.9	262.7	205.1	..
37-39	Sewerage, waste management and remediation activities	51.0	49.2	41.7	37.4	45.3	42.7	43.1	..
41-43	**CONSTRUCTION**	69.7	62.5	136.5	64.6	70.9	78.6	51.7	..
45-99	**TOTAL SERVICES**	**2 267.5**	**2 125.2**	**2 306.6**	**2 564.9**	**3 069.5**	**2 485.6**	**3 027.4**	..
45-82	**Business sector services**	**1 476.2**	**1 954.8**	**2 077.5**	**2 309.9**	**2 842.3**	**2 145.2**	**2 681.9**	..
45-47	**Wholesale and retail trade; motor vehicle and motorcycle repairs**	47.7	41.2	67.9	155.3	355.3	59.1	34.7	..
49-53	**Transportation and storage**	68.7	64.2	70.7	64.6	70.8	55.3	82.5	..
55-56	**Accommodation and food service activities**	10.9	10.1	15.7	7.6	13.9	11.1	14.9	..
58-63	**Information and communication**	929.8	1 444.8	1 447.4	1 488.1	1 669.5	1 456.8	1 846.1	..
58-60	Publishing, audiovisual and broadcasting activities	9.2	11.6	13.2	15.7	21.7	12.9	30.3	..
58	Publishing activities	0.0	0.0	0.0	0.0	0.0	0.0	0.0	..
59-60	Motion picture, video and TV programme production; broadcasting activities	9.2	11.6	13.2	15.7	21.7	12.9	30.3	..
59	Motion picture, video and TV programme production; sound and music	9.2	11.6	13.2	15.7	21.7	12.9	30.3	..
60	Programming and broadcasting activities	0.0	0.0	0.0	0.0	0.0	0.0	0.0	..
61	Telecommunications	522.6	1 016.3	1 019.5	924.8	1 025.7	713.0	916.0	..
62-63	IT and other information services	398.0	416.8	414.6	547.6	622.1	730.8	899.7	..
62	Computer programming, consultancy and related activities	371.8	393.5	390.0	506.9	557.0	656.9	804.1	..
63	Information service activities	26.1	23.3	24.6	40.6	65.0	73.9	95.7	..
64-66	**Financial and insurance activities**	273.2	209.3	255.0	288.9	329.2	374.0	433.4	..
68-82	**Real estate; professional, scientific and technical; administrative and support**	146.0	185.2	220.9	305.5	403.6	188.8	270.3	..
68	Real estate activities	0.8	0.1	0.1	0.9	0.9	2.8	2.2	..
69-75x72	Professional, scientific and technical activities, except scientific R&D	142.0	182.4	217.6	301.2	399.3	178.7	229.4	..
72	Scientific research and development	0.0	0.0	0.0	0.0	0.0	0.0	35.1	..
77-82	Administrative and support service activities	3.2	2.7	3.1	3.4	3.4	7.3	3.6	..
84-99	Community, social and personal services	791.3	170.4	229.1	255.0	227.2	340.5	345.5	..
84-85	Public administration and defence; compulsory social security and education	42.6	43.1	48.7	47.3	37.9	39.6	22.8	..
86-88	Human health and social work activities	82.8	110.6	165.7	198.4	169.6	257.0	284.6	..
90-93	Arts, entertainment and recreation	3.1	0.5	3.5	1.7	5.0	8.7	13.2	..
94-99	Other services; household-employers; extraterritorial bodies	662.8	16.2	11.2	7.6	14.7	35.4	24.9	..

.. Not available

Note: Detailed metadata at: *http://metalinks.oecd.org/anberd/20191119/b539*.

JAPAN

R&D expenditure in industry by main activity of the enterprise, current prices
ISIC Rev. 4

Million USD PPP

Code	Activity	2010	2011	2012	2013	2014	2015	2016	2017
	TOTAL BUSINESS ENTERPRISE	107 552.6	114 204.6	116 716.3	125 287.5	131 839.8	132 293.7	129 751.5	134 662.3
01-03	AGRICULTURE, FORESTRY AND FISHING	41.1	27.6	17.8	21.2	18.4	20.7	24.8	19.9
05-09	MINING AND QUARRYING	89.6	30.3	29.0	43.1	36.6	39.5	39.4	34.3
10-33	MANUFACTURING	93 723.2	100 352.8	102 653.6	111 166.7	114 069.5	114 684.6	112 765.7	116 929.2
10-12	Food products, beverages and tobacco	2 126.9	2 085.7	2 113.7	2 306.8	2 034.5	2 122.1	2 208.5	2 687.1
13-15	Textiles, wearing apparel, leather and related products	1 125.1	1 266.2	1 305.1	1 366.3	1 320.1	1 332.7	1 389.6	1 748.7
13	Textiles	1 050.3	1 191.3	1 240.0	1 297.4	1 244.3	1 267.6	1 339.9	1 697.3
14	Wearing apparel	30.4	40.9	29.6	30.8	41.0	27.5	19.3	21.1
15	Leather and related products, footwear	44.4	34.0	35.4	38.0	34.8	37.5	30.5	30.3
16-18	Wood and paper products and printing	772.1	734.3	677.2	579.6	590.3	568.4	622.0	643.2
16	Wood and wood products, except furniture	81.8	86.0	101.3	91.6	83.3	82.0	84.7	82.2
17	Paper and paper products	377.5	319.8	240.5	203.3	282.0	268.7	286.2	299.6
18	Printing and reproduction of recorded media	312.8	328.5	335.4	284.8	225.0	217.7	251.1	261.4
19-23	Chemical, rubber, plastic, non-metallic mineral products	22 244.0	22 802.7	24 183.4	26 445.0	26 988.8	27 063.5	26 679.2	28 086.7
19	Coke and refined petroleum products	468.0	447.7	440.0	462.4	408.4	427.8	441.9	461.0
20-21	Chemical and pharmaceutical products	18 088.6	18 371.2	19 688.5	21 608.5	21 821.4	21 984.6	21 442.4	22 619.1
20	Chemicals and chemical products	6 661.6	6 925.1	7 162.5	7 422.7	7 310.9	7 893.5	8 274.9	8 319.4
21	Pharmaceuticals, medicinal, chemical and botanical products	11 426.9	11 446.1	12 526.0	14 185.8	14 510.5	14 091.1	13 167.5	14 299.7
22	Rubber and plastic products	2 420.5	2 594.7	2 638.7	2 916.5	3 281.8	3 310.2	3 401.3	3 467.7
23	Other non-metallic mineral products	1 266.9	1 389.0	1 416.3	1 457.6	1 477.1	1 340.9	1 393.6	1 538.8
24-25	Basic metals, metal products, except machinery and equipment	2 648.5	2 865.7	2 658.2	2 747.4	2 975.0	2 835.3	2 767.0	2 870.6
24	Basic metals	2 154.8	2 360.2	2 166.9	2 256.9	2 459.5	2 372.7	2 284.3	2 294.6
25	Fabricated metal products, except machinery and equipment	493.7	505.5	491.4	490.5	515.5	462.6	482.7	576.0
26-30	Computer, electronic, optical products; electrical machinery, transport equipment	62 829.5	68 596.4	69 587.1	75 291.2	77 941.2	78 954.0	77 334.7	78 970.0
26	Computer, electronic and optical products	26 258.9	29 244.8	28 387.1	28 750.8	28 017.8	27 883.9	25 599.2	26 050.6
27	Electrical equipment	3 409.2	3 221.7	3 267.6	3 467.5	3 428.3	3 418.5	3 513.6	3 657.8
28	Machinery and equipment n.e.c.	9 534.4	10 211.0	10 414.6	12 315.0	12 440.8	12 610.7	13 092.2	13 069.5
29	Motor vehicles, trailers and semi-trailers	23 150.1	25 408.9	26 930.1	29 995.1	33 184.4	33 977.3	34 042.3	34 942.0
30	Other transport equipment	476.7	510.1	587.7	762.7	869.9	1 063.5	1 087.4	1 250.1
31-33	Furniture; repair, installation of machinery and equipment	1 977.1	2 002.0	2 128.9	2 430.4	2 219.7	1 808.6	1 764.6	1 923.1
31	Furniture	93.4	106.8	98.0	97.4	108.8	106.4	139.9	128.4
32	Other manufacturing	1 883.7	1 895.2	2 030.9	2 333.0	2 110.9	1 702.2	1 624.7	1 794.7
33	Repair and installation of machinery and equipment	..	..	..	..	..	..	..	..
35-39	ELECTRICITY, GAS, WATER AND WASTE MANAGEMENT	595.4	505.6	503.7	512.4	464.3	468.3	394.9	573.8
35-36	Electricity, gas and water	..	..	..	..	..	..	..	..
37-39	Sewerage, waste management and remediation activities	..	..	..	..	..	..	..	..
41-43	CONSTRUCTION	1 022.9	1 024.1	1 066.6	1 061.3	951.1	1 035.7	1 216.9	1 213.4
45-99	TOTAL SERVICES	12 080.6	12 264.2	12 445.6	12 482.7	16 299.8	16 044.8	15 309.9	15 891.7
45-82	Business sector services	12 080.6	12 264.2	12 445.6	12 482.7	16 299.8	16 044.8	15 309.9	15 891.7
45-47	Wholesale and retail trade; motor vehicle and motorcycle repairs	360.5	313.1	463.2	489.0	641.1	723.1	734.2	716.7
49-53	Transportation and storage	306.3	326.9	425.8	519.2	561.5	439.1	446.6	535.5
55-56	Accommodation and food service activities	..	..	..	..	..	..	..	..
58-63	Information and communication	4 837.1	5 237.9	5 181.1	4 587.8	6 680.2	6 238.2	5 705.5	5 915.7
58-60	Publishing, audiovisual and broadcasting activities	102.9	8.7	9.5	18.9	16.3	15.7	28.9	31.6
58	Publishing activities	6.7	4.6	6.3	8.6	9.4	5.6	17.8	16.2
59-60	Motion picture, video and TV programme production; broadcasting activities	96.2	4.1	3.2	10.3	6.9	10.0	11.2	15.4
59	Motion picture, video and TV programme production; sound and music	0.4	0.7	0.7	1.8	1.9	2.2	3.6	5.0
60	Programming and broadcasting activities	95.8	3.5	2.5	8.5	5.0	7.9	7.6	10.4
61	Telecommunications	2 276.6	2 779.8	2 832.9	2 764.9	3 686.0	3 669.8	3 285.3	2 774.2
62-63	IT and other information services	2 457.6	2 449.5	2 338.7	1 804.0	2 977.9	2 552.8	2 391.3	3 109.9
62	Computer programming, consultancy and related activities	2 178.8	2 142.3	2 093.0	1 592.3	2 685.3	2 249.5	2 094.3	2 844.3
63	Information service activities	278.8	307.1	245.7	211.8	292.6	303.3	297.0	265.6
64-66	Financial and insurance activities	22.8	30.5	17.6	21.6	31.8	35.7	29.5	45.1
68-82	Real estate; professional, scientific and technical; administrative and support	6 553.9	6 355.8	6 357.8	6 865.0	8 385.2	8 608.6	8 394.0	8 678.6
68	Real estate activities	..	..	..	..	..	..	..	..
69-75x72	Professional, scientific and technical activities, except scientific R&D	387.7	342.0	588.2	711.0	725.6	577.0	671.6	610.4
72	Scientific research and development	6 105.6	5 958.0	5 713.5	6 101.3	7 602.0	7 952.3	7 640.5	7 994.5
77-82	Administrative and support service activities	60.5	55.7	56.1	52.7	57.7	79.3	82.0	73.8
84-99	Community, social and personal services	..	..	..	..	..	..	..	..
84-85	Public administration and defence; compulsory social security and education	..	..	..	..	..	..	..	..
86-88	Human health and social work activities	..	..	..	..	..	..	..	..
90-93	Arts, entertainment and recreation	..	..	..	..	..	..	..	..
94-99	Other services; household-employers; extraterritorial bodies	..	..	..	..	..	..	..	..

.. Not available

Note: Detailed metadata at: http://metalinks.oecd.org/anberd/20191119/b539.

JAPAN

R&D expenditure in industry by main activity of the enterprise, constant prices
ISIC Rev. 4

2010 USD PPP

		2010	2011	2012	2013	2014	2015	2016	2017
	TOTAL BUSINESS ENTERPRISE	107 552.6	111 768.0	111 695.9	116 871.3	122 961.2	121 259.1	117 688.5	122 204.4
01-03	AGRICULTURE, FORESTRY AND FISHING	41.1	27.0	17.1	19.8	17.1	19.0	22.5	18.1
05-09	MINING AND QUARRYING	89.6	29.7	27.7	40.2	34.1	36.2	35.7	31.1
10-33	**MANUFACTURING**	93 723.2	98 211.7	98 238.1	103 699.1	106 387.7	105 118.9	102 281.8	106 111.8
10-12	Food products, beverages and tobacco	2 126.9	2 041.2	2 022.8	2 151.8	1 897.5	1 945.1	2 003.2	2 438.5
13-15	Textiles, wearing apparel, leather and related products	1 125.1	1 239.2	1 248.9	1 274.5	1 231.2	1 221.5	1 260.5	1 586.9
13	Textiles	1 050.3	1 165.9	1 186.7	1 210.3	1 160.5	1 161.9	1 215.3	1 540.3
14	Wearing apparel	30.4	40.1	28.4	28.7	38.2	25.2	17.5	19.1
15	Leather and related products, footwear	44.4	33.3	33.9	35.5	32.5	34.4	27.6	27.5
16-18	Wood and paper products and printing	772.1	718.6	648.1	540.7	550.5	521.0	564.2	583.7
16	Wood and wood products, except furniture	81.8	84.1	97.0	85.4	77.7	75.2	76.9	74.6
17	Paper and paper products	377.5	312.9	230.2	189.6	263.0	246.3	259.6	271.9
18	Printing and reproduction of recorded media	312.8	321.5	321.0	265.7	209.9	199.6	227.8	237.2
19-23	Chemical, rubber, plastic, non-metallic mineral products	22 244.0	22 316.1	23 143.2	24 668.6	25 171.3	24 806.1	24 198.8	25 488.3
19	Coke and refined petroleum products	468.0	438.1	421.0	431.4	380.9	392.1	400.9	418.4
20-21	Chemical and pharmaceutical products	18 088.6	17 979.3	18 841.6	20 156.9	20 351.9	20 150.9	19 448.9	20 526.6
20	Chemicals and chemical products	6 661.6	6 777.3	6 854.4	6 924.1	6 818.6	7 235.1	7 505.6	7 549.8
21	Pharmaceuticals, medicinal, chemical and botanical products	11 426.9	11 201.9	11 987.2	13 232.8	13 533.3	12 915.8	11 943.3	12 976.8
22	Rubber and plastic products	2 420.5	2 539.4	2 525.2	2 720.6	3 060.8	3 034.1	3 085.1	3 146.9
23	Other non-metallic mineral products	1 266.9	1 359.4	1 355.4	1 359.6	1 377.7	1 229.0	1 264.0	1 396.4
24-25	Basic metals, metal products, except machinery and equipment	2 648.5	2 804.5	2 543.9	2 562.9	2 774.6	2 598.8	2 509.7	2 605.0
24	Basic metals	2 154.8	2 309.8	2 073.7	2 105.3	2 293.9	2 174.8	2 071.9	2 082.3
25	Fabricated metal products, except machinery and equipment	493.7	494.7	470.2	457.6	480.8	424.0	437.9	522.7
26-30	Computer, electronic, optical products; electrical machinery, transport equipment	62 829.5	67 132.8	66 593.9	70 233.5	72 692.3	72 368.5	70 144.8	71 664.2
26	Computer, electronic and optical products	26 258.9	28 620.8	27 166.1	26 819.5	26 130.9	25 558.2	23 219.2	23 640.6
27	Electrical equipment	3 409.2	3 153.0	3 127.0	3 234.6	3 197.4	3 133.4	3 187.0	3 319.4
28	Machinery and equipment n.e.c.	9 534.4	9 993.1	9 966.7	11 487.8	11 603.0	11 558.9	11 875.0	11 860.4
29	Motor vehicles, trailers and semi-trailers	23 150.1	24 866.8	25 771.7	27 980.2	30 949.7	31 143.3	30 877.3	31 709.4
30	Other transport equipment	476.7	499.2	562.4	711.5	811.3	974.8	986.3	1 134.4
31-33	Furniture; repair, installation of machinery and equipment	1 977.1	1 959.3	2 037.3	2 267.1	2 070.2	1 657.8	1 600.5	1 745.2
31	Furniture	93.4	104.5	93.8	90.8	101.5	97.5	126.9	116.5
32	Other manufacturing	1 883.7	1 854.8	1 943.5	2 176.3	1 968.7	1 560.3	1 473.7	1 628.6
33	Repair and installation of machinery and equipment	..	..	..	..	..	..	..	..
35-39	**ELECTRICITY, GAS, WATER AND WASTE MANAGEMENT**	595.4	494.8	482.1	478.0	433.1	429.2	358.2	520.7
35-36	Electricity, gas and water	..	..	..	..	..	..	..	..
37-39	Sewerage, waste management and remediation activities	..	..	..	..	..	..	..	..
41-43	**CONSTRUCTION**	1 022.9	1 002.2	1 020.7	990.0	887.1	949.3	1 103.7	1 101.1
45-99	**TOTAL SERVICES**	12 080.6	12 002.5	11 910.2	11 644.2	15 202.1	14 706.5	13 886.5	14 421.5
45-82	**Business sector services**	12 080.6	12 002.5	11 910.2	11 644.2	15 202.1	14 706.5	13 886.5	14 421.5
45-47	Wholesale and retail trade; motor vehicle and motorcycle repairs	360.5	306.4	443.3	456.2	598.0	662.8	666.0	650.4
49-53	Transportation and storage	306.3	319.9	407.5	484.4	523.7	402.5	405.1	486.0
55-56	Accommodation and food service activities	..	..	..	..	..	..	..	..
58-63	Information and communication	4 837.1	5 126.2	4 958.2	4 279.6	6 230.3	5 717.9	5 175.1	5 368.4
58-60	Publishing, audiovisual and broadcasting activities	102.9	8.5	9.1	17.7	15.2	14.4	26.2	28.7
58	Publishing activities	6.7	4.5	6.1	8.1	8.7	5.2	16.1	14.7
59-60	Motion picture, video and TV programme production; broadcasting activities	96.2	4.0	3.0	9.6	6.4	9.2	10.1	14.0
59	Motion picture, video and TV programme production; sound and music	0.4	0.6	0.6	1.6	1.8	2.0	3.2	4.6
60	Programming and broadcasting activities	95.8	3.4	2.4	8.0	4.6	7.2	6.9	9.4
61	Telecommunications	2 276.6	2 720.5	2 711.0	2 579.1	3 437.8	3 363.7	2 979.9	2 517.5
62-63	IT and other information services	2 457.6	2 397.2	2 238.1	1 682.8	2 777.3	2 339.9	2 169.0	2 822.2
62	Computer programming, consultancy and related activities	2 178.8	2 096.6	2 003.0	1 485.3	2 504.5	2 061.8	1 899.6	2 581.2
63	Information service activities	278.8	300.6	235.1	197.5	272.9	278.0	269.4	241.0
64-66	Financial and insurance activities	22.8	29.9	16.8	20.2	29.7	32.8	26.7	41.0
68-82	Real estate; professional, scientific and technical; administrative and support	6 553.9	6 220.1	6 084.4	6 403.8	7 820.5	7 890.6	7 613.6	7 875.8
68	Real estate activities	..	..	..	..	..	..	..	..
69-75x72	Professional, scientific and technical activities, except scientific R&D	387.7	334.7	562.9	663.2	676.7	528.8	609.1	553.9
72	Scientific research and development	6 105.6	5 830.9	5 467.8	5 691.5	7 090.0	7 289.0	6 930.1	7 254.9
77-82	Administrative and support service activities	60.5	54.5	53.7	49.2	53.8	72.7	74.4	67.0
84-99	Community, social and personal services	..	..	..	..	..	..	..	..
84-85	Public administration and defence; compulsory social security and education	..	..	..	..	..	..	..	..
86-88	Human health and social work activities	..	..	..	..	..	..	..	..
90-93	Arts, entertainment and recreation	..	..	..	..	..	..	..	..
94-99	Other services; household-employers; extraterritorial bodies	..	..	..	..	..	..	..	..

.. Not available

Note: Detailed metadata at: *http://metalinks.oecd.org/anberd/20191119/b539*.

KOREA

R&D expenditure in industry by main activity of the enterprise, current prices
ISIC Rev. 4

Million USD PPP

		2010	2011	2012	2013	2014	2015	2016	2017
	TOTAL BUSINESS ENTERPRISE	39 010.1	44 680.5	50 559.8	53 573.7	57 180.5	59 643.5	..	..
01-03	**AGRICULTURE, FORESTRY AND FISHING**	30.9	42.3	31.2	30.2	33.0	36.5	..	..
05-09	**MINING AND QUARRYING**	22.3	25.7	41.1	29.1	23.2	27.3	..	..
10-33	**MANUFACTURING**	34 174.9	39 112.9	44 404.0	47 468.5	50 842.2	53 445.5	..	..
10-12	Food products, beverages and tobacco	361.1	472.0	550.9	532.2	560.8	1 169.8	..	..
13-15	Textiles, wearing apparel, leather and related products	198.5	334.1	376.0	418.6	423.4	471.4	..	..
13	Textiles	97.1	142.2	135.5	142.5	148.3	180.5	..	..
14	Wearing apparel	84.5	164.3	203.9	231.8	226.9	234.0	..	..
15	Leather and related products, footwear	17.0	27.6	36.6	44.3	48.2	56.9	..	..
16-18	Wood and paper products and printing	80.9	106.4	141.0	119.4	124.8	160.3	..	..
16	Wood and wood products, except furniture	7.8	18.8	15.1	15.5	15.1	27.1	..	..
17	Paper and paper products	42.4	55.6	88.2	63.5	67.3	73.1	..	..
18	Printing and reproduction of recorded media	30.8	31.9	37.7	40.5	42.4	60.2	..	..
19-23	Chemical, rubber, plastic, non-metallic mineral products	4 063.6	5 042.5	5 225.1	5 837.0	5 441.6	6 225.8	..	..
19	Coke and refined petroleum products	274.3	395.4	317.7	335.3	273.5	294.7	..	..
20-21	Chemical and pharmaceutical products	2 939.1	3 739.1	3 893.4	4 303.0	4 012.0	4 712.1	..	..
20	Chemicals and chemical products	2 061.6	2 729.0	2 671.6	3 057.1	2 724.9	3 135.7	..	..
21	Pharmaceuticals, medicinal, chemical and botanical products	877.5	1 010.1	1 221.9	1 245.9	1 287.1	1 576.4	..	..
22	Rubber and plastic products	602.7	631.0	634.2	834.0	882.9	953.9	..	..
23	Other non-metallic mineral products	247.5	277.1	380.1	364.7	273.3	265.0	..	..
24-25	Basic metals, metal products, except machinery and equipment	971.7	1 346.8	1 442.1	1 344.0	1 325.5	1 474.0	..	..
24	Basic metals	664.3	721.8	858.4	712.9	744.0	760.2	..	..
25	Fabricated metal products, except machinery and equipment	307.3	625.0	583.7	631.1	581.5	713.9	..	..
26-30	Computer, electronic, optical products; electrical machinery, transport equipment	28 247.5	31 402.7	36 303.2	38 848.2	42 530.6	43 391.0	..	..
26	Computer, electronic and optical products	19 624.0	21 873.9	25 237.8	27 676.6	30 402.1	29 892.6	..	..
27	Electrical equipment	992.3	1 076.2	1 265.4	1 188.4	1 277.7	1 621.7	..	..
28	Machinery and equipment n.e.c.	2 184.1	2 413.7	3 184.4	3 066.3	3 238.9	3 315.5	..	..
29	Motor vehicles, trailers and semi-trailers	4 756.5	5 309.3	5 724.1	6 071.2	6 739.8	7 549.8	..	..
30	Other transport equipment	690.6	729.5	891.5	845.7	872.1	1 011.4	..	..
31-33	Furniture; repair, installation of machinery and equipment	251.6	408.6	365.2	369.0	435.4	553.1	..	..
31	Furniture	52.5	62.7	66.3	74.7	99.3	100.4	..	..
32	Other manufacturing	199.1	345.9	298.9	294.3	336.1	452.7	..	..
33	Repair and installation of machinery and equipment	..	..	..	..	..	..	..	..
35-39	**ELECTRICITY, GAS, WATER AND WASTE MANAGEMENT**	373.8	481.1	509.2	409.8	422.4	456.4	..	..
35-36	Electricity, gas and water	349.7	444.1	476.5	371.3	382.8	395.2	..	..
37-39	Sewerage, waste management and remediation activities	24.1	37.0	32.7	38.4	39.6	61.3	..	..
41-43	**CONSTRUCTION**	886.6	1 063.2	1 156.1	1 104.8	1 137.6	875.5	..	..
45-99	**TOTAL SERVICES**	3 521.6	3 955.3	4 418.3	4 531.4	4 722.2	4 802.3	..	..
45-82	**Business sector services**	3 489.3	3 912.0	4 379.9	4 491.4	4 679.8	4 750.2	..	..
45-47	Wholesale and retail trade; motor vehicle and motorcycle repairs	641.5	719.9	788.8	813.8	857.9	722.1	..	..
49-53	Transportation and storage	88.3	144.8	81.6	127.7	45.8	46.5	..	..
55-56	Accommodation and food service activities	1.0	7.7	1.4	10.0	8.8	16.2	..	..
58-63	Information and communication	1 826.5	1 978.6	2 378.6	2 247.3	2 457.4	2 470.2	..	..
58-60	Publishing, audiovisual and broadcasting activities	1 131.2	1 111.1	1 559.1	1 436.0	1 627.1	1 654.5	..	..
58	Publishing activities	1 095.3	1 079.0	1 527.5	1 396.0	1 588.3	1 619.5	..	..
59-60	Motion picture, video and TV programme production; broadcasting activities	35.9	32.0	31.6	40.0	38.8	35.0	..	..
59	Motion picture, video and TV programme production; sound and music	13.2	15.4	12.7	9.5	13.7	18.7	..	..
60	Programming and broadcasting activities	22.7	16.7	18.9	30.6	25.1	16.3	..	..
61	Telecommunications	412.6	402.6	452.1	468.1	492.5	438.9	..	..
62-63	IT and other information services	282.7	465.0	367.4	343.2	337.7	376.7	..	..
62	Computer programming, consultancy and related activities	169.6	319.3	246.7	206.8	222.9	255.3	..	..
63	Information service activities	113.1	145.7	120.7	136.4	114.8	121.4	..	..
64-66	Financial and insurance activities	1.6	1.2	2.1	2.0	1.1	6.5	..	..
68-82	Real estate; professional, scientific and technical; administrative and support	930.5	1 059.8	1 127.4	1 290.6	1 304.8	1 488.7	..	..
68	Real estate activities	21.0	3.5	1.9	1.6	3.7	6.8	..	..
69-75x72	Professional, scientific and technical activities, except scientific R&D	634.2	679.3	768.7	790.8	865.8	989.3	..	..
72	Scientific research and development	202.4	305.3	274.8	406.8	342.1	401.6	..	..
77-82	Administrative and support service activities	72.9	71.7	82.0	91.4	93.2	91.0	..	..
84-99	Community, social and personal services	32.3	43.3	38.4	40.0	42.4	52.2	..	..
84-85	Public administration and defence; compulsory social security and education	15.3	19.2	14.6	16.6	16.2	20.1	..	..
86-88	Human health and social work activities	0.2	0.3	1.1	5.0	5.6	13.8	..	..
90-93	Arts, entertainment and recreation	4.1	3.2	3.2	3.0	2.2	3.5	..	..
94-99	Other services; household-employers; extraterritorial bodies	12.6	20.6	19.5	15.4	18.4	14.8	..	..

.. Not available

Note: Detailed metadata at: http://metalinks.oecd.org/anberd/20191119/b539.

KOREA

R&D expenditure in industry by main activity of the enterprise, constant prices
ISIC Rev. 4

2010 USD PPP

		2010	2011	2012	2013	2014	2015	2016	2017
	TOTAL BUSINESS ENTERPRISE	**39 010.1**	**44 699.9**	**50 077.0**	**53 486.8**	**56 929.6**	**57 027.9**	..	..
01-03	**AGRICULTURE, FORESTRY AND FISHING**	30.9	42.3	30.9	30.1	32.8	34.9	..	..
05-09	**MINING AND QUARRYING**	22.3	25.7	40.7	29.1	23.1	26.1	..	..
10-33	**MANUFACTURING**	**34 174.9**	**39 129.9**	**43 980.0**	**47 391.5**	**50 619.1**	**51 101.7**	..	..
10-12	Food products, beverages and tobacco	361.1	472.2	545.6	531.4	558.4	1 118.5	..	..
13-15	Textiles, wearing apparel, leather and related products	198.5	334.2	372.4	418.0	421.5	450.8	..	..
13	Textiles	97.1	142.3	134.2	142.3	147.6	172.6	..	..
14	Wearing apparel	84.5	164.4	201.9	231.4	225.9	223.7	..	..
15	Leather and related products, footwear	17.0	27.6	36.3	44.2	48.0	54.4	..	..
16-18	Wood and paper products and printing	80.9	106.4	139.6	119.2	124.3	153.3	..	..
16	Wood and wood products, except furniture	7.8	18.8	15.0	15.4	15.0	25.9	..	..
17	Paper and paper products	42.4	55.7	87.3	63.4	67.0	69.9	..	..
18	Printing and reproduction of recorded media	30.8	32.0	37.4	40.4	42.2	57.5	..	..
19-23	Chemical, rubber, plastic, non-metallic mineral products	4 063.6	5 044.7	5 175.7	5 827.6	5 417.8	5 952.8	..	..
19	Coke and refined petroleum products	274.3	395.6	314.7	334.8	272.3	281.8	..	..
20-21	Chemical and pharmaceutical products	2 939.1	3 740.7	3 856.3	4 296.0	3 994.4	4 505.5	..	..
20	Chemicals and chemical products	2 061.6	2 730.2	2 646.1	3 052.2	2 712.9	2 998.2	..	..
21	Pharmaceuticals, medicinal, chemical and botanical products	877.5	1 010.5	1 210.2	1 243.8	1 281.5	1 507.3	..	..
22	Rubber and plastic products	602.7	631.2	628.2	832.7	879.0	912.1	..	..
23	Other non-metallic mineral products	247.5	277.2	376.5	364.1	272.1	253.4	..	..
24-25	Basic metals, metal products, except machinery and equipment	971.7	1 347.4	1 428.4	1 341.8	1 319.7	1 409.4	..	..
24	Basic metals	664.3	722.1	850.2	711.7	740.7	726.8	..	..
25	Fabricated metal products, except machinery and equipment	307.3	625.3	578.2	630.1	579.0	682.6	..	..
26-30	Computer, electronic, optical products; electrical machinery, transport equipment	28 247.5	31 416.3	35 956.6	38 785.1	42 344.0	41 488.1	..	..
26	Computer, electronic and optical products	19 624.0	21 883.4	24 996.9	27 631.7	30 268.7	28 581.7	..	..
27	Electrical equipment	992.3	1 076.6	1 253.3	1 186.4	1 272.1	1 550.6	..	..
28	Machinery and equipment n.e.c.	2 184.1	2 414.7	3 154.0	3 061.3	3 224.7	3 170.1	..	..
29	Motor vehicles, trailers and semi-trailers	4 756.5	5 311.6	5 669.4	6 061.4	6 710.2	7 218.7	..	..
30	Other transport equipment	690.6	729.9	882.9	844.3	868.3	967.1	..	..
31-33	Furniture; repair, installation of machinery and equipment	251.6	408.7	361.7	368.4	433.5	528.9	..	..
31	Furniture	52.5	62.7	65.7	74.6	98.9	96.0	..	..
32	Other manufacturing	199.1	346.0	296.1	293.8	334.6	432.8	..	..
33	Repair and installation of machinery and equipment	..	..	..	..	..	..	..	..
35-39	**ELECTRICITY, GAS, WATER AND WASTE MANAGEMENT**	373.8	481.3	504.3	409.1	420.5	436.4	..	..
35-36	Electricity, gas and water	349.7	444.3	472.0	370.7	381.1	377.8	..	..
37-39	Sewerage, waste management and remediation activities	24.1	37.0	32.4	38.4	39.5	58.6	..	..
41-43	**CONSTRUCTION**	**886.6**	**1 063.6**	**1 145.0**	**1 103.0**	**1 132.6**	**837.1**	..	..
45-99	**TOTAL SERVICES**	**3 521.6**	**3 957.0**	**4 376.1**	**4 524.1**	**4 701.5**	**4 591.7**	..	..
45-82	**Business sector services**	**3 489.3**	**3 913.7**	**4 338.1**	**4 484.1**	**4 659.3**	**4 541.8**	..	..
45-47	**Wholesale and retail trade; motor vehicle and motorcycle repairs**	641.5	720.2	781.2	812.5	854.1	690.4	..	..
49-53	**Transportation and storage**	88.3	144.8	80.9	127.5	45.6	44.5	..	..
55-56	**Accommodation and food service activities**	1.0	7.8	1.4	10.0	8.8	15.5	..	..
58-63	**Information and communication**	1 826.5	1 979.5	2 355.9	2 243.6	2 446.6	2 361.8	..	..
58-60	Publishing, audiovisual and broadcasting activities	1 131.2	1 111.6	1 544.2	1 433.7	1 620.0	1 582.0	..	..
58	Publishing activities	1 095.3	1 079.5	1 512.9	1 393.7	1 581.3	1 548.5	..	..
59-60	Motion picture, video and TV programme production; broadcasting activities	35.9	32.1	31.3	40.0	38.6	33.4	..	..
59	Motion picture, video and TV programme production; sound and music	13.2	15.4	12.5	9.5	13.7	17.9	..	..
60	Programming and broadcasting activities	22.7	16.7	18.8	30.5	25.0	15.5	..	..
61	Telecommunications	412.6	402.7	447.8	467.3	490.4	419.7	..	..
62-63	IT and other information services	282.7	465.2	363.9	342.6	336.2	360.2	..	..
62	Computer programming, consultancy and related activities	169.6	319.4	244.3	206.4	221.9	244.1	..	..
63	Information service activities	113.1	145.8	119.6	136.2	114.3	116.1	..	..
64-66	**Financial and insurance activities**	1.6	1.2	2.1	2.0	5.1	6.2	..	..
68-82	**Real estate; professional, scientific and technical; administrative and support**	930.5	1 060.2	1 116.7	1 288.5	1 299.1	1 423.4	..	..
68	Real estate activities	21.0	3.5	1.8	1.6	3.7	6.5	..	..
69-75x72	Professional, scientific and technical activities, except scientific R&D	634.2	679.6	761.4	789.6	862.0	945.9	..	..
72	Scientific research and development	202.4	305.4	272.2	406.2	340.6	383.9	..	..
77-82	Administrative and support service activities	72.9	71.7	81.3	91.2	92.8	87.0	..	..
84-99	**Community, social and personal services**	32.3	43.3	38.0	40.0	42.2	49.9	..	..
84-85	Public administration and defence; compulsory social security and education	15.3	19.2	14.5	16.6	16.1	19.2	..	..
86-88	Human health and social work activities	0.2	0.3	1.1	5.0	5.6	13.2	..	..
90-93	Arts, entertainment and recreation	4.1	3.2	3.1	3.0	2.2	3.3	..	..
94-99	Other services; household-employers; extraterritorial bodies	12.6	20.6	19.3	15.4	18.3	14.2	..	..

.. Not available

Note: Detailed metadata at: *http://metalinks.oecd.org/anberd/20191119/b539*.

LITHUANIA

R&D expenditure in industry by main activity of the enterprise, current prices
ISIC Rev. 4

Million USD PPP

		2010	2011	2012	2013	2014	2015	2016	2017
	TOTAL BUSINESS ENTERPRISE	143.3	164.0	177.5	190.9	262.8	239.5	256.3	310.9
01-03	**AGRICULTURE, FORESTRY AND FISHING**	0.8	0.0 e	0.0	0.1	0.1	0.4	0.0	0.1
05-09	**MINING AND QUARRYING**	0.1	0.3	0.2	0.2	0.1	0.0 e	0.0 e	0.0 e
10-33	**MANUFACTURING**	45.7	50.8	59.2	70.8	112.8	84.1	84.5	105.0
10-12	Food products, beverages and tobacco	6.2	4.4	1.7	5.9	3.7	5.6	8.0	18.9
13-15	Textiles, wearing apparel, leather and related products	1.2	1.0	0.5	0.6	0.8	0.7	0.7	1.2
13	Textiles	0.6	0.5	0.0	0.1	0.1	0.2 e	0.1 e	0.3 e
14	Wearing apparel	0.1	0.3	0.3	0.4	0.6	0.5	0.5	0.7
15	Leather and related products, footwear	0.5	0.2	0.1	0.1	0.0	0.1 e	0.1 e	0.1 e
16-18	Wood and paper products and printing	0.3	0.5	0.3	0.4	1.7	1.0	17.1	1.0
16	Wood and wood products, except furniture	..	0.0	0.0	0.0	0.6	0.1	2.2	0.1
17	Paper and paper products	..	0.4	0.2	0.2	0.4	0.3 e	0.5 e	0.7
18	Printing and reproduction of recorded media	..	0.1	0.1	0.2	0.7	0.6	14.3 e	0.2
19-23	Chemical, rubber, plastic, non-metallic mineral products	12.3	13.9 e	30.2	19.6	45.7	17.7 e	15.2 e	16.4 e
19	Coke and refined petroleum products	0.0	0.0 e	0.7	0.2	0.2	0.2 e	0.0 e	0.1 e
20-21	Chemical and pharmaceutical products	11.6	11.8	27.9	16.1	42.5	15.9	10.8 e	13.6 e
20	Chemicals and chemical products	5.3	5.1	21.9	10.5	25.5	10.9	9.6	12.0
21	Pharmaceuticals, medicinal, chemical and botanical products	6.3	6.7	6.0	5.6	17.1	5.0	1.2 e	1.5 e
22	Rubber and plastic products	0.1	0.4	1.0	2.8	2.0	1.0	1.4	2.5
23	Other non-metallic mineral products	0.6	1.7	0.6	0.5	1.0	0.6	2.9	0.4
24-25	Basic metals, metal products, except machinery and equipment	2.8	3.3 e	0.9	0.9	7.7	1.0 e	1.0 e	3.6 e
24	Basic metals	0.0	0.0 e	0.1	0.0	0.0	0.0 e	0.0 e	0.0 e
25	Fabricated metal products, except machinery and equipment	2.8	3.3	0.8	0.9	7.7	0.9	1.0	3.6
26-30	Computer, electronic, optical products; electrical machinery, transport equipment	17.4	22.1	22.9	23.7	30.8	37.5	35.9	51.6
26	Computer, electronic and optical products	10.2	11.5	12.3	12.8	17.8	18.2	18.6	34.7
27	Electrical equipment	1.3	1.8	1.8	2.4	2.6	3.6	2.1	3.2
28	Machinery and equipment n.e.c.	4.2	6.5	6.4	4.1	5.2	6.8	6.7	5.2
29	Motor vehicles, trailers and semi-trailers	1.6	2.2	2.3	4.1	5.0	8.5	8.4	8.2
30	Other transport equipment	0.1	0.1	0.1	0.2	0.2	0.4	0.1	0.2
31-33	Furniture; repair, installation of machinery and equipment	5.4	5.6	2.8	19.6	22.4	20.6	6.6	12.3
31	Furniture	2.3	2.9	1.2	12.1	12.0	2.2	2.1	6.8
32	Other manufacturing	1.9	1.1	0.7	1.2	9.2	17.3	3.4	2.2
33	Repair and installation of machinery and equipment	1.2	1.5	0.8	6.3	1.2	1.1	1.1	3.3
35-39	**ELECTRICITY, GAS, WATER AND WASTE MANAGEMENT**	0.6	0.1	7.9	4.8	0.9	0.4	0.8	0.9
35-36	Electricity, gas and water	..	..	7.2	4.6	0.6	0.1	0.3	0.7
37-39	Sewerage, waste management and remediation activities	..	..	0.7	0.2	0.3	0.3	0.5	0.2
41-43	**CONSTRUCTION**	3.1	2.5	1.0	0.5	3.1	1.7	1.0	3.1
45-99	**TOTAL SERVICES**	93.2	110.4 e	109.2	114.6	145.8	152.9	170.0 e	201.8
45-82	**Business sector services**	78.7	96.5	100.9	113.1	143.5	150.3	168.0	199.0
45-47	Wholesale and retail trade; motor vehicle and motorcycle repairs	5.0	5.0	4.0	6.1	13.7	13.1	10.8	12.8
49-53	Transportation and storage	0.5	0.1	0.1	0.2	1.4	0.8	4.3	6.8
55-56	Accommodation and food service activities	0.0	0.0	0.0	0.0	0.2	0.0	0.0	0.0
58-63	Information and communication	31.5	56.9	24.9	32.6	40.9	28.8	20.3	56.0
58-60	Publishing, audiovisual and broadcasting activities	0.0	0.6	0.6	0.5	2.1	0.3 e	2.2 e	3.3
58	Publishing activities	..	..	..	..	..	..	1.7	2.0
59-60	Motion picture, video and TV programme production; broadcasting activities	..	..	..	..	..	..	0.5	1.3
59	Motion picture, video and TV programme production; sound and music	..	..	..	..	..	..	..	0.4
60	Programming and broadcasting activities	..	..	..	..	..	..	..	0.9
61	Telecommunications	14.9	40.6	8.0	12.3	11.0	1.7 e	0.2 e	0.3 e
62-63	IT and other information services	16.7	15.6	16.3	19.8	27.8	26.8	18.0	52.4
62	Computer programming, consultancy and related activities	13.8	13.6	14.1	18.2	25.1	23.6	13.2	47.9
63	Information service activities	2.8	2.1	2.2	1.6	2.7	3.2	4.8	4.6
64-66	Financial and insurance activities	27.7	11.5	10.6	10.7	6.6	7.8	10.9	11.6
68-82	Real estate; professional, scientific and technical; administrative and support	14.1	22.9	61.3	63.4	80.6	99.7	121.6	111.8
68	Real estate activities	1.7	0.0	0.0	5.2	0.4	0.1	0.7	0.8
69-75x72	Professional, scientific and technical activities, except scientific R&D	1.2	5.8	2.7	8.2	13.1	14.6	7.5	14.1
72	Scientific research and development	10.3	16.7	58.5	49.9	65.7	83.9	112.6	95.1
77-82	Administrative and support service activities	1.0	0.5	0.1	0.2	1.4	1.1	0.8	1.8
84-99	**Community, social and personal services**	14.5	13.9 e	8.3	1.5	2.3	2.6	2.0	2.8
84-85	Public administration and defence; compulsory social security and education	0.1	0.3	0.1	0.4	0.3	0.4	0.8	1.4
86-88	Human health and social work activities	14.3	13.3	8.2	0.8	1.4	1.0	1.1	1.1
90-93	Arts, entertainment and recreation	0.0	0.3	0.0	0.0	0.2	0.6	0.1	0.2
94-99	Other services; household-employers; extraterritorial bodies	0.0	0.0 e	0.0	0.3	0.4	0.6	0.1 e	0.2

.. Not available; e Estimated value
Note: Detailed metadata at: http://metalinks.oecd.org/anberd/20191119/b539.

LITHUANIA

R&D expenditure in industry by main activity of the enterprise, constant prices
ISIC Rev. 4

2010 USD PPP

		2010	2011	2012	2013	2014	2015	2016	2017
	TOTAL BUSINESS ENTERPRISE	**143.3**	**156.4**	**165.1**	**171.7**	**233.6**	**213.6**	**226.1**	**263.9**
01-03	**AGRICULTURE, FORESTRY AND FISHING**	**0.8**	**0.0 e**	**0.0**	**0.1**	**0.1**	**0.3**	**0.0**	**0.1**
05-09	**MINING AND QUARRYING**	**0.1**	**0.2**	**0.2**	**0.2**	**0.1**	**0.0 e**	**0.0 e**	**0.0 e**
10-33	**MANUFACTURING**	**45.7**	**48.5**	**55.0**	**63.6**	**100.2**	**75.0**	**74.5**	**89.1**
10-12	Food products, beverages and tobacco	6.2	4.2	1.6	5.3	3.3	5.0	7.1	16.0
13-15	Textiles, wearing apparel, leather and related products	1.2	1.0	0.4	0.5	0.7	0.7	0.7	1.0
13	Textiles	0.6	0.5	0.0	0.1	0.1	0.1 e	0.1 e	0.2
14	Wearing apparel	0.1	0.3	0.3	0.4	0.6	0.5	0.5	0.6
15	Leather and related products, footwear	0.5	0.2	0.1	0.1	0.0	0.1 e	0.1 e	0.1 e
16-18	Wood and paper products and printing	0.3	0.5	0.3	0.4	1.5	0.9	15.1	0.8
16	Wood and wood products, except furniture	..	0.0	0.0	0.0	0.5	0.1	2.0	0.1
17	Paper and paper products	..	0.4	0.2	0.2	0.3	0.3 e	0.5 e	0.6
18	Printing and reproduction of recorded media	..	0.1	0.1	0.2	0.6	0.5 e	12.7 e	0.2
19-23	Chemical, rubber, plastic, non-metallic mineral products	12.3	13.3 e	28.1	17.6	40.6	15.8 e	13.4 e	14.0
19	Coke and refined petroleum products	0.0	0.0 e	0.7	0.2	0.2	0.2 e	0.0 e	0.1 e
20-21	Chemical and pharmaceutical products	11.6	11.2	25.9	14.5	37.8	14.2	9.5 e	11.5 e
20	Chemicals and chemical products	5.3	4.9	20.3	9.5	22.6	9.7	8.5	10.2
21	Pharmaceuticals, medicinal, chemical and botanical products	6.3	6.4	5.6	5.0	15.2	4.5	1.0 e	1.3 e
22	Rubber and plastic products	0.1	0.4	1.0	2.5	1.8	0.9	1.2	2.1
23	Other non-metallic mineral products	0.6	1.6	0.5	0.4	0.8	0.5	2.6	0.3
24-25	Basic metals, metal products, except machinery and equipment	2.8	3.2 e	0.9	0.8	6.9	0.9 e	0.9 e	3.1 e
24	Basic metals	0.0	0.0 e	0.1	0.0	0.0	0.0 e	0.0 e	0.0 e
25	Fabricated metal products, except machinery and equipment	2.8	3.2	0.7	0.8	6.8	0.8	0.8	3.0
26-30	Computer, electronic, optical products; electrical machinery, transport equipment	17.4	21.1	21.3	21.3	27.4	33.5	31.6	43.8
26	Computer, electronic and optical products	10.2	10.9	11.4	11.5	15.8	16.2	16.4	29.5
27	Electrical equipment	1.3	1.7	1.7	2.1	2.4	3.2	1.8	2.7
28	Machinery and equipment n.e.c.	4.2	6.2	6.0	3.7	4.6	6.1	5.9	4.5
29	Motor vehicles, trailers and semi-trailers	1.6	2.1	2.1	3.7	4.4	7.6	7.4	7.0
30	Other transport equipment	0.1	0.1	0.1	0.2	0.2	0.3	0.1	0.1
31-33	Furniture; repair, installation of machinery and equipment	5.4	5.3	2.6	17.6	19.9	18.4	5.8	10.4
31	Furniture	2.3	2.8	1.1	10.9	10.7	1.9	1.9	5.8
32	Other manufacturing	1.9	1.0	0.7	1.1	8.2	15.5	3.0	1.8
33	Repair and installation of machinery and equipment	1.2	1.5	0.8	5.7	1.1	1.0	0.9	2.8
35-39	**ELECTRICITY, GAS, WATER AND WASTE MANAGEMENT**	**0.6**	**0.1**	**7.3**	**4.4**	**0.8**	**0.3**	**0.7**	**0.8**
35-36	Electricity, gas and water	..	..	6.7	4.1	0.6	0.1	0.3	0.6
37-39	Sewerage, waste management and remediation activities	..	..	0.7	0.2	0.3	0.3	0.4	0.2
41-43	**CONSTRUCTION**	**3.1**	**2.4**	**0.9**	**0.4**	**2.8**	**1.5**	**0.9**	**2.6**
45-99	**TOTAL SERVICES**	**93.2**	**105.2 e**	**101.6**	**103.0**	**129.6**	**136.4**	**150.0 e**	**171.3**
45-82	**Business sector services**	**78.7**	**92.0**	**93.9**	**101.7**	**127.5**	**134.0**	**148.2**	**168.9**
45-47	Wholesale and retail trade; motor vehicle and motorcycle repairs	5.0	4.8	3.7	5.5	12.2	11.7	9.5	10.9
49-53	Transportation and storage	0.5	0.1	0.1	0.2	1.3	0.7	3.8	5.7
55-56	Accommodation and food service activities	0.0	0.0	0.0	0.0	0.2	0.0	0.0	0.0
58-63	Information and communication	31.5	54.3	23.2	29.3	36.3	25.7	17.9	47.6
58-60	Publishing, audiovisual and broadcasting activities	0.0	0.6	0.6	0.5	1.9	0.3 e	1.9 e	2.8
58	Publishing activities	..	..	..	..	..	..	1.5	1.7
59-60	Motion picture, video and TV programme production; broadcasting activities	..	..	..	..	..	..	0.5	1.1
59	Motion picture, video and TV programme production; sound and music	..	..	..	..	..	..	..	0.3
60	Programming and broadcasting activities	..	..	..	..	..	..	..	0.8
61	Telecommunications	14.9	38.7	7.4	11.0	9.8	1.5 e	0.2 e	0.3 e
62-63	IT and other information services	16.7	14.9	15.2	17.8	24.7	23.9	15.8	44.5
62	Computer programming, consultancy and related activities	13.8	13.0	13.1	16.4	22.3	21.0	11.6	40.6
63	Information service activities	2.8	2.0	2.1	1.4	2.4	2.9	4.2	3.9
64-66	**Financial and insurance activities**	**27.7**	**11.0**	**9.9**	**9.7**	**5.9**	**6.9**	**9.6**	**9.9**
68-82	**Real estate; professional, scientific and technical; administrative and support**	**14.1**	**21.9**	**57.0**	**57.0**	**71.6**	**89.0**	**107.3**	**94.9**
68	Real estate activities	1.7	0.0	0.0	4.6	0.3	0.1	0.6	0.7
69-75x72	Professional, scientific and technical activities, except scientific R&D	1.2	5.5	2.5	7.3	11.6	13.1	6.6	11.9
72	Scientific research and development	10.3	15.9	54.4	44.9	58.4	74.8	99.3	80.7
77-82	Administrative and support service activities	1.0	0.5	0.1	0.2	1.2	1.0	0.7	1.5
84-99	**Community, social and personal services**	**14.5**	**13.3 e**	**7.7**	**1.3**	**2.0**	**2.3**	**1.8**	**2.4**
84-85	Public administration and defence; compulsory social security and education	0.1	0.3	0.1	0.4	0.3	0.4	0.7	1.2
86-88	Human health and social work activities	14.3	12.6	7.6	0.7	1.3	0.9	1.0	0.9
90-93	Arts, entertainment and recreation	0.0	0.3	0.0	0.0	0.2	0.5	0.0	0.2
94-99	Other services; household-employers; extraterritorial bodies	0.0	0.0 e	0.0	0.3	0.3	0.6	0.1 e	0.2

.. Not available; e Estimated value
Note: Detailed metadata at: http://metalinks.oecd.org/anberd/20191119/b539.

MEXICO

R&D expenditure in industry by main activity of the enterprise, current prices
ISIC Rev. 4

Million USD PPP

		2010	2011	2012	2013	2014	2015	2016	2017
	TOTAL BUSINESS ENTERPRISE	3 270.3	3 410.3	2 909.8	3 214.3	3 449.3	3 497.1	3 440.4	..
01-03	**AGRICULTURE, FORESTRY AND FISHING**	0.0 e	0.0 e	0.0	0.0	0.0	0.0	0.0	..
05-09	**MINING AND QUARRYING**	36.4 e	50.9 e	6.0	28.2	30.3	30.7	30.2	..
10-33	**MANUFACTURING**	1 749.1 e	2 000.3 e	1 322.7	1 736.8	1 863.8	1 889.7	1 859.0	..
10-12	Food products, beverages and tobacco	149.5	173.1	150.6	203.6	218.4	221.5	217.9	..
13-15	Textiles, wearing apparel, leather and related products	41.4	41.6	24.7	28.0	30.0	30.5	30.0	..
13	Textiles	19.8 e	22.6 e	24.3	27.6	29.6	30.0	29.5	..
14	Wearing apparel	1.8 e	0.0 e	0.3	0.3	0.3	0.3	0.3	..
15	Leather and related products, footwear	19.8 e	19.1 e	0.1	0.1	0.1	0.1	0.1	..
16-18	Wood and paper products and printing	21.7	22.3	25.1	31.3	33.5	34.0	33.5	..
16	Wood and wood products, except furniture	4.9 e	4.8 e	3.1	6.6	7.1	7.1	7.0	..
17	Paper and paper products	16.2 e	17.2 e	16.4	21.5	23.1	23.4	23.0	..
18	Printing and reproduction of recorded media	0.6 e	0.2 e	5.6	3.2	3.4	3.5	3.4	..
19-23	Chemical, rubber, plastic, non-metallic mineral products	682.5 e	795.2 e	314.4	413.5	443.8	449.9	442.6	..
19	Coke and refined petroleum products	10.2	13.5	8.8	11.3	12.2	12.3	12.1	..
20-21	Chemical and pharmaceutical products	615.9 e	721.5 e	243.7	334.4	358.8	363.8	357.9	..
20	Chemicals and chemical products	115.4 e	137.3 e	75.7	88.3	94.7	96.1	94.5	..
21	Pharmaceuticals, medicinal, chemical and botanical products	500.5	584.2	167.9	246.1	264.1	267.7	263.4	..
22	Rubber and plastic products	30.6	39.1	12.8	19.6	21.0	21.3	21.0	..
23	Other non-metallic mineral products	25.9	21.1	49.1	48.2	51.7	52.5	51.6	..
24-25	Basic metals, metal products, except machinery and equipment	269.1	278.5	169.3	139.6	149.8	151.8	149.4	..
24	Basic metals	72.1 e	105.6 e	26.4	32.1	34.5	35.0	34.4	..
25	Fabricated metal products, except machinery and equipment	197.1 e	173.0 e	142.9	107.4	115.3	116.9	115.0	..
26-30	Computer, electronic, optical products; electrical machinery, transport equipment	584.3 e	687.9 e	636.1	916.8	983.8	997.5	981.3	..
26	Computer, electronic and optical products	26.1 e	29.9 e	80.8	94.4	101.3	102.7	101.0	..
27	Electrical equipment	189.1 e	213.8 e	163.5	270.4	290.1	294.2	289.4	..
28	Machinery and equipment n.e.c.	77.8 e	68.2 e	40.6	58.7	63.0	63.9	62.8	..
29	Motor vehicles, trailers and semi-trailers	273.0 e	348.6 e	330.8	465.8	499.8	506.8	498.5	..
30	Other transport equipment	18.3 e	27.4 e	20.4	27.6	29.6	30.0	29.5	..
31-33	Furniture; repair, installation of machinery and equipment	0.7 e	1.7 e	2.4	4.1	4.4	4.5	4.4	..
31	Furniture	0.5 e	1.5 e	0.1	0.0	0.0	0.0	0.0	..
32	Other manufacturing	0.1 e	0.1 e	2.3	4.1	4.4	4.5	4.4	..
33	Repair and installation of machinery and equipment	0.0 e	0.0 e	0.0	0.0	0.0	0.0	0.0	..
35-39	**ELECTRICITY, GAS, WATER AND WASTE MANAGEMENT**	0.0 e	0.0 e	10.4	17.2	18.4	18.7	18.4	..
35-36	Electricity, gas and water	..	..	..	..	..	..	..	..
37-39	Sewerage, waste management and remediation activities	..	..	..	..	..	..	..	..
41-43	**CONSTRUCTION**	104.4 e	1.6 e	6.3	12.3	13.2	13.3	13.1	..
45-99	**TOTAL SERVICES**	1 380.4 e	1 357.6 e	1 564.4	1 419.8	1 523.6	1 544.7	1 519.7	..
45-82	**Business sector services**	1 024.8 e	967.0 e	1 035.1	830.4	891.1	903.5	888.9	..
45-47	Wholesale and retail trade; motor vehicle and motorcycle repairs	..	..	0.0	0.0	0.0	0.0	0.0	..
49-53	Transportation and storage	..	..	21.5	185.5	199.0	201.8	198.5	..
55-56	Accommodation and food service activities	0.5 e	0.6 e	1.1	1.8	2.0	2.0	2.0	..
58-63	Information and communication	453.6 e	449.9 e	478.3	262.6	281.8	285.7	281.1	..
58-60	Publishing, audiovisual and broadcasting activities	..	..	..	..	..	..	..	..
58	Publishing activities	..	..	..	..	..	..	..	..
59-60	Motion picture, video and TV programme production; broadcasting activities	..	..	..	..	..	..	..	..
59	Motion picture, video and TV programme production; sound and music	..	..	..	..	..	..	..	..
60	Programming and broadcasting activities	..	..	..	..	..	..	..	..
61	Telecommunications	..	..	447.8	233.3	250.4	253.8	249.7	..
62-63	IT and other information services	..	..	..	..	..	..	..	..
62	Computer programming, consultancy and related activities	..	..	..	..	..	..	..	..
63	Information service activities	..	..	..	..	..	..	..	..
64-66	Financial and insurance activities	136.4 e	145.2 e	427.7	245.6	263.6	267.2	262.9	..
68-82	Real estate; professional, scientific and technical; administrative and support	369.5 e	339.6 e	106.5	134.9	144.8	146.8	144.4	..
68	Real estate activities	..	..	10.7	12.9	13.9	14.1	13.8	..
69-75x72	Professional, scientific and technical activities, except scientific R&D	..	..	..	..	..	..	..	..
72	Scientific research and development	419.2 e	362.6 e	90.5	115.3	123.8	125.5	123.4	..
77-82	Administrative and support service activities	..	..	..	..	..	..	..	..
84-99	**Community, social and personal services**	355.6 e	390.6 e	529.3	589.4	632.5	641.2	630.8	..
84-85	Public administration and defence; compulsory social security and education	..	..	..	..	..	..	..	..
86-88	Human health and social work activities	..	..	..	..	..	..	..	..
90-93	Arts, entertainment and recreation	..	..	..	..	..	..	..	..
94-99	Other services; household-employers; extraterritorial bodies	..	..	..	..	..	..	..	..

.. Not available; e Estimated value
Note: Detailed metadata at: http://metalinks.oecd.org/anberd/20191119/b539.

MEXICO

R&D expenditure in industry by main activity of the enterprise, constant prices
ISIC Rev. 4

2010 USD PPP

		2010	2011	2012	2013	2014	2015	2016	2017
	TOTAL BUSINESS ENTERPRISE	3 270.3	3 220.5	2 704.3	2 951.9	3 095.5	3 159.8	3 077.5	..
01-03	**AGRICULTURE, FORESTRY AND FISHING**	0.0 e	0.0 e	0.0	0.0	0.0	0.0	0.0	..
05-09	**MINING AND QUARRYING**	36.4 e	48.0 e	5.5	25.9	27.2	27.8	27.0	..
10-33	**MANUFACTURING**	1 749.1 e	1 888.9 e	1 229.3	1 595.1	1 672.6	1 707.4	1 662.9	..
10-12	Food products, beverages and tobacco	149.5	163.4	140.0	186.9	196.0	200.1	194.9	..
13-15	Textiles, wearing apparel, leather and related products	41.4	39.3	22.9	25.7	27.0	27.5	26.8	..
13	Textiles	19.8 e	21.3 e	22.6	25.3	26.6	27.1	26.4	..
14	Wearing apparel	1.8	0.0 e	0.3	0.3	0.3	0.3	0.3	..
15	Leather and related products, footwear	19.8 e	18.0 e	0.1	0.1	0.1	0.1	0.1	..
16-18	Wood and paper products and printing	21.7	21.1	23.3	28.7	30.1	30.7	29.9	..
16	Wood and wood products, except furniture	4.9 e	4.6 e	2.9	6.0	6.3	6.5	6.3	..
17	Paper and paper products	16.2 e	16.2 e	15.2	19.8	20.7	21.1	20.6	..
18	Printing and reproduction of recorded media	0.6 e	0.2 e	5.2	2.9	3.1	3.1	3.0	..
19-23	Chemical, rubber, plastic, non-metallic mineral products	682.5 e	750.9 e	292.2	379.8	398.2	406.5	395.9	..
19	Coke and refined petroleum products	10.2	12.8	8.2	10.4	10.9	11.2	10.9	..
20-21	Chemical and pharmaceutical products	615.9 e	681.3 e	226.5	307.1	322.0	328.7	320.1	..
20	Chemicals and chemical products	115.4 e	129.6 e	70.4	81.1	85.0	86.8	84.5	..
21	Pharmaceuticals, medicinal, chemical and botanical products	500.5	551.7	156.1	226.0	237.0	241.9	235.6	..
22	Rubber and plastic products	30.6	36.9	11.9	18.0	18.9	19.3	18.8	..
23	Other non-metallic mineral products	25.9	19.9	45.6	44.3	46.4	47.4	46.2	..
24-25	Basic metals, metal products, except machinery and equipment	269.1	263.0	157.4	128.2	134.4	137.2	133.6	..
24	Basic metals	72.1 e	99.7 e	24.6	29.5	30.9	31.6	30.8	..
25	Fabricated metal products, except machinery and equipment	197.1 e	163.3 e	132.8	98.7	103.5	105.6	102.9	..
26-30	Computer, electronic, optical products; electrical machinery, transport equipment	584.3 e	649.6 e	591.2	842.0	882.9	901.2	877.8	..
26	Computer, electronic and optical products	26.1 e	28.3 e	75.1	86.7	90.9	92.8	90.4	..
27	Electrical equipment	189.1 e	201.9 e	152.0	248.3	260.4	265.8	258.9	..
28	Machinery and equipment n.e.c.	77.8 e	64.4 e	37.7	53.9	56.5	57.7	56.2	..
29	Motor vehicles, trailers and semi-trailers	273.0 e	329.2 e	307.5	427.8	448.6	457.9	445.9	..
30	Other transport equipment	18.3 e	25.9 e	18.9	25.3	26.5	27.1	26.4	..
31-33	Furniture; repair, installation of machinery and equipment	0.7 e	1.6 e	2.3	3.8	4.0	4.1	4.0	..
31	Furniture	0.5 e	1.4 e	0.1	0.0	0.0	0.0	0.0	..
32	Other manufacturing	0.1 e	0.1 e	2.2	3.8	3.9	4.0	3.9	..
33	Repair and installation of machinery and equipment	0.0 e	0.0 e	0.0	0.0	0.0	0.0	0.0	..
35-39	**ELECTRICITY, GAS, WATER AND WASTE MANAGEMENT**	0.0 e	0.0 e	9.7	15.8	16.5	16.9	16.4	..
35-36	Electricity, gas and water	..	..	..	..	..	..	..	..
37-39	Sewerage, waste management and remediation activities	..	..	..	..	..	..	..	..
41-43	**CONSTRUCTION**	104.4 e	1.5 e	5.8	11.3	11.8	12.0	11.7	..
45-99	**TOTAL SERVICES**	1 380.4 e	1 282.0 e	1 453.9	1 303.9	1 367.3	1 395.7	1 359.4	..
45-82	**Business sector services**	1 024.8 e	913.2 e	962.0	762.6	799.7	816.3	795.1	..
45-47	Wholesale and retail trade; motor vehicle and motorcycle repairs	..	..	0.0	0.0	0.0	0.0	0.0	..
49-53	Transportation and storage	..	..	20.0	170.3	178.6	182.3	177.6	..
55-56	Accommodation and food service activities	0.5 e	0.5 e	1.0	1.7	1.8	1.8	1.8	..
58-63	Information and communication	453.6 e	424.8 e	444.5	241.2	252.9	258.2	251.4	..
58-60	Publishing, audiovisual and broadcasting activities	..	..	..	..	..	..	..	..
58	Publishing activities	..	..	..	..	..	..	..	..
59-60	Motion picture, video and TV programme production; broadcasting activities	..	..	..	..	..	..	..	..
59	Motion picture, video and TV programme production; sound and music	..	..	..	..	..	..	..	..
60	Programming and broadcasting activities	..	..	..	..	..	..	..	..
61	Telecommunications	..	..	416.2	214.3	224.7	229.4	223.4	..
62-63	IT and other information services	..	..	..	..	..	..	..	..
62	Computer programming, consultancy and related activities	..	..	..	..	..	..	..	..
63	Information service activities	..	..	..	..	..	..	..	..
64-66	Financial and insurance activities	136.4 e	137.2 e	397.5	225.6	236.5	241.4	235.2	..
68-82	Real estate; professional, scientific and technical; administrative and support	369.5 e	320.7 e	99.0	123.9	129.9	132.6	129.2	..
68	Real estate activities	..	..	9.9	11.9	12.4	12.7	12.4	..
69-75x72	Professional, scientific and technical activities, except scientific R&D	..	..	..	..	..	..	..	..
72	Scientific research and development	419.2 e	342.4 e	84.2	105.9	111.1	113.4	110.4	..
77-82	Administrative and support service activities	..	..	..	..	..	..	..	..
84-99	Community, social and personal services	355.6 e	368.9 e	491.9	541.3	567.6	579.4	564.3	..
84-85	Public administration and defence; compulsory social security and education	..	..	..	..	..	..	..	..
86-88	Human health and social work activities	..	..	..	..	..	..	..	..
90-93	Arts, entertainment and recreation	..	..	..	..	..	..	..	..
94-99	Other services; household-employers; extraterritorial bodies	..	..	..	..	..	..	..	..

.. Not available; e Estimated value
Note: Detailed metadata at: *http://metalinks.oecd.org/anberd/20191119/b539*.

NETHERLANDS

R&D expenditure in industry by main activity of the enterprise, current prices
ISIC Rev. 4

Million USD PPP

		2010	2011	2012	2013	2014	2015	2016	2017
	TOTAL BUSINESS ENTERPRISE	6 109.3	8 278.9	8 585.1	8 888.9	9 190.7	9 470.7	10 176.0	..
01-03	**AGRICULTURE, FORESTRY AND FISHING**	96.0	210.7	173.7	175.7	212.6	266.0	300.1	..
05-09	**MINING AND QUARRYING**	..	34.9	70.7	72.5	85.1	18.0	12.8	..
10-33	**MANUFACTURING**	4 145.8	4 708.0	4 911.0	5 196.4	5 426.3	5 369.4	5 695.4	..
10-12	Food products, beverages and tobacco	387.5	456.5	483.7	489.7	465.0	393.3	459.9	..
13-15	Textiles, wearing apparel, leather and related products	15.2	14.2	23.4	23.8	22.3	27.3	27.5	..
13	Textiles	12.9	13.0	19.3	16.9	16.7	18.2	18.1	..
14	Wearing apparel	0.0	0.6	0.5	1.0	1.1	0.6	0.5	..
15	Leather and related products, footwear	1.2	0.7	3.7	5.9	4.4	8.5	8.9	..
16-18	Wood and paper products and printing	24.6	25.6	29.8	29.0	38.9	51.4	79.4	..
16	Wood and wood products, except furniture	4.7	2.3	3.5	2.1	3.0	7.9	7.0	..
17	Paper and paper products	17.6	6.9	18.2	20.4	28.1	29.9	59.1	..
18	Printing and reproduction of recorded media	2.3	16.3	8.1	6.5	7.9	13.6	13.3	..
19-23	Chemical, rubber, plastic, non-metallic mineral products	1 327.7	1 325.0	1 363.0	1 387.2	1 396.8	1 361.6	1 297.9	..
19	Coke and refined petroleum products	16.4	128.9	282.7	295.6	311.3	280.1	206.5	..
20-21	Chemical and pharmaceutical products	1 249.2	1 048.6	948.7	960.8	975.9	958.1	956.5	..
20	Chemicals and chemical products	802.0	664.1	630.7	655.6	659.2	639.5	665.6	..
21	Pharmaceuticals, medicinal, chemical and botanical products	447.2	384.5	318.0	305.2	316.7	318.6	290.8	..
22	Rubber and plastic products	43.3	117.4	102.5	106.9	88.9	100.4	112.1	..
23	Other non-metallic mineral products	18.7	30.0	29.1	23.9	20.6	23.0	22.8	..
24-25	Basic metals, metal products, except machinery and equipment	164.2 e	188.9	173.8	206.8	185.5	235.2	266.8	..
24	Basic metals	84.6 e	95.2	90.1	100.7	82.3	100.3	104.2	..
25	Fabricated metal products, except machinery and equipment	79.6	93.8	83.7	106.1	103.2	135.0	162.7	..
26-30	Computer, electronic, optical products; electrical machinery, transport equipment	2 168.3	2 538.5	2 751.1	2 977.5	3 224.4	3 200.6	3 447.5	..
26	Computer, electronic and optical products	656.6	697.1	742.5	818.2	848.5	761.0	799.5	..
27	Electrical equipment	501.1	576.2	580.8	651.5	576.5	569.0	606.3	..
28	Machinery and equipment n.e.c.	853.5	979.1	1 136.3	1 196.3	1 487.5	1 541.1	1 693.4	..
29	Motor vehicles, trailers and semi-trailers	83.1	170.4	168.9	183.0	186.9	204.5	205.9	..
30	Other transport equipment	72.6	115.7	122.7	128.6	125.0	125.1	142.4	..
31-33	Furniture; repair, installation of machinery and equipment	58.2 e	159.2	86.2	82.5	93.5	100.0	116.4	..
31	Furniture	11.7	105.3	14.7	8.1	14.1	14.1	22.8	..
32	Other manufacturing	24.3 e	26.6	37.6	35.5	32.2	37.9	48.9	..
33	Repair and installation of machinery and equipment	22.2	27.3	33.9	38.8	47.3	48.0	44.7	..
35-39	**ELECTRICITY, GAS, WATER AND WASTE MANAGEMENT**	..	49.1	37.9	27.2	51.1	59.6	55.3	..
35-36	Electricity, gas and water	..	25.7	18.9	14.4	27.0	30.5	42.7	..
37-39	Sewerage, waste management and remediation activities	..	23.4	18.9	12.8	24.1	29.1	12.6	..
41-43	**CONSTRUCTION**	63.2	124.2	158.9	133.5	138.4	130.7	140.6	..
45-99	**TOTAL SERVICES**	..	3 152.1	3 232.9	3 283.5	3 277.1	3 627.0	3 971.7	..
45-82	**Business sector services**	1 736.3	3 138.2	3 196.8	3 247.0	3 247.6	3 549.0	3 898.0	..
45-47	Wholesale and retail trade; motor vehicle and motorcycle repairs	392.2	465.5	513.6	495.3	518.4	627.5	747.1	..
49-53	Transportation and storage	19.9	140.7	142.1	122.0	129.8	157.2	136.7	..
55-56	Accommodation and food service activities	0.0	13.1	2.7	2.2	1.5	1.8	2.2	..
58-63	Information and communication	673.2	944.7	929.2	925.6	995.6	1 123.2	1 294.0	..
58-60	Publishing, audiovisual and broadcasting activities	7.0	28.8	34.6	24.8	31.5	34.3	29.4	..
58	Publishing activities	..	17.6	20.2	16.5	..	..	..	..
59-60	Motion picture, video and TV programme production; broadcasting activities	..	11.3	14.4	8.2	..	..	..	..
59	Motion picture, video and TV programme production; sound and music	..	9.3	14.1	7.9	..	..	..	..
60	Programming and broadcasting activities	..	2.0	0.3	0.3	..	..	..	..
61	Telecommunications	60.9	76.1	61.4	38.9	59.9	53.0	56.2	..
62-63	IT and other information services	606.5	839.7	833.1	861.9	904.2	1 035.9	1 208.5	..
62	Computer programming, consultancy and related activities	581.9	769.3	794.7	814.6	825.9	986.2	1 163.8	..
63	Information service activities	24.6	70.4	38.4	47.3	78.3	49.7	44.7	..
64-66	**Financial and insurance activities**	29.3	240.7	329.0	321.9	242.6	309.8	315.0	..
68-82	**Real estate; professional, scientific and technical; administrative and support**	620.5	1 333.5	1 280.2	1 380.1	1 359.5	1 329.5	1 403.0	..
68	Real estate activities	0.0 e	8.1	5.1	5.9	7.3	2.8	2.6	..
69-75x72	Professional, scientific and technical activities, except scientific R&D	271.6	756.2	633.4	621.8	582.5	550.9	526.7	..
72	Scientific research and development	330.2	453.3	537.5	603.5	623.7	695.4	787.0	..
77-82	Administrative and support service activities	18.7	115.8	104.2	148.9	146.0	80.5	86.7	..
84-99	**Community, social and personal services**	..	13.9	36.1	36.4	29.6	78.0	73.6	..
84-85	Public administration and defence; compulsory social security and education	..	..	..	..	..	..	..	..
86-88	Human health and social work activities	..	..	..	..	..	..	..	..
90-93	Arts, entertainment and recreation	..	..	..	..	..	..	..	..
94-99	Other services; household-employers; extraterritorial bodies	..	..	..	..	..	..	..	..

.. Not available; e Estimated value
Note: Detailed metadata at: *http://metalinks.oecd.org/anberd/20191119/b539*.

NETHERLANDS

R&D expenditure in industry by main activity of the enterprise, constant prices
ISIC Rev. 4

2010 USD PPP

		2010	2011	2012	2013	2014	2015	2016	2017
	TOTAL BUSINESS ENTERPRISE	6 109.3	8 088.3	8 152.6	8 069.1	8 432.9	8 633.4	9 239.0	..
01-03	**AGRICULTURE, FORESTRY AND FISHING**	96.0	205.8	165.0	159.5	195.1	242.4	272.5	..
05-09	**MINING AND QUARRYING**	..	34.1	67.1	65.9	78.1	16.4	11.6	..
10-33	**MANUFACTURING**	4 145.8	4 599.6	4 663.6	4 717.2	4 978.9	4 894.7	5 171.0	..
10-12	Food products, beverages and tobacco	387.5	446.0	459.3	444.6	426.6	358.5	417.6	..
13-15	Textiles, wearing apparel, leather and related products	15.2	13.9	22.3	21.6	20.4	24.9	25.0	..
13	Textiles	12.9	12.7	18.3	15.3	15.3	16.6	16.4	..
14	Wearing apparel	0.0	0.5	0.4	0.9	1.0	0.5	0.5	..
15	Leather and related products, footwear	1.2	0.7	3.5	5.3	4.1	7.7	8.1	..
16-18	Wood and paper products and printing	24.6	25.0	28.3	26.3	35.7	46.9	72.1	..
16	Wood and wood products, except furniture	4.7	2.3	3.3	1.9	2.7	7.2	6.3	..
17	Paper and paper products	17.6	6.8	17.3	18.5	25.8	27.2	53.7	..
18	Printing and reproduction of recorded media	2.3	16.0	7.7	5.9	7.2	12.4	12.1	..
19-23	Chemical, rubber, plastic, non-metallic mineral products	1 327.7	1 294.5	1 294.3	1 259.3	1 281.6	1 241.2	1 178.4	..
19	Coke and refined petroleum products	16.4	126.0	268.4	268.3	285.6	255.4	187.5	..
20-21	Chemical and pharmaceutical products	1 249.2	1 024.5	900.9	872.2	895.4	873.4	868.4	..
20	Chemicals and chemical products	802.0	648.8	598.9	595.1	604.8	583.0	604.4	..
21	Pharmaceuticals, medicinal, chemical and botanical products	447.2	375.6	302.0	277.1	290.6	290.4	264.0	..
22	Rubber and plastic products	43.3	114.7	97.3	97.1	81.6	91.5	101.8	..
23	Other non-metallic mineral products	18.7	29.3	27.6	21.7	18.9	20.9	20.7	..
24-25	Basic metals, metal products, except machinery and equipment	164.2 e	184.6	165.1	187.7	170.2	214.4	242.3	..
24	Basic metals	84.6 e	93.0	85.6	91.4	75.5	91.4	94.6	..
25	Fabricated metal products, except machinery and equipment	79.6	91.6	79.5	96.3	94.7	123.0	147.7	..
26-30	Computer, electronic, optical products; electrical machinery, transport equipment	2 168.3	2 480.1	2 612.5	2 702.9	2 958.5	2 917.7	3 130.0	..
26	Computer, electronic and optical products	656.8	681.1	705.1	742.7	778.5	693.7	725.9	..
27	Electrical equipment	501.1	563.0	551.5	591.4	528.9	518.7	550.4	..
28	Machinery and equipment n.e.c.	853.5	956.6	1 079.0	1 085.9	1 364.9	1 404.8	1 537.5	..
29	Motor vehicles, trailers and semi-trailers	83.1	166.4	160.3	166.1	171.5	186.4	187.0	..
30	Other transport equipment	72.6	113.0	116.5	116.7	114.7	114.0	129.3	..
31-33	Furniture; repair, installation of machinery and equipment	58.2 e	155.5	81.9	74.9	85.8	91.1	105.7	..
31	Furniture	11.7	102.9	13.9	7.3	12.9	12.8	20.7	..
32	Other manufacturing	24.3 e	26.0	35.8	32.3	29.5	34.6	44.4	..
33	Repair and installation of machinery and equipment	22.2	26.7	32.2	35.3	43.4	43.7	40.6	..
35-39	**ELECTRICITY, GAS, WATER AND WASTE MANAGEMENT**	..	48.0	35.9	24.7	46.9	54.3	50.2	..
35-36	Electricity, gas and water	..	25.1	18.0	13.1	24.8	27.8	38.8	..
37-39	Sewerage, waste management and remediation activities	..	22.9	18.0	11.6	22.1	26.5	11.5	..
41-43	**CONSTRUCTION**	63.2	121.3	150.9	121.2	126.9	119.2	127.7	..
45-99	**TOTAL SERVICES**	..	3 079.5	3 070.0	2 980.7	3 006.9	3 306.4	3 606.0	..
45-82	**Business sector services**	1 736.3	3 066.0	3 035.8	2 947.6	2 979.8	3 235.2	3 539.1	..
45-47	**Wholesale and retail trade; motor vehicle and motorcycle repairs**	392.2	454.8	487.7	449.6	475.7	572.0	678.3	..
49-53	**Transportation and storage**	19.9	137.5	135.0	110.8	119.1	143.3	124.1	..
55-56	**Accommodation and food service activities**	0.0	12.8	2.6	2.0	1.4	1.7	2.0	..
58-63	**Information and communication**	673.2	922.9	882.4	840.2	913.5	1 023.9	1 174.9	..
58-60	Publishing, audiovisual and broadcasting activities	7.0	28.2	32.9	22.5	28.9	31.3	26.7	..
58	Publishing activities	..	17.2	19.2	15.0	..	..	..	..
59-60	Motion picture, video and TV programme production; broadcasting activities	..	11.0	13.7	7.5	..	..	..	..
59	Motion picture, video and TV programme production; sound and music	..	9.1	13.4	7.2	..	..	..	..
60	Programming and broadcasting activities	..	2.0	0.3	0.3	..	..	..	..
61	Telecommunications	60.9	74.4	58.3	35.3	54.9	48.3	51.0	..
62-63	IT and other information services	606.5	820.4	791.1	782.4	829.7	944.3	1 097.2	..
62	Computer programming, consultancy and related activities	581.9	751.6	754.6	739.5	757.8	899.0	1 056.6	..
63	Information service activities	24.6	68.8	36.5	42.9	71.8	45.3	40.6	..
64-66	**Financial and insurance activities**	29.3	235.2	312.4	292.2	222.6	282.4	286.0	..
68-82	**Real estate; professional, scientific and technical; administrative and support**	620.5	1 302.8	1 215.7	1 252.8	1 247.4	1 212.0	1 273.8	..
68	Real estate activities	0.0 e	7.9	4.8	5.3	6.7	2.5	2.4	..
69-75x72	Professional, scientific and technical activities, except scientific R&D	271.6	738.8	601.5	564.4	534.4	502.2	478.2	..
72	Scientific research and development	330.2	442.9	510.4	547.9	572.3	634.0	714.5	..
77-82	Administrative and support service activities	18.7	113.2	99.0	135.2	134.0	73.4	78.7	..
84-99	**Community, social and personal services**	..	13.5	34.3	33.1	27.1	71.1	66.9	..
84-85	Public administration and defence; compulsory social security and education	..	..	..	..	..	..	..	..
86-88	Human health and social work activities	..	..	..	..	..	..	..	..
90-93	Arts, entertainment and recreation	..	..	..	..	..	..	..	..
94-99	Other services; household-employers; extraterritorial bodies	..	..	..	..	..	..	..	..

.. Not available; e Estimated value
Note: Detailed metadata at: http://metalinks.oecd.org/anberd/20191119/b539.

NEW ZEALAND

R&D expenditure in industry by main activity of the enterprise, current prices
ISIC Rev. 4

Million USD PPP

		2010	2011	2012	2013	2014	2015	2016	2017
	TOTAL BUSINESS ENTERPRISE	735.9 e	802.9	796.1 e	861.7	979.0 e	1 085.8	..	..
01-03	**AGRICULTURE, FORESTRY AND FISHING**	67.2 e	84.1	75.0 e	63.6	61.7 e	65.1	..	..
05-09	**MINING AND QUARRYING**	..	..	..	..	..	..	..	..
10-33	**MANUFACTURING**	332.7 e	360.7	346.1 e	361.0	406.7 e	454.8	..	..
10-12	Food products, beverages and tobacco	65.0 e	76.7	68.2 e	61.5	67.4 e	79.3	..	..
13-15	Textiles, wearing apparel, leather and related products	5.1 e	4.7	5.9 e	7.6	6.8 e	4.1	..	..
13	Textiles	..	..	..	..	..	..	..	..
14	Wearing apparel	..	..	..	..	..	..	..	..
15	Leather and related products, footwear	..	..	..	..	..	..	..	..
16-18	Wood and paper products and printing	..	..	..	..	..	..	..	..
16	Wood and wood products, except furniture	..	..	..	..	..	..	..	..
17	Paper and paper products	..	..	..	..	..	..	..	..
18	Printing and reproduction of recorded media	..	..	..	..	..	..	..	..
19-23	Chemical, rubber, plastic, non-metallic mineral products	46.4 e	51.1	57.6 e	65.7	63.9 e	53.5	..	..
19	Coke and refined petroleum products	..	..	..	..	..	..	..	..
20-21	Chemical and pharmaceutical products	..	..	..	..	..	..	..	..
20	Chemicals and chemical products	..	..	..	..	..	..	..	..
21	Pharmaceuticals, medicinal, chemical and botanical products	..	..	..	..	..	..	..	..
22	Rubber and plastic products	..	..	..	..	..	..	..	..
23	Other non-metallic mineral products	2.4 e	2.7	2.0 e	1.4	1.5 e	2.0	..	..
24-25	Basic metals, metal products, except machinery and equipment	22.7 e	20.9	17.2 e	19.4	30.6 e	45.4	..	..
24	Basic metals	..	..	..	..	..	..	..	..
25	Fabricated metal products, except machinery and equipment	..	..	..	..	..	..	..	..
26-30	Computer, electronic, optical products; electrical machinery, transport equipment	162.8 e	177.7	171.5 e	179.1	199.7 e	220.3	..	..
26	Computer, electronic and optical products	..	..	..	..	..	..	..	..
27	Electrical equipment	..	..	..	..	..	..	..	..
28	Machinery and equipment n.e.c.	..	..	..	..	..	..	..	..
29	Motor vehicles, trailers and semi-trailers	..	..	..	..	..	..	..	..
30	Other transport equipment	..	..	..	..	..	..	..	..
31-33	Furniture; repair, installation of machinery and equipment	..	..	..	..	..	..	..	..
31	Furniture	..	..	..	..	..	..	..	..
32	Other manufacturing	..	..	..	..	..	..	..	..
33	Repair and installation of machinery and equipment	..	..	..	..	..	..	..	..
35-39	**ELECTRICITY, GAS, WATER AND WASTE MANAGEMENT**	..	..	..	..	..	..	..	..
35-36	Electricity, gas and water	..	..	..	..	..	..	..	..
37-39	Sewerage, waste management and remediation activities	..	..	..	..	..	..	..	..
41-43	**CONSTRUCTION**	..	..	..	..	..	..	..	..
45-99	**TOTAL SERVICES**	336.0	358.0	375.0	437.1	510.6 e	565.9	..	..
45-82	**Business sector services**	..	..	..	..	..	..	..	..
45-47	Wholesale and retail trade; motor vehicle and motorcycle repairs	47.3 e	59.9	62.5 e	66.4	71.7 e	75.2	..	..
49-53	Transportation and storage	..	..	..	..	..	..	..	..
55-56	Accommodation and food service activities	..	..	..	..	..	..	..	..
58-63	Information and communication	..	..	..	..	..	..	..	..
58-60	Publishing, audiovisual and broadcasting activities	..	..	..	..	..	..	..	..
58	Publishing activities	..	..	..	..	..	..	..	..
59-60	Motion picture, video and TV programme production; broadcasting activities	..	..	..	..	..	..	..	..
59	Motion picture, video and TV programme production; sound and music	..	..	..	..	..	..	..	..
60	Programming and broadcasting activities	..	..	..	..	..	..	..	..
61	Telecommunications	..	..	..	..	..	..	..	..
62-63	IT and other information services	136.6 e	148.7	169.6 e	215.1	262.0 e	295.5	..	..
62	Computer programming, consultancy and related activities	..	..	..	..	..	..	..	..
63	Information service activities	..	..	..	..	..	..	..	..
64-66	Financial and insurance activities	..	..	..	..	..	..	..	..
68-82	Real estate; professional, scientific and technical; administrative and support	..	..	..	..	..	..	..	..
68	Real estate activities	..	..	..	..	..	..	..	..
69-75x72	Professional, scientific and technical activities, except scientific R&D	..	..	..	..	..	..	..	..
72	Scientific research and development	33.3 e	34.3	34.7 e	39.4	45.7 e	50.8	..	..
77-82	Administrative and support service activities	..	..	..	..	..	..	..	..
84-99	**Community, social and personal services**	..	..	..	..	..	..	..	..
84-85	Public administration and defence; compulsory social security and education	..	..	..	..	..	..	..	..
86-88	Human health and social work activities	..	..	..	..	..	..	..	..
90-93	Arts, entertainment and recreation	..	..	..	..	..	..	..	..
94-99	Other services; household-employers; extraterritorial bodies	..	..	..	..	..	..	..	..

.. Not available; e Estimated value
Note: Detailed metadata at: http://metalinks.oecd.org/anberd/20191119/b539.

NEW ZEALAND

R&D expenditure in industry by main activity of the enterprise, constant prices
ISIC Rev. 4

2010 USD PPP

		2010	2011	2012	2013	2014	2015	2016	2017
	TOTAL BUSINESS ENTERPRISE	735.9 e	781.2	783.7 e	782.0	880.4 e	992.9	..	..
01-03	**AGRICULTURE, FORESTRY AND FISHING**	67.2 e	81.9	73.8 e	57.7	55.5 e	59.5	..	..
05-09	**MINING AND QUARRYING**	..	..	..	..	..	..	..	..
10-33	**MANUFACTURING**	332.7 e	351.0	340.7 e	327.6	365.7 e	415.9	..	..
10-12	Food products, beverages and tobacco	65.0 e	74.6	67.1 e	55.9	60.6 e	72.5	..	..
13-15	Textiles, wearing apparel, leather and related products	5.1 e	4.6	5.9 e	6.9	6.1 e	3.7	..	..
13	Textiles	..	..	..	..	..	..	..	..
14	Wearing apparel	..	..	..	..	..	..	..	..
15	Leather and related products, footwear	..	..	..	..	..	..	..	..
16-18	Wood and paper products and printing	..	..	..	..	..	..	..	..
16	Wood and wood products, except furniture	..	..	..	..	..	..	..	..
17	Paper and paper products	..	..	..	..	..	..	..	..
18	Printing and reproduction of recorded media	..	..	..	..	..	..	..	..
19-23	Chemical, rubber, plastic, non-metallic mineral products	46.4 e	49.8	56.7 e	59.6	57.5 e	49.0	..	..
19	Coke and refined petroleum products	..	..	..	..	..	..	..	..
20-21	Chemical and pharmaceutical products	..	..	..	..	..	..	..	..
20	Chemicals and chemical products	..	..	..	..	..	..	..	..
21	Pharmaceuticals, medicinal, chemical and botanical products	..	..	..	..	..	..	..	..
22	Rubber and plastic products	..	..	..	..	..	..	..	..
23	Other non-metallic mineral products	2.4 e	2.6	2.0 e	1.3	1.3 e	1.9	..	..
24-25	Basic metals, metal products, except machinery and equipment	22.7 e	20.3	16.9 e	17.6	27.5 e	41.5	..	..
24	Basic metals	..	..	..	..	..	..	..	..
25	Fabricated metal products, except machinery and equipment	..	..	..	..	..	..	..	..
26-30	Computer, electronic, optical products; electrical machinery, transport equipment	162.8 e	172.9	168.8 e	162.6	179.6 e	201.4	..	..
26	Computer, electronic and optical products	..	..	..	..	..	..	..	..
27	Electrical equipment	..	..	..	..	..	..	..	..
28	Machinery and equipment n.e.c.	..	..	..	..	..	..	..	..
29	Motor vehicles, trailers and semi-trailers	..	..	..	..	..	..	..	..
30	Other transport equipment	..	..	..	..	..	..	..	..
31-33	Furniture; repair, installation of machinery and equipment	..	..	..	..	..	..	..	..
31	Furniture	..	..	..	..	..	..	..	..
32	Other manufacturing	..	..	..	..	..	..	..	..
33	Repair and installation of machinery and equipment	..	..	..	..	..	..	..	..
35-39	**ELECTRICITY, GAS, WATER AND WASTE MANAGEMENT**	..	..	..	..	..	..	..	..
35-36	Electricity, gas and water	..	..	..	..	..	..	..	..
37-39	Sewerage, waste management and remediation activities	..	..	..	..	..	..	..	..
41-43	**CONSTRUCTION**	..	..	..	..	..	..	..	..
45-99	**TOTAL SERVICES**	336.0 e	348.4	369.1 e	396.7	459.2 e	517.5	..	..
45-82	**Business sector services**	..	..	..	..	..	..	..	..
45-47	**Wholesale and retail trade; motor vehicle and motorcycle repairs**	47.3 e	58.3	61.5 e	60.3	64.4 e	68.8	..	..
49-53	**Transportation and storage**	..	..	..	..	..	..	..	..
55-56	**Accommodation and food service activities**	..	..	..	..	..	..	..	..
58-63	**Information and communication**	..	..	..	..	..	..	..	..
58-60	Publishing, audiovisual and broadcasting activities	..	..	..	..	..	..	..	..
58	Publishing activities	..	..	..	..	..	..	..	..
59-60	Motion picture, video and TV programme production; broadcasting activities	..	..	..	..	..	..	..	..
59	Motion picture, video and TV programme production; sound and music	..	..	..	..	..	..	..	..
60	Programming and broadcasting activities	..	..	..	..	..	..	..	..
61	Telecommunications	..	..	..	..	..	..	..	..
62-63	IT and other information services	136.6 e	144.7	167.0 e	195.2	235.7 e	270.2	..	..
62	Computer programming, consultancy and related activities	..	..	..	..	..	..	..	..
63	Information service activities	..	..	..	..	..	..	..	..
64-66	**Financial and insurance activities**	..	..	..	..	..	..	..	..
68-82	**Real estate; professional, scientific and technical; administrative and support**	..	..	..	..	..	..	..	..
68	Real estate activities	..	..	..	..	..	..	..	..
69-75x72	Professional, scientific and technical activities, except scientific R&D	..	..	..	..	..	..	..	..
72	Scientific research and development	33.3 e	33.4	34.2 e	35.8	41.1 e	46.5	..	..
77-82	Administrative and support service activities	..	..	..	..	..	..	..	..
84-99	**Community, social and personal services**	..	..	..	..	..	..	..	..
84-85	Public administration and defence; compulsory social security and education	..	..	..	..	..	..	..	..
86-88	Human health and social work activities	..	..	..	..	..	..	..	..
90-93	Arts, entertainment and recreation	..	..	..	..	..	..	..	..
94-99	Other services; household-employers; extraterritorial bodies	..	..	..	..	..	..	..	..

.. Not available; e Estimated value
Note: Detailed metadata at: *http://metalinks.oecd.org/anberd/20191119/b539.*

NORWAY

R&D expenditure in industry by main activity of the enterprise, current prices
ISIC Rev. 4

Million USD PPP

		2010	2011	2012	2013	2014	2015	2016	2017
	TOTAL BUSINESS ENTERPRISE	2 394.0	2 610.4	2 779.1	2 949.9	3 118.9	3 267.4	3 292.1	3 613.8
01-03	**AGRICULTURE, FORESTRY AND FISHING**	38.2	32.3	32.9	35.3	56.4	74.0	75.1	105.8
05-09	**MINING AND QUARRYING**	141.8	135.0	177.7	229.6	210.0	177.0	183.6	171.9
10-33	**MANUFACTURING**	764.7	853.6	892.6	921.4	987.6	1 017.9	983.2	1 050.3
10-12	Food products, beverages and tobacco	61.6	63.9	72.2	69.6	79.2	106.5	123.6	125.2
13-15	Textiles, wearing apparel, leather and related products	7.4	8.7	7.9	6.8	7.5	7.9	8.7	12.3
13	Textiles	4.2	5.5	5.6	5.4	5.9	6.4	6.3	7.2
14	Wearing apparel	3.0	..	..	..	..	..	..	..
15	Leather and related products, footwear	0.1	..	..	..	..	..	..	..
16-18	Wood and paper products and printing	23.5	30.3	24.4	23.4	23.8	25.6	30.1	37.7
16	Wood and wood products, except furniture	5.7	6.8	7.2	7.3	6.1	8.7	10.4	18.2
17	Paper and paper products	14.1	20.7	13.7	12.4	13.7	12.5	12.4	12.0
18	Printing and reproduction of recorded media	3.7	2.8	3.4	3.7	4.0	4.5	7.4	7.5
19-23	Chemical, rubber, plastic, non-metallic mineral products	172.8	194.5	167.1	168.1	165.4	154.1	155.0	176.9
19	Coke and refined petroleum products	..	..	..	..	..	..	..	..
20-21	Chemical and pharmaceutical products	..	..	..	..	..	..	..	..
20	Chemicals and chemical products	..	..	..	..	..	..	..	..
21	Pharmaceuticals, medicinal, chemical and botanical products	53.8	79.3	43.4	42.5	36.8	33.3	34.7	40.2
22	Rubber and plastic products	11.4	9.7	13.8	14.4	15.3	15.4	15.6	19.4
23	Other non-metallic mineral products	10.0	12.9	12.2	12.6	11.5	10.0	11.2	12.4
24-25	Basic metals, metal products, except machinery and equipment	115.8	126.1	150.0	150.6	161.7	188.6	177.8	174.3
24	Basic metals	35.2	24.7	33.2	34.0	33.0	51.8	45.0	48.4
25	Fabricated metal products, except machinery and equipment	80.6	101.4	116.8	116.6	128.7	136.8	132.8	125.9
26-30	Computer, electronic, optical products; electrical machinery, transport equipment	342.6	388.6	421.4	452.4	499.2	475.8	427.8	456.5
26	Computer, electronic and optical products	166.5	183.6	182.5	180.9	195.6	196.7	184.8	189.8
27	Electrical equipment	39.1	41.4	46.1	51.8	60.6	53.5	52.5	54.2
28	Machinery and equipment n.e.c.	82.4	100.0	112.1	138.2	150.9	136.6	129.5	133.1
29	Motor vehicles, trailers and semi-trailers	13.2	22.8	23.8	25.8	30.2	17.1	18.5	23.3
30	Other transport equipment	41.4	40.9	56.8	55.7	61.9	71.9	42.5 e	56.1 e
31-33	Furniture; repair, installation of machinery and equipment	40.9	41.5	49.5	50.4	50.7	59.4	60.2	67.5
31	Furniture	13.2	12.8	14.6	16.5	16.9	14.5	15.7	18.0
32	Other manufacturing	12.3	11.9	14.2	12.5	13.9	16.5	15.9	20.0
33	Repair and installation of machinery and equipment	15.5	16.8	20.7	21.4	19.9	28.5	28.5	29.5
35-39	**ELECTRICITY, GAS, WATER AND WASTE MANAGEMENT**	23.9	22.3	25.5	24.5	24.5	30.4	37.5	37.3
35-36	Electricity, gas and water	15.8 e	16.3 e	16.3 e	15.9 e	15.2	17.4	19.7	27.6
37-39	Sewerage, waste management and remediation activities	8.1	5.9	9.2	8.7	9.3	13.0	17.9	9.7
41-43	**CONSTRUCTION**	15.0	12.4	12.6	19.0	22.2	24.3	25.2	33.5
45-99	**TOTAL SERVICES**	1 410.5	1 554.7	1 637.9	1 720.1	1 818.2	1 943.7	1 987.6	2 214.9
45-82	**Business sector services**	1 410.5 e	1 554.7 e	1 637.9 e	1 720.1 e	1 818.2 e	1 943.7 e	1 987.6 e	2 214.9 e
45-47	Wholesale and retail trade; motor vehicle and motorcycle repairs	48.9	62.6	58.1	75.8	81.9	79.2	100.5	92.5
49-53	Transportation and storage	17.2	16.2	21.2	20.0	21.9	38.7	35.3	41.2
55-56	Accommodation and food service activities	..	..	..	..	..	..	..	..
58-63	Information and communication	512.3	556.7	616.0	672.1	717.0	803.0	887.2	1 007.5
58-60	Publishing, audiovisual and broadcasting activities	158.4	165.6	160.9	158.5	207.8	250.6	245.8	294.6
58	Publishing activities	157.4	164.4	159.3	155.3	204.4	248.0	239.5	289.8
59-60	Motion picture, video and TV programme production; broadcasting activities	1.1	1.2	1.6	3.2	3.4	2.6	6.2	4.8
59	Motion picture, video and TV programme production; sound and music	1.0	1.2 e	1.6 e	3.2 e	3.4 e	2.6	4.0 e	2.2
60	Programming and broadcasting activities	0.1	0.0 e	0.0 e	0.0 e	0.0 e	0.0	2.2 e	2.6
61	Telecommunications	88.2	78.1	79.2	79.3	88.4	99.2	124.4	110.2
62-63	IT and other information services	265.6	313.0	375.9	434.3	420.8	453.1	517.0	602.8
62	Computer programming, consultancy and related activities	252.5	298.3	344.3	407.2	388.9	423.4	486.3	569.3
63	Information service activities	13.1	14.6	31.6	27.0	31.9	29.7	30.8	33.5
64-66	Financial and insurance activities	111.5	145.9	138.5	151.1	149.6	141.5	109.1	157.6
68-82	Real estate; professional, scientific and technical; administrative and support	720.8	773.4	804.2	801.1	847.9	881.3	855.4	916.1
68	Real estate activities	0.0	0.0	0.0	0.0	0.0	0.0	0.0	0.0
69-75x72	Professional, scientific and technical activities, except scientific R&D	285.7	306.6	287.1	280.1	331.2	340.4	352.0	372.7
72	Scientific research and development	420.8	448.3	502.1	506.8	510.4	532.0	494.6	532.2
77-82	Administrative and support service activities	14.3	18.5	15.0	14.2	6.3	8.9	8.9	11.2
84-99	Community, social and personal services	..	..	..	..	..	..	..	..
84-85	Public administration and defence; compulsory social security and education	..	..	..	..	..	..	..	..
86-88	Human health and social work activities	..	..	..	..	..	..	..	..
90-93	Arts, entertainment and recreation	..	..	..	..	..	..	..	..
94-99	Other services; household-employers; extraterritorial bodies	..	..	..	..	..	..	..	..

.. Not available; e Estimated value
Note: Detailed metadata at: http://metalinks.oecd.org/anberd/20191119/b539.

NORWAY

R&D expenditure in industry by main activity of the enterprise, constant prices
ISIC Rev. 4

2010 USD PPP

		2010	2011	2012	2013	2014	2015	2016	2017
	TOTAL BUSINESS ENTERPRISE	2 394.0	2 514.3	2 598.2	2 684.2	2 840.0	3 119.7	3 172.8	3 367.1
01-03	**AGRICULTURE, FORESTRY AND FISHING**	38.2	31.1	30.7	32.1	51.3	70.7	72.4	98.6
05-09	**MINING AND QUARRYING**	141.8	130.0	166.1	208.9	191.3	169.0	176.9	160.2
10-33	**MANUFACTURING**	764.7	822.2	834.5	838.4	899.2	971.9	947.5	978.6
10-12	Food products, beverages and tobacco	61.6	61.6	67.5	63.4	72.1	101.7	119.1	116.7
13-15	Textiles, wearing apparel, leather and related products	7.4	8.3	7.4	6.2	6.9	7.6	8.4	11.4
13	Textiles	4.2	5.3	5.2	4.9	5.4	6.1	6.0	6.7
14	Wearing apparel	3.0	..	..	..	..	..	..	..
15	Leather and related products, footwear	0.1	..	..	..	..	..	..	..
16-18	Wood and paper products and printing	23.5	29.2	22.8	21.3	21.7	24.5	29.0	35.1
16	Wood and wood products, except furniture	5.7	6.6	6.8	6.6	5.6	8.3	10.0	17.0
17	Paper and paper products	14.1	19.9	12.8	11.3	12.4	11.9	11.9	11.2
18	Printing and reproduction of recorded media	3.7	2.7	3.2	3.3	3.7	4.3	7.1	7.0
19-23	Chemical, rubber, plastic, non-metallic mineral products	172.8	187.3	156.3	153.0	150.6	147.1	149.4	164.8
19	Coke and refined petroleum products	..	..	..	..	..	..	..	..
20-21	Chemical and pharmaceutical products	..	..	..	..	..	..	..	..
20	Chemicals and chemical products	..	..	..	..	..	..	..	..
21	Pharmaceuticals, medicinal, chemical and botanical products	53.8	76.4	40.5	38.7	33.5	31.7	33.5	37.5
22	Rubber and plastic products	11.4	9.4	12.9	13.1	14.0	14.7	15.0	18.1
23	Other non-metallic mineral products	10.0	12.4	11.4	11.4	10.4	9.6	10.8	11.5
24-25	Basic metals, metal products, except machinery and equipment	115.8	121.5	140.2	137.1	147.2	180.1	171.3	162.4
24	Basic metals	35.2	23.8	31.1	30.9	30.1	49.5	43.3	45.1
25	Fabricated metal products, except machinery and equipment	80.6	97.7	109.2	106.1	117.2	130.6	128.0	117.3
26-30	Computer, electronic, optical products; electrical machinery, transport equipment	342.6	374.3	393.9	411.6	454.6	454.2	412.3	425.3
26	Computer, electronic and optical products	166.5	176.8	170.6	164.6	178.1	187.8	178.1	176.8
27	Electrical equipment	39.1	39.9	43.1	47.1	55.2	51.1	50.6	50.5
28	Machinery and equipment n.e.c.	82.4	96.3	104.8	125.8	137.4	130.4	124.8	124.0
29	Motor vehicles, trailers and semi-trailers	13.2	21.9	22.3	23.5	27.5	16.3	17.8	21.8
30	Other transport equipment	41.4	39.4	53.1	50.6	56.4	68.6	40.9 e	52.3 e
31-33	Furniture; repair, installation of machinery and equipment	40.9	40.0	46.3	45.9	46.2	56.8	58.0	62.9
31	Furniture	13.2	12.3	13.6	15.0	15.4	13.8	15.2	16.8
32	Other manufacturing	12.3	11.5	13.3	11.4	12.7	15.7	15.4	18.6
33	Repair and installation of machinery and equipment	15.5	16.2	19.4	19.5	18.1	27.2	27.5	27.5
35-39	**ELECTRICITY, GAS, WATER AND WASTE MANAGEMENT**	23.9	21.5	23.9	22.3	22.3	29.0	36.2	34.8
35-36	Electricity, gas and water	15.8 e	15.7 e	15.3 e	14.4 e	13.9	16.6	18.9	25.7
37-39	Sewerage, waste management and remediation activities	8.1	5.7	8.6	7.9	8.4	12.4	17.2	9.1
41-43	**CONSTRUCTION**	15.0	12.0	11.8	17.3	20.2	23.2	24.3	31.2
45-99	**TOTAL SERVICES**	1 410.5	1 497.5	1 531.3	1 565.2	1 655.6	1 855.8	1 915.6	2 063.7
45-82	**Business sector services**	1 410.5 e	1 497.5 e	1 531.3 e	1 565.2 e	1 655.6 e	1 855.8 e	1 915.6 e	2 063.7 e
45-47	Wholesale and retail trade; motor vehicle and motorcycle repairs	48.9	60.3	54.3	69.0	74.6	75.6	96.9	86.2
49-53	Transportation and storage	17.2	15.6	19.8	18.2	19.9	37.0	34.0	38.4
55-56	Accommodation and food service activities	..	..	..	..	..	..	..	..
58-63	Information and communication	512.3	536.2	575.9	611.5	652.9	766.6	855.1	938.7
58-60	Publishing, audiovisual and broadcasting activities	158.4	159.5	150.5	144.2	189.2	239.3	236.9	274.5
58	Publishing activities	157.4	158.3	148.9	141.3	186.1	236.8	230.9	270.0
59-60	Motion picture, video and TV programme production; broadcasting activities	1.1	1.2	1.5	2.9	3.1	2.5	6.0	4.5
59	Motion picture, video and TV programme production; sound and music	1.0	1.1 e	1.5 e	2.9 e	3.1 e	2.5	3.9 e	2.0
60	Programming and broadcasting activities	0.1	0.0 e	0.0 e	0.0 e	0.0 e	0.0	2.1 e	2.4
61	Telecommunications	88.2	75.2	74.0	72.2	80.5	94.7	119.9	102.7
62-63	IT and other information services	265.6	301.4	351.4	395.1	383.2	432.6	498.3	561.6
62	Computer programming, consultancy and related activities	252.5	287.3	321.9	370.5	354.2	404.3	468.7	530.4
63	Information service activities	13.1	14.1	29.6	24.6	29.0	28.3	29.6	31.2
64-66	**Financial and insurance activities**	111.5	140.6	129.4	137.5	136.2	135.1	105.2	146.8
68-82	**Real estate; professional, scientific and technical; administrative and support**	720.8	744.9	751.8	729.0	772.1	841.5	824.4	853.6
68	Real estate activities	0.0	0.0	0.0	0.0	0.0	0.0	0.0	0.0
69-75x72	Professional, scientific and technical activities, except scientific R&D	285.7	295.3	268.4	254.8	301.6	325.0	339.2	347.2
72	Scientific research and development	420.8	431.8	469.4	461.2	464.7	508.0	476.6	495.9
77-82	Administrative and support service activities	14.3	17.8	14.1	13.0	5.8	8.5	8.5	10.5
84-99	Community, social and personal services	..	..	..	..	..	..	..	..
84-85	Public administration and defence; compulsory social security and education	..	..	..	..	..	..	..	..
86-88	Human health and social work activities	..	..	..	..	..	..	..	..
90-93	Arts, entertainment and recreation	..	..	..	..	..	..	..	..
94-99	Other services; household-employers; extraterritorial bodies	..	..	..	..	..	..	..	..

.. Not available; e Estimated value
Note: Detailed metadata at: http://metalinks.oecd.org/anberd/20191119/b539.

POLAND

R&D expenditure in industry by main activity of the enterprise, current prices
ISIC Rev. 4

Million USD PPP

		2010	2011	2012	2013	2014	2015	2016	2017
	TOTAL BUSINESS ENTERPRISE	1 536.6	1 954.9	2 973.6	3 570.4	4 262.3	4 766.6	6 667.1	..
01-03	**AGRICULTURE, FORESTRY AND FISHING**	12.2	15.0	18.5	17.7	19.2	25.1	..	..
05-09	**MINING AND QUARRYING**	0.6	..	..	..	..	..	..	..
10-33	**MANUFACTURING**	782.2	960.9	1 429.5	1 572.9	1 944.4	2 113.3	2 249.2 e	..
10-12	Food products, beverages and tobacco	58.5	35.4	33.3	79.3	231.8	79.3	68.1	..
13-15	Textiles, wearing apparel, leather and related products	8.1	9.1	12.6	14.8	21.3	32.3	10.4	..
13	Textiles	6.3 e	7.5	7.6	12.3	17.9	27.0 e	5.9	..
14	Wearing apparel	1.0	1.1 e	3.7	2.0	2.7 e	4.1 e	3.4 e	..
15	Leather and related products, footwear	0.8 e	0.5 e	1.3	0.5	0.7 e	1.2	1.0 e	..
16-18	Wood and paper products and printing	17.5	19.5	24.7	40.2	29.8	47.8	52.9 e	..
16	Wood and wood products, except furniture	4.3	6.3 e	8.7	13.0	7.3	23.9	35.5	..
17	Paper and paper products	..	8.3	3.2	3.6	10.4	6.0	6.6 e	..
18	Printing and reproduction of recorded media	..	4.9 e	12.7	23.6	12.1	18.0	10.7	..
19-23	Chemical, rubber, plastic, non-metallic mineral products	203.2 e	240.9	322.0	322.4	360.5	512.0	448.9	..
19	Coke and refined petroleum products	2.8 e	2.4	5.0	10.4 e	6.2 e	31.0	19.0	..
20-21	Chemical and pharmaceutical products	141.7	162.9	222.9	227.6	232.5	360.0	287.7	..
20	Chemicals and chemical products	55.7	70.1	78.7	104.8 e	81.8	144.1	111.3	..
21	Pharmaceuticals, medicinal, chemical and botanical products	86.0	92.9	144.1	122.8	150.7	216.0	176.4	..
22	Rubber and plastic products	33.8 e	57.1	62.2	57.8	88.1	73.4	106.3	..
23	Other non-metallic mineral products	24.9	18.4	31.9	26.7	33.8 e	47.6	35.9	..
24-25	Basic metals, metal products, except machinery and equipment	72.6	119.1	174.3	212.9	247.5	240.6	227.4	..
24	Basic metals	26.6	16.3	19.5	16.9	85.3	53.5	45.9	..
25	Fabricated metal products, except machinery and equipment	46.0	102.8	154.7	196.0	162.2	187.1	181.5	..
26-30	Computer, electronic, optical products; electrical machinery, transport equipment	373.0	480.0	751.2	830.6	958.7	1 073.1	1 250.7	..
26	Computer, electronic and optical products	84.3	74.0	89.0	84.5	94.7	115.3	123.2	..
27	Electrical equipment	108.0	118.7	264.3	186.8	166.0	198.9	259.3	..
28	Machinery and equipment n.e.c.	68.2	95.5	160.7	123.3	173.6	176.1	183.6	..
29	Motor vehicles, trailers and semi-trailers	50.2	101.2	125.8	310.3	388.7	391.9	525.6 e	..
30	Other transport equipment	62.3	90.4	111.3	125.5	135.8	190.9	158.9 e	..
31-33	Furniture; repair, installation of machinery and equipment	49.2 e	57.1	111.3	72.8	94.7	128.1	190.9	..
31	Furniture	3.9 e	11.8	31.6	26.8	29.0	34.0	85.2	..
32	Other manufacturing	13.9 e	17.3	36.8	24.6	31.0	30.8	57.4	..
33	Repair and installation of machinery and equipment	31.4	28.0	43.0	21.3	34.7	63.4	48.4	..
35-39	**ELECTRICITY, GAS, WATER AND WASTE MANAGEMENT**	4.5	..	..	..	..	..	41.1	..
35-36	Electricity, gas and water	..	..	..	69.4	23.0	..	30.4	..
37-39	Sewerage, waste management and remediation activities	..	11.7	34.4	..	..	..	10.6	..
41-43	**CONSTRUCTION**	10.4	31.3	30.4	71.9	31.7	30.5	46.4	..
45-99	**TOTAL SERVICES**	726.7	925.0	1 332.8	1 647.7	2 130.2	2 473.1	4 286.8 e	..
45-82	**Business sector services**	708.0	895.2	1 320.1	1 631.6	2 110.9	2 439.6	4 244.3	..
45-47	Wholesale and retail trade; motor vehicle and motorcycle repairs	73.9	127.7	209.8	288.8	325.4	362.7	295.4	..
49-53	Transportation and storage	..	..	..	..	..	8.2	..	..
55-56	Accommodation and food service activities	..	..	..	..	..	..	1.9	..
58-63	Information and communication	380.1	514.4	604.9	681.8	807.6	1 024.3	..	..
58-60	Publishing, audiovisual and broadcasting activities	..	100.5	27.8	28.6	39.8	72.9	..	..
58	Publishing activities	..	..	..	27.4	38.5	69.8	..	..
59-60	Motion picture, video and TV programme production; broadcasting activities	..	..	..	1.2	1.2	3.1	3.8	..
59	Motion picture, video and TV programme production; sound and music	..	..	..	..	..	..	..	..
60	Programming and broadcasting activities	..	..	..	..	..	..	..	..
61	Telecommunications	..	..	..	..	..	..	..	..
62-63	IT and other information services	..	..	..	..	..	..	1 353.8	..
62	Computer programming, consultancy and related activities	178.8	231.8	369.6	408.6	445.5	557.4	1 320.9	..
63	Information service activities	..	..	..	..	..	..	32.9	..
64-66	Financial and insurance activities	8.4	5.9	18.3	46.3	128.5	..	448.3	..
68-82	Real estate; professional, scientific and technical; administrative and support	244.7	233.2	483.2	596.4	833.9	..	..	..
68	Real estate activities	0.0	0.0	28.9	42.3	35.6	..	..	..
69-75x72	Professional, scientific and technical activities, except scientific R&D	18.7	30.3	122.3	107.5	233.3	316.6	284.6	..
72	Scientific research and development	226.0	202.7	327.7	439.7	555.2	568.3	1 351.1	..
77-82	Administrative and support service activities	0.0	0.3	4.3	6.8	9.7	11.1	55.4	..
84-99	Community, social and personal services	18.7	29.9	12.7	16.1	19.3	33.5	42.5 e	..
84-85	Public administration and defence; compulsory social security and education	..	0.7 e	0.7	0.9	1.4	0.9	1.4	..
86-88	Human health and social work activities	..	21.1 e	10.5	8.8	10.5	19.4	21.8	..
90-93	Arts, entertainment and recreation	..	6.9	0.3	0.3	0.7	0.6	1.6	..
94-99	Other services; household-employers; extraterritorial bodies	0.9	1.2	1.2	6.1	6.7	12.7	17.8 e	..

.. Not available; e Estimated value
Note: Detailed metadata at: http://metalinks.oecd.org/anberd/20191119/b539.

POLAND

R&D expenditure in industry by main activity of the enterprise, constant prices
ISIC Rev. 4

2010 USD PPP

		2010	2011	2012	2013	2014	2015	2016	2017
	TOTAL BUSINESS ENTERPRISE	1 536.6	1 890.0	2 800.8	3 289.4	3 918.7	4 342.7	6 064.4	..
01-03	**AGRICULTURE, FORESTRY AND FISHING**	12.2	14.5	17.5	16.3	17.6	22.9	..	..
05-09	**MINING AND QUARRYING**	0.6	..	..	..	..	..	..	..
10-33	**MANUFACTURING**	782.2	929.0	1 346.4	1 449.2	1 787.7	1 925.3	2 045.9 e	..
10-12	Food products, beverages and tobacco	58.5	34.2	31.4	73.0	213.2	72.2	61.9	..
13-15	Textiles, wearing apparel, leather and related products	8.1	8.8	11.9	13.6	19.6	29.4	9.4	..
13	Textiles	6.3 e	7.3	7.1	11.3	16.5	24.6 e	5.4	..
14	Wearing apparel	1.0	1.0 e	3.5	1.8	2.5 e	3.7 e	3.1 e	..
15	Leather and related products, footwear	0.8 e	0.5 e	1.3	0.5	0.6 e	1.1	1.0 e	..
16-18	Wood and paper products and printing	17.5	18.8	23.3	37.0	27.4	43.6	48.1 e	..
16	Wood and wood products, except furniture	4.3	6.1 e	8.2	12.0	6.7	21.7	32.3	..
17	Paper and paper products	..	8.0	3.0	3.3	9.6	5.5	6.0 e	..
18	Printing and reproduction of recorded media	..	4.7 e	12.0	21.8	11.1	16.4	9.7	..
19-23	Chemical, rubber, plastic, non-metallic mineral products	203.2 e	232.9	303.2	297.0	331.5	466.5	408.3	..
19	Coke and refined petroleum products	2.8 e	2.3	4.7	9.6 e	5.7 e	28.2	17.3	..
20-21	Chemical and pharmaceutical products	141.7	157.5	209.9	209.7	213.7	328.0	261.7	..
20	Chemicals and chemical products	55.7	67.7	74.1	96.5 e	75.2	131.2	101.2	..
21	Pharmaceuticals, medicinal, chemical and botanical products	86.0	89.8	135.8	113.1	138.5	196.8	160.4	..
22	Rubber and plastic products	33.8 e	55.2	58.6	53.2	81.0	66.9	96.7	..
23	Other non-metallic mineral products	24.9	17.8	30.0	24.6	31.1 e	43.4	32.7	..
24-25	Basic metals, metal products, except machinery and equipment	72.6	115.2	164.1	196.2	227.5	219.2	206.9	..
24	Basic metals	26.6	15.8	18.4	15.6	78.4	48.7	41.7	..
25	Fabricated metal products, except machinery and equipment	46.0	99.4	145.7	180.6	149.1	170.5	165.1	..
26-30	Computer, electronic, optical products; electrical machinery, transport equipment	373.0	464.0	707.5	765.3	881.4	977.6	1 137.6	..
26	Computer, electronic and optical products	84.3	71.5	83.8	77.9	87.0	105.1	112.1	..
27	Electrical equipment	108.0	114.8	249.0	172.1	152.6	181.2	235.8	..
28	Machinery and equipment n.e.c.	68.2	92.4	151.3	113.8	159.6	160.5	167.0	..
29	Motor vehicles, trailers and semi-trailers	50.2	97.8	118.5	285.9	357.3	357.0	478.1 e	..
30	Other transport equipment	62.3	87.4	104.8	115.6	124.9	173.9	144.6 e	..
31-33	Furniture; repair, installation of machinery and equipment	49.2 e	55.2	104.9	67.0	87.1	116.7	173.7	..
31	Furniture	3.9 e	11.4	29.7	24.7	26.7	31.0	77.5	..
32	Other manufacturing	13.9 e	16.7	34.7	22.7	28.5	28.0	52.2	..
33	Repair and installation of machinery and equipment	31.4	27.1	40.5	19.6	31.9	57.7	44.0	..
35-39	**ELECTRICITY, GAS, WATER AND WASTE MANAGEMENT**	4.5	..	..	..	..	..	37.4	..
35-36	Electricity, gas and water	..	..	..	63.9	21.1	..	27.7	..
37-39	Sewerage, waste management and remediation activities	..	11.3	32.4	..	..	..	9.7	..
41-43	**CONSTRUCTION**	10.4	30.2	28.6	66.2	29.2	27.8	42.2	..
45-99	**TOTAL SERVICES**	726.7	894.4	1 255.4	1 518.0	1 958.5	2 253.2	3 899.3 e	..
45-82	**Business sector services**	708.0	865.5	1 243.4	1 503.2	1 940.7	2 222.6	3 860.6	..
45-47	**Wholesale and retail trade; motor vehicle and motorcycle repairs**	73.9	123.4	197.6	266.0	299.2	330.5	268.7	..
49-53	**Transportation and storage**	..	..	..	..	..	7.5	..	..
55-56	**Accommodation and food service activities**	..	..	..	..	..	..	1.7	..
58-63	**Information and communication**	380.1	497.3	569.7	628.1	742.5	933.2	..	..
58-60	Publishing, audiovisual and broadcasting activities	..	97.2	26.2	26.4	36.6	66.4	..	..
58	Publishing activities	..	..	..	25.2	35.4	63.6	..	..
59-60	Motion picture, video and TV programme production; broadcasting activities	..	..	..	1.2	1.1	2.8	3.4	..
59	Motion picture, video and TV programme production; sound and music	..	..	..	..	..	..	..	..
60	Programming and broadcasting activities	..	..	..	..	..	..	..	..
61	Telecommunications	..	..	..	..	..	..	..	..
62-63	IT and other information services	..	..	..	..	..	..	1 231.4	..
62	Computer programming, consultancy and related activities	178.8	224.1	348.1	376.5	409.6	507.8	1 201.4	..
63	Information service activities	..	..	..	..	..	..	30.0	..
64-66	**Financial and insurance activities**	8.4	5.7	17.3	42.6	118.1	..	407.8	..
68-82	**Real estate; professional, scientific and technical; administrative and support**	244.7	225.5	455.1	549.4	766.7	..	..	..
68	Real estate activities	0.0	0.0	27.2	39.0	32.7	..	..	..
69-75x72	Professional, scientific and technical activities, except scientific R&D	18.7	29.3	115.2	99.1	214.5	288.4	258.8	..
72	Scientific research and development	226.0	195.9	308.6	405.1	510.5	517.8	1 229.0	..
77-82	Administrative and support service activities	0.0	0.3	4.0	6.2	8.9	10.1	50.4	..
84-99	**Community, social and personal services**	18.7	28.9	12.0	14.8	17.7	30.6	38.7 e	..
84-85	Public administration and defence; compulsory social security and education	..	0.7 e	0.6	0.8	1.2	0.8	1.2	..
86-88	Human health and social work activities	..	20.4 e	9.9	8.1	9.7	17.7	19.8	..
90-93	Arts, entertainment and recreation	..	6.7	0.3	0.3	0.7	0.5	1.5	..
94-99	Other services; household-employers; extraterritorial bodies	0.9	1.1	1.2	5.6	6.1	11.6	16.1 e	..

.. Not available; e Estimated value
Note: Detailed metadata at: *http://metalinks.oecd.org/anberd/20191119/b539*.

PORTUGAL

R&D expenditure in industry by main activity of the enterprise, current prices
ISIC Rev. 4

Million USD PPP

		2010	2011	2012	2013	2014	2015	2016	2017
	TOTAL BUSINESS ENTERPRISE	**2 032.0**	**1 952.1**	**1 905.1**	**1 838.4**	**1 789.6**	**1 772.5**	**1 987.7**	**2 245.9**
01-03	**AGRICULTURE, FORESTRY AND FISHING**	2.4	4.6	7.9	11.6	7.9	8.5	15.5	19.4
05-09	**MINING AND QUARRYING**	4.9	6.4	4.4	6.5	5.9	12.4	9.0	13.9
10-33	**MANUFACTURING**	**661.8**	**692.7**	**781.3**	**727.3**	**742.4**	**705.5**	**831.5**	**889.3**
10-12	Food products, beverages and tobacco	75.4	66.4	117.3	101.0	96.9	77.1	84.0	87.0
13-15	Textiles, wearing apparel, leather and related products	33.1	33.2	38.4	38.9	44.0	46.0	48.9	51.2
13	Textiles	22.2	20.0	23.0	19.0	23.3	26.7	28.0	27.0
14	Wearing apparel	4.8	5.0	5.8	4.4	5.7	5.6	7.2	8.5
15	Leather and related products, footwear	6.0	8.3	9.6	15.5	15.0	13.8	13.7	15.6
16-18	Wood and paper products and printing	40.6	54.8	58.9	61.6	56.4	55.1	57.8	71.6
16	Wood and wood products, except furniture	10.9	15.3	16.0	14.5	15.0	18.4	18.3	26.6
17	Paper and paper products	12.8	21.1	25.7	26.3	19.4	16.8	19.2	23.5
18	Printing and reproduction of recorded media	16.8	18.4	17.1	20.7	22.0	19.9	20.3	21.5
19-23	Chemical, rubber, plastic, non-metallic mineral products	253.1	259.7	297.8 e	269.5	259.0 e	258.8 e	311.9 e	340.2 e
19	Coke and refined petroleum products	11.8	8.7	7.1 e	5.8	3.7 e	5.6 e	7.3 e	7.6 e
20-21	Chemical and pharmaceutical products	173.4	169.4	188.6	186.8	171.6	173.2	206.5	223.4
20	Chemicals and chemical products	48.3	29.1	40.8	41.9	41.9	45.7	55.2	51.2
21	Pharmaceuticals, medicinal, chemical and botanical products	125.0	140.4	147.8	144.9	129.7	127.5	151.3	172.2
22	Rubber and plastic products	32.0	34.8	38.9	35.6	36.6	38.7	61.9	57.5
23	Other non-metallic mineral products	35.9	46.8	63.1	41.3	47.0	41.4	36.1	51.8
24-25	Basic metals, metal products, except machinery and equipment	62.9	61.3	57.7	59.4	77.7	51.4	64.0	76.5
24	Basic metals	19.6	19.2	19.2	22.0	33.0	12.9	17.8	20.8
25	Fabricated metal products, except machinery and equipment	43.3	42.1	38.5	37.5	44.7	38.5	46.1	55.7
26-30	Computer, electronic, optical products; electrical machinery, transport equipment	177.5	200.9	195.4	177.3	189.4	197.1	241.0	238.6
26	Computer, electronic and optical products	31.1	42.5	43.0	41.0	49.8	53.1	63.0	63.2
27	Electrical equipment	54.7	70.8	62.9	59.9	52.6	45.1	52.1	54.1
28	Machinery and equipment n.e.c.	22.0	25.8	34.6	31.7	32.5	36.4	43.2	45.9
29	Motor vehicles, trailers and semi-trailers	64.7	55.4	47.3	40.9	50.0	55.4	67.2	63.1
30	Other transport equipment	4.9	6.5	7.6	3.8	4.5	7.0	15.5	12.2
31-33	Furniture; repair, installation of machinery and equipment	19.2	16.4	15.8 e	19.5	19.0 e	20.0 e	24.0 e	24.2 e
31	Furniture	8.2	6.4	7.3	7.8	8.0	6.2	5.2	8.3
32	Other manufacturing	4.6	4.9	4.1 e	4.7	3.0 e	4.5 e	5.9 e	6.1 e
33	Repair and installation of machinery and equipment	6.4	5.0	4.4	7.0	8.1	9.3	12.9	9.8
35-39	**ELECTRICITY, GAS, WATER AND WASTE MANAGEMENT**	90.0	24.3	33.9	17.0	16.1	21.5	23.1	16.2
35-36	Electricity, gas and water	84.5	17.8	15.2	9.1	8.8	14.4	16.5	10.0
37-39	Sewerage, waste management and remediation activities	5.5	6.5	18.7	7.8	7.3	7.1	6.5	6.2
41-43	**CONSTRUCTION**	15.6	16.6	8.5	13.1	14.1	13.8	10.7	18.4
45-99	**TOTAL SERVICES**	**1 257.4**	**1 207.6**	**1 069.1**	**1 062.8**	**1 003.2**	**1 010.7**	**1 097.9**	**1 288.7**
45-82	**Business sector services**	1 225.0	1 183.6	1 046.5	1 039.2	972.6	978.1	1 069.7	1 252.7
45-47	Wholesale and retail trade; motor vehicle and motorcycle repairs	141.2	138.1	129.0	81.4	96.0	85.9	89.9	106.3
49-53	Transportation and storage	46.3	41.7	19.4	23.1	23.1	19.7	18.5	33.9
55-56	Accommodation and food service activities	0.0	0.3	0.2	0.1	0.1	0.1	0.7	1.3
58-63	Information and communication	530.6	532.4	449.1	412.3	336.5	312.9	367.5	445.9
58-60	Publishing, audiovisual and broadcasting activities	37.8	29.4	25.7	23.6	26.7	20.7	21.2	28.4
58	Publishing activities	31.9	22.6	19.6	22.3	25.6 e	20.3	20.1	27.9
59-60	Motion picture, video and TV programme production; broadcasting activities	5.9	6.9	6.0	1.3	1.0 e	0.4	1.1	0.5
59	Motion picture, video and TV programme production; sound and music	0.5	0.2	0.5	0.1 e	..	..	0.5	0.5
60	Programming and broadcasting activities	5.4	6.7	5.6	1.2 e	..	..	0.6	0.0
61	Telecommunications	293.4	339.1	225.2	184.0	85.8	78.6	101.1	123.4
62-63	IT and other information services	199.4	163.9	198.2	204.8	224.1	213.5	245.2	294.0
62	Computer programming, consultancy and related activities	194.1	158.6	188.9	197.2	215.5	200.7	228.7	253.3
63	Information service activities	5.2	5.2	9.3	7.6	8.6	12.9	16.5	40.7
64-66	Financial and insurance activities	274.0	244.1	246.6	271.9	258.4	284.4	286.1	235.6
68-82	Real estate; professional, scientific and technical; administrative and support	232.9	227.0	202.1	250.2	258.5	275.1	307.0	429.8
68	Real estate activities	0.0	0.0	0.0	0.0	0.0	0.0	0.0	0.0
69-75x72	Professional, scientific and technical activities, except scientific R&D	168.1	138.1	95.2	97.4	89.5	108.1	126.3	223.1
72	Scientific research and development	50.0	73.4	89.0	136.9	148.7	145.5	157.9	181.6
77-82	Administrative and support service activities	14.7	15.5	17.9	15.9	20.3	21.4	22.8	25.1
84-99	Community, social and personal services	32.4	24.0	22.6	23.7	30.6	32.6	28.2	35.9
84-85	Public administration and defence; compulsory social security and education	2.2	2.2	1.5	4.0	3.9	1.0	0.4	0.5 e
86-88	Human health and social work activities	5.0	7.3	6.9	7.7	8.1	9.6	13.1	17.6 e
90-93	Arts, entertainment and recreation	0.5	1.1	0.6	3.8	1.4	2.8	2.2	3.0
94-99	Other services; household-employers; extraterritorial bodies	24.7	13.3	13.6	8.1	17.2	19.2	12.5	14.9

.. Not available; e Estimated value
Note: Detailed metadata at: http://metalinks.oecd.org/anberd/20191119/b539.

PORTUGAL

R&D expenditure in industry by main activity of the enterprise, constant prices
ISIC Rev. 4

2010 USD PPP

		2010	2011	2012	2013	2014	2015	2016	2017
	TOTAL BUSINESS ENTERPRISE	**2 032.0**	**1 957.1**	**1 863.2**	**1 694.8**	**1 624.3**	**1 592.8**	**1 746.6**	**1 939.0**
01-03	**AGRICULTURE, FORESTRY AND FISHING**	2.4	4.6	7.7	10.7	7.1	7.7	13.6	16.8
05-09	**MINING AND QUARRYING**	4.9	6.4	4.3	6.0	5.4	11.1	7.9	12.0
10-33	**MANUFACTURING**	**661.8**	**694.5**	**764.1**	**670.5**	**673.8**	**634.0**	**730.6**	**767.8**
10-12	Food products, beverages and tobacco	75.4	66.5	114.7	93.1	88.0	69.3	73.9	75.1
13-15	Textiles, wearing apparel, leather and related products	33.1	33.3	37.5	35.9	39.9	41.3	43.0	44.2
13	Textiles	22.2	20.0	22.5	17.5	21.1	24.0	24.6	23.3
14	Wearing apparel	4.8	5.0	5.6	4.1	5.2	5.0	6.3	7.4
15	Leather and related products, footwear	6.0	8.3	9.4	14.3	13.6	12.4	12.1	13.5
16-18	Wood and paper products and printing	40.6	54.9	57.6	56.8	51.2	49.5	50.8	61.8
16	Wood and wood products, except furniture	10.9	15.3	15.7	13.4	13.7	16.5	16.1	22.9
17	Paper and paper products	12.8	21.2	25.2	24.3	17.6	15.1	16.9	20.3
18	Printing and reproduction of recorded media	16.8	18.4	16.7	19.1	20.0	17.9	17.8	18.6
19-23	Chemical, rubber, plastic, non-metallic mineral products	253.1	260.3	291.2 e	248.5	235.0 e	232.6 e	274.0 e	293.8 e
19	Coke and refined petroleum products	11.8	8.7	7.0 e	5.3	3.4 e	5.0 e	6.4 e	6.5 e
20-21	Chemical and pharmaceutical products	173.4	169.9	184.5	172.2	155.8	155.6	181.5	192.9
20	Chemicals and chemical products	48.3	29.2	39.9	38.6	38.0	41.1	48.5	44.2
21	Pharmaceuticals, medicinal, chemical and botanical products	125.0	140.7	144.6	133.6	117.7	114.6	133.0	148.7
22	Rubber and plastic products	32.0	34.9	38.1	32.8	33.2	34.8	54.4	49.6
23	Other non-metallic mineral products	35.9	46.9	61.7	38.1	42.6	37.2	31.8	44.7
24-25	Basic metals, metal products, except machinery and equipment	62.9	61.5	56.5	54.8	70.5	46.2	56.2	66.0
24	Basic metals	19.6	19.3	18.8	20.3	30.0	11.6	15.7	17.9
25	Fabricated metal products, except machinery and equipment	43.3	42.2	37.7	34.5	40.6	34.6	40.5	48.1
26-30	Computer, electronic, optical products; electrical machinery, transport equipment	177.5	201.5	191.1	163.4	171.9	177.1	211.7	206.0
26	Computer, electronic and optical products	31.1	42.6	42.1	37.8	45.2	47.7	55.3	54.6
27	Electrical equipment	54.7	70.9	61.5	55.2	47.8	40.5	45.8	46.7
28	Machinery and equipment n.e.c.	22.0	25.9	33.8	29.2	29.5	32.7	38.0	39.7
29	Motor vehicles, trailers and semi-trailers	64.7	55.5	46.3	37.7	45.4	49.8	59.0	54.5
30	Other transport equipment	4.9	6.5	7.4	3.5	4.1	6.3	13.6	10.5
31-33	Furniture; repair, installation of machinery and equipment	19.2	16.4	15.5 e	18.0	17.3 e	18.0 e	21.0 e	20.9 e
31	Furniture	8.2	6.4	7.2	7.2	7.2	5.6	4.6	7.2
32	Other manufacturing	4.6	4.9	4.0 e	4.3	2.7 e	4.0 e	5.2 e	5.3 e
33	Repair and installation of machinery and equipment	6.4	5.0	4.3	6.5	7.3	8.4	11.3	8.4
35-39	**ELECTRICITY, GAS, WATER AND WASTE MANAGEMENT**	**90.0**	**24.4**	**33.1**	**15.7**	**14.6**	**19.3**	**20.3**	**14.0**
35-36	Electricity, gas and water	84.5	17.9	14.9	8.4	8.0	12.9	14.5	8.7
37-39	Sewerage, waste management and remediation activities	5.5	6.5	18.3	7.2	6.6	6.4	5.7	5.4
41-43	**CONSTRUCTION**	**15.6**	**16.6**	**8.3**	**12.1**	**12.8**	**12.4**	**9.4**	**15.9**
45-99	**TOTAL SERVICES**	**1 257.4**	**1 210.7**	**1 045.5**	**979.8**	**910.5**	**908.3**	**964.7**	**1 112.6**
45-82	**Business sector services**	**1 225.0**	**1 186.6**	**1 023.4**	**958.0**	**882.8**	**879.0**	**939.9**	**1 081.6**
45-47	Wholesale and retail trade; motor vehicle and motorcycle repairs	141.2	138.4	126.2	75.1	87.1	77.2	79.0	91.7
49-53	Transportation and storage	46.3	41.8	19.0	21.3	21.0	17.7	16.3	29.2
55-56	Accommodation and food service activities	0.0	0.3	0.2	0.1	0.1	0.1	0.6	1.1
58-63	Information and communication	530.6	533.8	439.2	380.1	305.4	281.2	322.9	385.0
58-60	Publishing, audiovisual and broadcasting activities	37.8	29.5	25.1	21.7	24.2	18.6	18.6	24.5
58	Publishing activities	31.9	22.6	19.2	20.6	23.3 e	18.3	17.6	24.1
59-60	Motion picture, video and TV programme production; broadcasting activities	5.9	6.9	5.9	1.2	0.9 e	0.4	1.0	0.4
59	Motion picture, video and TV programme production; sound and music	0.5	0.2	0.5	0.1 e	..	..	0.5	0.4
60	Programming and broadcasting activities	5.4	6.7	5.4	1.1 e	..	..	0.5	0.0
61	Telecommunications	293.4	340.0	220.2	169.6	77.9	70.6	88.8	106.6
62-63	IT and other information services	199.4	164.3	193.9	188.8	203.4	191.9	215.4	253.9
62	Computer programming, consultancy and related activities	194.1	159.0	184.8	181.8	195.6	180.3	200.9	218.7
63	Information service activities	5.2	5.2	9.1	7.0	7.8	11.5	14.5	35.1
64-66	Financial and insurance activities	274.0	244.7	241.2	250.7	234.5	255.6	251.4	203.4
68-82	Real estate; professional, scientific and technical; administrative and support	232.9	227.6	197.7	230.7	234.6	247.2	269.7	371.1
68	Real estate activities	0.0	0.0	0.0	0.0	0.0	0.0	0.0	0.0
69-75x72	Professional, scientific and technical activities, except scientific R&D	168.1	138.4	93.1	89.8	81.2	97.2	111.0	192.6
72	Scientific research and development	50.0	73.6	87.1	126.2	135.0	130.8	138.7	156.8
77-82	Administrative and support service activities	14.7	15.5	17.5	14.6	18.4	19.2	20.0	21.6
84-99	**Community, social and personal services**	**32.4**	**24.0**	**22.1**	**21.8**	**27.8**	**29.3**	**24.8**	**31.0**
84-85	Public administration and defence; compulsory social security and education	2.2	2.2	1.5	3.7	3.5	0.9	0.3	0.4 e
86-88	Human health and social work activities	5.0	7.3	6.8	7.1	7.4	8.6	11.5	15.2 e
90-93	Arts, entertainment and recreation	0.5	1.1	0.5	3.5	1.2	2.5	1.9	2.6
94-99	Other services; household-employers; extraterritorial bodies	24.7	13.4	13.3	7.5	15.6	17.3	11.0	12.9

.. Not available; e Estimated value
Note: Detailed metadata at: http://metalinks.oecd.org/anberd/20191119/b539.

PORTUGAL

R&D expenditure in industry by industry orientation, current prices
ISIC Rev. 4

Million USD PPP

		2010	2011	2012	2013	2014	2015	2016	2017
	TOTAL BUSINESS ENTERPRISE	**2 032.0**	**1 952.1**	**1 905.1**	**1 838.4**	**1 789.6**	**1 772.5**	**1 987.7**	**2 245.9**
01-03	**AGRICULTURE, FORESTRY AND FISHING**	**10.3**	**18.5**	**27.3**	**26.2**	**23.1**	**23.8**	**26.2**	**36.1**
05-09	**MINING AND QUARRYING**	**19.1**	**23.8**	**13.0**	**12.9**	**13.3**	**24.9**	**16.4**	**20.3**
10-33	**MANUFACTURING**	**740.3**	**752.5**	**844.8**	**804.2**	**840.1**	**826.2**	**963.5**	**1 053.2**
10-12	Food products, beverages and tobacco	75.7	63.8	109.0	89.7	90.7	70.1	83.8	87.8
13-15	Textiles, wearing apparel, leather and related products	35.5	35.9	40.9	40.8	45.5	52.4	55.5	57.4
13	Textiles	23.0	20.4	24.3	23.1	28.5	32.7	32.3	31.5
14	Wearing apparel	6.4	6.9	5.1	3.7	3.7	7.9	9.7	9.8
15	Leather and related products, footwear	6.1	8.6	11.5	14.1	13.3	11.8	13.4	16.2
16-18	Wood and paper products and printing	28.5	37.3	44.6	46.7	40.5	39.9	43.8	57.8
16	Wood and wood products, except furniture	9.8	11.9	15.6	14.1	13.8	15.2	14.8	22.9
17	Paper and paper products	18.2	25.3	28.2	31.9	25.8	23.7	27.3	33.0
18	Printing and reproduction of recorded media	0.5	0.1	0.9	0.7	1.0	1.0	1.6	1.8
19-23	Chemical, rubber, plastic, non-metallic mineral products	268.8	267.7	313.3	283.5 e	276.5	276.2	304.0	347.3
19	Coke and refined petroleum products	10.9	0.3	5.9	3.2 e	2.9	5.6	5.5	7.7
20-21	Chemical and pharmaceutical products	199.5	195.4	215.4	208.3	199.1	201.1	231.5	254.7
20	Chemicals and chemical products	54.3	36.7	46.9	44.9	46.7	50.0	59.1	54.7
21	Pharmaceuticals, medicinal, chemical and botanical products	145.2	158.7	168.5	163.4	152.4	151.1	172.4	200.0
22	Rubber and plastic products	21.7	26.2	26.5	27.8	28.3	28.3	30.9	32.8
23	Other non-metallic mineral products	36.7	45.7	65.5	44.2	46.2	41.1	36.0	52.1
24-25	Basic metals, metal products, except machinery and equipment	55.0	54.8	49.8	53.9	69.0	47.8	56.3	68.3
24	Basic metals	20.3	21.5	19.8	22.6	34.0	11.7	17.2	20.5
25	Fabricated metal products, except machinery and equipment	34.8	33.3	30.0	31.3	35.0	36.1	39.2	47.9
26-30	Computer, electronic, optical products; electrical machinery, transport equipment	252.8	265.5	258.8	262.6	289.3	308.8	376.8	390.4
26	Computer, electronic and optical products	54.4	62.5	43.5	65.3	81.6	94.6	104.0	98.2
27	Electrical equipment	68.5	61.3	53.9	56.8	54.9	49.9	55.8	62.1
28	Machinery and equipment n.e.c.	33.7	44.9	45.6	40.8	44.2	40.4	49.2	55.9
29	Motor vehicles, trailers and semi-trailers	83.4	77.2	90.1	75.1	83.2	91.5	126.4	123.8
30	Other transport equipment	12.9	19.6	25.8	24.5	25.4	32.3	41.4	50.3
31-33	Furniture; repair, installation of machinery and equipment	24.1	27.4	28.4	27.0 e	28.7	31.0	43.4	44.2
31	Furniture	8.0	5.8	7.1	8.2	8.0	6.8	6.8	9.9
32	Other manufacturing	12.3	16.6	14.7	12.2	14.1	16.1	24.5	23.8
33	Repair and installation of machinery and equipment	3.7	5.0	6.5	6.6 e	6.5	8.2	12.1	10.5
35-39	**ELECTRICITY, GAS, WATER AND WASTE MANAGEMENT**	**98.1**	**31.9**	**38.4**	**21.3**	**23.7**	**22.5**	**24.1**	**20.5**
35-36	Electricity, gas and water	90.2	18.8	15.0	8.1	10.7	14.1	16.5	12.0
37-39	Sewerage, waste management and remediation activities	7.9	13.1	23.3	13.2	13.0	8.4	7.6	8.5
41-43	**CONSTRUCTION**	**15.9**	**13.7**	**7.5**	**12.7**	**13.2**	**16.2**	**16.9**	**21.0**
45-99	**TOTAL SERVICES**	**1 148.3**	**1 111.7**	**974.0**	**961.1**	**876.1**	**858.8**	**940.6**	**1 094.7**
45-82	**Business sector services**	**1 132.3**	**1 098.6**	**963.9**	**941.8**	**842.1**	**838.3**	**916.9**	**1 061.2**
45-47	Wholesale and retail trade; motor vehicle and motorcycle repairs	62.3	57.5	71.7	69.8	77.7	67.9	66.2	84.8
49-53	Transportation and storage	45.3	34.2	12.3	17.6	16.5	16.4	15.1	16.3
55-56	Accommodation and food service activities	0.0 e	0.9	6.2	6.2	1.4	1.7	1.7	1.8 e
58-63	Information and communication	677.5	702.2	605.0	543.2	460.9	425.6	479.6	638.5
58-60	Publishing, audiovisual and broadcasting activities	96.3	75.7	90.0	112.0	104.2	107.0	133.5	148.6
58	Publishing activities	93.8	70.6	87.1	109.9	103.8	106.6	133.1	141.6
59-60	Motion picture, video and TV programme production; broadcasting activities	2.5	5.1	2.9	2.0	0.4	0.4	0.4	7.0
59	Motion picture, video and TV programme production; sound and music	..	2.1	0.8	0.8	0.4	..	..	..
60	Programming and broadcasting activities	..	3.0	2.1	1.3	0.0	..	..	..
61	Telecommunications	389.4	447.6	328.3	248.4	146.7	140.8	143.1	206.9
62-63	IT and other information services	191.8	178.9	186.7	182.8	210.0	177.9	203.0	283.0
62	Computer programming, consultancy and related activities	171.7	131.6	157.5	156.9	182.3	146.7	158.9	204.6
63	Information service activities	20.1	47.4	29.3	25.8	27.6	31.1	44.1	78.4
64-66	**Financial and insurance activities**	**180.1**	**146.7**	**148.9**	**151.6**	**135.0**	**161.4**	**191.1**	**140.2**
68-82	**Real estate; professional, scientific and technical; administrative and support**	**167.1**	**157.1**	**119.7**	**153.3**	**150.6**	**165.3**	**163.2**	**179.5**
68	Real estate activities	1.5 e	1.3	0.9	1.6	1.9	1.4	1.9	2.0 e
69-75x72	Professional, scientific and technical activities, except scientific R&D	125.8	118.2	73.2	83.1	72.5	83.9	90.2	101.5
72	Scientific research and development	36.8	33.2	38.6	60.9	69.6	71.3	62.4	69.7
77-82	Administrative and support service activities	3.0	4.4	7.0	7.7	6.6	8.7	8.7	6.3
84-99	**Community, social and personal services**	**16.0**	**13.1**	**10.2**	**19.3**	**34.0**	**20.5**	**23.6**	**33.5**
84-85	Public administration and defence; compulsory social security and education	0.3	0.6	1.2	1.4	1.9	2.5	2.4	1.7
86-88	Human health and social work activities	5.6	10.2	7.9	14.2	27.5	14.0	18.0	29.0
90-93	Arts, entertainment and recreation	0.5	0.6	0.5	0.6	1.4	2.8	1.1	0.7
94-99	Other services; household-employers; extraterritorial bodies	9.7	1.7	0.6	3.1	3.2	1.2	2.1	2.1

.. Not available; e Estimated value
Note: Detailed metadata at: http://metalinks.oecd.org/anberd/20191119/b539.

PORTUGAL

R&D expenditure in industry by industry orientation, constant prices
ISIC Rev. 4

2010 USD PPP

		2010	2011	2012	2013	2014	2015	2016	2017
	TOTAL BUSINESS ENTERPRISE	**2 032.0**	**1 957.1**	**1 863.2**	**1 694.8**	**1 624.3**	**1 592.8**	**1 746.6**	**1 939.0**
01-03	**AGRICULTURE, FORESTRY AND FISHING**	**10.3**	**18.6**	**26.7**	**24.1**	**21.0**	**21.4**	**23.0**	**31.2**
05-09	**MINING AND QUARRYING**	**19.1**	**23.8**	**12.8**	**11.9**	**12.1**	**22.4**	**14.4**	**17.5**
10-33	**MANUFACTURING**	**740.3**	**754.4**	**826.2**	**741.4**	**762.5**	**742.5**	**846.6**	**909.3**
10-12	Food products, beverages and tobacco	75.7	64.0	106.6	82.7	82.3	63.0	73.6	75.8
13-15	Textiles, wearing apparel, leather and related products	35.5	36.0	40.0	37.7	41.3	47.1	48.7	49.6
13	Textiles	23.0	20.5	23.8	21.3	25.8	29.4	28.4	27.2
14	Wearing apparel	6.4	6.9	5.0	3.4	3.4	7.1	8.5	8.4
15	Leather and related products, footwear	6.1	8.6	11.2	13.0	12.0	10.6	11.8	14.0
16-18	Wood and paper products and printing	28.5	37.4	43.6	43.0	36.8	35.9	38.5	49.9
16	Wood and wood products, except furniture	9.8	12.0	15.2	13.0	12.5	13.7	13.0	19.8
17	Paper and paper products	18.2	25.3	27.5	29.4	23.4	21.3	24.0	28.5
18	Printing and reproduction of recorded media	0.5	0.1	0.9	0.6	0.9	0.9	1.4	1.6
19-23	Chemical, rubber, plastic, non-metallic mineral products	268.8	268.4	306.4	261.3 e	250.9	248.2	267.1	299.8
19	Coke and refined petroleum products	10.9	0.3	5.7	2.9 e	2.7	5.0	4.8	6.6
20-21	Chemical and pharmaceutical products	199.5	195.9	210.7	192.0	180.7	180.7	203.4	219.9
20	Chemicals and chemical products	54.3	36.8	45.9	41.4	42.4	45.0	51.9	47.3
21	Pharmaceuticals, medicinal, chemical and botanical products	145.2	159.2	164.8	150.6	138.3	135.8	151.5	172.6
22	Rubber and plastic products	21.7	26.2	25.9	25.6	25.7	25.4	27.2	28.3
23	Other non-metallic mineral products	36.7	45.9	64.0	40.7	41.9	37.0	31.7	45.0
24-25	Basic metals, metal products, except machinery and equipment	55.0	55.0	48.7	49.7	62.6	42.9	49.5	59.0
24	Basic metals	20.3	21.6	19.4	20.9	30.9	10.5	15.1	17.7
25	Fabricated metal products, except machinery and equipment	34.8	33.4	29.3	28.9	31.7	32.4	34.4	41.3
26-30	Computer, electronic, optical products; electrical machinery, transport equipment	252.8	266.2	253.1	242.1	262.5	277.5	331.1	337.1
26	Computer, electronic and optical products	54.4	62.7	42.6	60.2	74.0	85.0	91.4	84.8
27	Electrical equipment	68.5	61.5	52.7	52.4	49.8	44.9	49.1	53.6
28	Machinery and equipment n.e.c.	33.7	45.0	44.6	37.6	40.1	36.3	43.3	48.3
29	Motor vehicles, trailers and semi-trailers	83.4	77.4	88.1	69.2	75.6	82.2	111.1	106.9
30	Other transport equipment	12.9	19.7	25.2	22.6	23.1	29.0	36.3	43.5
31-33	Furniture; repair, installation of machinery and equipment	24.1	27.5	27.8	24.9 e	26.0	27.9	38.1	38.2
31	Furniture	8.0	5.8	7.0	7.6	7.2	6.1	6.0	8.6
32	Other manufacturing	12.3	16.6	14.4	11.2	12.8	14.4	21.5	20.6
33	Repair and installation of machinery and equipment	3.7	5.0	6.4	6.1 e	5.9	7.3	10.6	9.1
35-39	**ELECTRICITY, GAS, WATER AND WASTE MANAGEMENT**	**98.1**	**32.0**	**37.5**	**19.7**	**21.5**	**20.2**	**21.2**	**17.7**
35-36	Electricity, gas and water	90.2	18.9	14.7	7.5	9.7	12.7	14.5	10.4
37-39	Sewerage, waste management and remediation activities	7.9	13.1	22.8	12.2	11.8	7.5	6.7	7.4
41-43	**CONSTRUCTION**	**15.9**	**13.8**	**7.4**	**11.7**	**12.0**	**14.5**	**14.9**	**18.1**
45-99	**TOTAL SERVICES**	**1 148.3**	**1 114.6**	**952.6**	**886.0**	**795.1**	**771.8**	**826.4**	**945.2**
45-82	**Business sector services**	**1 132.3**	**1 101.4**	**942.6**	**868.2**	**764.3**	**753.3**	**805.7**	**916.2**
45-47	**Wholesale and retail trade; motor vehicle and motorcycle repairs**	**62.3**	**57.7**	**70.1**	**64.3**	**70.6**	**61.0**	**58.1**	**73.2**
49-53	**Transportation and storage**	**45.3**	**34.3**	**12.1**	**16.3**	**15.0**	**14.7**	**13.3**	**14.1**
55-56	**Accommodation and food service activities**	**0.0 e**	**0.9**	**6.0**	**5.7**	**1.2**	**1.5**	**1.5**	**1.6 e**
58-63	**Information and communication**	**677.5**	**704.0**	**591.7**	**500.8**	**418.3**	**382.5**	**421.4**	**551.3**
58-60	Publishing, audiovisual and broadcasting activities	96.3	75.9	88.0	103.2	94.6	96.1	117.3	128.3
58	Publishing activities	93.8	70.7	85.1	101.4	94.2	95.8	117.0	122.3
59-60	Motion picture, video and TV programme production; broadcasting activities	2.5	5.1	2.9	1.9	0.3	0.4	0.4	6.1
59	Motion picture, video and TV programme production; sound and music	..	2.2	0.8	0.7	0.3	..	..	..
60	Programming and broadcasting activities	..	3.0	2.1	1.2	0.0	..	..	..
61	Telecommunications	389.4	448.7	321.1	229.0	133.2	126.5	125.7	178.6
62-63	IT and other information services	191.8	179.4	182.6	168.5	190.6	159.9	178.4	244.3
62	Computer programming, consultancy and related activities	171.7	131.9	154.0	144.7	165.5	131.9	139.6	176.6
63	Information service activities	20.1	47.5	28.6	23.8	25.1	28.0	38.7	67.7
64-66	**Financial and insurance activities**	**180.1**	**147.1**	**145.7**	**139.8**	**122.5**	**145.1**	**167.9**	**121.1**
68-82	**Real estate; professional, scientific and technical; administrative and support**	**167.1**	**157.5**	**117.1**	**141.3**	**136.7**	**148.5**	**143.4**	**155.0**
68	Real estate activities	1.5 e	1.3	0.9	1.5	1.7	1.2	1.7	1.8 e
69-75x72	Professional, scientific and technical activities, except scientific R&D	125.8	118.5	71.6	76.6	65.8	75.4	79.2	87.6
72	Scientific research and development	36.8	33.3	37.8	56.2	63.1	64.0	54.8	60.2
77-82	Administrative and support service activities	3.0	4.4	6.8	7.1	6.0	7.8	7.6	5.4
84-99	**Community, social and personal services**	**16.0**	**13.1**	**9.9**	**17.8**	**30.8**	**18.5**	**20.8**	**28.9**
84-85	Public administration and defence; compulsory social security and education	0.3	0.6	1.2	1.3	1.7	2.3	2.1	1.5
86-88	Human health and social work activities	5.6	10.2	7.7	13.1	25.0	12.6	15.8	25.0
90-93	Arts, entertainment and recreation	0.5	0.6	0.4	0.6	1.3	2.5	0.9	0.6
94-99	Other services; household-employers; extraterritorial bodies	9.7	1.7	0.6	2.8	2.9	1.1	1.9	1.8

.. Not available; e Estimated value
Note: Detailed metadata at: http://metalinks.oecd.org/anberd/20191119/b539.

SLOVAK REPUBLIC

R&D expenditure in industry by main activity of the enterprise, current prices
ISIC Rev. 4

Million USD PPP

		2010	2011	2012	2013	2014	2015	2016	2017
	TOTAL BUSINESS ENTERPRISE	349.0	343.9	479.6	575.4	508.2	527.4	666.6	841.1
01-03	**AGRICULTURE, FORESTRY AND FISHING**	2.4	2.9	1.9	1.5	1.3	1.5	1.2	1.2
05-09	**MINING AND QUARRYING**	0.0 e	0.0 e	0.0 e	0.0 e	0.0 e	0.0 e	0.0	0.0
10-33	**MANUFACTURING**	241.4	210.0	257.7	330.5	342.3	347.2	446.2	595.0
10-12	Food products, beverages and tobacco	3.4	2.3	2.3	1.4	1.9	2.2	1.5	1.9
13-15	Textiles, wearing apparel, leather and related products	..	..	2.5	0.9	0.5	..	0.6	..
13	Textiles	..	..	..	..	..	..	..	..
14	Wearing apparel	..	..	..	..	..	..	..	..
15	Leather and related products, footwear	..	..	..	..	..	..	..	..
16-18	Wood and paper products and printing	..	..	..	..	..	..	..	..
16	Wood and wood products, except furniture	..	..	..	..	..	..	..	..
17	Paper and paper products	..	..	..	..	..	..	..	..
18	Printing and reproduction of recorded media	..	..	..	..	..	..	..	..
19-23	Chemical, rubber, plastic, non-metallic mineral products	..	..	52.6	50.0	57.1	..	..	..
19	Coke and refined petroleum products	..	..	..	5.5	6.8	6.2	..	..
20-21	Chemical and pharmaceutical products	29.5	32.4	24.4	14.1	14.8	12.2	18.5	17.4
20	Chemicals and chemical products	7.2	7.1	5.8	9.9	6.1	5.9	7.4	11.1
21	Pharmaceuticals, medicinal, chemical and botanical products	22.3	25.3	18.6	4.2	8.7	6.3	11.1	6.3
22	Rubber and plastic products	16.2	11.4	20.3	28.3	32.9	40.1	45.1	63.8
23	Other non-metallic mineral products	1.7	2.1	2.4	0.8	3.2	4.2	3.3	4.0
24-25	Basic metals, metal products, except machinery and equipment	25.9	13.9	17.4	10.7	10.2	33.4	..	..
24	Basic metals	7.5	7.2	7.3	6.2	6.0	5.7	..	..
25	Fabricated metal products, except machinery and equipment	18.5	6.7	10.2	4.5	4.2	27.7	17.5	19.9
26-30	Computer, electronic, optical products; electrical machinery, transport equipment	139.7	123.7	163.4	252.0	257.5	233.6	332.5	457.1
26	Computer, electronic and optical products	4.6	5.5	7.2	7.8	7.2	9.0	12.7	12.7
27	Electrical equipment	34.3	35.3	34.5	23.7	35.7	45.0	46.8	48.5
28	Machinery and equipment n.e.c.	20.7	25.6	30.1	29.4	31.2	51.9	58.1	74.1
29	Motor vehicles, trailers and semi-trailers	65.7	47.6	79.4	173.5	152.8	108.0	201.0	298.8
30	Other transport equipment	14.5	9.6	12.3	17.6	30.6	19.6	13.9	23.1
31-33	Furniture; repair, installation of machinery and equipment	..	..	..	..	..	..	..	..
31	Furniture	..	..	..	..	..	..	..	..
32	Other manufacturing	3.1	..	..	..	..	2.1	3.1	3.4
33	Repair and installation of machinery and equipment	17.2	16.5	16.4	..	..	12.0	11.8	12.6
35-39	**ELECTRICITY, GAS, WATER AND WASTE MANAGEMENT**	0.0 e	0.0 e	..	..	..	..	..	0.0
35-36	Electricity, gas and water	..	..	..	..	..	..	..	..
37-39	Sewerage, waste management and remediation activities	..	..	..	..	..	..	..	..
41-43	**CONSTRUCTION**	1.2	1.1	2.4	2.5	..	..	..	1.9
45-99	**TOTAL SERVICES**	104.0 e	129.9 e	217.6	240.2	162.7	169.8	195.3	243.0
45-82	**Business sector services**	101.2	124.9	212.4	237.4	162.3	168.4	194.5	242.1
45-47	Wholesale and retail trade; motor vehicle and motorcycle repairs	2.2	2.5	0.6	10.3	7.1	4.7	27.6	32.0
49-53	Transportation and storage	..	..	..	..	..	..	..	..
55-56	Accommodation and food service activities	..	..	..	..	..	..	..	..
58-63	Information and communication	10.7	11.7	61.2	64.8	65.4	81.0	87.0	113.3
58-60	Publishing, audiovisual and broadcasting activities	..	..	..	..	..	..	..	..
58	Publishing activities	..	..	..	..	..	..	..	..
59-60	Motion picture, video and TV programme production; broadcasting activities	..	..	..	..	..	..	..	..
59	Motion picture, video and TV programme production; sound and music	..	..	..	..	..	..	..	..
60	Programming and broadcasting activities	..	..	..	..	..	..	..	..
61	Telecommunications	..	..	..	..	..	..	..	..
62-63	IT and other information services	9.8	..	..	..	..	..	..	..
62	Computer programming, consultancy and related activities	9.1	9.6	59.2	62.0	64.1	80.9	..	113.2
63	Information service activities	0.7	..	..	..	..	..	..	..
64-66	Financial and insurance activities	..	..	63.5	..	..	..	4.5	..
68-82	Real estate; professional, scientific and technical; administrative and support	..	..	..	..	..	..	..	..
68	Real estate activities	..	..	..	..	..	..	..	..
69-75x72	Professional, scientific and technical activities, except scientific R&D	12.9	17.4	23.8	31.5	29.6	17.6	..	21.8
72	Scientific research and development	70.3	51.1	53.4	52.2	52.1	58.8	54.8	60.7
77-82	Administrative and support service activities	3.3	4.2	3.3	..	..	..	..	7.2
84-99	Community, social and personal services	2.8 e	5.0 e	5.2	2.8	0.4	1.3	0.8	0.9
84-85	Public administration and defence; compulsory social security and education	..	..	..	..	..	..	..	..
86-88	Human health and social work activities	..	..	1.6	0.9	0.4	1.3	..	0.9
90-93	Arts, entertainment and recreation	..	..	..	..	..	..	..	..
94-99	Other services; household-employers; extraterritorial bodies	..	..	..	..	..	..	..	..

.. Not available; e Estimated value
Note: Detailed metadata at: http://metalinks.oecd.org/anberd/20191119/b539.

SLOVAK REPUBLIC

R&D expenditure in industry by main activity of the enterprise, constant prices
ISIC Rev. 4

2010 USD PPP

		2010	2011	2012	2013	2014	2015	2016	2017
	TOTAL BUSINESS ENTERPRISE	**349.0**	**341.2**	**468.2**	**544.0**	**475.6**	**500.5**	**626.1**	**776.8**
01-03	**AGRICULTURE, FORESTRY AND FISHING**	2.4	2.9	1.9	1.5	1.2	1.5	1.1	1.1
05-09	**MINING AND QUARRYING**	0.0 e	0.0 e	0.0 e	0.0 e	0.0 e	0.0 e	0.0	0.0
10-33	**MANUFACTURING**	241.4	208.3	251.6	312.4	320.3	329.5	419.1	549.5
10-12	Food products, beverages and tobacco	3.4	2.3	2.3	1.3	1.8	2.1	1.4	1.7
13-15	Textiles, wearing apparel, leather and related products	..	..	2.4	0.9	0.5	..	0.6	..
13	Textiles	..	..	..	..	..	..	..	..
14	Wearing apparel	..	..	..	..	..	..	..	..
15	Leather and related products, footwear	..	..	..	..	..	..	..	..
16-18	Wood and paper products and printing	..	..	..	..	..	..	..	..
16	Wood and wood products, except furniture	..	..	..	..	..	..	..	..
17	Paper and paper products	..	..	..	..	..	..	..	..
18	Printing and reproduction of recorded media	..	..	..	..	..	..	..	..
19-23	Chemical, rubber, plastic, non-metallic mineral products	..	..	51.4	47.3	53.5	..	..	..
19	Coke and refined petroleum products	..	..	5.4	6.4	5.8	..	..	..
20-21	Chemical and pharmaceutical products	29.5	32.1	23.8	13.3	13.8	11.6	17.4	16.1
20	Chemicals and chemical products	7.2	7.0	5.6	9.3	5.7	5.6	6.9	10.3
21	Pharmaceuticals, medicinal, chemical and botanical products	22.3	25.1	18.2	4.0	8.1	6.0	10.4	5.8
22	Rubber and plastic products	16.2	11.3	19.8	26.8	30.8	38.1	42.4	58.9
23	Other non-metallic mineral products	1.7	2.1	2.4	0.8	3.0	4.0	3.1	3.7
24-25	Basic metals, metal products, except machinery and equipment	25.9	13.8	17.0	10.1	9.6	31.7	..	..
24	Basic metals	7.5	7.1	7.1	5.8	5.6	5.4	..	..
25	Fabricated metal products, except machinery and equipment	18.5	6.7	9.9	4.3	4.0	26.3	16.4	18.4
26-30	Computer, electronic, optical products; electrical machinery, transport equipment	139.7	122.7	159.5	238.2	241.0	221.7	312.3	422.2
26	Computer, electronic and optical products	4.6	5.5	7.0	7.3	6.7	8.6	11.9	11.7
27	Electrical equipment	34.3	35.1	33.6	22.5	33.4	42.7	44.0	44.8
28	Machinery and equipment n.e.c.	20.7	25.4	29.3	27.8	29.2	49.3	54.5	68.4
29	Motor vehicles, trailers and semi-trailers	65.7	47.3	77.5	164.0	143.0	102.5	188.8	276.0
30	Other transport equipment	14.5	9.6	12.0	16.6	28.6	18.6	13.1	21.4
31-33	Furniture; repair, installation of machinery and equipment	..	..	..	..	..	..	..	..
31	Furniture	..	..	..	..	..	..	..	..
32	Other manufacturing	3.1	..	..	..	..	2.0	2.9	3.2
33	Repair and installation of machinery and equipment	17.2	16.4	16.0	..	..	11.3	11.1	11.6
35-39	**ELECTRICITY, GAS, WATER AND WASTE MANAGEMENT**	0.0 e	0.0 e	..	..	..	..	..	0.0
35-36	Electricity, gas and water	..	..	..	..	..	..	..	..
37-39	Sewerage, waste management and remediation activities	..	..	..	..	..	..	..	..
41-43	**CONSTRUCTION**	1.2	1.1	2.3	2.3	..	..	..	1.7
45-99	**TOTAL SERVICES**	104.0 e	128.9 e	212.4	227.1	152.2	161.1	183.4	224.4
45-82	**Business sector services**	101.2	124.0	207.3	224.4	151.9	159.8	182.7	223.6
45-47	Wholesale and retail trade; motor vehicle and motorcycle repairs	2.2	2.5	0.6	9.7	6.6	4.4	25.9	29.5
49-53	Transportation and storage	..	..	..	..	..	..	..	..
55-56	Accommodation and food service activities	..	..	..	..	..	..	..	..
58-63	Information and communication	10.7	11.6	59.8	61.2	61.2	76.9	81.7	104.7
58-60	Publishing, audiovisual and broadcasting activities	..	..	..	..	..	..	..	..
58	Publishing activities	..	..	..	..	..	..	..	..
59-60	Motion picture, video and TV programme production; broadcasting activities	..	..	..	..	..	..	..	..
59	Motion picture, video and TV programme production; sound and music	..	..	..	..	..	..	..	..
60	Programming and broadcasting activities	..	..	..	..	..	..	..	..
61	Telecommunications	..	..	..	..	..	..	..	..
62-63	IT and other information services	9.8	..	..	..	..	..	..	..
62	Computer programming, consultancy and related activities	9.1	9.5	57.8	58.6	60.0	76.8	..	104.6
63	Information service activities	0.7	..	..	..	..	..	..	..
64-66	**Financial and insurance activities**	..	..	62.0	..	..	..	4.2	..
68-82	**Real estate; professional, scientific and technical; administrative and support**								
68	Real estate activities	..	..	..	..	..	..	..	..
69-75x72	Professional, scientific and technical activities, except scientific R&D	12.9	17.2	23.2	29.7	27.7	16.7	..	20.1
72	Scientific research and development	70.3	50.7	52.1	49.3	48.8	55.8	51.5	56.1
77-82	Administrative and support service activities	3.3	4.1	3.2	..	..	..	..	6.7
84-99	**Community, social and personal services**	2.8 e	4.9 e	5.1	2.7	0.4	1.2	0.7	0.8
84-85	Public administration and defence; compulsory social security and education	..	..	..	..	..	..	..	..
86-88	Human health and social work activities	..	..	1.6	0.8	0.4	1.2	..	0.8
90-93	Arts, entertainment and recreation	..	..	..	..	..	..	..	..
94-99	Other services; household-employers; extraterritorial bodies	..	..	..	..	..	..	..	..

.. Not available; e Estimated value
Note: Detailed metadata at: http://metalinks.oecd.org/anberd/20191119/b539.

SLOVENIA

R&D expenditure in industry by main activity of the enterprise, current prices
ISIC Rev. 4

Million USD PPP

		2010	2011	2012	2013	2014	2015	2016	2017
	TOTAL BUSINESS ENTERPRISE	**792.9**	**1 058.5**	**1 158.7**	**1 211.9**	**1 164.5**	**1 093.2**	**1 043.7**	..
01-03	**AGRICULTURE, FORESTRY AND FISHING**	**0.4**	**0.7**	**0.9**	**0.0**	**0.0**	**0.9**	**0.1**	..
05-09	**MINING AND QUARRYING**	**8.3**	**9.2**	**7.4**	**7.8**	**5.8**	**5.1**	**6.6**	..
10-33	**MANUFACTURING**	**618.9**	**722.9**	**712.0**	**788.5**	**769.5**	**769.1**	**781.8**	..
10-12	Food products, beverages and tobacco	2.3	5.8	6.0	10.8	10.8	13.0	10.4	..
13-15	Textiles, wearing apparel, leather and related products	9.6	10.5	12.5	13.6	10.8	9.9	10.5	..
13	Textiles	7.4	8.5	8.7	9.7	5.9	5.7	6.4	..
14	Wearing apparel	0.3	0.4	2.3	2.4	2.1	2.2	2.3	..
15	Leather and related products, footwear	1.9	1.6	1.4	1.5	2.7	2.0	1.8	..
16-18	Wood and paper products and printing	9.6	7.0	5.3	4.9	5.8	7.4	10.3	..
16	Wood and wood products, except furniture	2.4	2.9	2.0	1.2	1.6	2.0	6.2	..
17	Paper and paper products	5.4	3.0	2.2	2.5	2.6	4.2	3.2	..
18	Printing and reproduction of recorded media	1.8	1.2	1.2	1.3	1.7	1.2	0.9	..
19-23	Chemical, rubber, plastic, non-metallic mineral products	302.3	316.3	329.9	345.7	340.6	369.4	367.7	..
19	Coke and refined petroleum products	0.0	0.0	0.0	0.0	0.0	0.0	0.0	..
20-21	Chemical and pharmaceutical products	282.1	295.4	304.1	305.2	306.7	338.8	335.7	..
20	Chemicals and chemical products	31.0	32.1	33.1	32.3	31.3	30.8	30.4	..
21	Pharmaceuticals, medicinal, chemical and botanical products	251.1	263.4	271.0	272.9	275.4	308.0	305.4	..
22	Rubber and plastic products	15.3	16.4	16.2	16.2	23.4	19.6	19.0	..
23	Other non-metallic mineral products	4.9	4.5	9.6	24.3	10.5	10.9	13.0	..
24-25	Basic metals, metal products, except machinery and equipment	46.5	54.2	72.7	69.4	66.7	44.8	32.1	..
24	Basic metals	12.6	13.6	9.1	15.2	16.9	12.8	10.0	..
25	Fabricated metal products, except machinery and equipment	33.9	40.5	63.6	54.2	49.8	32.0	22.1	..
26-30	Computer, electronic, optical products; electrical machinery, transport equipment	233.4	307.0	268.8	325.5	317.1	313.0	330.8	..
26	Computer, electronic and optical products	61.7	61.1	62.8	67.8	69.1	66.5	55.9	..
27	Electrical equipment	75.9	107.0	77.5	147.6	129.6	151.8	182.5	..
28	Machinery and equipment n.e.c.	32.3	51.6	23.5	33.1	33.5	37.4	36.4	..
29	Motor vehicles, trailers and semi-trailers	53.2	77.8	102.1	68.1	81.8	53.7	54.0	..
30	Other transport equipment	10.4	9.6	3.0	9.0	3.1	3.6	2.1	..
31-33	Furniture; repair, installation of machinery and equipment	15.1	22.2	16.8	18.6	17.7	11.7	20.0	..
31	Furniture	4.1	4.5	1.9	3.1	2.7	1.4	1.8	..
32	Other manufacturing	5.7	10.7	11.6	6.2	6.2	7.7	9.2	..
33	Repair and installation of machinery and equipment	5.3	7.0	3.3	9.3	8.8	2.6	9.0	..
35-39	**ELECTRICITY, GAS, WATER AND WASTE MANAGEMENT**	**1.6**	**4.2**	**6.9**	**4.7**	**4.5**	**3.6**	**2.0**	..
35-36	Electricity, gas and water	1.6	4.0	6.7	3.0	2.8	2.5	1.4	..
37-39	Sewerage, waste management and remediation activities	0.0	0.3	0.2	1.7	1.7	1.1	0.6	..
41-43	**CONSTRUCTION**	**0.6**	**2.1**	**2.5**	**2.9**	**3.8**	**3.9**	**3.0**	..
45-99	**TOTAL SERVICES**	**163.0**	**319.4**	**429.0**	**408.1**	**380.9**	**310.5**	**250.2**	..
45-82	**Business sector services**	**162.0**	**314.5**	**423.6**	**404.9**	**378.1**	**308.1**	**244.3**	..
45-47	Wholesale and retail trade; motor vehicle and motorcycle repairs	9.2	9.9	9.5	12.5	15.4	10.4	10.3	..
49-53	Transportation and storage	2.2	3.3	1.3	0.3	0.3	0.4	0.1	..
55-56	Accommodation and food service activities	0.0	0.0	0.0	0.0	0.1	0.0	0.0	..
58-63	Information and communication	40.1	69.2	73.7	55.8	79.5	85.3	62.5	..
58-60	Publishing, audiovisual and broadcasting activities	1.6	6.2	21.7	6.6	5.9	7.3	6.0	..
58	Publishing activities	1.6	6.1	6.5	6.6	5.9	7.1	5.9	..
59-60	Motion picture, video and TV programme production; broadcasting activities	0.0	0.1	15.1	0.0	0.0	0.1	0.1	..
59	Motion picture, video and TV programme production; sound and music	0.0	0.1	0.0	0.0	0.0	0.1	0.1	..
60	Programming and broadcasting activities	0.0	0.0	15.1	0.0	0.0	0.0	0.0	..
61	Telecommunications	7.4	4.5	2.8	2.7	11.8	12.7	3.3	..
62-63	IT and other information services	31.1	58.5	49.3	46.5	61.8	65.3	53.2	..
62	Computer programming, consultancy and related activities	28.3	54.5	44.6	42.8	56.7	58.5	51.2	..
63	Information service activities	2.9	4.0	4.7	3.7	5.1	6.8	2.1	..
64-66	Financial and insurance activities	2.3	19.8	10.5	16.7	6.5	1.6	0.8	..
68-82	Real estate; professional, scientific and technical; administrative and support	108.3	212.3	328.6	319.7	276.3	210.4	170.5	..
68	Real estate activities	0.0	0.0	0.0	1.0	1.5	0.9	1.7	..
69-75x72	Professional, scientific and technical activities, except scientific R&D	40.1	68.8	57.7	52.8	58.9	56.3	48.0	..
72	Scientific research and development	67.5	143.4	270.8	264.7	215.0	151.9	118.8	..
77-82	Administrative and support service activities	0.7	0.1	0.1	1.2	1.0	1.2	2.0	..
84-99	Community, social and personal services	1.0	5.0	5.4	3.1	2.8	2.4	5.8	..
84-85	Public administration and defence; compulsory social security and education	0.2	0.5	0.6	0.4	1.0	1.2	0.8	..
86-88	Human health and social work activities	0.8	2.7	2.2	0.5	0.2	0.2	0.2	..
90-93	Arts, entertainment and recreation	0.0	0.0	0.0	0.0	0.0	0.0	3.5	..
94-99	Other services; household-employers; extraterritorial bodies	0.0	1.8	2.6	2.2	1.6	1.0	1.3	..

.. Not available

Note: Detailed metadata at: http://metalinks.oecd.org/anberd/20191119/b539.

SLOVENIA

R&D expenditure in industry by main activity of the enterprise, constant prices
ISIC Rev. 4

2010 USD PPP

		2010	2011	2012	2013	2014	2015	2016	2017
	TOTAL BUSINESS ENTERPRISE	**792.9**	**1 023.9**	**1 084.9**	**1 086.7**	**1 037.5**	**970.4**	**910.0**	..
01-03	**AGRICULTURE, FORESTRY AND FISHING**	**0.4**	**0.7**	**0.9**	**0.0**	**0.0**	**0.8**	**0.1**	..
05-09	**MINING AND QUARRYING**	**8.3**	**8.9**	**6.9**	**7.0**	**5.1**	**4.5**	**5.8**	..
10-33	**MANUFACTURING**	**618.9**	**699.2**	**666.7**	**707.0**	**685.6**	**682.7**	**681.6**	..
10-12	Food products, beverages and tobacco	2.3	5.6	5.7	9.7	9.6	11.5	9.1	..
13-15	Textiles, wearing apparel, leather and related products	9.6	10.1	11.7	12.2	9.6	8.8	9.1	..
13	Textiles	7.4	8.3	8.2	8.7	5.3	5.1	5.6	..
14	Wearing apparel	0.3	0.3	2.2	2.1	1.9	1.9	2.0	..
15	Leather and related products, footwear	1.9	1.5	1.4	1.4	2.4	1.7	1.6	..
16-18	Wood and paper products and printing	9.6	6.8	5.0	4.4	5.2	6.6	9.0	..
16	Wood and wood products, except furniture	2.4	2.8	1.9	1.1	1.4	1.8	5.4	..
17	Paper and paper products	5.4	2.9	2.0	2.2	2.3	3.8	2.8	..
18	Printing and reproduction of recorded media	1.8	1.1	1.1	1.1	1.5	1.0	0.8	..
19-23	Chemical, rubber, plastic, non-metallic mineral products	302.3	305.9	308.9	310.0	303.4	327.9	320.5	..
19	Coke and refined petroleum products	0.0	0.0	0.0	0.0	0.0	0.0	0.0	..
20-21	Chemical and pharmaceutical products	282.1	285.7	284.7	273.6	273.2	300.8	292.7	..
20	Chemicals and chemical products	31.0	31.0	31.0	28.9	27.9	27.3	26.5	..
21	Pharmaceuticals, medicinal, chemical and botanical products	251.1	254.7	253.7	244.7	245.3	273.4	266.2	..
22	Rubber and plastic products	15.3	15.8	15.2	14.5	20.8	17.4	16.5	..
23	Other non-metallic mineral products	4.9	4.4	9.0	21.8	9.4	9.7	11.3	..
24-25	Basic metals, metal products, except machinery and equipment	46.5	52.4	68.0	62.2	59.4	39.7	28.0	..
24	Basic metals	12.6	13.2	8.5	13.6	15.1	11.4	8.7	..
25	Fabricated metal products, except machinery and equipment	33.9	39.2	59.5	48.6	44.3	28.4	19.3	..
26-30	Computer, electronic, optical products; electrical machinery, transport equipment	233.4	296.9	251.7	291.9	282.5	277.9	288.4	..
26	Computer, electronic and optical products	61.7	59.1	58.8	60.8	61.6	59.1	48.8	..
27	Electrical equipment	75.9	103.5	72.5	132.3	115.5	134.7	159.1	..
28	Machinery and equipment n.e.c.	32.3	49.9	22.0	29.7	29.8	33.2	31.7	..
29	Motor vehicles, trailers and semi-trailers	53.2	75.2	95.6	61.1	72.9	47.6	47.1	..
30	Other transport equipment	10.4	9.2	2.8	8.0	2.8	3.2	1.8	..
31-33	Furniture; repair, installation of machinery and equipment	15.1	21.4	15.8	16.6	15.8	10.4	17.4	..
31	Furniture	4.1	4.3	1.8	2.8	2.4	1.2	1.6	..
32	Other manufacturing	5.7	10.4	10.9	5.5	5.6	6.9	8.1	..
33	Repair and installation of machinery and equipment	5.3	6.8	3.1	8.3	7.8	2.3	7.8	..
35-39	**ELECTRICITY, GAS, WATER AND WASTE MANAGEMENT**	**1.6**	**4.1**	**6.4**	**4.2**	**4.0**	**3.2**	**1.8**	..
35-36	Electricity, gas and water	1.6	3.8	6.2	2.7	2.5	2.2	1.2	..
37-39	Sewerage, waste management and remediation activities	0.0	0.2	0.2	1.5	1.5	1.0	0.5	..
41-43	**CONSTRUCTION**	**0.6**	**2.0**	**2.3**	**2.6**	**3.4**	**3.4**	**2.6**	..
45-99	**TOTAL SERVICES**	**163.0**	**309.0**	**401.7**	**365.9**	**339.4**	**275.7**	**218.1**	..
45-82	**Business sector services**	**162.0**	**304.2**	**396.7**	**363.1**	**336.9**	**273.5**	**213.0**	..
45-47	**Wholesale and retail trade; motor vehicle and motorcycle repairs**	**9.2**	**9.6**	**8.9**	**11.2**	**13.7**	**9.2**	**9.0**	..
49-53	**Transportation and storage**	**2.2**	**3.2**	**1.2**	**0.3**	**0.2**	**0.4**	**0.1**	..
55-56	**Accommodation and food service activities**	**0.0**	**0.0**	**0.0**	**0.0**	**0.1**	**0.0**	**0.0**	..
58-63	**Information and communication**	**40.1**	**67.0**	**69.0**	**50.0**	**70.8**	**75.7**	**54.5**	..
58-60	Publishing, audiovisual and broadcasting activities	1.6	6.0	20.3	5.9	5.2	6.4	5.2	..
58	Publishing activities	1.6	5.9	6.1	5.9	5.2	6.3	5.1	..
59-60	Motion picture, video and TV programme production; broadcasting activities	0.0	0.1	14.2	0.0	0.0	0.1	0.1	..
59	Motion picture, video and TV programme production; sound and music	0.0	0.1	0.0	0.0	0.0	0.1	0.1	..
60	Programming and broadcasting activities	0.0	0.0	14.2	0.0	0.0	0.0	0.0	..
61	Telecommunications	7.4	4.4	2.6	2.4	10.5	11.3	2.9	..
62-63	IT and other information services	31.1	56.6	46.1	41.7	55.1	58.0	46.4	..
62	Computer programming, consultancy and related activities	28.3	52.7	41.7	38.3	50.5	52.0	44.6	..
63	Information service activities	2.9	3.9	4.4	3.4	4.6	6.0	1.8	..
64-66	**Financial and insurance activities**	**2.3**	**19.1**	**9.9**	**15.0**	**5.8**	**1.4**	**0.7**	..
68-82	**Real estate; professional, scientific and technical; administrative and support**	**108.3**	**205.3**	**307.7**	**286.6**	**246.2**	**186.7**	**148.6**	..
68	Real estate activities	0.0	0.0	0.0	0.9	1.3	0.8	1.4	..
69-75x72	Professional, scientific and technical activities, except scientific R&D	40.1	66.6	54.1	47.3	52.5	50.0	41.9	..
72	Scientific research and development	67.5	138.7	253.6	237.3	191.5	134.8	103.6	..
77-82	Administrative and support service activities	0.7	0.0	0.0	1.1	0.8	1.1	1.7	..
84-99	Community, social and personal services	1.0	4.8	5.0	2.8	2.5	2.1	5.1	..
84-85	Public administration and defence; compulsory social security and education	0.2	0.5	0.6	0.4	0.9	1.1	0.7	..
86-88	Human health and social work activities	0.8	2.6	2.1	0.4	0.2	0.1	0.2	..
90-93	Arts, entertainment and recreation	0.0	0.0	0.0	0.0	0.0	0.0	3.0	..
94-99	Other services; household-employers; extraterritorial bodies	0.0	1.7	2.4	2.0	1.4	0.9	1.1	..

.. Not available
Note: Detailed metadata at: *http://metalinks.oecd.org/anberd/20191119/b539*.

SPAIN

R&D expenditure in industry by main activity of the enterprise, current prices
ISIC Rev. 4

Million USD PPP

		2010	2011	2012	2013	2014	2015	2016	2017
	TOTAL BUSINESS ENTERPRISE	10 325.5	10 357.2	10 208.0	10 234.7	10 242.7	10 412.9	10 871.0	12 053.8
01-03	**AGRICULTURE, FORESTRY AND FISHING**	76.8	74.6	76.8	78.7	88.2	90.5	104.8	132.6
05-09	**MINING AND QUARRYING**	25.7	27.4	24.1	20.5	18.4	19.8	21.1	26.2
10-33	**MANUFACTURING**	4 602.8	4 789.7	4 611.5	4 595.7	4 674.0	4 732.0	5 041.4	5 556.8
10-12	Food products, beverages and tobacco	273.0	272.0	269.4	275.7	279.1	272.8	314.2	361.9
13-15	Textiles, wearing apparel, leather and related products	115.2	113.9	134.7	149.5	208.4	208.8	159.6	138.5
13	Textiles	42.6	45.4	42.7	41.8	42.9	34.3	36.1	37.2
14	Wearing apparel	53.4	51.9	75.7	88.3	145.1	152.0	98.5	74.6
15	Leather and related products, footwear	19.2	16.5	16.2	19.3	20.3	22.5	25.0	26.7
16-18	Wood and paper products and printing	61.7	65.7	53.7	48.2	52.3	51.0	61.8	65.7
16	Wood and wood products, except furniture	20.5	17.7	13.5	12.5	13.5	11.6	15.2	14.3
17	Paper and paper products	24.4	34.9	23.5	20.7	19.5	21.5	22.7	22.9
18	Printing and reproduction of recorded media	16.8	13.1	16.7	14.9	19.2	17.9	23.9	28.5
19-23	Chemical, rubber, plastic, non-metallic mineral products	1 531.9	1 567.0	1 518.2	1 543.3	1 556.3	1 562.2	1 650.8	1 822.4
19	Coke and refined petroleum products	82.4	96.1	99.3	101.8	104.8	102.8	93.8	79.5
20-21	Chemical and pharmaceutical products	1 207.9	1 229.2	1 182.1	1 196.5	1 225.5	1 239.4	1 327.8	1 506.8
20	Chemicals and chemical products	342.8	339.2	337.6	354.7	352.5	346.6	364.7	418.7
21	Pharmaceuticals, medicinal, chemical and botanical products	865.1	890.0	844.5	841.8	873.0	892.8	963.1	1 088.2
22	Rubber and plastic products	143.5	143.0	154.1	153.8	143.8	145.7	156.7	162.3
23	Other non-metallic mineral products	98.1	98.7	82.7	91.1	82.3	74.3	72.5	73.7
24-25	Basic metals, metal products, except machinery and equipment	289.8	323.3	280.0	261.6	257.1	243.9	238.8	311.8
24	Basic metals	100.8	128.3	92.9	81.3	78.0	67.9	66.3	111.6
25	Fabricated metal products, except machinery and equipment	189.0	195.0	187.0	180.4	179.0	175.9	172.5	200.2
26-30	Computer, electronic, optical products; electrical machinery, transport equipment	2 212.2	2 322.8	2 237.2	2 192.3	2 198.0	2 277.1	2 478.9	2 709.1
26	Computer, electronic and optical products	319.4	291.4	258.5	260.4	257.0	246.2	258.6	300.0
27	Electrical equipment	282.7	273.5	301.1	281.3	289.2	319.4	333.5	292.9
28	Machinery and equipment n.e.c.	296.7	314.3	327.2	323.2	319.0	334.5	349.2	377.5
29	Motor vehicles, trailers and semi-trailers	525.7	500.5	490.4	486.3	566.3	551.7	671.2	792.8
30	Other transport equipment	787.7	943.1	859.9	841.1	766.5	825.4	866.5	945.9
31-33	Furniture; repair, installation of machinery and equipment	119.0	124.9	118.4	125.1	122.9	116.2	137.2	147.5
31	Furniture	27.3	26.5	22.9	22.7	27.1	22.2	22.8	22.6
32	Other manufacturing	72.4	80.0	77.2	83.7	76.0	78.3	94.0	101.8
33	Repair and installation of machinery and equipment	19.3	18.4	18.3	18.8	19.8	15.7	20.5	23.1
35-39	**ELECTRICITY, GAS, WATER AND WASTE MANAGEMENT**	233.7	260.8	291.3	250.3	226.1	234.9	236.1	260.7
35-36	Electricity, gas and water	192.9	219.7	262.8	221.1	193.7	203.7	200.2	220.0
37-39	Sewerage, waste management and remediation activities	40.9	41.1	28.5	29.2	32.4	31.2	35.9	40.7
41-43	**CONSTRUCTION**	218.6	218.0	197.6	182.5	196.2	155.2	145.9	174.1
45-99	**TOTAL SERVICES**	5 167.9	4 986.7	5 006.6	5 107.1	5 039.8	5 180.6	5 321.7	5 903.4
45-82	**Business sector services**	5 003.4	4 823.8	4 835.0	4 925.7	4 849.9	5 001.1	5 168.6	5 741.0
45-47	Wholesale and retail trade; motor vehicle and motorcycle repairs	311.6	309.1	308.5	301.4	264.7	306.9	383.2	449.9
49-53	Transportation and storage	128.8	85.0	85.9	67.3	71.1	54.5	87.2	107.8
55-56	Accommodation and food service activities	8.2	2.9	11.5	6.9	5.9	5.6	4.3	8.1
58-63	Information and communication	1 214.8	1 229.5	1 223.5	1 253.3	1 291.2	1 195.7	1 275.4	1 266.1
58-60	Publishing, audiovisual and broadcasting activities	92.6	78.7	74.7	61.2	66.3	57.8	48.8	60.2
58	Publishing activities	65.9	55.2	48.1	42.6	52.5	36.8	33.8	42.9
59-60	Motion picture, video and TV programme production; broadcasting activities	26.8	23.5	26.6	18.6	13.8	21.0	15.0	17.3
59	Motion picture, video and TV programme production; sound and music	22.9	18.1	19.9	12.7	10.8	15.6	8.7	10.0 e
60	Programming and broadcasting activities	3.9	5.4	6.7	5.9	3.0	5.4	6.3	7.3 e
61	Telecommunications	234.7	240.1	221.4	221.7	224.9	205.8	226.7	203.1
62-63	IT and other information services	887.4	910.7	927.5	970.4	1 000.0	932.1	999.9	1 002.9
62	Computer programming, consultancy and related activities	834.1	836.4	858.1	915.8	943.8	870.6	916.6	919.8
63	Information service activities	53.4	74.3	69.4	54.6	56.2	61.5	83.3	83.1
64-66	Financial and insurance activities	266.1	213.3	134.8	131.8	126.3	204.4	235.3	367.0
68-82	Real estate; professional, scientific and technical; administrative and support	3 073.8	2 984.0	3 070.8	3 165.0	3 090.6	3 234.0	3 183.2	3 542.0
68	Real estate activities	11.0	8.9	8.7	3.2	8.0	7.4	8.1	17.1
69-75x72	Professional, scientific and technical activities, except scientific R&D	850.7	894.8	869.2	915.6	850.1	851.3	771.8	838.0
72	Scientific research and development	2 157.9	2 031.8	2 123.4	2 175.4	2 172.5	2 317.2	2 346.9	2 625.8
77-82	Administrative and support service activities	54.1	48.5	69.5	70.8	59.8	58.0	56.3	61.0
84-99	Community, social and personal services	164.5	162.9	171.6	181.5	189.9	179.5	153.1	162.5
84-85	Public administration and defence; compulsory social security and education	19.2	20.1	19.6	15.1	16.9	10.4	9.8	11.2
86-88	Human health and social work activities	114.5	104.3	120.7	134.9	141.5	135.3	118.7	122.9
90-93	Arts, entertainment and recreation	4.8	5.3	5.1	7.1	7.6	9.3	8.4	10.3
94-99	Other services; household-employers; extraterritorial bodies	26.0	33.1	26.3	24.3	24.0	24.4	16.2	18.0

e Estimated value
Note: Detailed metadata at: http://metalinks.oecd.org/anberd/20191119/b539.

SPAIN

R&D expenditure in industry by main activity of the enterprise, constant prices
ISIC Rev. 4

2010 USD PPP

		2010	2011	2012	2013	2014	2015	2016	2017
	TOTAL BUSINESS ENTERPRISE	**10 325.5**	**10 171.1**	**9 749.1**	**9 457.4**	**9 308.4**	**9 446.1**	**9 698.8**	**10 391.4**
01-03	**AGRICULTURE, FORESTRY AND FISHING**	76.8	73.2	73.4	72.7	80.1	82.1	93.5	114.4
05-09	**MINING AND QUARRYING**	25.7	26.9	23.0	18.9	16.7	17.9	18.9	22.6
10-33	**MANUFACTURING**	**4 602.8**	**4 703.7**	**4 404.2**	**4 246.7**	**4 247.7**	**4 292.7**	**4 497.8**	**4 790.4**
10-12	Food products, beverages and tobacco	273.0	267.1	257.3	254.7	253.6	247.5	280.4	312.0
13-15	Textiles, wearing apparel, leather and related products	115.2	111.8	128.6	138.1	189.4	189.4	142.4	119.4
13	Textiles	42.6	44.6	40.8	38.7	39.0	31.1	32.2	32.1
14	Wearing apparel	53.4	51.0	72.3	81.6	131.9	137.9	87.9	64.3
15	Leather and related products, footwear	19.2	16.2	15.5	17.9	18.4	20.4	22.3	23.1
16-18	Wood and paper products and printing	61.7	64.6	51.3	44.5	47.5	46.3	55.1	56.7
16	Wood and wood products, except furniture	20.5	17.4	12.9	11.6	12.3	10.5	13.5	12.3
17	Paper and paper products	24.4	34.3	22.5	19.1	17.7	19.5	20.3	19.7
18	Printing and reproduction of recorded media	16.8	12.9	16.0	13.8	17.5	16.2	21.3	24.6
19-23	Chemical, rubber, plastic, non-metallic mineral products	1 531.9	1 538.8	1 449.9	1 426.1	1 414.4	1 417.2	1 472.8	1 571.0
19	Coke and refined petroleum products	82.4	94.3	94.8	94.1	95.2	93.3	83.7	68.5
20-21	Chemical and pharmaceutical products	1 207.9	1 207.1	1 128.9	1 105.7	1 113.7	1 124.3	1 184.7	1 299.0
20	Chemicals and chemical products	342.8	333.1	322.4	327.8	320.3	314.4	325.4	360.9
21	Pharmaceuticals, medicinal, chemical and botanical products	865.1	874.0	806.5	777.9	793.4	809.9	859.3	938.1
22	Rubber and plastic products	143.5	140.5	147.2	142.1	130.7	132.2	139.8	139.9
23	Other non-metallic mineral products	98.1	96.9	79.0	84.2	74.7	67.4	64.6	63.6
24-25	Basic metals, metal products, except machinery and equipment	289.8	317.5	267.4	241.8	233.6	221.2	213.1	268.8
24	Basic metals	100.8	126.0	88.7	75.1	70.9	61.6	59.1	96.2
25	Fabricated metal products, except machinery and equipment	189.0	191.5	178.6	166.7	162.7	159.6	153.9	172.6
26-30	Computer, electronic, optical products; electrical machinery, transport equipment	2 212.2	2 281.1	2 136.6	2 025.9	1 997.5	2 065.7	2 211.6	2 335.4
26	Computer, electronic and optical products	319.4	286.2	246.9	240.6	233.6	223.3	230.7	258.6
27	Electrical equipment	282.7	268.6	287.6	259.9	262.8	289.7	297.5	252.5
28	Machinery and equipment n.e.c.	296.7	308.7	312.5	298.7	289.9	303.4	311.5	325.4
29	Motor vehicles, trailers and semi-trailers	525.7	491.5	468.4	449.4	514.7	500.5	598.8	683.4
30	Other transport equipment	787.7	926.1	821.3	777.2	696.6	748.7	773.0	815.4
31-33	Furniture; repair, installation of machinery and equipment	119.0	122.7	113.1	115.6	111.7	105.4	122.4	127.1
31	Furniture	27.3	26.0	21.9	21.0	24.6	20.2	20.4	19.5
32	Other manufacturing	72.4	78.6	73.7	77.3	69.1	71.0	83.8	87.7
33	Repair and installation of machinery and equipment	19.3	18.1	17.5	17.3	18.0	14.2	18.3	19.9
35-39	**ELECTRICITY, GAS, WATER AND WASTE MANAGEMENT**	233.7	256.1	278.2	231.3	205.5	213.1	210.6	224.7
35-36	Electricity, gas and water	192.9	215.8	251.0	204.3	176.0	184.8	178.6	189.7
37-39	Sewerage, waste management and remediation activities	40.9	40.3	27.2	27.0	29.5	28.3	32.0	35.1
41-43	**CONSTRUCTION**	218.6	214.1	188.7	168.6	178.3	140.7	130.2	150.0
45-99	**TOTAL SERVICES**	**5 167.9**	**4 897.1**	**4 781.5**	**4 719.3**	**4 580.1**	**4 699.6**	**4 747.9**	**5 089.2**
45-82	**Business sector services**	5 003.4	4 737.2	4 617.6	4 551.6	4 407.5	4 536.8	4 611.3	4 949.2
45-47	Wholesale and retail trade; motor vehicle and motorcycle repairs	311.6	303.6	294.7	278.5	240.6	278.4	341.9	387.9
49-53	Transportation and storage	128.8	83.5	82.1	62.2	64.6	49.4	77.8	92.9
55-56	Accommodation and food service activities	8.2	2.8	11.0	6.4	5.4	5.0	3.8	7.0
58-63	Information and communication	1 214.8	1 207.4	1 168.5	1 158.1	1 173.4	1 084.7	1 137.9	1 091.5
58-60	Publishing, audiovisual and broadcasting activities	92.6	77.3	71.3	56.6	60.3	52.5	43.6	51.9
58	Publishing activities	65.9	54.2	45.9	39.4	47.7	33.4	30.2	37.0
59-60	Motion picture, video and TV programme production; broadcasting activities	26.8	23.1	25.4	17.2	12.5	19.0	13.4	14.9
59	Motion picture, video and TV programme production; sound and music	22.9	17.8	19.0	11.8	9.8	14.2	7.8	8.7 e
60	Programming and broadcasting activities	3.9	5.3	6.4	5.4	2.7	4.9	5.6	6.3 e
61	Telecommunications	234.7	235.7	211.5	204.8	204.4	186.7	202.3	175.1
62-63	IT and other information services	887.4	894.3	885.8	896.7	908.7	845.6	892.1	864.6
62	Computer programming, consultancy and related activities	834.1	821.3	819.5	846.2	857.7	789.7	817.8	792.9
63	Information service activities	53.4	73.0	66.3	50.5	51.0	55.8	74.3	71.6
64-66	Financial and insurance activities	266.1	209.5	128.7	121.8	114.8	185.5	209.9	316.4
68-82	Real estate; professional, scientific and technical; administrative and support	3 073.8	2 930.4	2 932.7	2 924.6	2 808.7	2 933.7	2 839.9	3 053.5
68	Real estate activities	11.0	8.8	8.3	3.0	7.3	6.7	7.2	14.8
69-75x72	Professional, scientific and technical activities, except scientific R&D	850.7	878.7	830.1	846.0	772.6	772.3	688.6	722.5
72	Scientific research and development	2 157.9	1 995.3	2 027.9	2 010.2	1 974.4	2 102.1	2 093.9	2 263.7
77-82	Administrative and support service activities	54.1	47.6	66.4	65.4	54.4	52.6	50.2	52.6
84-99	Community, social and personal services	164.5	159.9	163.9	167.7	172.6	162.9	136.6	140.1
84-85	Public administration and defence; compulsory social security and education	19.2	19.8	18.7	14.0	15.3	9.5	8.7	9.6
86-88	Human health and social work activities	114.5	102.4	115.2	124.7	128.6	122.8	105.9	106.0
90-93	Arts, entertainment and recreation	4.8	5.2	4.8	6.6	6.9	8.4	7.5	8.9
94-99	Other services; household-employers; extraterritorial bodies	26.0	32.5	25.1	22.5	21.8	22.2	14.5	15.6

e Estimated value
Note: Detailed metadata at: *http://metalinks.oecd.org/anberd/20191119/b539*.

SWEDEN

R&D expenditure in industry by main activity of the enterprise, current prices
ISIC Rev. 4

Million USD PPP

		2010	2011	2012	2013	2014	2015	2016	2017
	TOTAL BUSINESS ENTERPRISE	8 623.1	9 279.2	9 470.3	9 995.0	9 514.1	10 797.1	11 079.7	12 525.9
01-03	**AGRICULTURE, FORESTRY AND FISHING**	20.1 e	22.7	22.8 e	23.7 e	20.5 e	21.2 e	21.2 e	23.4 e
05-09	**MINING AND QUARRYING**	16.7 e	18.9	19.0 e	19.7 e	17.0 e	17.6 e	17.6 e	19.4 e
10-33	**MANUFACTURING**	6 258.6 e	6 592.8	6 700.4 e	7 043.3	6 635.0 e	7 458.8	6 769.7 e	6 791.9 e
10-12	Food products, beverages and tobacco	42.0 e	46.8	47.2 e	49.2	46.5 e	52.3 e	49.0 e	50.9 e
13-15	Textiles, wearing apparel, leather and related products	6.8 e	5.2	5.5 e	5.9	5.6 e	6.3 e	6.4 e	7.1 e
13	Textiles	..	..	..	..	..	..	..	..
14	Wearing apparel	..	..	..	..	..	..	..	..
15	Leather and related products, footwear	..	..	..	..	..	..	..	..
16-18	Wood and paper products and printing	225.0 e	107.1	124.0 e	145.7	137.6 e	155.0 e	156.2 e	173.8 e
16	Wood and wood products, except furniture	..	..	..	..	..	..	..	..
17	Paper and paper products	..	102.8	..	136.8	..	..	..	147.4
18	Printing and reproduction of recorded media	..	..	..	..	..	..	..	..
19-23	Chemical, rubber, plastic, non-metallic mineral products	973.4 e	1 107.5	1 080.6 e	1 090.3	1 001.9 e	1 100.4 e	1 074.1 e	1 160.6 e
19	Coke and refined petroleum products	..	..	..	..	..	..	..	..
20-21	Chemical and pharmaceutical products	..	..	..	..	..	..	..	..
20	Chemicals and chemical products	..	..	..	..	..	..	..	..
21	Pharmaceuticals, medicinal, chemical and botanical products	746.5	876.5	829.4 e	809.6	764.4 e	861.1 e	811.6 e	847.4 e
22	Rubber and plastic products	23.9 e	24.0	26.5 e	30.0	39.7 e	56.5	70.1 e	91.0
23	Other non-metallic mineral products	12.5 e	14.6	15.2 e	16.4	15.5 e	17.4 e	15.8 e	15.8
24-25	Basic metals, metal products, except machinery and equipment	305.0 e	261.0	306.8 e	364.5	312.9 e	320.3	320.0 e	353.4
24	Basic metals	161.9 e	168.4	205.3 e	250.4	224.2 e	239.9	203.1 e	187.7
25	Fabricated metal products, except machinery and equipment	143.1 e	92.6	101.5 e	114.1	88.7 e	80.3	116.9 e	165.8
26-30	Computer, electronic, optical products; electrical machinery, transport equipment	4 522.5 e	4 894.0	4 970.5 e	5 221.2	4 990.9 e	5 685.2	5 039.8 e	4 923.9
26	Computer, electronic and optical products	1 995.1 e	2 149.1	2 059.7 e	2 039.0	1 949.4 e	2 220.9	1 176.1 e	255.3
27	Electrical equipment	249.0 e	273.5	296.8 e	331.0	336.7 e	404.2	395.3 e	427.9
28	Machinery and equipment n.e.c.	620.9 e	682.3	700.5 e	743.5	689.4 e	763.8	805.6 e	932.0
29	Motor vehicles, trailers and semi-trailers	996.0 e	1 075.1	1 149.8 e	1 266.5 e	1 211.0 e	1 379.8 e	1 600.1 e	1 988.2 e
30	Other transport equipment	661.5 e	714.0	763.7 e	841.2 e	804.3 e	916.5 e	1 062.7 e	1 320.5 e
31-33	Furniture; repair, installation of machinery and equipment	183.9 e	171.2	165.9 e	166.2	139.6 e	139.4 e	124.2 e	122.1 e
31	Furniture	12.0 e	9.7	13.4 e	17.6	14.6 e	14.5 e	12.8 e	12.5 e
32	Other manufacturing	106.1 e	120.0	126.8 e	138.2	115.1 e	113.8 e	100.9 e	98.6 e
33	Repair and installation of machinery and equipment	65.9 e	41.5	25.8 e	10.5	9.9 e	11.1 e	10.5 e	11.0 e
35-39	**ELECTRICITY, GAS, WATER AND WASTE MANAGEMENT**	11.2 e	10.6	23.9 e	38.4	54.8 e	80.9	83.2 e	94.2
35-36	Electricity, gas and water	..	..	..	..	..	..	..	..
37-39	Sewerage, waste management and remediation activities	..	..	..	..	..	..	..	..
41-43	**CONSTRUCTION**	17.3 e	17.6	22.6 e	28.5	31.6 e	40.3	36.3 e	36.2 e
45-99	**TOTAL SERVICES**	2 299.0 e	2 616.6	2 681.6 e	2 841.5	2 755.2 e	3 178.3	4 151.8 e	5 560.9
45-82	**Business sector services**	2 281.1 e	2 604.6	2 665.2 e	2 819.9	2 734.9 e	3 155.3 e	4 126.5 e	5 530.6 e
45-47	Wholesale and retail trade; motor vehicle and motorcycle repairs	374.9 e	542.5	569.0 e	613.7	579.0 e	649.8 e	687.4 e	797.2 e
49-53	Transportation and storage	14.8 e	16.7	26.6 e	37.6	34.4 e	37.5	32.2 e	30.3
55-56	Accommodation and food service activities	0.0 e	0.0 e	0.0 e	0.0 e	0.0 e	0.0 e	0.0 e	0.0 e
58-63	Information and communication	420.8 e	380.4	445.4 e	526.0	565.4 e	705.6	1 508.1 e	2 468.5
58-60	Publishing, audiovisual and broadcasting activities	..	80.2	..	130.4	..	225.6	..	208.6
58	Publishing activities	..	..	..	..	..	..	..	..
59-60	Motion picture, video and TV programme production; broadcasting activities	..	..	..	..	..	..	..	..
59	Motion picture, video and TV programme production; sound and music	..	..	..	..	..	..	..	..
60	Programming and broadcasting activities	..	..	..	..	..	..	..	..
61	Telecommunications	..	..	..	..	..	..	..	..
62-63	IT and other information services	..	..	..	..	..	..	..	..
62	Computer programming, consultancy and related activities	..	..	..	..	..	..	..	..
63	Information service activities	..	..	..	..	..	..	..	..
64-66	Financial and insurance activities	76.3 e	91.8	95.4 e	102.0	107.6 e	132.4	129.8 e	140.9
68-82	Real estate; professional, scientific and technical; administrative and support	1 394.3 e	1 572.8	1 528.8 e	1 530.4	1 448.5 e	1 630.0 e	1 769.0 e	2 093.7 e
68	Real estate activities	0.0 e	0.0 e	0.0 e	0.0 e	0.0 e	0.0 e	0.0 e	0.0 e
69-75x72	Professional, scientific and technical activities, except scientific R&D	274.5	315.5	383.7 e	465.6	460.7 e	539.0	568.8 e	658.3
72	Scientific research and development	1 110.1 e	1 245.5	1 116.2 e	1 017.5	945.7 e	1 046.5	1 155.4 e	1 385.6
77-82	Administrative and support service activities	9.7 e	12.0	29.0 e	47.3	42.0 e	44.4 e	44.8 e	49.9 e
84-99	Community, social and personal services	17.9 e	12.0	16.4 e	21.5	20.4 e	23.0 e	25.3 e	30.3 e
84-85	Public administration and defence; compulsory social security and education	..	..	..	..	..	..	..	..
86-88	Human health and social work activities	..	..	..	..	..	..	..	..
90-93	Arts, entertainment and recreation	..	..	..	..	..	..	..	..
94-99	Other services; household-employers; extraterritorial bodies	..	..	..	..	..	..	..	..

.. Not available; e Estimated value
Note: Detailed metadata at: http://metalinks.oecd.org/anberd/20191119/b539.

SWEDEN

R&D expenditure in industry by main activity of the enterprise, constant prices
ISIC Rev. 4

2010 USD PPP

Code	Activity	2010	2011	2012	2013	2014	2015	2016	2017
	TOTAL BUSINESS ENTERPRISE	8 623.1	8 986.5	8 880.9	9 214.0	8 747.4	9 865.3	10 130.1	11 016.0
01-03	**AGRICULTURE, FORESTRY AND FISHING**	20.1 e	22.0	21.4 e	21.8 e	18.8 e	19.3 e	19.3 e	20.6 e
05-09	**MINING AND QUARRYING**	16.7 e	18.3	17.8 e	18.1 e	15.7 e	16.1 e	16.1 e	17.1 e
10-33	**MANUFACTURING**	6 258.6 e	6 384.8	6 283.4 e	6 493.0	6 100.3 e	6 815.1	6 189.5 e	5 973.2 e
10-12	Food products, beverages and tobacco	42.0 e	45.3	44.2 e	45.4	42.7 e	47.8 e	44.8 e	44.8 e
13-15	Textiles, wearing apparel, leather and related products	6.8 e	5.0	5.1 e	5.5	5.1 e	5.8 e	5.8 e	6.2 e
13	Textiles	..	..	..	..	..	..	..	..
14	Wearing apparel	..	..	..	..	..	..	..	..
15	Leather and related products, footwear	..	..	..	..	..	..	..	..
16-18	Wood and paper products and printing	225.0 e	103.7	116.3 e	134.3	126.5 e	141.6 e	142.8 e	152.9 e
16	Wood and wood products, except furniture	..	..	..	..	..	..	..	..
17	Paper and paper products	..	99.5	..	126.1	..	..	..	129.6
18	Printing and reproduction of recorded media	..	..	..	..	..	..	..	..
19-23	Chemical, rubber, plastic, non-metallic mineral products	973.4 e	1 072.6	1 013.3 e	1 005.1	921.2 e	1 005.4 e	982.0 e	1 020.7 e
19	Coke and refined petroleum products	..	..	..	..	..	..	..	..
20-21	Chemical and pharmaceutical products	..	..	..	..	..	..	..	..
20	Chemicals and chemical products	..	..	..	..	..	..	..	..
21	Pharmaceuticals, medicinal, chemical and botanical products	746.5 e	848.9	777.8 e	746.4	702.8 e	786.7 e	742.0 e	745.2 e
22	Rubber and plastic products	23.9 e	23.2	24.8 e	27.7	36.5 e	51.6	64.1 e	80.0
23	Other non-metallic mineral products	12.5 e	14.1	14.3 e	15.1	14.2 e	15.9 e	14.4 e	13.9
24-25	Basic metals, metal products, except machinery and equipment	305.0 e	252.7	287.7 e	336.0	287.7 e	292.6	292.6 e	310.8
24	Basic metals	161.9 e	163.1	192.5 e	230.8	206.1 e	219.2	185.7 e	165.0
25	Fabricated metal products, except machinery and equipment	143.1 e	89.7	95.2 e	105.2	81.5 e	73.4	106.9 e	145.8
26-30	Computer, electronic, optical products; electrical machinery, transport equipment	4 522.5 e	4 739.6	4 661.1 e	4 813.2	4 588.7 e	5 194.5	4 607.8 e	4 330.4
26	Computer, electronic and optical products	1 995.1 e	2 081.3	1 931.5 e	1 879.7	1 792.3 e	2 029.2	1 075.3 e	224.5
27	Electrical equipment	249.0 e	264.9	278.3 e	305.2	309.6 e	369.3	361.4 e	376.4
28	Machinery and equipment n.e.c.	620.9 e	660.7	656.9 e	685.4	633.9 e	697.9	736.6 e	819.7
29	Motor vehicles, trailers and semi-trailers	996.0 e	1 041.2	1 078.3 e	1 167.5 e	1 113.4 e	1 260.8 e	1 462.9 e	1 748.5 e
30	Other transport equipment	661.5 e	691.5	716.2 e	775.4 e	739.5 e	837.4 e	971.6 e	1 161.3 e
31-33	Furniture; repair, installation of machinery and equipment	183.9 e	165.8	155.6 e	153.2	128.3 e	127.3 e	113.5 e	107.4 e
31	Furniture	12.0 e	9.4	12.5 e	16.2	13.4 e	13.2 e	11.7 e	11.0 e
32	Other manufacturing	106.1 e	116.2	118.9 e	127.4	105.8 e	103.9 e	92.2 e	86.7 e
33	Repair and installation of machinery and equipment	65.9 e	40.2	24.2 e	9.7	9.1 e	10.2 e	9.6 e	9.6 e
35-39	**ELECTRICITY, GAS, WATER AND WASTE MANAGEMENT**	11.2 e	10.3	22.4 e	35.4	50.4 e	73.9	76.0 e	82.8
35-36	Electricity, gas and water	..	..	..	..	..	..	..	..
37-39	Sewerage, waste management and remediation activities	..	..	..	..	..	..	..	..
41-43	**CONSTRUCTION**	17.3 e	17.1	21.2 e	26.3	29.0 e	36.8	33.2 e	31.8 e
45-99	**TOTAL SERVICES**	2 299.0 e	2 534.0	2 514.7 e	2 619.4	2 533.2 e	2 904.0	3 796.0 e	4 890.6
45-82	**Business sector services**	2 281.1 e	2 522.4	2 499.4 e	2 599.6	2 514.5 e	2 883.0 e	3 772.8 e	4 864.0 e
45-47	Wholesale and retail trade; motor vehicle and motorcycle repairs	374.9 e	525.4	533.6 e	565.7	532.4 e	593.7 e	628.5 e	701.1 e
49-53	Transportation and storage	14.8 e	16.2	24.9 e	34.6	31.6 e	34.3	29.4 e	26.6
55-56	Accommodation and food service activities	0.0 e	0.0 e	0.0 e	0.0 e	0.0 e	0.0 e	0.0 e	0.0 e
58-63	Information and communication	420.8 e	368.4	417.7 e	484.9	519.8 e	644.7	1 378.8 e	2 171.0
58-60	Publishing, audiovisual and broadcasting activities	..	77.6	..	120.2	..	206.1	..	183.4
58	Publishing activities	..	..	..	..	..	..	..	..
59-60	Motion picture, video and TV programme production; broadcasting activities	..	..	..	..	..	..	..	..
59	Motion picture, video and TV programme production; sound and music	..	..	..	..	..	..	..	..
60	Programming and broadcasting activities	..	..	..	..	..	..	..	..
61	Telecommunications	..	..	..	..	..	..	..	..
62-63	IT and other information services	..	..	..	..	..	..	..	..
62	Computer programming, consultancy and related activities	..	..	..	..	..	..	..	..
63	Information service activities	..	..	..	..	..	..	..	..
64-66	**Financial and insurance activities**	76.3 e	88.9	89.5 e	94.0	98.9 e	121.0	118.7 e	123.9
68-82	**Real estate; professional, scientific and technical; administrative and support**	1 394.3 e	1 523.2	1 433.7 e	1 410.8	1 331.7 e	1 489.3 e	1 617.4 e	1 841.4 e
68	Real estate activities	0.0 e	0.0 e	0.0 e	0.0 e	0.0 e	0.0 e	0.0 e	0.0 e
69-75x72	Professional, scientific and technical activities, except scientific R&D	274.5 e	305.5	359.8 e	429.2	423.6 e	492.5	520.0 e	578.9
72	Scientific research and development	1 110.1 e	1 206.2	1 046.7 e	938.0	869.5 e	956.2	1 056.4 e	1 218.6
77-82	Administrative and support service activities	9.7 e	11.6	27.2 e	43.6	38.6 e	40.6 e	41.0 e	43.9 e
84-99	**Community, social and personal services**	17.9 e	11.6	15.4 e	19.8 e	18.7 e	21.0 e	23.1 e	26.6 e
84-85	Public administration and defence; compulsory social security and education	..	..	..	..	..	..	..	..
86-88	Human health and social work activities	..	..	..	..	..	..	..	..
90-93	Arts, entertainment and recreation	..	..	..	..	..	..	..	..
94-99	Other services; household-employers; extraterritorial bodies	..	..	..	..	..	..	..	..

.. Not available; e Estimated value
Note: Detailed metadata at: *http://metalinks.oecd.org/anberd/20191119/b539*.

SWITZERLAND

R&D expenditure in industry by main activity of the enterprise, current prices
ISIC Rev. 4

Million USD PPP

		2010	2011	2012	2013	2014	2015	2016	2017
	TOTAL BUSINESS ENTERPRISE	8 874.3 e	9 815.8 e	10 542.8	11 266.9 e	11 939.2 e	12 675.6	12 728.0 e	13 116.0
01-03	**AGRICULTURE, FORESTRY AND FISHING**	..	..	..	..	..	..	..	..
05-09	**MINING AND QUARRYING**	..	..	..	..	..	..	..	..
10-33	**MANUFACTURING**	6 409.2 e	6 981.2 e	7 378.7	7 756.2 e	8 121.8 e	8 609.4	8 749.5 e	9 196.5
10-12	Food products, beverages and tobacco	34.6 e	37.5 e	45.3	51.2 e	54.8 e	58.0	58.9 e	61.9
13-15	Textiles, wearing apparel, leather and related products	..	..	..	..	..	..	..	..
13	Textiles	..	..	..	..	..	..	..	..
14	Wearing apparel	..	..	..	..	..	..	..	..
15	Leather and related products, footwear	..	..	..	..	..	..	..	..
16-18	Wood and paper products and printing	..	..	..	..	..	..	..	..
16	Wood and wood products, except furniture	..	..	..	..	..	..	..	..
17	Paper and paper products	..	..	..	..	..	..	..	..
18	Printing and reproduction of recorded media	..	..	..	..	..	..	..	..
19-23	Chemical, rubber, plastic, non-metallic mineral products	3 580.6 e	3 845.1 e	4 066.2	4 352.7 e	4 659.8 e	4 991.1	5 017.7 e	5 151.5
19	Coke and refined petroleum products	..	..	..	..	..	..	..	..
20-21	Chemical and pharmaceutical products	..	..	..	..	..	..	..	..
20	Chemicals and chemical products	..	..	..	..	..	..	..	..
21	Pharmaceuticals, medicinal, chemical and botanical products	3 244.3 e	3 494.5 e	3 692.0	3 935.8 e	4 194.0 e	4 481.9	4 512.9 e	4 651.6
22	Rubber and plastic products	..	..	..	..	..	..	..	..
23	Other non-metallic mineral products	..	..	..	..	..	..	..	..
24-25	Basic metals, metal products, except machinery and equipment	279.8 e	329.1 e	336.9	301.6 e	257.8 e	258.5	326.2 e	456.3
24	Basic metals	..	..	..	..	..	..	..	..
25	Fabricated metal products, except machinery and equipment	..	..	..	..	..	..	..	..
26-30	Computer, electronic, optical products; electrical machinery, transport equipment	2 256.8 e	2 500.0 e	2 677.4	2 834.1 e	2 954.5 e	3 063.6	2 980.6 e	2 958.4
26	Computer, electronic and optical products	1 287.7 e	1 421.6 e	1 526.1	1 632.9 e	1 718.7 e	1 777.1	1 688.2 e	1 609.2
27	Electrical equipment	..	..	..	..	..	..	..	..
28	Machinery and equipment n.e.c.	..	..	..	..	..	..	..	..
29	Motor vehicles, trailers and semi-trailers	..	..	..	..	..	..	..	..
30	Other transport equipment	..	..	..	..	..	..	..	..
31-33	Furniture; repair, installation of machinery and equipment	..	..	..	..	..	..	..	..
31	Furniture	..	..	..	..	..	..	..	..
32	Other manufacturing	..	..	..	..	..	..	..	..
33	Repair and installation of machinery and equipment	..	..	..	..	..	..	..	..
35-39	**ELECTRICITY, GAS, WATER AND WASTE MANAGEMENT**	..	..	..	..	..	..	..	..
35-36	Electricity, gas and water	..	..	..	..	..	..	..	..
37-39	Sewerage, waste management and remediation activities	..	..	..	..	..	..	..	..
41-43	**CONSTRUCTION**	..	..	..	..	..	..	..	..
45-99	**TOTAL SERVICES**	2 465.0 e	2 834.5 e	3 164.1	3 510.7 e	3 817.5 e	4 066.2	3 978.5 e	3 919.5
45-82	**Business sector services**	..	..	..	..	..	..	..	..
45-47	Wholesale and retail trade; motor vehicle and motorcycle repairs	..	..	..	..	..	..	..	..
49-53	Transportation and storage	..	..	..	..	..	..	..	..
55-56	Accommodation and food service activities	..	..	..	..	..	..	..	..
58-63	Information and communication	..	..	..	..	..	..	..	..
58-60	Publishing, audiovisual and broadcasting activities	..	..	..	..	..	..	..	..
58	Publishing activities	..	..	..	..	..	..	..	..
59-60	Motion picture, video and TV programme production; broadcasting activities	..	..	..	..	..	..	..	..
59	Motion picture, video and TV programme production; sound and music	..	..	..	..	..	..	..	..
60	Programming and broadcasting activities	..	..	..	..	..	..	..	..
61	Telecommunications	..	..	..	..	..	..	..	..
62-63	IT and other information services	..	..	..	..	..	..	..	..
62	Computer programming, consultancy and related activities	..	..	..	..	..	..	..	..
63	Information service activities	..	..	..	..	..	..	..	..
64-66	**Financial and insurance activities**	..	..	..	..	..	..	..	..
68-82	**Real estate; professional, scientific and technical; administrative and support**	..	..	..	..	..	..	..	..
68	Real estate activities	..	..	..	..	..	..	..	..
69-75x72	Professional, scientific and technical activities, except scientific R&D	..	..	..	..	..	..	..	..
72	Scientific research and development	927.0 e	1 168.6 e	1 412.1	1 649.1 e	1 841.8 e	1 977.2	1 918.8 e	1 855.6
77-82	Administrative and support service activities	..	..	..	..	..	..	..	..
84-99	Community, social and personal services	..	..	..	..	..	..	..	..
84-85	Public administration and defence; compulsory social security and education	..	..	..	..	..	..	..	..
86-88	Human health and social work activities	..	..	..	..	..	..	..	..
90-93	Arts, entertainment and recreation	..	..	..	..	..	..	..	..
94-99	Other services; household-employers; extraterritorial bodies	..	..	..	..	..	..	..	..

.. Not available; e Estimated value
Note: Detailed metadata at: http://metalinks.oecd.org/anberd/20191119/b539.

SWITZERLAND

R&D expenditure in industry by main activity of the enterprise, constant prices
ISIC Rev. 4

2010 USD PPP

		2010	2011	2012	2013	2014	2015	2016	2017
	TOTAL BUSINESS ENTERPRISE	8 874.3 e	9 324.0 e	9 720.4	10 066.4 e	10 483.0 e	10 795.0	10 846.7 e	10 898.9
01-03	**AGRICULTURE, FORESTRY AND FISHING**	..	..	..	..	..	..	..	..
05-09	**MINING AND QUARRYING**	..	..	..	..	..	..	..	..
10-33	**MANUFACTURING**	6 409.2 e	6 631.5 e	6 803.1	6 929.7 e	7 131.1 e	7 332.1	7 456.3 e	7 641.9
10-12	Food products, beverages and tobacco	34.6 e	35.6 e	41.7	45.8 e	48.1 e	49.4	50.2 e	51.5
13-15	Textiles, wearing apparel, leather and related products	..	..	..	..	..	..	..	..
13	Textiles	..	..	..	..	..	..	..	..
14	Wearing apparel	..	..	..	..	..	..	..	..
15	Leather and related products, footwear	..	..	..	..	..	..	..	..
16-18	Wood and paper products and printing	..	..	..	..	..	..	..	..
16	Wood and wood products, except furniture	..	..	..	..	..	..	..	..
17	Paper and paper products	..	..	..	..	..	..	..	..
18	Printing and reproduction of recorded media	..	..	..	..	..	..	..	..
19-23	Chemical, rubber, plastic, non-metallic mineral products	3 580.6 e	3 652.5 e	3 749.0	3 888.9 e	4 091.4 e	4 250.6	4 276.0 e	4 280.7
19	Coke and refined petroleum products	..	..	..	..	..	..	..	..
20-21	Chemical and pharmaceutical products	..	..	..	..	..	..	..	..
20	Chemicals and chemical products	..	..	..	..	..	..	..	..
21	Pharmaceuticals, medicinal, chemical and botanical products	3 244.3 e	3 319.4 e	3 404.0	3 516.4 e	3 682.5 e	3 817.0	3 845.9 e	3 865.3
22	Rubber and plastic products	..	..	..	..	..	..	..	..
23	Other non-metallic mineral products	..	..	..	..	..	..	..	..
24-25	Basic metals, metal products, except machinery and equipment	279.8 e	312.7 e	310.6	269.4 e	226.4 e	220.2	278.0 e	379.2
24	Basic metals	..	..	..	..	..	..	..	..
25	Fabricated metal products, except machinery and equipment	..	..	..	..	..	..	..	..
26-30	Computer, electronic, optical products; electrical machinery, transport equipment	2 256.8 e	2 374.7 e	2 468.5	2 532.1 e	2 594.1 e	2 609.1	2 540.1 e	2 458.3
26	Computer, electronic and optical products	1 287.7 e	1 350.4 e	1 407.1	1 458.9 e	1 509.0 e	1 513.5	1 438.6 e	1 337.2
27	Electrical equipment	..	..	..	..	..	..	..	..
28	Machinery and equipment n.e.c.	..	..	..	..	..	..	..	..
29	Motor vehicles, trailers and semi-trailers	..	..	..	..	..	..	..	..
30	Other transport equipment	..	..	..	..	..	..	..	..
31-33	Furniture; repair, installation of machinery and equipment	..	..	..	..	..	..	..	..
31	Furniture	..	..	..	..	..	..	..	..
32	Other manufacturing	..	..	..	..	..	..	..	..
33	Repair and installation of machinery and equipment	..	..	..	..	..	..	..	..
35-39	**ELECTRICITY, GAS, WATER AND WASTE MANAGEMENT**	..	..	..	..	..	..	..	..
35-36	Electricity, gas and water	..	..	..	..	..	..	..	..
37-39	Sewerage, waste management and remediation activities	..	..	..	..	..	..	..	..
41-43	**CONSTRUCTION**	..	..	..	..	..	..	..	..
45-99	**TOTAL SERVICES**	2 465.0 e	2 692.6 e	2 917.2	3 136.6 e	3 351.8 e	3 463.0	3 390.4 e	3 256.9
45-82	**Business sector services**	..	..	..	..	..	..	..	..
45-47	Wholesale and retail trade; motor vehicle and motorcycle repairs	..	..	..	..	..	..	..	..
49-53	Transportation and storage	..	..	..	..	..	..	..	..
55-56	Accommodation and food service activities	..	..	..	..	..	..	..	..
58-63	Information and communication	..	..	..	..	..	..	..	..
58-60	Publishing, audiovisual and broadcasting activities	..	..	..	..	..	..	..	..
58	Publishing activities	..	..	..	..	..	..	..	..
59-60	Motion picture, video and TV programme production; broadcasting activities	..	..	..	..	..	..	..	..
59	Motion picture, video and TV programme production; sound and music	..	..	..	..	..	..	..	..
60	Programming and broadcasting activities	..	..	..	..	..	..	..	..
61	Telecommunications	..	..	..	..	..	..	..	..
62-63	IT and other information services	..	..	..	..	..	..	..	..
62	Computer programming, consultancy and related activities	..	..	..	..	..	..	..	..
63	Information service activities	..	..	..	..	..	..	..	..
64-66	**Financial and insurance activities**	..	..	..	..	..	..	..	..
68-82	**Real estate; professional, scientific and technical; administrative and support**	..	..	..	..	..	..	..	..
68	Real estate activities	..	..	..	..	..	..	..	..
69-75x72	Professional, scientific and technical activities, except scientific R&D	..	..	..	..	..	..	..	..
72	Scientific research and development	927.0 e	1 110.1 e	1 302.0	1 473.4 e	1 617.2 e	1 683.9	1 635.2 e	1 541.9
77-82	Administrative and support service activities	..	..	..	..	..	..	..	..
84-99	**Community, social and personal services**	..	..	..	..	..	..	..	..
84-85	Public administration and defence; compulsory social security and education	..	..	..	..	..	..	..	..
86-88	Human health and social work activities	..	..	..	..	..	..	..	..
90-93	Arts, entertainment and recreation	..	..	..	..	..	..	..	..
94-99	Other services; household-employers; extraterritorial bodies	..	..	..	..	..	..	..	..

.. Not available; e Estimated value
Note: Detailed metadata at: http://metalinks.oecd.org/anberd/20191119/b539.

TURKEY

R&D expenditure in industry by main activity of the enterprise, current prices
ISIC Rev. 4

Million USD PPP

		2010	2011	2012	2013	2014	2015	2016	2017
	TOTAL BUSINESS ENTERPRISE	4 284.0	4 985.9	5 776.5	6 569.7	7 931.2	8 870.5	10 690.0	12 359.0
01-03	**AGRICULTURE, FORESTRY AND FISHING**	9.9	13.3	12.4	16.9	18.6	21.4	13.6	38.5
05-09	**MINING AND QUARRYING**	14.4	19.8	17.1	30.6	18.2	25.1	40.0	30.3
10-33	**MANUFACTURING**	2 211.5	2 659.4	3 063.3	3 373.5	4 111.5	4 456.1	6 122.5	7 235.5
10-12	Food products, beverages and tobacco	66.1	78.4	80.8	115.6	118.9	103.0	134.1	177.3
13-15	Textiles, wearing apparel, leather and related products	70.0	99.3	106.8	92.9	118.7	129.7	147.4	150.1
13	Textiles	55.6	83.0	88.6	73.2	94.8	109.2	116.8	114.1
14	Wearing apparel	12.6	13.7	15.3	16.3	18.4	16.6	27.2	32.9
15	Leather and related products, footwear	1.8	2.6	2.9	3.4	5.5	3.8	3.4	3.1
16-18	Wood and paper products and printing	9.5	11.3	12.5	11.9	17.6	14.9	36.5	39.0
16	Wood and wood products, except furniture	1.6	3.5	3.2	1.8	3.6	3.0	4.0	4.2
17	Paper and paper products	4.7	4.5	5.7	4.7	5.0	5.8	22.7	29.0
18	Printing and reproduction of recorded media	3.2	3.3	3.6	5.4	8.9	6.0	9.8	5.8
19-23	Chemical, rubber, plastic, non-metallic mineral products	382.7	550.3	601.2	722.8	682.9	644.6	669.1	749.2
19	Coke and refined petroleum products	12.6 e	16.4 e	19.2 e	29.5 e	26.3 e	23.7 e	23.4 e	19.6 e
20-21	Chemical and pharmaceutical products	243.1 e	387.6 e	406.1 e	531.2 e	496.6 e	471.0 e	441.0 e	450.7 e
20	Chemicals and chemical products	143.0 e	186.6 e	218.3 e	334.7 e	298.2 e	269.4 e	265.4 e	222.1 e
21	Pharmaceuticals, medicinal, chemical and botanical products	100.1	201.0	187.8	196.5	198.4	201.6	175.6	228.6
22	Rubber and plastic products	69.6	80.1	98.2	80.5	86.3	70.7	79.7	190.8
23	Other non-metallic mineral products	57.3	66.1	77.7	81.6	73.7	79.2	124.9	88.2
24-25	Basic metals, metal products, except machinery and equipment	208.9	206.7	246.3	252.7	382.4	315.1	565.7	376.1
24	Basic metals	30.1	55.0	59.4	55.7	97.0	74.0	70.3	85.8
25	Fabricated metal products, except machinery and equipment	178.8	151.6	187.0	197.0	285.5	241.1	495.4	290.3
26-30	Computer, electronic, optical products; electrical machinery, transport equipment	1 428.5	1 654.4	1 945.1	2 108.4	2 711.6	3 179.1	4 466.1	5 579.3
26	Computer, electronic and optical products	133.0	153.7	196.5	263.9	237.1	292.8	1 398.6	1 901.9
27	Electrical equipment	236.0	322.7	328.8	344.0	420.9	438.3	530.5	614.1
28	Machinery and equipment n.e.c.	186.3	242.4	295.6	313.6	309.9	333.4	453.6	534.9
29	Motor vehicles, trailers and semi-trailers	636.2	676.7	773.4	908.9	1 390.6	1 542.0	1 336.4	1 455.4
30	Other transport equipment	237.1	258.9	350.8	277.9	353.1	572.6	747.0	1 073.1
31-33	Furniture; repair, installation of machinery and equipment	45.6	59.1	70.6	69.2	79.5	69.8	103.7	164.4
31	Furniture	14.5	15.9	13.6	14.7	12.9	15.3	24.0	48.2
32	Other manufacturing	18.4	26.8	36.9	28.8	41.2	34.8	51.8	54.1
33	Repair and installation of machinery and equipment	12.8	16.4	20.2	25.8	25.4	19.7	28.0	62.0
35-39	**ELECTRICITY, GAS, WATER AND WASTE MANAGEMENT**	11.7	17.5	30.1	34.3	38.6	59.2	44.0	35.7
35-36	Electricity, gas and water	..	12.8	25.0	30.6	34.3	55.4	40.9	32.1
37-39	Sewerage, waste management and remediation activities	..	4.7	5.1	3.8	4.3	3.8	3.1	3.6
41-43	**CONSTRUCTION**	22.4	30.3	41.6	25.3	27.2	30.9	26.8	95.2
45-99	**TOTAL SERVICES**	2 014.1	2 245.6	2 612.1	3 089.0	3 717.1	4 277.8	4 443.1	4 923.8
45-82	**Business sector services**	2 002.0	2 230.6	2 590.2	3 073.0	3 695.4	4 258.3	4 369.8	4 854.1
45-47	Wholesale and retail trade; motor vehicle and motorcycle repairs	117.2	183.4	153.6	180.7	197.6	243.8	440.1	377.9
49-53	Transportation and storage	10.6	10.3	17.6	25.8	30.1	31.4	42.8	89.1
55-56	Accommodation and food service activities	0.0	0.0	0.5	0.4	0.6	0.6	4.9	0.3
58-63	Information and communication	1 204.9	1 176.8	1 449.5	1 653.9	2 096.5	2 479.2	3 195.7	3 539.0
58-60	Publishing, audiovisual and broadcasting activities	189.4 e	68.1 e	22.7	30.0	55.6	53.8	17.6	32.0
58	Publishing activities	..	..	21.1	28.3	52.6	52.2	15.1	29.0
59-60	Motion picture, video and TV programme production; broadcasting activities	..	..	1.7	1.7	3.0	1.6	2.5	2.9
59	Motion picture, video and TV programme production; sound and music	..	..	..	..	..	..	..	..
60	Programming and broadcasting activities	..	..	..	..	..	..	..	..
61	Telecommunications	279.4 e	215.9 e	310.1	332.8	463.4	512.6	131.8	101.2
62-63	IT and other information services	736.2	892.8	1 116.6	1 291.1	1 577.6	1 912.8	3 046.3	3 405.8
62	Computer programming, consultancy and related activities	726.6	881.8	1 100.2	1 282.6	1 568.5	1 898.7	3 002.2	3 347.5
63	Information service activities	9.6	11.0	16.4	8.5	9.1	14.1	44.2	58.3
64-66	Financial and insurance activities	66.4	96.9	93.9	130.6	121.1	71.3	60.8	98.1
68-82	Real estate; professional, scientific and technical; administrative and support	602.9	763.1	875.1	1 081.5	1 249.5	1 432.1	625.5	749.7
68	Real estate activities	0.0	0.0	0.0	0.0	0.0	0.0	0.0	16.4
69-75x72	Professional, scientific and technical activities, except scientific R&D	17.2	28.4	31.7	37.2	41.0	46.6	117.4	107.7
72	Scientific research and development	583.1	732.5	840.8	1 039.5	1 200.1	1 375.8	492.0	590.7
77-82	Administrative and support service activities	2.6	2.2	2.6	4.8	8.4	9.7	16.1	34.9
84-99	Community, social and personal services	12.1	15.0	21.9	16.1	21.7	19.5	73.2	69.6
84-85	Public administration and defence; compulsory social security and education	5.5	8.5	15.0	12.0	13.8	11.6	54.4	59.7
86-88	Human health and social work activities	3.9	3.4	3.8	2.2	6.4	5.7	15.1	7.6
90-93	Arts, entertainment and recreation	..	..	..	..	..	..	..	..
94-99	Other services; household-employers; extraterritorial bodies	..	..	..	..	..	..	..	..

.. Not available; e Estimated value

Note: Detailed metadata at: *http://metalinks.oecd.org/anberd/20191119/b539.*

TURKEY

R&D expenditure in industry by main activity of the enterprise, constant prices
ISIC Rev. 4

2010 USD PPP

		2010	2011	2012	2013	2014	2015	2016	2017
	TOTAL BUSINESS ENTERPRISE	4 284.0	4 837.8	5 507.8	6 186.1	7 174.3	7 829.8	9 386.5	10 764.1
01-03	**AGRICULTURE, FORESTRY AND FISHING**	9.9	12.9	11.8	15.9	16.8	18.9	11.9	33.5
05-09	**MINING AND QUARRYING**	14.4	19.2	16.3	28.8	16.4	22.2	35.1	26.4
10-33	**MANUFACTURING**	2 211.5	2 580.5	2 920.8	3 176.5	3 719.1	3 933.3	5 375.9	6 301.7
10-12	Food products, beverages and tobacco	66.1	76.1	77.1	108.8	107.5	90.9	117.7	154.4
13-15	Textiles, wearing apparel, leather and related products	70.0	96.3	101.8	87.5	107.4	114.5	129.4	130.7
13	Textiles	55.6	80.5	84.5	68.9	85.7	96.4	102.5	99.4
14	Wearing apparel	12.6	13.3	14.6	15.3	16.7	14.7	23.9	28.6
15	Leather and related products, footwear	1.8	2.5	2.7	3.2	5.0	3.4	3.0	2.7
16-18	Wood and paper products and printing	9.5	11.0	11.9	11.2	15.9	13.1	32.0	34.0
16	Wood and wood products, except furniture	1.6	3.4	3.1	1.7	3.2	2.7	3.5	3.7
17	Paper and paper products	4.7	4.4	5.4	4.5	4.5	5.2	19.9	25.2
18	Printing and reproduction of recorded media	3.2	3.2	3.4	5.1	8.1	5.3	8.6	5.1
19-23	Chemical, rubber, plastic, non-metallic mineral products	382.7	533.9	573.2	680.6	617.7	569.0	587.5	652.5
19	Coke and refined petroleum products	12.6 e	16.0 e	18.3 e	27.8 e	23.8 e	21.0 e	20.5 e	17.0 e
20-21	Chemical and pharmaceutical products	243.1 e	376.1 e	387.2 e	500.2 e	449.2 e	415.7 e	387.3 e	392.5 e
20	Chemicals and chemical products	143.0 e	181.0 e	208.1 e	315.1 e	269.7 e	237.8 e	233.1 e	193.4 e
21	Pharmaceuticals, medicinal, chemical and botanical products	100.1	195.1	179.0	185.0	179.5	177.9	154.2	199.1
22	Rubber and plastic products	69.6	77.7	93.6	75.8	78.0	62.4	70.0	166.2
23	Other non-metallic mineral products	57.3	64.2	74.1	76.8	66.7	69.9	109.7	76.8
24-25	Basic metals, metal products, except machinery and equipment	208.9	200.5	234.9	238.0	345.9	278.1	496.7	327.6
24	Basic metals	30.1	53.4	56.6	52.4	87.7	65.3	61.8	74.7
25	Fabricated metal products, except machinery and equipment	178.8	147.1	178.3	185.5	258.2	212.9	434.9	252.9
26-30	Computer, electronic, optical products; electrical machinery, transport equipment	1 428.5	1 605.3	1 854.6	1 985.3	2 452.8	2 806.2	3 921.5	4 859.3
26	Computer, electronic and optical products	133.0	149.2	187.4	248.5	214.5	258.5	1 228.0	1 656.5
27	Electrical equipment	236.0	313.1	313.5	323.9	380.7	386.9	465.8	534.9
28	Machinery and equipment n.e.c.	186.3	235.2	281.8	295.3	280.3	294.3	398.3	465.8
29	Motor vehicles, trailers and semi-trailers	636.2	656.6	737.4	855.8	1 257.9	1 361.1	1 173.5	1 267.6
30	Other transport equipment	237.1	251.2	334.5	261.7	319.4	505.5	655.9	934.6
31-33	Furniture; repair, installation of machinery and equipment	45.6	57.3	67.3	65.2	71.9	61.6	91.1	143.2
31	Furniture	14.5	15.5	12.9	13.8	11.7	13.5	21.1	42.0
32	Other manufacturing	18.4	26.0	35.2	27.1	37.2	30.7	45.4	47.1
33	Repair and installation of machinery and equipment	12.8	15.9	19.2	24.3	23.0	17.4	24.6	54.0
35-39	**ELECTRICITY, GAS, WATER AND WASTE MANAGEMENT**	11.7	17.0	28.7	32.3	35.0	52.2	38.7	31.1
35-36	Electricity, gas and water	..	12.4	23.8	28.8	31.0	48.9	35.9	28.0
37-39	Sewerage, waste management and remediation activities	..	4.6	4.9	3.5	3.9	3.4	2.8	3.1
41-43	**CONSTRUCTION**	22.4	29.4	39.6	23.8	24.6	27.2	23.6	82.9
45-99	**TOTAL SERVICES**	2 014.1	2 178.9	2 490.6	2 908.7	3 362.4	3 775.9	3 901.3	4 288.4
45-82	**Business sector services**	2 002.0	2 164.3	2 469.7	2 893.6	3 342.8	3 758.7	3 837.0	4 227.7
45-47	**Wholesale and retail trade; motor vehicle and motorcycle repairs**	117.2	178.0	146.5	170.2	178.7	215.2	386.4	329.2
49-53	**Transportation and storage**	10.6	10.0	16.8	24.3	27.3	27.7	37.6	77.6
55-56	**Accommodation and food service activities**	0.0	0.0	0.5	0.4	0.5	0.6	4.3	0.3
58-63	**Information and communication**	1 204.9	1 141.9	1 382.1	1 557.4	1 896.5	2 188.3	2 806.1	3 082.3
58-60	Publishing, audiovisual and broadcasting activities	189.4 e	66.1 e	21.7	28.3	50.2	47.5	15.4	27.8
58	Publishing activities	..	..	20.1	26.7	47.6	46.1	13.3	25.3
59-60	Motion picture, video and TV programme production; broadcasting activities	..	..	1.6	1.6	2.7	1.4	2.2	2.5
59	Motion picture, video and TV programme production; sound and music	..	..	..	..	..	..	..	..
60	Programming and broadcasting activities	..	..	..	..	..	..	..	..
61	Telecommunications	279.4 e	209.5 e	295.7	313.4	419.2	452.4	115.8	88.1
62-63	IT and other information services	736.2	866.3	1 064.7	1 215.7	1 427.1	1 688.4	2 674.9	2 966.3
62	Computer programming, consultancy and related activities	726.6	855.6	1 049.0	1 207.7	1 418.8	1 676.0	2 636.1	2 915.5
63	Information service activities	9.6	10.7	15.7	8.0	8.2	12.4	38.8	50.8
64-66	**Financial and insurance activities**	66.4	94.0	89.5	123.0	109.5	62.9	53.4	85.4
68-82	**Real estate; professional, scientific and technical; administrative and support**	602.9	740.5	834.4	1 018.3	1 130.2	1 264.1	549.3	653.0
68	Real estate activities	0.0	0.0	0.0	0.0	0.0	0.0	0.0	14.3
69-75x72	Professional, scientific and technical activities, except scientific R&D	17.2	27.6	30.2	35.0	37.1	41.1	103.1	93.8
72	Scientific research and development	583.1	710.8	801.7	978.8	1 085.6	1 214.4	432.0	514.4
77-82	Administrative and support service activities	2.6	2.1	2.5	4.5	7.6	8.6	14.1	30.4
84-99	**Community, social and personal services**	12.1	14.6	20.9	15.1	19.7	17.2	64.3	60.6
84-85	Public administration and defence; compulsory social security and education	5.5	8.3	14.3	11.3	12.4	10.2	47.8	52.0
86-88	Human health and social work activities	3.9	3.3	3.6	2.1	5.8	5.0	13.2	6.6
90-93	Arts, entertainment and recreation	..	..	..	..	..	..	..	..
94-99	Other services; household-employers; extraterritorial bodies	..	..	..	..	..	..	..	..

.. Not available; e Estimated value
Note: Detailed metadata at: *http://metalinks.oecd.org/anberd/20191119/b539.*

UNITED KINGDOM

R&D expenditure in industry by main activity of the enterprise, current prices
ISIC Rev. 4

Million USD PPP

		2010	2011	2012	2013	2014	2015	2016	2017
	TOTAL BUSINESS ENTERPRISE	**22 878.3**	**24 655.7**	**24 381.2**	**26 534.1**	**28 541.9**	**30 165.0**	**31 811.5**	..
01-03	**AGRICULTURE, FORESTRY AND FISHING**	19.4	17.6	20.0	14.8	19.2	22.1	31.1	..
05-09	**MINING AND QUARRYING**	194.4	245.0	243.7	273.9	261.3	229.2	237.9	..
10-33	**MANUFACTURING**	**8 499.4**	**9 097.9**	**9 745.8**	**10 529.0**	**11 144.8**	**11 845.5**	**13 166.4**	..
10-12	Food products, beverages and tobacco	330.1	393.2	391.7	471.1	472.5	372.5	446.7	..
13-15	Textiles, wearing apparel, leather and related products	15.4	36.0	45.5	31.6	32.1	27.7	30.2	..
13	Textiles	13.2	32.4	38.9	23.7	23.8	20.8	25.2	..
14	Wearing apparel	1.1	1.7	3.8	4.2	4.9	3.9	2.3	..
15	Leather and related products, footwear	1.0	1.8	2.7	3.7	3.4	3.0	2.7	..
16-18	Wood and paper products and printing	25.8	21.4	31.2	51.3	57.6	63.4	69.9	..
16	Wood and wood products, except furniture	5.1	2.0	4.0 e	9.5	8.9	8.8	13.5	..
17	Paper and paper products	12.8	12.5	11.4 e	15.1	17.6	16.8	17.0	..
18	Printing and reproduction of recorded media	7.8	6.9	15.8	26.8	31.1	38.0	39.4	..
19-23	Chemical, rubber, plastic, non-metallic mineral products	1 280.5	1 350.5	1 310.1	1 390.4	1 370.9	1 394.8	1 555.8	..
19	Coke and refined petroleum products	18.5	26.8	31.6	27.5	47.8	129.1	60.4	..
20-21	Chemical and pharmaceutical products	1 108.2	1 151.0	1 093.2	1 177.6	1 096.4	1 011.0	1 236.1	..
20	Chemicals and chemical products	456.6	402.4	374.6	519.1	523.9	450.6	688.1	..
21	Pharmaceuticals, medicinal, chemical and botanical products	651.6	748.7	718.6	658.5	572.6	560.4	548.1	..
22	Rubber and plastic products	95.0	115.1	140.4	136.8	158.4	194.0	185.5	..
23	Other non-metallic mineral products	58.8	57.5	44.9	48.6	68.3	60.7	73.7	..
24-25	Basic metals, metal products, except machinery and equipment	916.6	903.9	796.1	802.4	861.1	776.5	753.8	..
24	Basic metals	70.3	123.5	90.2	63.9	101.4	85.6	93.6	..
25	Fabricated metal products, except machinery and equipment	846.2	780.4	705.9	738.6	759.7	690.8	660.1	..
26-30	Computer, electronic, optical products; electrical machinery, transport equipment	5 447.8	6 048.1	6 853.0	7 377.4	7 934.2	8 674.8	9 815.3	..
26	Computer, electronic and optical products	1 177.3	1 384.5	1 391.9	1 468.3	1 440.9	1 422.7	1 560.0	..
27	Electrical equipment	232.5	215.7	242.1	230.7	259.6	274.1	250.3	..
28	Machinery and equipment n.e.c.	885.1	897.4	1 106.3	1 078.9	1 069.5	1 254.8	1 189.3	..
29	Motor vehicles, trailers and semi-trailers	1 504.6	1 834.9	2 106.7	2 508.0	2 887.4	3 407.0	4 220.2	..
30	Other transport equipment	1 648.4	1 715.6	2 006.0	2 091.5	2 276.9	2 316.1	2 595.2	..
31-33	Furniture; repair, installation of machinery and equipment	483.3	344.9	318.3	404.7	416.5	535.8	495.0	..
31	Furniture	46.6	70.8	51.6	73.1	55.8	57.5	61.8	..
32	Other manufacturing	204.3	166.0	147.7	181.5	177.1	250.0	222.3	..
33	Repair and installation of machinery and equipment	232.4	108.1	119.0	150.2	183.6	228.3	210.8	..
35-39	**ELECTRICITY, GAS, WATER AND WASTE MANAGEMENT**	42.6	46.6	118.6	162.8	155.8	199.9	180.5	..
35-36	Electricity, gas and water	32.2	37.1	102.8	141.0	139.2	175.6	138.1	..
37-39	Sewerage, waste management and remediation activities	10.4	9.5	15.8	21.9	16.6	24.3	42.5	..
41-43	**CONSTRUCTION**	54.1	53.1	85.8	100.3	150.3	128.4	180.8	..
45-99	**TOTAL SERVICES**	**14 068.6**	**15 195.6**	**14 167.4**	**15 453.3**	**16 810.5**	**17 739.9**	**18 014.6**	..
45-82	**Business sector services**	13 765.1	14 852.7	13 816.3	15 010.0	16 499.3	17 373.5	17 442.2	..
45-47	Wholesale and retail trade; motor vehicle and motorcycle repairs	1 072.8	1 084.8	996.8	993.5	1 004.1	1 317.4	1 216.8	..
49-53	Transportation and storage	40.9	41.9	14.0	43.9	66.0	82.0	61.0	..
55-56	Accommodation and food service activities	26.6	36.0	41.6	23.2	41.8	55.2	89.0	..
58-63	Information and communication	2 975.2	3 317.3	3 450.7	3 784.4	4 202.3	4 175.5	4 572.5	..
58-60	Publishing, audiovisual and broadcasting activities	101.8	120.4	98.1	174.2	281.9	368.3	885.6	..
58	Publishing activities	63.4	87.0	73.5	126.7	118.4	117.9	117.9	..
59-60	Motion picture, video and TV programme production; broadcasting activities	38.3	33.4	24.5	47.5	163.5	250.4	767.6	..
59	Motion picture, video and TV programme production; sound and music	33.7	24.8	15.0	31.9	110.0	168.5 e	516.4 e	..
60	Programming and broadcasting activities	4.6	8.6	9.5	15.5	53.5 e	82.0 e	251.2 e	..
61	Telecommunications	1 175.4	1 018.1	999.8	1 053.0	1 139.7	1 029.2	1 071.0	..
62-63	IT and other information services	1 698.0	2 178.9	2 352.9	2 557.2	2 780.8	2 778.2	2 615.8	..
62	Computer programming, consultancy and related activities	1 634.2	2 116.3	2 228.9	2 319.2	2 340.6	2 489.6	2 353.5	..
63	Information service activities	63.8	62.6	124.0	238.0	440.1	288.6	262.4	..
64-66	Financial and insurance activities	496.1	430.0	380.3	475.8	536.5	568.9	571.8	..
68-82	Real estate; professional, scientific and technical; administrative and support	9 153.4	9 942.8	8 933.0	9 689.3	10 648.5	11 174.6	10 931.2	..
68	Real estate activities	14.2	14.0	16.0	23.7	31.1	29.2	20.8	..
69-75x72	Professional, scientific and technical activities, except scientific R&D	1 209.9	1 377.1	1 821.9	2 275.4	2 850.2	2 795.9	2 617.1	..
72	Scientific research and development	7 735.2	8 276.0	6 681.7	6 992.5	7 123.0	7 677.7	7 625.0	..
77-82	Administrative and support service activities	194.1	275.6	413.5	397.7	644.3	671.8	668.3	..
84-99	**Community, social and personal services**	303.6	342.9	351.0	443.3	311.3	366.4	572.4	..
84-85	Public administration and defence; compulsory social security and education	12.4	11.0	27.2	47.6	22.2	14.7	13.7	..
86-88	Human health and social work activities	35.9	24.8	23.9	45.3	57.0	76.3	87.7	..
90-93	Arts, entertainment and recreation	216.0	272.1	264.5	304.1	194.7	232.8	426.7	..
94-99	Other services; household-employers; extraterritorial bodies	39.3	35.0	35.3	46.3	37.4	42.6	44.2	..

.. Not available; e Estimated value
Note: Detailed metadata at: http://metalinks.oecd.org/anberd/20191119/b539.

UNITED KINGDOM

R&D expenditure in industry by main activity of the enterprise, constant prices
ISIC Rev. 4

2010 USD PPP

		2010	2011	2012	2013	2014	2015	2016	2017
	TOTAL BUSINESS ENTERPRISE	22 878.3	24 320.7	23 531.7	24 911.7	26 467.0	27 608.4	28 785.7	..
01-03	**AGRICULTURE, FORESTRY AND FISHING**	19.4	17.3	19.3	13.9	17.8	20.2	28.1	..
05-09	**MINING AND QUARRYING**	194.4	241.7	235.2	257.1	242.3	209.8	215.3	..
10-33	**MANUFACTURING**	8 499.4	8 974.3	9 406.2	9 885.3	10 334.6	10 841.5	11 914.1	..
10-12	Food products, beverages and tobacco	330.1	387.8	378.0	442.3	438.1	340.9	404.2	..
13-15	Textiles, wearing apparel, leather and related products	15.4	35.5	43.9	29.7	29.7	25.4	27.3	..
13	Textiles	13.2	32.0	37.6	22.3	22.0	19.0	22.8	..
14	Wearing apparel	1.1	1.7	3.7	3.9	4.5	3.6	2.1	..
15	Leather and related products, footwear	1.0	1.8	2.6	3.5	3.2	2.8	2.5	..
16-18	Wood and paper products and printing	25.8	21.1	30.1	48.2	53.4	58.0	63.2	..
16	Wood and wood products, except furniture	5.1	2.0	3.9 e	8.9	8.2	8.1	12.2	..
17	Paper and paper products	12.8	12.3	11.0 e	14.2	16.3	15.3	15.4	..
18	Printing and reproduction of recorded media	7.8	6.8	15.3	25.1	28.8	34.8	35.6	..
19-23	Chemical, rubber, plastic, non-metallic mineral products	1 280.5	1 332.1	1 264.4	1 305.4	1 271.2	1 276.6	1 407.8	..
19	Coke and refined petroleum products	18.5	26.4	30.5	25.8	44.3	118.2	54.7	..
20-21	Chemical and pharmaceutical products	1 108.2	1 135.4	1 055.1	1 105.6	1 016.7	925.3	1 118.6	..
20	Chemicals and chemical products	456.6	396.9	361.5	487.4	485.8	412.4	622.6	..
21	Pharmaceuticals, medicinal, chemical and botanical products	651.6	738.5	693.6	618.2	530.9	512.9	495.9	..
22	Rubber and plastic products	95.0	113.6	135.5	128.4	146.8	177.5	167.9	..
23	Other non-metallic mineral products	58.8	56.7	43.3	45.6	63.3	55.5	66.7	..
24-25	Basic metals, metal products, except machinery and equipment	916.6	891.6	768.4	753.4	798.5	710.7	682.1	..
24	Basic metals	70.3	121.8	87.1	60.0	94.0	78.4	84.7	..
25	Fabricated metal products, except machinery and equipment	846.2	769.8	681.3	693.4	704.5	632.3	597.4	..
26-30	Computer, electronic, optical products; electrical machinery, transport equipment	5 447.8	5 966.0	6 614.2	6 926.3	7 357.4	7 939.5	8 881.7	..
26	Computer, electronic and optical products	1 177.3	1 365.6	1 343.4	1 378.5	1 336.2	1 302.1	1 411.7	..
27	Electrical equipment	232.5	212.8	233.7	216.6	240.7	250.9	226.5	..
28	Machinery and equipment n.e.c.	885.1	885.2	1 067.7	1 012.9	991.8	1 148.5	1 076.2	..
29	Motor vehicles, trailers and semi-trailers	1 504.6	1 809.9	2 033.2	2 354.7	2 677.5	3 118.3	3 818.8	..
30	Other transport equipment	1 648.4	1 692.3	1 936.1	1 963.6	2 111.4	2 119.8	2 348.4	..
31-33	Furniture; repair, installation of machinery and equipment	483.3	340.2	307.2	380.0	386.2	490.4	447.9	..
31	Furniture	46.6	69.9	49.8	68.6	51.8	52.6	56.0	..
32	Other manufacturing	204.3	163.7	142.5	170.4	164.2	228.8	201.1	..
33	Repair and installation of machinery and equipment	232.4	106.6	114.9	141.0	170.2	209.0	190.8	..
35-39	**ELECTRICITY, GAS, WATER AND WASTE MANAGEMENT**	42.6	46.0	114.4	152.9	144.5	183.0	163.3	..
35-36	Electricity, gas and water	32.2	36.6	99.2	132.3	129.0	160.7	125.0	..
37-39	Sewerage, waste management and remediation activities	10.4	9.4	15.3	20.5	15.4	22.2	38.5	..
41-43	**CONSTRUCTION**	54.1	52.4	82.8	94.1	139.4	117.5	163.6	..
45-99	**TOTAL SERVICES**	14 068.6	14 989.1	13 673.7	14 508.5	15 588.4	16 236.4	16 301.2	..
45-82	**Business sector services**	13 765.1	14 650.9	13 334.9	14 092.3	15 299.8	15 901.0	15 783.2	..
45-47	Wholesale and retail trade; motor vehicle and motorcycle repairs	1 072.8	1 070.0	962.1	932.7	931.1	1 205.7	1 101.1	..
49-53	Transportation and storage	40.9	41.4	13.5	41.2	61.2	75.1	55.2	..
55-56	Accommodation and food service activities	26.6	35.5	40.2	21.7	38.8	50.5	80.6	..
58-63	Information and communication	2 975.2	3 272.2	3 330.4	3 553.0	3 896.8	3 821.7	4 137.6	..
58-60	Publishing, audiovisual and broadcasting activities	101.8	118.8	94.6	163.5	261.4	337.1	801.4	..
58	Publishing activities	63.4	85.8	71.0	119.0	109.8	107.9	106.7	..
59-60	Motion picture, video and TV programme production; broadcasting activities	38.3	33.0	23.7	44.6	151.6	229.2	694.6	..
59	Motion picture, video and TV programme production; sound and music	33.7	24.4	14.4	30.0	102.0 e	154.2 e	467.3 e	..
60	Programming and broadcasting activities	4.6	8.5	9.2	14.6	49.6 e	75.0 e	227.3 e	..
61	Telecommunications	1 175.4	1 004.2	965.0	988.6	1 056.8	942.0	969.1	..
62-63	IT and other information services	1 698.0	2 149.3	2 270.9	2 400.9	2 578.6	2 542.7	2 367.0	..
62	Computer programming, consultancy and related activities	1 634.2	2 087.5	2 151.3	2 177.4	2 170.5	2 278.6	2 129.6	..
63	Information service activities	63.8	61.8	119.7	223.5	408.1	264.1	237.4	..
64-66	Financial and insurance activities	496.1	424.2	367.0	446.7	497.5	520.7	517.4	..
68-82	Real estate; professional, scientific and technical; administrative and support	9 153.4	9 807.6	8 621.7	9 096.9	9 874.4	10 227.5	9 891.5	..
68	Real estate activities	14.2	13.8	15.4	22.3	28.8	26.7	18.8	..
69-75x72	Professional, scientific and technical activities, except scientific R&D	1 209.9	1 358.4	1 758.4	2 136.3	2 643.0	2 559.0	2 368.2	..
72	Scientific research and development	7 735.2	8 163.6	6 448.9	6 564.9	6 605.2	7 027.0	6 899.8	..
77-82	Administrative and support service activities	194.1	271.9	399.1	373.4	597.5	614.8	604.7	..
84-99	Community, social and personal services	303.6	338.2	338.8	416.2	288.6	335.4	518.0	..
84-85	Public administration and defence; compulsory social security and education	12.4	10.9	26.3	44.7	20.6	13.5	12.4	..
86-88	Human health and social work activities	35.9	24.4	23.1	42.5	52.8	69.8	79.4	..
90-93	Arts, entertainment and recreation	216.0	268.4	255.3	285.5	180.6	213.1	386.1	..
94-99	Other services; household-employers; extraterritorial bodies	39.3	34.5	34.1	43.5	34.7	39.0	40.0	..

.. Not available; e Estimated value
Note: Detailed metadata at: http://metalinks.oecd.org/anberd/20191119/b539.

UNITED KINGDOM

R&D expenditure in industry by industry orientation, current prices
ISIC Rev. 4

Million USD PPP

		2010	2011	2012	2013	2014	2015	2016	2017
	TOTAL BUSINESS ENTERPRISE	**22 878.3**	**24 655.7**	**24 381.2**	**26 534.1**	**28 541.9**	**30 165.0**	..	..
01-03	**AGRICULTURE, FORESTRY AND FISHING**	**145.4**	**188.2**	**188.7**	**177.8**	**170.8**	**200.6**	..	..
05-09	**MINING AND QUARRYING**	**161.9**	**275.3**	**306.0**	**323.9**	**451.4**	**298.1**	..	..
10-33	**MANUFACTURING**	**16 571.0**	**17 778.0**	**17 438.2**	**18 439.3**	**19 081.7**	**21 014.8**	..	..
10-12	Food products, beverages and tobacco	435.0	495.9	509.2	610.6	615.5	610.4	..	..
13-15	Textiles, wearing apparel, leather and related products	15.4	18.6	28.8	31.8	32.1	27.7	..	..
13	Textiles	..	..	..	..	..	..	..	..
14	Wearing apparel	..	..	..	..	..	..	..	..
15	Leather and related products, footwear	..	..	..	..	..	..	..	..
16-18	Wood and paper products and printing	39.4	30.3	39.6	70.3	68.7	69.9	..	..
16	Wood and wood products, except furniture	7.8 e	2.8 e	5.1 e	13.0 e	10.6 e	9.7 e	..	..
17	Paper and paper products	19.6 e	17.7 e	14.4 e	20.7 e	21.0 e	18.4 e	..	..
18	Printing and reproduction of recorded media	12.0 e	9.8 e	20.1 e	36.6 e	37.1 e	41.8 e	..	..
19-23	Chemical, rubber, plastic, non-metallic mineral products	7 832.8	8 168.2	7 168.6	7 070.6	6 991.4	7 761.1	..	..
19	Coke and refined petroleum products	104.5	102.3	108.5	100.0	123.8	257.7	..	..
20-21	Chemical and pharmaceutical products	7 536.0	7 844.7	6 836.0	6 757.6	6 595.4	7 227.1	..	..
20	Chemicals and chemical products	937.5	975.7	841.6	888.2	976.9	1 193.2	..	..
21	Pharmaceuticals, medicinal, chemical and botanical products	6 598.5	6 869.0	5 994.4	5 869.4	5 618.5	6 034.0	..	..
22	Rubber and plastic products	112.5	136.8	159.8	144.8	184.4	197.7	..	..
23	Other non-metallic mineral products	79.9	84.4	64.3	68.2	87.8	78.6	..	..
24-25	Basic metals, metal products, except machinery and equipment	294.7	338.8	275.6	292.8	338.8	321.1	..	..
24	Basic metals	162.5	171.0	138.0	125.6	181.4	145.3	..	..
25	Fabricated metal products, except machinery and equipment	132.3	167.8	137.7	167.3	157.3	175.8	..	..
26-30	Computer, electronic, optical products; electrical machinery, transport equipment	7 763.4	8 518.2	9 218.6	10 119.3	10 748.9	11 949.0	..	..
26	Computer, electronic and optical products	1 729.0	1 820.0	2 105.4	2 296.2	2 456.7	2 833.6	..	..
27	Electrical equipment	728.7	720.5	663.9	562.4	659.0	686.1	..	..
28	Machinery and equipment n.e.c.	1 188.8	1 374.0	1 423.0	1 494.3	1 420.6	1 501.7	..	..
29	Motor vehicles, trailers and semi-trailers	1 787.3	2 160.0	2 468.8	2 963.0	3 297.9	3 903.9	..	..
30	Other transport equipment	2 329.5	2 443.7	2 557.6	2 803.5	2 914.6	3 023.8	..	..
31-33	Furniture; repair, installation of machinery and equipment	190.2	208.1	197.7	243.9	286.4	275.6	..	..
31	Furniture	..	..	..	..	..	..	..	..
32	Other manufacturing	..	..	..	..	..	..	..	..
33	Repair and installation of machinery and equipment	..	..	..	..	..	..	..	..
35-39	**ELECTRICITY, GAS, WATER AND WASTE MANAGEMENT**	**102.2**	**95.2**	**168.6**	**199.4**	**206.5**	**265.9**	..	..
35-36	Electricity, gas and water	90.7	80.3	151.5	175.2	190.0	223.3	..	..
37-39	Sewerage, waste management and remediation activities	11.5	14.9	17.1	24.2	16.5	42.6	..	..
41-43	**CONSTRUCTION**	**10.4**	**31.3**	**83.2**	**103.4**	**189.3**	**211.0**	..	..
45-99	**TOTAL SERVICES**	**5 887.4**	**6 287.6**	**6 196.5**	**7 290.3**	**8 442.2**	**8 174.6**	..	..
45-82	**Business sector services**	**5 770.0**	**6 193.5**	**6 099.6**	**7 138.5**	**8 302.3**	**8 048.6**	..	..
45-47	Wholesale and retail trade; motor vehicle and motorcycle repairs	249.2	334.5	261.7	240.5	350.4	311.3	..	..
49-53	Transportation and storage	24.8	25.9	30.1	50.2	54.7	70.9	..	..
55-56	Accommodation and food service activities	..	..	..	..	..	..	..	..
58-63	Information and communication	3 876.4	4 103.7	4 060.1	4 206.7	4 826.2	4 723.4	..	..
58-60	Publishing, audiovisual and broadcasting activities	49.6	37.7	42.5	92.1	..	..	..	..
58	Publishing activities	..	..	..	..	..	..	..	..
59-60	Motion picture, video and TV programme production; broadcasting activities	..	..	..	..	..	..	..	..
59	Motion picture, video and TV programme production; sound and music	..	..	..	..	..	..	..	..
60	Programming and broadcasting activities	..	..	..	..	..	..	..	..
61	Telecommunications	1 477.9	1 489.1	1 267.6	1 208.9	1 370.6	..	..	..
62-63	IT and other information services	2 349.0	2 576.9	2 750.0	2 905.7	..	..	..	..
62	Computer programming, consultancy and related activities	..	..	..	..	..	..	..	..
63	Information service activities	..	..	..	..	..	..	..	..
64-66	**Financial and insurance activities**	**214.4**	**191.2**	**59.7**	**181.8**	**249.1**	**246.3**	..	..
68-82	**Real estate; professional, scientific and technical; administrative and support**	**1 405.2**	**1 538.1**	**1 688.1**	**2 459.3**	**2 822.0**	**2 696.8**	..	..
68	Real estate activities	14.2	14.0	0.0	0.0	31.1	29.2	..	..
69-75x72	Professional, scientific and technical activities, except scientific R&D	..	..	..	..	..	..	..	..
72	Scientific research and development	803.9	965.8	872.1	1 335.8	1 178.8	1 440.9	..	..
77-82	Administrative and support service activities	..	..	..	..	..	..	..	..
84-99	**Community, social and personal services**	**117.3**	**94.2**	**96.9**	**151.9**	**139.9**	**125.9**	..	..
84-85	Public administration and defence; compulsory social security and education	..	..	..	..	..	..	..	..
86-88	Human health and social work activities	..	..	..	..	..	..	..	..
90-93	Arts, entertainment and recreation	..	..	..	..	..	..	..	..
94-99	Other services; household-employers; extraterritorial bodies	..	..	..	..	..	..	..	..

.. Not available; e Estimated value
Note: Detailed metadata at: *http://metalinks.oecd.org/anberd/20191119/b539*.

UNITED KINGDOM

R&D expenditure in industry by industry orientation, constant prices
ISIC Rev. 4

2010 USD PPP

ISIC	Industry	2010	2011	2012	2013	2014	2015	2016	2017
	TOTAL BUSINESS ENTERPRISE	**22 878.3**	**24 320.7**	**23 531.7**	**24 911.7**	**26 467.0**	**27 608.4**	..	..
01-03	**AGRICULTURE, FORESTRY AND FISHING**	145.4	185.7	182.1	166.9	158.4	183.6	..	..
05-09	**MINING AND QUARRYING**	161.9	271.6	295.3	304.1	418.6	272.8	..	..
10-33	**MANUFACTURING**	**16 571.0**	**17 536.4**	**16 830.5**	**17 311.9**	**17 694.5**	**19 233.7**	..	..
10-12	Food products, beverages and tobacco	435.0	489.1	491.5	573.2	570.8	558.6	..	..
13-15	Textiles, wearing apparel, leather and related products	15.4	18.3	27.8	29.8	29.7	25.4	..	..
13	Textiles	..	..	..	..	..	..	..	..
14	Wearing apparel	..	..	..	..	..	..	..	..
15	Leather and related products, footwear	..	..	..	..	..	..	..	..
16-18	Wood and paper products and printing	39.4	29.9	38.2	66.0	63.7	64.0	..	..
16	Wood and wood products, except furniture	7.8 e	2.8 e	4.9 e	12.2 e	9.8 e	8.9 e	..	..
17	Paper and paper products	19.6 e	17.4 e	13.9 e	19.4 e	19.5 e	16.9 e	..	..
18	Printing and reproduction of recorded media	12.0 e	9.7 e	19.4 e	34.4 e	34.4 e	38.2 e	..	..
19-23	Chemical, rubber, plastic, non-metallic mineral products	7 832.8	8 057.2	6 918.8	6 638.2	6 483.1	7 103.3	..	..
19	Coke and refined petroleum products	104.5	100.9	104.7	93.9	114.8	235.8	..	..
20-21	Chemical and pharmaceutical products	7 536.0	7 738.1	6 597.8	6 344.4	6 115.9	6 614.6	..	..
20	Chemicals and chemical products	937.5	962.4	812.3	833.9	905.9	1 092.0	..	..
21	Pharmaceuticals, medicinal, chemical and botanical products	6 598.5	6 775.7	5 785.6	5 510.5	5 210.0	5 522.6	..	..
22	Rubber and plastic products	112.5	135.0	154.2	136.0	171.0	181.0	..	..
23	Other non-metallic mineral products	79.9	83.3	62.0	64.0	81.4	71.9	..	..
24-25	Basic metals, metal products, except machinery and equipment	294.7	334.2	266.0	274.9	314.1	293.9	..	..
24	Basic metals	162.5	168.6	133.2	117.9	168.2	133.0	..	..
25	Fabricated metal products, except machinery and equipment	132.3	165.6	132.9	157.1	145.9	160.9	..	..
26-30	Computer, electronic, optical products; electrical machinery, transport equipment	7 763.4	8 402.5	8 897.4	9 500.5	9 967.5	10 936.3	..	..
26	Computer, electronic and optical products	1 729.0	1 795.2	2 032.0	2 155.8	2 278.1	2 593.5	..	..
27	Electrical equipment	728.7	710.7	640.7	528.0	611.1	627.9	..	..
28	Machinery and equipment n.e.c.	1 188.8	1 355.3	1 373.4	1 402.9	1 317.3	1 374.4	..	..
29	Motor vehicles, trailers and semi-trailers	1 787.3	2 130.7	2 382.8	2 781.8	3 058.2	3 573.0	..	..
30	Other transport equipment	2 329.5	2 410.5	2 468.5	2 632.0	2 702.7	2 767.6	..	..
31-33	Furniture; repair, installation of machinery and equipment	190.2	205.2	190.8	229.0	265.5	252.2	..	..
31	Furniture	..	..	..	..	..	..	..	..
32	Other manufacturing	..	..	..	..	..	..	..	..
33	Repair and installation of machinery and equipment	..	..	..	..	..	..	..	..
35-39	**ELECTRICITY, GAS, WATER AND WASTE MANAGEMENT**	102.2	93.9	162.7	187.2	191.4	243.4	..	..
35-36	Electricity, gas and water	90.7	79.2	146.2	164.5	176.2	204.4	..	..
37-39	Sewerage, waste management and remediation activities	11.5	14.7	16.5	22.7	15.3	39.0	..	..
41-43	**CONSTRUCTION**	10.4	30.9	80.3	97.1	175.5	193.1	..	..
45-99	**TOTAL SERVICES**	**5 887.4**	**6 202.2**	**5 980.6**	**6 844.6**	**7 828.5**	**7 481.8**	..	..
45-82	**Business sector services**	**5 770.0**	**6 109.3**	**5 887.1**	**6 702.0**	**7 698.8**	**7 366.5**	..	..
45-47	**Wholesale and retail trade; motor vehicle and motorcycle repairs**	249.2	330.0	252.6	225.8	324.9	284.9	..	..
49-53	**Transportation and storage**	24.8	25.6	29.0	47.1	50.7	64.9	..	..
55-56	**Accommodation and food service activities**	..	..	..	..	..	..	..	..
58-63	**Information and communication**	3 876.4	4 047.9	3 918.6	3 949.5	4 475.3	4 323.1	..	..
58-60	Publishing, audiovisual and broadcasting activities	49.6	37.2	41.0	86.4	..	..	..	..
58	Publishing activities	..	..	..	..	..	..	..	..
59-60	Motion picture, video and TV programme production; broadcasting activities	..	..	..	..	..	..	..	..
59	Motion picture, video and TV programme production; sound and music	..	..	..	..	..	..	..	..
60	Programming and broadcasting activities	..	..	..	..	..	..	..	..
61	Telecommunications	1 477.9	1 468.9	1 223.4	1 135.0	1 271.0	..	..	..
62-63	IT and other information services	2 349.0	2 541.8	2 654.2	2 728.1	..	..	..	..
62	Computer programming, consultancy and related activities	..	..	..	..	..	..	..	..
63	Information service activities	..	..	..	..	..	..	..	..
64-66	**Financial and insurance activities**	214.4	188.6	57.6	170.7	231.0	225.4	..	..
68-82	**Real estate; professional, scientific and technical; administrative and support**	1 405.2	1 517.2	1 629.2	2 308.9	2 616.8	2 468.3	..	..
68	Real estate activities	14.2	13.8	0.0	0.0	28.8	26.7	..	..
69-75x72	Professional, scientific and technical activities, except scientific R&D	..	..	..	..	..	..	..	..
72	Scientific research and development	803.9	952.7	841.7	1 254.1	1 093.1	1 318.7	..	..
77-82	Administrative and support service activities	..	..	..	..	..	..	..	..
84-99	**Community, social and personal services**	117.3	92.9	93.5	142.6	129.7	115.3	..	..
84-85	Public administration and defence; compulsory social security and education	..	..	..	..	..	..	..	..
86-88	Human health and social work activities	..	..	..	..	..	..	..	..
90-93	Arts, entertainment and recreation	..	..	..	..	..	..	..	..
94-99	Other services; household-employers; extraterritorial bodies	..	..	..	..	..	..	..	..

.. Not available; e Estimated value
Note: Detailed metadata at: http://metalinks.oecd.org/anberd/20191119/b539.

UNITED STATES

R&D expenditure in industry by main activity of the enterprise, current prices
ISIC Rev. 4

Million USD PPP

		2010	2011	2012	2013	2014	2015	2016	2017
	TOTAL BUSINESS ENTERPRISE	278 977.0	294 093.0	302 250.0	322 528.0	340 728.0	355 821.0	374 685.0	..
01-03	AGRICULTURE, FORESTRY AND FISHING	..	..	..	..	..	..	..	..
05-09	**MINING AND QUARRYING**	2 542.0	2 733.0	2 815.0	3 997.0	4 703.0	4 012.0	3 296.0	..
10-33	**MANUFACTURING**	196 711.0	201 361.0	208 415.0	221 476.0	232 815.0	236 132.0	250 553.0	..
10-12	Food products, beverages and tobacco	4 544.7 e	5 085.9 e	4 860.0 e	5 855.0	6 212.0	5 840.0	5 857.0 e	..
13-15	Textiles, wearing apparel, leather and related products	489.0	634.0	560.0	662.0	631.0	748.0	1 166.0	..
13	Textiles	..	..	..	..	..	..	..	..
14	Wearing apparel	..	..	..	..	..	..	..	..
15	Leather and related products, footwear	..	..	..	..	..	..	..	..
16-18	Wood and paper products and printing	1 752.0	1 732.0	1 469.0	1 392.0	1 319.0	1 157.0	1 259.0	..
16	Wood and wood products, except furniture	247.0	211.0	461.0	220.0	362.0	195.0	188.0	..
17	Paper and paper products	1 274.0	1 346.0	752.0	920.0	723.0	766.0	851.0	..
18	Printing and reproduction of recorded media	231.0	175.0	256.0	252.0	234.0	196.0	219.0	..
19-23	Chemical, rubber, plastic, non-metallic mineral products	62 589.0 e	60 267.2 e	62 956.0	66 885.0	71 553.0	72 210.0	78 997.0	..
19	Coke and refined petroleum products	1 154.0 e	1 484.2 e	894.0	242.0	234.0	214.0	381.0	..
20-21	Chemical and pharmaceutical products	58 038.0	55 324.0	57 226.0	61 664.0	66 300.0	68 196.0	73 575.0	..
20	Chemicals and chemical products	8 623.0	9 375.0	9 080.0	9 238.0	9 688.0	9 521.0	8 947.0	..
21	Pharmaceuticals, medicinal, chemical and botanical products	49 415.0	45 949.0	48 146.0	52 426.0	56 612.0	58 675.0	64 628.0	..
22	Rubber and plastic products	2 121.0	2 280.0	3 509.0	3 650.0	3 574.0	2 541.0	3 752.0	..
23	Other non-metallic mineral products	1 276.0	1 179.0	1 327.0	1 329.0	1 445.0	1 259.0	1 289.0	..
24-25	Basic metals, metal products, except machinery and equipment	2 356.0	2 508.0	2 574.0	2 836.0	2 808.0	2 889.0	2 831.0	..
24	Basic metals	653.0	655.0	741.0	624.0	677.0	628.0	592.0	..
25	Fabricated metal products, except machinery and equipment	1 703.0	1 853.0	1 833.0	2 212.0	2 131.0	2 261.0	2 239.0	..
26-30	Computer, electronic, optical products; electrical machinery, transport equipment	116 063.0	121 888.0	124 715.0	129 963.0	137 129.0	139 145.0	146 016.0	..
26	Computer, electronic and optical products	59 875.0	62 704.0	65 068.0	67 205.0	73 891.0	72 110.0	77 385.0	..
27	Electrical equipment	3 320.0	3 595.0	3 087.0	4 136.0	4 365.0	4 335.0	4 771.0	..
28	Machinery and equipment n.e.c.	9 955.0	14 709.0	14 254.0	12 650.0	12 128.0	13 426.0	12 585.0	..
29	Motor vehicles, trailers and semi-trailers	10 109.1 e	11 694.8 e	14 587.6 e	16 729.0	18 404.0	19 078.0	22 042.0	..
30	Other transport equipment	32 803.9 e	29 185.2 e	27 717.4 e	29 244.0	28 342.0	30 196.0	29 233.0 e	..
31-33	Furniture; repair, installation of machinery and equipment	8 917.3 e	9 245.9 e	11 281.0	13 883.0	13 162.0	14 142.0	14 427.8 e	..
31	Furniture	373.0	319.0	348.0	374.0	373.0	452.0	366.0	..
32	Other manufacturing	8 544.3 e	8 926.9 e	10 933.0 e	13 509.0	12 789.0	13 690.0	14 061.8 e	..
33	Repair and installation of machinery and equipment	..	..	..	..	..	..	..	..
35-39	**ELECTRICITY, GAS, WATER AND WASTE MANAGEMENT**	425.0	386.0	348.0	294.0	310.0	480.0	351.0	..
35-36	Electricity, gas and water	..	..	..	..	..	..	..	..
37-39	Sewerage, waste management and remediation activities	..	..	..	..	..	..	..	..
41-43	**CONSTRUCTION**	1 079.0	775.0 e	760.0 e	248.0 e	204.0 e	520.0 e	255.0 e	..
45-99	**TOTAL SERVICES**	78 220.0 e	88 838.0 e	89 912.0 e	96 513.0 e	102 696.0 e	114 677.0 e	120 230.0	..
45-82	**Business sector services**	75 089.9	86 633.0	88 352.0	94 979.0 e	101 538.0	113 510.0	118 658.0	..
45-47	Wholesale and retail trade; motor vehicle and motorcycle repairs	2 013.9 e	2 617.0	3 177.0	1 886.0	1 727.0	3 301.0	2 021.0	..
49-53	Transportation and storage	96.0	81.0	178.0	411.0 e	679.0	403.0	488.0	..
55-56	Accommodation and food service activities	..	..	..	..	..	..	..	..
58-63	Information and communication	47 902.0 e	55 124.0	58 056.0	66 475.0	74 792.0	79 846.0	86 495.0	..
58-60	Publishing, audiovisual and broadcasting activities	..	..	..	..	..	..	..	..
58	Publishing activities	26 982.0	28 435.0	28 987.0	35 675.0	36 140.0	33 346.0	33 574.0	..
59-60	Motion picture, video and TV programme production; broadcasting activities	..	..	..	..	..	..	..	..
59	Motion picture, video and TV programme production; sound and music	..	..	..	..	..	..	..	..
60	Programming and broadcasting activities	..	..	..	..	..	..	..	..
61	Telecommunications	1 868.0	2 157.0	2 824.0	3 041.0	3 755.0	3 607.0	4 004.8 e	..
62-63	IT and other information services	13 588.0	17 544.0	16 164.0	15 714.0	20 048.0	23 749.0	27 661.0	..
62	Computer programming, consultancy and related activities	11 050.0	13 259.0	11 251.0	9 268.0	11 019.0	14 333.0	15 747.0	..
63	Information service activities	2 538.0	4 285.0	4 913.0	6 446.0	9 029.0	9 416.0	11 914.0	..
64-66	Financial and insurance activities	2 109.0	3 457.0	3 519.0	4 308.0	4 122.0	5 366.0	7 331.0	..
68-82	Real estate; professional, scientific and technical; administrative and support	22 969.0 e	25 355.0	23 421.0	21 899.0	20 218.0	24 594.0	22 324.0	..
68	Real estate activities	59.1 e	71.0	21.0	92.0	207.0	233.0	449.0	..
69-75x72	Professional, scientific and technical activities, except scientific R&D	7 822.0	9 659.0	6 514.0	7 548.0	7 149.0	7 964.0	7 006.0	..
72	Scientific research and development	14 818.0	15 301.0	16 544.0	14 201.0	12 807.0	16 329.0	14 842.0	..
77-82	Administrative and support service activities	269.9 e	324.0	342.0	58.0	55.0	68.0	27.0	..
84-99	Community, social and personal services	..	..	..	..	..	..	..	..
84-85	Public administration and defence; compulsory social security and education	..	..	..	..	..	..	..	..
86-88	Human health and social work activities	1 232.0	741.0	675.0	526.0	501.0	758.0	848.0	..
90-93	Arts, entertainment and recreation	..	..	..	..	..	..	..	..
94-99	Other services; household-employers; extraterritorial bodies	..	..	..	..	..	..	..	..

.. Not available; e Estimated value
Note: Detailed metadata at: http://metalinks.oecd.org/anberd/20191119/b539.

UNITED STATES

R&D expenditure in industry by main activity of the enterprise, constant prices
ISIC Rev. 4

2010 USD PPP

Code	Activity	2010	2011	2012	2013	2014	2015	2016	2017
	TOTAL BUSINESS ENTERPRISE	**278 977.0**	**288 075.4**	**290 494.2**	**304 637.4**	**315 852.3**	**326 353.5**	**339 938.0**	..
01-03	**AGRICULTURE, FORESTRY AND FISHING**	..	..	..	..	..	..	..	..
05-09	**MINING AND QUARRYING**	**2 542.0**	**2 677.1**	**2 705.5**	**3 775.3**	**4 359.6**	**3 679.7**	**2 990.3**	..
10-33	**MANUFACTURING**	**196 711.0**	**197 240.8**	**200 308.9**	**209 190.7**	**215 817.7**	**216 576.6**	**227 317.6**	..
10-12	Food products, beverages and tobacco	4 544.7 e	4 981.8 e	4 671.0 e	5 530.2	5 758.5	5 356.4	5 313.8 e	..
13-15	Textiles, wearing apparel, leather and related products	489.0	621.0	538.2	625.3	584.9	686.1	1 057.9	..
13	Textiles	..	..	..	..	..	..	..	..
14	Wearing apparel	..	..	..	..	..	..	..	..
15	Leather and related products, footwear	..	..	..	..	..	..	..	..
16-18	Wood and paper products and printing	1 752.0	1 696.6	1 411.9	1 314.8	1 222.7	1 061.2	1 142.2	..
16	Wood and wood products, except furniture	247.0	206.7	443.1	207.8	335.6	178.9	170.6	..
17	Paper and paper products	1 274.0	1 318.5	722.8	869.0	670.2	702.6	772.1	..
18	Printing and reproduction of recorded media	231.0	171.4	246.0	238.0	216.9	179.8	198.7	..
19-23	Chemical, rubber, plastic, non-metallic mineral products	62 589.0 e	59 034.1 e	60 507.4	63 174.9	66 329.1	66 229.9	71 671.1	..
19	Coke and refined petroleum products	1 154.0 e	1 453.9 e	859.2	228.6	216.9	196.3	345.7	..
20-21	Chemical and pharmaceutical products	58 038.0	54 192.0	55 000.2	58 243.5	61 459.6	62 548.3	66 751.9	..
20	Chemicals and chemical products	8 623.0	9 183.2	8 726.8	8 725.6	8 980.7	8 732.5	8 117.3	..
21	Pharmaceuticals, medicinal, chemical and botanical products	49 415.0	45 008.8	46 273.4	49 517.9	52 478.9	53 815.8	58 634.6	..
22	Rubber and plastic products	2 121.0	2 233.3	3 372.5	3 447.5	3 313.1	2 330.6	3 404.1	..
23	Other non-metallic mineral products	1 276.0	1 154.9	1 275.4	1 255.3	1 339.5	1 154.7	1 169.5	..
24-25	Basic metals, metal products, except machinery and equipment	2 356.0	2 456.7	2 473.9	2 678.7	2 603.0	2 649.7	2 568.5	..
24	Basic metals	653.0	641.6	712.2	589.4	627.6	576.0	537.1	..
25	Fabricated metal products, except machinery and equipment	1 703.0	1 815.1	1 761.7	2 089.3	1 975.4	2 073.8	2 031.4	..
26-30	Computer, electronic, optical products; electrical machinery, transport equipment	116 063.0	119 394.0	119 864.3	122 753.9	127 117.5	127 621.6	132 475.0	..
26	Computer, electronic and optical products	59 875.0	61 421.0	62 537.2	63 477.1	68 496.4	66 138.2	70 208.6	..
27	Electrical equipment	3 320.0	3 521.4	2 966.9	3 906.6	4 046.3	3 976.0	4 328.6	..
28	Machinery and equipment n.e.c.	9 955.0	14 408.0	13 699.6	11 948.3	11 242.6	12 314.1	11 417.9	..
29	Motor vehicles, trailers and semi-trailers	10 109.1 e	11 455.5 e	14 020.2 e	15 801.0	17 060.4	17 498.0	19 997.9	..
30	Other transport equipment	32 803.9 e	28 588.1 e	26 639.3 e	27 621.8	26 272.8	27 695.3	26 522.0 e	..
31-33	Furniture; repair, installation of machinery and equipment	8 917.3 e	9 056.7 e	10 842.2 e	13 112.9	12 201.1	12 970.8	13 089.8 e	..
31	Furniture	373.0	312.5	334.5	353.3	345.8	414.6	332.1	..
32	Other manufacturing	8 544.3 e	8 744.2 e	10 507.8 e	12 759.7	11 855.3	12 556.3	12 757.7 e	..
33	Repair and installation of machinery and equipment	..	..	..	..	..	..	..	..
35-39	**ELECTRICITY, GAS, WATER AND WASTE MANAGEMENT**	**425.0**	**378.1**	**334.5**	**277.7**	**287.4**	**440.2**	**318.4**	..
35-36	Electricity, gas and water	..	..	..	..	..	..	..	..
37-39	Sewerage, waste management and remediation activities	..	..	..	..	..	..	..	..
41-43	**CONSTRUCTION**	**1 079.0**	**759.1 e**	**730.4 e**	**234.2 e**	**189.1 e**	**476.9 e**	**231.4 e**	..
45-99	**TOTAL SERVICES**	**78 220.0 e**	**87 020.2 e**	**86 414.9 e**	**91 159.4 e**	**95 198.4 e**	**105 180.0 e**	**109 080.3**	..
45-82	**Business sector services**	**75 089.9**	**84 860.3**	**84 915.6**	**89 710.5 e**	**94 125.0**	**104 109.6**	**107 654.1**	..
45-47	Wholesale and retail trade; motor vehicle and motorcycle repairs	2 013.9 e	2 563.5	3 053.4	1 781.4	1 600.9	3 027.6	1 833.6	..
49-53	Transportation and storage	96.0	79.3	171.1	388.2 e	629.4	369.6	442.7	..
55-56	Accommodation and food service activities	..	..	..	..	..	..	..	..
58-63	**Information and communication**	**47 902.0 e**	**53 996.1**	**55 798.0**	**62 787.6**	**69 331.6**	**73 233.5**	**78 473.7**	..
58-60	Publishing, audiovisual and broadcasting activities	..	..	..	..	..	..	..	..
58	Publishing activities	26 982.0	27 853.2	27 859.6	33 696.1	33 501.5	30 584.4	30 460.5	..
59-60	Motion picture, video and TV programme production; broadcasting activities	..	..	..	..	..	..	..	..
59	Motion picture, video and TV programme production; sound and music	..	..	..	..	..	..	..	..
60	Programming and broadcasting activities	..	..	..	..	..	..	..	..
61	Telecommunications	1 868.0	2 112.9	2 714.2	2 872.3	3 480.9	3 308.3	3 633.4 e	..
62-63	IT and other information services	13 588.0	17 185.0	15 535.3	14 842.3	18 584.3	21 782.2	25 095.8	..
62	Computer programming, consultancy and related activities	11 050.0	12 987.7	10 813.4	8 753.9	10 214.5	13 146.0	14 286.7	..
63	Information service activities	2 538.0	4 197.3	4 721.9	6 088.4	8 369.8	8 636.2	10 809.1	..
64-66	**Financial and insurance activities**	**2 109.0**	**3 386.3**	**3 382.1**	**4 069.0**	**3 821.1**	**4 921.6**	**6 651.1**	..
68-82	**Real estate; professional, scientific and technical; administrative and support**	**22 969.0 e**	**24 836.2**	**22 510.1**	**20 684.3**	**18 741.9**	**22 557.2**	**20 253.7**	..
68	Real estate activities	59.1 e	69.5	20.2	86.9	191.9	213.7	407.4	..
69-75x72	Professional, scientific and technical activities, except scientific R&D	7 822.0	9 461.4	6 260.6	7 129.3	6 627.1	7 304.5	6 356.3	..
72	Scientific research and development	14 818.0	14 987.9	15 900.5	13 413.3	11 872.0	14 976.7	13 465.6	..
77-82	Administrative and support service activities	269.9 e	317.4	328.7	54.8	51.0	62.4	24.5	..
84-99	Community, social and personal services	..	..	..	..	..	..	..	..
84-85	Public administration and defence; compulsory social security and education	..	..	..	..	..	..	..	..
86-88	Human health and social work activities	1 232.0	725.8	648.7	496.8	464.4	695.2	769.4	..
90-93	Arts, entertainment and recreation	..	..	..	..	..	..	..	..
94-99	Other services; household-employers; extraterritorial bodies	..	..	..	..	..	..	..	..

.. Not available; e Estimated value
Note: Detailed metadata at: http://metalinks.oecd.org/anberd/20191119/b539.

ARGENTINA

R&D expenditure in industry by main activity of the enterprise, current prices
ISIC Rev. 4

Million USD PPP

		2010	2011	2012	2013	2014	2015	2016	2017
	TOTAL BUSINESS ENTERPRISE	..	..	..	..	..	1 161.5	1 118.8	1 254.5
01-03	**AGRICULTURE, FORESTRY AND FISHING**	..	..	..	..	..	148.8	152.5	163.5
05-09	**MINING AND QUARRYING**	..	..	..	..	..	7.6	9.0	30.7
10-33	**MANUFACTURING**	..	..	..	..	..	645.4	600.6	624.8
10-12	Food products, beverages and tobacco	..	..	..	..	..	..	..	..
13-15	Textiles, wearing apparel, leather and related products	..	..	..	..	..	..	..	..
13	Textiles	..	..	..	..	..	..	..	..
14	Wearing apparel	..	..	..	..	..	..	..	..
15	Leather and related products, footwear	..	..	..	..	..	..	..	..
16-18	Wood and paper products and printing	..	..	..	..	..	..	..	..
16	Wood and wood products, except furniture	..	..	..	..	..	..	..	..
17	Paper and paper products	..	..	..	..	..	..	..	..
18	Printing and reproduction of recorded media	..	..	..	..	..	..	..	..
19-23	Chemical, rubber, plastic, non-metallic mineral products	..	..	..	..	..	..	..	..
19	Coke and refined petroleum products	..	..	..	..	..	..	..	..
20-21	Chemical and pharmaceutical products	..	..	..	..	..	..	..	..
20	Chemicals and chemical products	..	..	..	..	..	..	..	..
21	Pharmaceuticals, medicinal, chemical and botanical products	..	..	..	..	..	..	..	..
22	Rubber and plastic products	..	..	..	..	..	..	..	..
23	Other non-metallic mineral products	..	..	..	..	..	..	..	..
24-25	Basic metals, metal products, except machinery and equipment	..	..	..	..	..	..	..	..
24	Basic metals	..	..	..	..	..	..	..	..
25	Fabricated metal products, except machinery and equipment	..	..	..	..	..	..	..	..
26-30	Computer, electronic, optical products; electrical machinery, transport equipment	..	..	..	..	..	..	..	..
26	Computer, electronic and optical products	..	..	..	..	..	..	..	..
27	Electrical equipment	..	..	..	..	..	..	..	..
28	Machinery and equipment n.e.c.	..	..	..	..	..	..	..	..
29	Motor vehicles, trailers and semi-trailers	..	..	..	..	..	..	..	..
30	Other transport equipment	..	..	..	..	..	..	..	..
31-33	Furniture; repair, installation of machinery and equipment	..	..	..	..	..	..	..	..
31	Furniture	..	..	..	..	..	..	..	..
32	Other manufacturing	..	..	..	..	..	..	..	..
33	Repair and installation of machinery and equipment	..	..	..	..	..	..	..	..
35-39	**ELECTRICITY, GAS, WATER AND WASTE MANAGEMENT**	..	..	..	..	..	37.1	32.7	53.5
35-36	Electricity, gas and water	..	..	..	..	..	..	..	..
37-39	Sewerage, waste management and remediation activities	..	..	..	..	..	..	..	..
41-43	**CONSTRUCTION**	..	..	..	..	..	1.2	1.2	0.0
45-99	**TOTAL SERVICES**	..	..	..	..	..	321.5	322.8	381.9
45-82	**Business sector services**	..	..	..	..	..	..	..	..
45-47	Wholesale and retail trade; motor vehicle and motorcycle repairs	..	..	..	..	..	..	..	..
49-53	Transportation and storage	..	..	..	..	..	..	..	..
55-56	Accommodation and food service activities	..	..	..	..	..	..	..	..
58-63	Information and communication	..	..	..	..	..	..	..	..
58-60	Publishing, audiovisual and broadcasting activities	..	..	..	..	..	..	..	..
58	Publishing activities	..	..	..	..	..	..	..	..
59-60	Motion picture, video and TV programme production; broadcasting activities	..	..	..	..	..	..	..	..
59	Motion picture, video and TV programme production; sound and music	..	..	..	..	..	..	..	..
60	Programming and broadcasting activities	..	..	..	..	..	..	..	..
61	Telecommunications	..	..	..	..	..	..	..	..
62-63	IT and other information services	..	..	..	..	..	..	..	..
62	Computer programming, consultancy and related activities	..	..	..	..	..	..	..	..
63	Information service activities	..	..	..	..	..	..	..	..
64-66	**Financial and insurance activities**	..	..	..	..	..	..	..	..
68-82	**Real estate; professional, scientific and technical; administrative and support**	..	..	..	..	..	..	..	..
68	Real estate activities	..	..	..	..	..	..	..	..
69-75x72	Professional, scientific and technical activities, except scientific R&D	..	..	..	..	..	..	..	..
72	Scientific research and development	..	..	..	..	..	..	..	..
77-82	Administrative and support service activities	..	..	..	..	..	..	..	..
84-99	Community, social and personal services	..	..	..	..	..	..	..	..
84-85	Public administration and defence; compulsory social security and education	..	..	..	..	..	..	..	..
86-88	Human health and social work activities	..	..	..	..	..	..	..	..
90-93	Arts, entertainment and recreation	..	..	..	..	..	..	..	..
94-99	Other services; household-employers; extraterritorial bodies	..	..	..	..	..	..	..	..

.. Not available

Note: Detailed metadata at: *http://metalinks.oecd.org/anberd/20191119/b539*.

ARGENTINA

R&D expenditure in industry by main activity of the enterprise, constant prices
ISIC Rev. 4

2010 USD PPP

		2010	2011	2012	2013	2014	2015	2016	2017
	TOTAL BUSINESS ENTERPRISE	..	..	..	..	..	1 068.7	1 008.9	1 105.4
01-03	**AGRICULTURE, FORESTRY AND FISHING**	..	..	..	..	..	136.9	137.5	144.1
05-09	**MINING AND QUARRYING**	..	..	..	..	..	7.0	8.1	27.0
10-33	**MANUFACTURING**	..	..	..	..	..	593.9	541.6	550.6
10-12	Food products, beverages and tobacco	..	..	..	..	..	..	..	..
13-15	Textiles, wearing apparel, leather and related products	..	..	..	..	..	..	..	..
13	Textiles	..	..	..	..	..	..	..	..
14	Wearing apparel	..	..	..	..	..	..	..	..
15	Leather and related products, footwear	..	..	..	..	..	..	..	..
16-18	Wood and paper products and printing	..	..	..	..	..	..	..	..
16	Wood and wood products, except furniture	..	..	..	..	..	..	..	..
17	Paper and paper products	..	..	..	..	..	..	..	..
18	Printing and reproduction of recorded media	..	..	..	..	..	..	..	..
19-23	Chemical, rubber, plastic, non-metallic mineral products	..	..	..	..	..	..	..	..
19	Coke and refined petroleum products	..	..	..	..	..	..	..	..
20-21	Chemical and pharmaceutical products	..	..	..	..	..	..	..	..
20	Chemicals and chemical products	..	..	..	..	..	..	..	..
21	Pharmaceuticals, medicinal, chemical and botanical products	..	..	..	..	..	..	..	..
22	Rubber and plastic products	..	..	..	..	..	..	..	..
23	Other non-metallic mineral products	..	..	..	..	..	..	..	..
24-25	Basic metals, metal products, except machinery and equipment	..	..	..	..	..	..	..	..
24	Basic metals	..	..	..	..	..	..	..	..
25	Fabricated metal products, except machinery and equipment	..	..	..	..	..	..	..	..
26-30	Computer, electronic, optical products; electrical machinery, transport equipment	..	..	..	..	..	..	..	..
26	Computer, electronic and optical products	..	..	..	..	..	..	..	..
27	Electrical equipment	..	..	..	..	..	..	..	..
28	Machinery and equipment n.e.c.	..	..	..	..	..	..	..	..
29	Motor vehicles, trailers and semi-trailers	..	..	..	..	..	..	..	..
30	Other transport equipment	..	..	..	..	..	..	..	..
31-33	Furniture; repair, installation of machinery and equipment	..	..	..	..	..	..	..	..
31	Furniture	..	..	..	..	..	..	..	..
32	Other manufacturing	..	..	..	..	..	..	..	..
33	Repair and installation of machinery and equipment	..	..	..	..	..	..	..	..
35-39	**ELECTRICITY, GAS, WATER AND WASTE MANAGEMENT**	..	..	..	..	..	34.1	29.5	47.2
35-36	Electricity, gas and water	..	..	..	..	..	..	..	..
37-39	Sewerage, waste management and remediation activities	..	..	..	..	..	..	..	..
41-43	**CONSTRUCTION**	..	..	..	..	..	1.1	1.0	0.0
45-99	**TOTAL SERVICES**	..	..	..	..	..	295.8	291.1	336.6
45-82	**Business sector services**	..	..	..	..	..	..	..	..
45-47	**Wholesale and retail trade; motor vehicle and motorcycle repairs**	..	..	..	..	..	..	..	..
49-53	**Transportation and storage**	..	..	..	..	..	..	..	..
55-56	**Accommodation and food service activities**	..	..	..	..	..	..	..	..
58-63	**Information and communication**	..	..	..	..	..	..	..	..
58-60	Publishing, audiovisual and broadcasting activities	..	..	..	..	..	..	..	..
58	Publishing activities	..	..	..	..	..	..	..	..
59-60	Motion picture, video and TV programme production; broadcasting activities	..	..	..	..	..	..	..	..
59	Motion picture, video and TV programme production; sound and music	..	..	..	..	..	..	..	..
60	Programming and broadcasting activities	..	..	..	..	..	..	..	..
61	Telecommunications	..	..	..	..	..	..	..	..
62-63	IT and other information services	..	..	..	..	..	..	..	..
62	Computer programming, consultancy and related activities	..	..	..	..	..	..	..	..
63	Information service activities	..	..	..	..	..	..	..	..
64-66	**Financial and insurance activities**	..	..	..	..	..	..	..	..
68-82	**Real estate; professional, scientific and technical; administrative and support**	..	..	..	..	..	..	..	..
68	Real estate activities	..	..	..	..	..	..	..	..
69-75x72	Professional, scientific and technical activities, except scientific R&D	..	..	..	..	..	..	..	..
72	Scientific research and development	..	..	..	..	..	..	..	..
77-82	Administrative and support service activities	..	..	..	..	..	..	..	..
84-99	Community, social and personal services	..	..	..	..	..	..	..	..
84-85	Public administration and defence; compulsory social security and education	..	..	..	..	..	..	..	..
86-88	Human health and social work activities	..	..	..	..	..	..	..	..
90-93	Arts, entertainment and recreation	..	..	..	..	..	..	..	..
94-99	Other services; household-employers; extraterritorial bodies	..	..	..	..	..	..	..	..

.. Not available

Note: Detailed metadata at: *http://metalinks.oecd.org/anberd/20191119/b539*.

CHINA

R&D expenditure in industry by main activity of the enterprise, current prices
ISIC Rev. 4

Million USD PPP

		2010	2011	2012	2013	2014	2015	2016	2017
	TOTAL BUSINESS ENTERPRISE	156 744.8	187 684.1	222 507.6	255 971.4	286 465.3	312 902.2	349 685.3	..
01-03	**AGRICULTURE, FORESTRY AND FISHING**	425.3	483.3	461.2	..	..	..	..	..
05-09	**MINING AND QUARRYING**	6 539.9	7 206.5	7 946.0	7 724.6	7 831.2	7 113.9	7 042.4	..
10-33	**MANUFACTURING**	134 548.4	162 466.1	194 232.7	224 225.0	252 868.9	277 211.7	304 341.8	..
10-12	Food products, beverages and tobacco	5 714.6	6 846.1	9 148.3	10 614.7	12 195.7	13 291.6	15 106.1	..
13-15	Textiles, wearing apparel, leather and related products	3 950.4	5 146.7	6 272.1	7 380.0	8 313.0	10 030.0	11 112.7	..
13	Textiles	3 016.5	3 880.2	3 916.3	4 469.9	5 059.7	5 971.6	6 333.1	..
14	Wearing apparel	..	..	1 577.3	1 954.1	2 111.6	2 590.4	3 080.3	..
15	Leather and related products, footwear	..	..	778.5	955.9	1 141.6	1 468.0	1 699.3	..
16-18	Wood and paper products and printing	2 013.0	2 549.4	3 379.5	4 099.1	4 652.0	5 386.5	6 403.5	..
16	Wood and wood products, except furniture	334.5	412.8	531.3	766.0	931.5	1 231.2	1 522.5	..
17	Paper and paper products	1 235.0	1 594.3	2 150.8	2 476.0	2 745.6	3 094.3	3 534.8	..
18	Printing and reproduction of recorded media	443.4	542.4	697.5	857.1	974.9	1 061.0	1 346.2	..
19-23	Chemical, rubber, plastic, non-metallic mineral products	24 900.8	30 750.1	37 407.4	44 523.0	51 047.9	55 656.1	61 463.7	..
19	Coke and refined petroleum products	1 397.4	1 784.2	2 316.3	2 519.1	3 034.6	2 899.8	3 444.7	..
20-21	Chemical and pharmaceutical products	16 617.9	21 107.3	25 545.4	30 313.7	34 506.3	37 796.9	40 688.6	..
20	Chemicals and chemical products	11 582.5	15 081.2	17 507.2	20 508.6	23 392.5	25 102.4	26 623.1	..
21	Pharmaceuticals, medicinal, chemical and botanical products	5 035.3	6 026.1	8 038.2	9 805.1	11 113.8	12 694.5	14 065.5	..
22	Rubber and plastic products	3 567.5	3 872.9	4 904.7	5 625.4	6 489.3	6 976.2	8 027.2	..
23	Other non-metallic mineral products	3 318.0	3 985.7	4 641.0	6 064.7	7 017.8	7 983.2	9 303.2	..
24-25	Basic metals, metal products, except machinery and equipment	19 228.9	23 224.2	30 825.6	32 833.5	34 847.2	34 950.8	36 595.0	..
24	Basic metals	16 566.7	20 049.5	25 507.3	26 346.3	27 693.6	26 822.7	27 197.9	..
25	Fabricated metal products, except machinery and equipment	2 662.2	3 174.7	5 318.3	6 487.3	7 153.6	8 128.1	9 397.1	..
26-30	Computer, electronic, optical products; electrical machinery, transport equipment	77 715.3	92 525.3	105 135.4	122 113.2	138 360.0	153 704.7	168 459.0	..
26	Computer, electronic and optical products	25 189.3	30 292.6	33 719.0	39 535.5	44 463.3	51 547.8	57 494.4	..
27	Electrical equipment	15 238.6	17 800.7	19 979.0	22 996.9	26 277.2	29 121.9	31 743.1	..
28	Machinery and equipment n.e.c.	18 427.7	22 031.7	25 522.7	29 901.7	33 071.7	34 500.7	35 788.0	..
29	Motor vehicles, trailers and semi-trailers	..	..	16 190.0	19 184.7	22 413.8	25 999.8	30 198.4	..
30	Other transport equipment	..	..	9 724.9	10 494.4	12 134.1	12 534.6	13 235.1	..
31-33	Furniture; repair, installation of machinery and equipment	1 025.4	1 424.2	2 064.3	2 661.5	3 453.0	4 191.9	5 201.8	..
31	Furniture	160.8	257.7	412.2	633.6	770.8	949.3	1 234.3	..
32	Other manufacturing	815.2	1 083.0	1 514.2	1 808.2	2 396.3	2 904.8	3 453.8	..
33	Repair and installation of machinery and equipment	49.4	83.5	137.9	219.6	285.8	337.8	513.7	..
35-39	**ELECTRICITY, GAS, WATER AND WASTE MANAGEMENT**	1 174.8	1 333.9	1 479.1	..	..	..	..	..
35-36	Electricity, gas and water	..	..	..	..	..	..	..	..
37-39	Sewerage, waste management and remediation activities	..	..	..	..	..	..	..	..
41-43	**CONSTRUCTION**	4 227.2	4 144.7	4 274.1	..	..	..	..	..
45-99	**TOTAL SERVICES**	9 829.2	12 049.6	14 114.5	..	..	..	..	..
45-82	**Business sector services**	..	..	..	..	..	..	..	..
45-47	Wholesale and retail trade; motor vehicle and motorcycle repairs	..	..	..	..	..	..	..	..
49-53	Transportation and storage	..	..	..	..	..	..	..	..
55-56	Accommodation and food service activities	..	..	..	..	..	..	..	..
58-63	Information and communication	..	..	..	..	..	..	..	..
58-60	Publishing, audiovisual and broadcasting activities	..	..	..	..	..	..	..	..
58	Publishing activities	..	..	..	..	..	..	..	..
59-60	Motion picture, video and TV programme production; broadcasting activities	..	..	..	..	..	..	..	..
59	Motion picture, video and TV programme production; sound and music	..	..	..	..	..	..	..	..
60	Programming and broadcasting activities	..	..	..	..	..	..	..	..
61	Telecommunications	..	..	..	..	..	..	..	..
62-63	IT and other information services	..	..	..	..	..	..	..	..
62	Computer programming, consultancy and related activities	..	..	..	..	..	..	..	..
63	Information service activities	..	..	..	..	..	..	..	..
64-66	**Financial and insurance activities**	..	..	..	..	..	..	..	..
68-82	**Real estate; professional, scientific and technical; administrative and support**	..	..	..	..	..	..	..	..
68	Real estate activities	..	..	..	..	..	..	..	..
69-75x72	Professional, scientific and technical activities, except scientific R&D	..	..	..	..	..	..	..	..
72	Scientific research and development	..	..	..	..	..	..	..	..
77-82	Administrative and support service activities	..	..	..	..	..	..	..	..
84-99	**Community, social and personal services**	..	..	..	..	..	..	..	..
84-85	Public administration and defence; compulsory social security and education	..	..	..	..	..	..	..	..
86-88	Human health and social work activities	..	..	..	..	..	..	..	..
90-93	Arts, entertainment and recreation	..	..	..	..	..	..	..	..
94-99	Other services; household-employers; extraterritorial bodies	..	..	..	..	..	..	..	..

.. Not available

Note: Detailed metadata at: http://metalinks.oecd.org/anberd/20191119/b539.

CHINA

R&D expenditure in industry by main activity of the enterprise, constant prices
ISIC Rev. 4

2010 USD PPP

		2010	2011	2012	2013	2014	2015	2016	2017
	TOTAL BUSINESS ENTERPRISE	156 744.8	183 998.0	214 306.4	242 748.0	266 963.9	288 547.2	318 560.5	..
01-03	**AGRICULTURE, FORESTRY AND FISHING**	425.3	473.8	444.2	..	..	..	..	..
05-09	**MINING AND QUARRYING**	6 539.9	7 064.9	7 653.1	7 325.5	7 298.1	6 560.2	6 415.6	..
10-33	**MANUFACTURING**	134 548.4	159 275.3	187 073.7	212 641.6	235 654.6	255 634.7	277 252.9	..
10-12	Food products, beverages and tobacco	5 714.6	6 711.6	8 811.1	10 066.4	11 365.5	12 257.0	13 761.5	..
13-15	Textiles, wearing apparel, leather and related products	3 950.4	5 045.6	6 040.9	6 998.7	7 747.1	9 249.3	10 123.6	..
13	Textiles	3 016.5	3 804.0	3 771.9	4 239.0	4 715.3	5 506.8	5 769.4	..
14	Wearing apparel	..	..	1 519.1	1 853.2	1 967.9	2 388.8	2 806.1	..
15	Leather and related products, footwear	..	..	749.8	906.5	1 063.9	1 353.7	1 548.1	..
16-18	Wood and paper products and printing	2 013.0	2 499.3	3 255.0	3 887.3	4 335.3	4 967.3	5 833.5	..
16	Wood and wood products, except furniture	334.5	404.7	511.7	726.4	868.1	1 135.4	1 387.0	..
17	Paper and paper products	1 235.0	1 563.0	2 071.5	2 348.1	2 558.7	2 853.4	3 220.2	..
18	Printing and reproduction of recorded media	443.4	531.7	671.7	812.8	908.5	978.5	1 226.4	..
19-23	Chemical, rubber, plastic, non-metallic mineral products	24 900.8	30 146.1	36 028.6	42 222.9	47 572.8	51 324.1	55 993.0	..
19	Coke and refined petroleum products	1 397.4	1 749.1	2 230.9	2 389.0	2 828.0	2 674.1	3 138.1	..
20-21	Chemical and pharmaceutical products	16 617.9	20 692.7	24 603.8	28 747.7	32 157.3	34 855.0	37 067.0	..
20	Chemicals and chemical products	11 582.5	14 785.0	16 861.9	19 449.1	21 800.1	23 148.6	24 253.4	..
21	Pharmaceuticals, medicinal, chemical and botanical products	5 035.4	5 907.7	7 741.9	9 298.6	10 357.2	11 706.4	12 813.6	..
22	Rubber and plastic products	3 567.5	3 796.8	4 724.0	5 334.8	6 047.5	6 433.2	7 312.8	..
23	Other non-metallic mineral products	3 318.0	3 907.4	4 469.9	5 751.4	6 540.0	7 361.8	8 475.2	..
24-25	Basic metals, metal products, except machinery and equipment	19 228.9	22 768.1	29 689.4	31 137.4	32 475.0	32 230.4	33 337.7	..
24	Basic metals	16 566.7	19 655.7	24 567.2	24 985.2	25 808.3	24 735.0	24 777.0	..
25	Fabricated metal products, except machinery and equipment	2 662.2	3 112.4	5 122.3	6 152.2	6 666.7	7 495.4	8 560.7	..
26-30	Computer, electronic, optical products; electrical machinery, transport equipment	77 715.3	90 708.2	101 260.3	115 804.9	128 941.0	141 741.0	153 464.8	..
26	Computer, electronic and optical products	25 189.3	29 697.6	32 476.1	37 493.1	41 436.4	47 535.5	52 376.9	..
27	Electrical equipment	15 238.6	17 451.1	19 242.6	21 808.9	24 488.3	26 855.2	28 917.7	..
28	Machinery and equipment n.e.c.	18 427.7	21 599.0	24 581.9	28 357.0	30 820.3	31 815.3	32 602.6	..
29	Motor vehicles, trailers and semi-trailers	..	..	15 593.3	18 193.7	20 888.0	23 976.0	27 510.5	..
30	Other transport equipment	..	..	9 366.4	9 952.2	11 308.0	11 559.0	12 057.1	..
31-33	Furniture; repair, installation of machinery and equipment	1 025.4	1 396.3	1 988.2	2 524.0	3 217.9	3 865.6	4 738.8	..
31	Furniture	160.8	252.6	397.0	600.9	718.3	875.4	1 124.5	..
32	Other manufacturing	815.2	1 061.7	1 458.4	1 714.8	2 233.2	2 678.7	3 146.4	..
33	Repair and installation of machinery and equipment	49.4	81.9	132.8	208.3	266.4	311.5	468.0	..
35-39	**ELECTRICITY, GAS, WATER AND WASTE MANAGEMENT**	1 174.8	1 307.7	1 424.6	..	..	..	..	..
35-36	Electricity, gas and water	..	..	..	..	..	..	..	..
37-39	Sewerage, waste management and remediation activities	..	..	..	..	..	..	..	..
41-43	**CONSTRUCTION**	4 227.2	4 063.3	4 116.6	..	..	..	..	..
45-99	**TOTAL SERVICES**	9 829.2	11 812.9	13 594.2	..	..	..	..	..
45-82	**Business sector services**	..	..	..	..	..	..	..	..
45-47	Wholesale and retail trade; motor vehicle and motorcycle repairs	..	..	..	..	..	..	..	..
49-53	Transportation and storage	..	..	..	..	..	..	..	..
55-56	Accommodation and food service activities	..	..	..	..	..	..	..	..
58-63	Information and communication	..	..	..	..	..	..	..	..
58-60	Publishing, audiovisual and broadcasting activities	..	..	..	..	..	..	..	..
58	Publishing activities	..	..	..	..	..	..	..	..
59-60	Motion picture, video and TV programme production; broadcasting activities	..	..	..	..	..	..	..	..
59	Motion picture, video and TV programme production; sound and music	..	..	..	..	..	..	..	..
60	Programming and broadcasting activities	..	..	..	..	..	..	..	..
61	Telecommunications	..	..	..	..	..	..	..	..
62-63	IT and other information services	..	..	..	..	..	..	..	..
62	Computer programming, consultancy and related activities	..	..	..	..	..	..	..	..
63	Information service activities	..	..	..	..	..	..	..	..
64-66	Financial and insurance activities	..	..	..	..	..	..	..	..
68-82	Real estate; professional, scientific and technical; administrative and support	..	..	..	..	..	..	..	..
68	Real estate activities	..	..	..	..	..	..	..	..
69-75x72	Professional, scientific and technical activities, except scientific R&D	..	..	..	..	..	..	..	..
72	Scientific research and development	..	..	..	..	..	..	..	..
77-82	Administrative and support service activities	..	..	..	..	..	..	..	..
84-99	Community, social and personal services	..	..	..	..	..	..	..	..
84-85	Public administration and defence; compulsory social security and education	..	..	..	..	..	..	..	..
86-88	Human health and social work activities	..	..	..	..	..	..	..	..
90-93	Arts, entertainment and recreation	..	..	..	..	..	..	..	..
94-99	Other services; household-employers; extraterritorial bodies	..	..	..	..	..	..	..	..

.. Not available

Note: Detailed metadata at: http://metalinks.oecd.org/anberd/20191119/b539.

ROMANIA

R&D expenditure in industry by main activity of the enterprise, current prices
ISIC Rev. 4

Million USD PPP

		2010	2011	2012	2013	2014	2015	2016	2017
	TOTAL BUSINESS ENTERPRISE	**601.4**	**648.1**	**715.9**	**470.5**	**650.6**	**920.3**	**1 246.6**	..
01-03	**AGRICULTURE, FORESTRY AND FISHING**	**88.3**	**3.4**	**6.0**	**6.8**	**8.0**	**10.8**	**14.9**	..
05-09	**MINING AND QUARRYING**	**0.8**	**0.0 e**	**0.1**	**0.5 e**	**17.9**	**20.8**	**13.4**	..
10-33	**MANUFACTURING**	**243.6**	**336.5**	**299.9**	**247.4**	**336.2**	**379.3**	**455.9**	..
10-12	Food products, beverages and tobacco	1.5	4.2	10.8	11.4	31.7	4.7	5.3	..
13-15	Textiles, wearing apparel, leather and related products	2.2	0.9 e	5.7	2.6	2.6	2.0	1.4	..
13	Textiles	0.6	0.1 e	0.7	0.1	0.3	0.1	0.2	..
14	Wearing apparel	0.1	0.2 e	0.7 e	0.4	1.3	1.6	0.7	..
15	Leather and related products, footwear	1.5	0.6 e	4.3	2.2	0.4	0.2	0.5	..
16-18	Wood and paper products and printing	0.1 e	0.0 e	0.0 e	0.1 e	0.8	0.2	0.0	..
16	Wood and wood products, except furniture	..	..	..	..	..	..	..	..
17	Paper and paper products	..	..	..	..	..	..	..	..
18	Printing and reproduction of recorded media	..	..	..	..	..	..	..	..
19-23	Chemical, rubber, plastic, non-metallic mineral products	51.8	98.5 e	35.3 e	32.9 e	45.9	35.2	46.6	..
19	Coke and refined petroleum products	0.8	0.0	0.0 e	0.0 e	0.0	0.0	0.0	..
20-21	Chemical and pharmaceutical products	47.7	86.2	30.3	28.4	45.1	34.4	45.2	..
20	Chemicals and chemical products	39.6	61.3	3.5	3.3	6.3	6.5	8.9	..
21	Pharmaceuticals, medicinal, chemical and botanical products	8.1	24.9	26.8	25.1	38.8	27.9	36.3	..
22	Rubber and plastic products	1.8	12.2	3.2	4.1	0.2	0.1	0.9	..
23	Other non-metallic mineral products	1.5	0.2 e	1.8	0.3	0.6	0.7	0.5	..
24-25	Basic metals, metal products, except machinery and equipment	10.8	16.0	8.5	9.6	10.7	8.2	9.3	..
24	Basic metals	5.7	11.4	4.0	4.9	4.9	2.2	1.8	..
25	Fabricated metal products, except machinery and equipment	5.2	4.6	4.5	4.7	5.7	6.0	7.5	..
26-30	Computer, electronic, optical products; electrical machinery, transport equipment	163.1	215.5	232.1	188.5	238.9	324.7	388.5	..
26	Computer, electronic and optical products	13.8	13.8	60.8	40.2	16.2	37.8	44.1	..
27	Electrical equipment	17.0	46.1	18.7	14.6	13.6	23.0	28.6	..
28	Machinery and equipment n.e.c.	17.4	6.8	20.6	13.1	13.2	9.0	7.5	..
29	Motor vehicles, trailers and semi-trailers	95.6	141.9	124.3	114.7	187.1	253.8	305.5	..
30	Other transport equipment	19.2	6.9	7.8	5.9	8.8	1.1	2.9	..
31-33	Furniture; repair, installation of machinery and equipment	14.0 e	1.4	7.5 e	2.3 e	6.3	4.3	4.8	..
31	Furniture	0.2 e	0.1 e	0.1 e	0.1 e	0.5	0.2	0.7	..
32	Other manufacturing	10.6	0.0 e	2.3	0.8	1.3	1.3	2.4	..
33	Repair and installation of machinery and equipment	3.2	1.2 e	5.1	1.4	4.4	2.8	1.7	..
35-39	**ELECTRICITY, GAS, WATER AND WASTE MANAGEMENT**	**68.6**	**0.6 e**	**3.4**	**1.6**	**1.4**	**1.4**	**0.9**	..
35-36	Electricity, gas and water	68.2	0.2 e	2.7	1.3 e	1.2 e	1.2	0.6	..
37-39	Sewerage, waste management and remediation activities	0.3	0.4 e	0.6	0.3 e	0.2 e	0.2	0.2	..
41-43	**CONSTRUCTION**	**8.0**	**6.6**	**0.5**	**0.5 e**	**1.2**	**1.2**	**1.3**	..
45-99	**TOTAL SERVICES**	**192.1**	**300.9**	**406.0**	**213.7**	**286.0**	**506.8**	**760.3**	..
45-82	**Business sector services**	**190.7**	**300.8**	**403.1**	**213.7**	**283.1**	**504.7**	**757.7**	..
45-47	Wholesale and retail trade; motor vehicle and motorcycle repairs	..	14.7	29.6	17.8	33.2	13.5	29.0	..
49-53	Transportation and storage	..	4.1	..	..	12.2	0.3	0.9	..
55-56	Accommodation and food service activities	..	..	1.8	1.3	0.7	0.0	0.0	..
58-63	Information and communication	73.2	114.3	127.4	46.0	69.6	121.9	270.8	..
58-60	Publishing, audiovisual and broadcasting activities	48.9	55.8	2.2	0.0	9.7	30.8	119.8	..
58	Publishing activities	..	..	2.1	..	..	..	..	..
59-60	Motion picture, video and TV programme production; broadcasting activities	..	..	0.1	..	..	..	..	..
59	Motion picture, video and TV programme production; sound and music	..	..	..	..	..	..	..	..
60	Programming and broadcasting activities	..	..	..	..	..	..	..	..
61	Telecommunications	..	..	13.1	1.2	2.4	1.3	28.1	..
62-63	IT and other information services	..	..	112.1	44.8	57.5	89.8	122.8	..
62	Computer programming, consultancy and related activities	24.2	56.8	76.6	32.0	57.4	89.7	122.3	..
63	Information service activities	..	..	35.6	12.7	0.1	0.2	0.6	..
64-66	Financial and insurance activities	..	..	..	..	..	0.0	0.0	..
68-82	Real estate; professional, scientific and technical; administrative and support	116.7	166.3	244.3	..	..	369.0	457.0	..
68	Real estate activities	0.0	0.0 e	2.7	..	..	0.0	0.0	..
69-75x72	Professional, scientific and technical activities, except scientific R&D	18.5	29.6	47.2	15.8	15.0	164.3	284.6	..
72	Scientific research and development	90.0	136.3	191.8	131.6	150.4	204.6	172.3	..
77-82	Administrative and support service activities	8.2	0.3 e	2.7	..	1.9	0.1	0.1	..
84-99	Community, social and personal services	1.4	0.1	2.9	0.0	2.8	2.1	2.6	..
84-85	Public administration and defence; compulsory social security and education	..	..	..	..	..	..	..	..
86-88	Human health and social work activities	..	..	..	..	..	..	..	..
90-93	Arts, entertainment and recreation	..	..	..	..	..	..	..	..
94-99	Other services; household-employers; extraterritorial bodies	..	..	..	..	..	..	..	..

.. Not available; e Estimated value
Note: Detailed metadata at: http://metalinks.oecd.org/anberd/20191119/b539.

ROMANIA

R&D expenditure in industry by main activity of the enterprise, constant prices
ISIC Rev. 4

2010 USD PPP

		2010	2011	2012	2013	2014	2015	2016	2017
	TOTAL BUSINESS ENTERPRISE	601.4	629.4	674.4	440.3	606.7	853.9	1 104.9	..
01-03	**AGRICULTURE, FORESTRY AND FISHING**	88.3	3.3	5.7	6.4	7.4	10.0	13.2	..
05-09	**MINING AND QUARRYING**	0.8	0.0 e	0.1	0.4 e	16.7	19.3	11.8	..
10-33	**MANUFACTURING**	243.6	326.8	282.5	231.6	313.5	351.9	404.1	..
10-12	Food products, beverages and tobacco	1.5	4.1	10.2	10.7	29.6	4.4	4.7	..
13-15	Textiles, wearing apparel, leather and related products	2.2	0.9 e	5.3	2.5	2.4	1.9	1.3	..
13	Textiles	0.6	0.1 e	0.6 e	0.1	0.3	0.1	0.2	..
14	Wearing apparel	0.1	0.1 e	0.6 e	0.3	1.2	1.5	0.7	..
15	Leather and related products, footwear	1.5	0.6 e	4.1	2.0	0.4	0.2	0.4	..
16-18	Wood and paper products and printing	0.1 e	0.0 e	0.0 e	0.1 e	0.8	0.2	0.0	..
16	Wood and wood products, except furniture	..	..	..	..	..	..	..	..
17	Paper and paper products	..	..	..	..	..	..	..	..
18	Printing and reproduction of recorded media	..	..	..	..	..	..	..	..
19-23	Chemical, rubber, plastic, non-metallic mineral products	51.8	95.7 e	33.3 e	30.8 e	42.8	32.6	41.3	..
19	Coke and refined petroleum products	0.8	0.0	0.0 e	0.0 e	0.0	0.0	0.0	..
20-21	Chemical and pharmaceutical products	47.7	83.7	28.6	26.6	42.1	31.9	40.1	..
20	Chemicals and chemical products	39.6	59.5	3.3	3.1	5.9	6.0	7.9	..
21	Pharmaceuticals, medicinal, chemical and botanical products	8.1	24.2	25.3	23.5	36.2	25.9	32.2	..
22	Rubber and plastic products	1.8	11.8	3.0	3.8	0.2	0.1	0.8	..
23	Other non-metallic mineral products	1.5	0.2 e	1.7	0.3	0.6	0.6	0.5	..
24-25	Basic metals, metal products, except machinery and equipment	10.8	15.5	8.0	9.0	9.9	7.6	8.2	..
24	Basic metals	5.7	11.1	3.8	4.6	4.6	2.0	1.6	..
25	Fabricated metal products, except machinery and equipment	5.2	4.4	4.3	4.4	5.3	5.6	6.6	..
26-30	Computer, electronic, optical products; electrical machinery, transport equipment	163.1	209.3	218.6	176.4	222.8	301.3	344.4	..
26	Computer, electronic and optical products	13.8	13.4	57.2	37.6	15.1	35.0	39.1	..
27	Electrical equipment	17.0	44.8	17.6	13.6	12.6	21.4	25.3	..
28	Machinery and equipment n.e.c.	17.4	6.6	19.4	12.3	12.3	8.4	6.7	..
29	Motor vehicles, trailers and semi-trailers	95.6	137.8	117.1	107.4	174.5	235.5	270.8	..
30	Other transport equipment	19.2	6.7	7.3	5.6	8.2	1.0	2.5	..
31-33	Furniture; repair, installation of machinery and equipment	14.0 e	1.3	7.1 e	2.1 e	5.8	4.0	4.2	..
31	Furniture	0.2 e	0.1 e	0.1 e	0.1 e	0.5	0.1	0.6	..
32	Other manufacturing	10.6	0.0 e	2.2	0.8	1.2	1.2	2.1	..
33	Repair and installation of machinery and equipment	3.2	1.2 e	4.8	1.3	4.1	2.6	1.5	..
35-39	**ELECTRICITY, GAS, WATER AND WASTE MANAGEMENT**	68.6	0.6 e	3.2	1.5	1.3	1.3	0.8	..
35-36	Electricity, gas and water	68.2	0.2 e	2.6	1.2 e	1.1 e	1.1	0.6	..
37-39	Sewerage, waste management and remediation activities	0.3	0.4 e	0.6	0.3 e	0.2 e	0.2	0.2	..
41-43	**CONSTRUCTION**	8.0	6.4	0.5	0.4 e	1.1	1.1	1.1	..
45-99	**TOTAL SERVICES**	192.1	292.3	382.4	200.0	266.7	470.3	673.9	..
45-82	**Business sector services**	190.7	292.2	379.7	200.0	264.0	468.3	671.6	..
45-47	Wholesale and retail trade; motor vehicle and motorcycle repairs	..	14.3	27.9	16.7	30.9	12.5	25.7	..
49-53	Transportation and storage	..	4.0	..	..	11.4	0.3	0.8	..
55-56	Accommodation and food service activities	..	..	1.7	1.2	0.6	0.0	0.0	..
58-63	Information and communication	73.2	111.0	120.0	43.0	64.9	113.1	240.0	..
58-60	Publishing, audiovisual and broadcasting activities	48.9	54.2	2.0	0.0	9.1	28.6	106.2	..
58	Publishing activities	..	..	1.9	..	..	..	..	..
59-60	Motion picture, video and TV programme production; broadcasting activities	..	..	0.1	..	..	..	..	..
59	Motion picture, video and TV programme production; sound and music	..	..	..	..	..	..	..	..
60	Programming and broadcasting activities	..	..	..	..	..	..	..	..
61	Telecommunications	..	..	12.4	1.1	2.3	1.2	24.9	..
62-63	IT and other information services	..	..	105.6	41.9	53.6	83.4	108.9	..
62	Computer programming, consultancy and related activities	24.2	55.2	72.1	30.0	53.5	83.2	108.4	..
63	Information service activities	..	..	33.5	11.9	0.1	0.2	0.5	..
64-66	Financial and insurance activities	..	..	..	..	..	0.0	0.0	..
68-82	Real estate; professional, scientific and technical; administrative and support	116.7	161.5	230.1	..	..	342.3	405.0	..
68	Real estate activities	0.0	0.0 e	2.5	..	..	0.0	0.0	..
69-75x72	Professional, scientific and technical activities, except scientific R&D	18.5	28.8	44.4	14.8	14.0	152.4	252.2	..
72	Scientific research and development	90.0	132.4	180.6	123.1	140.2	189.8	152.7	..
77-82	Administrative and support service activities	8.2	0.3 e	2.5	..	1.8	0.1	0.1	..
84-99	Community, social and personal services	1.4	0.1	2.7	0.0	2.7	2.0	2.3	..
84-85	Public administration and defence; compulsory social security and education	..	..	..	..	..	..	..	..
86-88	Human health and social work activities	..	..	..	..	..	..	..	..
90-93	Arts, entertainment and recreation	..	..	..	..	..	..	..	..
94-99	Other services; household-employers; extraterritorial bodies	..	..	..	..	..	..	..	..

.. Not available; e Estimated value
Note: Detailed metadata at: *http://metalinks.oecd.org/anberd/20191119/b539.*

SINGAPORE

R&D expenditure in industry by main activity of the enterprise, current prices
ISIC Rev. 4

Million USD PPP

		2010	2011	2012	2013	2014	2015	2016	2017
	TOTAL BUSINESS ENTERPRISE	**4 396.0**	**5 194.4**	**5 023.0**	**5 215.9**	..	..	..	..
01-03	**AGRICULTURE, FORESTRY AND FISHING**	**0.0**	**0.0**	**0.0**	**0.0**	..	..	..	..
05-09	**MINING AND QUARRYING**	**0.0**	**0.0**	**0.0**	**0.0**	..	..	..	..
10-33	**MANUFACTURING**	**2 680.0**	**2 467.5**	**3 024.7**	**3 003.1**	..	..	..	..
10-12	Food products, beverages and tobacco	20.8	19.5	25.0	24.1	..	..	..	..
13-15	Textiles, wearing apparel, leather and related products	1.1	1.0	0.9	0.6 e	..	..	..	..
13	Textiles	0.0	0.0	..	..	..	..	..	..
14	Wearing apparel	0.8	0.7	..	..	..	..	..	..
15	Leather and related products, footwear	0.3	0.3	..	..	..	..	..	..
16-18	Wood and paper products and printing	4.3	3.5	3.6 e	3.2	..	..	..	..
16	Wood and wood products, except furniture	0.1	0.0	0.0 e	0.0	..	..	..	..
17	Paper and paper products	3.3	2.7	3.0 e	2.8	..	..	..	..
18	Printing and reproduction of recorded media	0.9	0.8	0.6 e	0.4	..	..	..	..
19-23	Chemical, rubber, plastic, non-metallic mineral products	229.5	248.7	273.4	351.0 e	..	..	..	..
19	Coke and refined petroleum products	0.8	1.2	1.4	1.0 e	..	..	..	..
20-21	Chemical and pharmaceutical products	210.4	229.4	265.6	344.3	..	..	..	..
20	Chemicals and chemical products	89.4	97.6	112.3	201.8	..	..	..	..
21	Pharmaceuticals, medicinal, chemical and botanical products	121.0	131.8	153.4	142.5	..	..	..	..
22	Rubber and plastic products	4.2	14.3	2.7	3.0	..	..	..	..
23	Other non-metallic mineral products	14.0	3.8	3.6	2.7	..	..	..	..
24-25	Basic metals, metal products, except machinery and equipment	195.5	23.1	30.1 e	43.7	..	..	..	..
24	Basic metals	4.6	1.6	1.6 e	3.1	..	..	..	..
25	Fabricated metal products, except machinery and equipment	190.9	21.5	28.5	40.6	..	..	..	..
26-30	Computer, electronic, optical products; electrical machinery, transport equipment	2 190.5	2 094.1	2 556.3	2 446.7	..	..	..	..
26	Computer, electronic and optical products	1 808.8	1 644.2	2 059.1	1 801.4	..	..	..	..
27	Electrical equipment	29.9	24.7	15.7	31.8	..	..	..	..
28	Machinery and equipment n.e.c.	182.4	209.4	220.6	308.1	..	..	..	..
29	Motor vehicles, trailers and semi-trailers	44.2	49.6	55.0	61.5	..	..	..	..
30	Other transport equipment	125.1	166.1	205.9	243.8	..	..	..	..
31-33	Furniture; repair, installation of machinery and equipment	38.4	77.5	135.4	133.9	..	..	..	..
31	Furniture	12.7	17.1	16.9	16.3	..	..	..	..
32	Other manufacturing	25.7	60.5	118.5	117.6	..	..	..	..
33	Repair and installation of machinery and equipment	0.0	0.0	0.0	0.0	..	..	..	..
35-39	**ELECTRICITY, GAS, WATER AND WASTE MANAGEMENT**	**15.8**	**13.9**	**10.9**	**15.1**	..	..	..	..
35-36	Electricity, gas and water	0.3	0.1	0.0	0.0	..	..	..	..
37-39	Sewerage, waste management and remediation activities	15.5	13.8	10.9	15.1	..	..	..	..
41-43	**CONSTRUCTION**	**1.2**	**2.5**	**1.5**	**1.8**	..	..	..	..
45-99	**TOTAL SERVICES**	**1 699.0**	**2 710.4**	**1 986.0**	**2 195.8**	..	..	..	..
45-82	**Business sector services**	**1 688.6**	**2 700.6**	**1 976.4**	**2 160.0**	..	..	..	..
45-47	Wholesale and retail trade; motor vehicle and motorcycle repairs	440.7	575.1	613.3	822.3	..	..	..	..
49-53	Transportation and storage	56.3	46.6	31.1	46.2	..	..	..	..
55-56	Accommodation and food service activities	0.0	0.0	0.0	0.0	..	..	..	..
58-63	Information and communication	156.4	160.7	169.8	173.7	..	..	..	..
58-60	Publishing, audiovisual and broadcasting activities	26.3	39.4	54.5	45.3	..	..	..	..
58	Publishing activities	24.7	37.6	54.2	45.2	..	..	..	..
59-60	Motion picture, video and TV programme production; broadcasting activities	1.6	1.8	0.3	0.2	..	..	..	..
59	Motion picture, video and TV programme production; sound and music	1.6	1.8	0.3	0.2	..	..	..	..
60	Programming and broadcasting activities	0.0	0.0	0.0	0.0	..	..	..	..
61	Telecommunications	3.9	5.7	3.5	6.7	..	..	..	..
62-63	IT and other information services	126.2	115.6	111.8	121.7	..	..	..	..
62	Computer programming, consultancy and related activities	123.9	112.9	108.9	115.8	..	..	..	..
63	Information service activities	2.3	2.7	2.9	5.9	..	..	..	..
64-66	Financial and insurance activities	100.3	105.3	102.6	107.4	..	..	..	..
68-82	Real estate; professional, scientific and technical; administrative and support	934.9	1 812.9	1 059.6	1 010.4	..	..	..	..
68	Real estate activities	0.0	0.0	0.0	0.0	..	..	..	..
69-75x72	Professional, scientific and technical activities, except scientific R&D	157.3	319.6	266.7	191.1	..	..	..	..
72	Scientific research and development	766.7	810.2	787.7	812.7	..	..	..	..
77-82	Administrative and support service activities	10.9	683.1	5.2	6.6	..	..	..	..
84-99	Community, social and personal services	10.5	9.9	9.6	35.8	..	..	..	..
84-85	Public administration and defence; compulsory social security and education	3.3	4.3	3.2	2.3 e	..	..	..	..
86-88	Human health and social work activities	6.1	4.5	6.1	33.3	..	..	..	..
90-93	Arts, entertainment and recreation	0.0	0.0	0.0	0.0	..	..	..	..
94-99	Other services; household-employers; extraterritorial bodies	1.1	1.1	0.3	0.2 e	..	..	..	..

.. Not available; e Estimated value
Note: Detailed metadata at: http://metalinks.oecd.org/anberd/20191119/b539.

SINGAPORE

R&D expenditure in industry by main activity of the enterprise, constant prices
ISIC Rev. 4

2010 USD PPP

		2010	2011	2012	2013	2014	2015	2016	2017
	TOTAL BUSINESS ENTERPRISE	**4 396.0**	**5 086.3**	**4 830.5**	**4 927.1**	..	..	..	..
01-03	**AGRICULTURE, FORESTRY AND FISHING**	**0.0**	**0.0**	**0.0**	**0.0**	..	..	..	..
05-09	**MINING AND QUARRYING**	**0.0**	**0.0**	**0.0**	**0.0**	..	..	..	..
10-33	**MANUFACTURING**	**2 680.0**	**2 416.1**	**2 908.8**	**2 836.9**	..	..	..	..
10-12	Food products, beverages and tobacco	20.8	19.1	24.1	22.8	..	..	..	..
13-15	Textiles, wearing apparel, leather and related products	1.1	1.0	0.8	0.6 e	..	..	..	..
13	Textiles	0.0	0.0	..	..	..	..	..	..
14	Wearing apparel	0.8	0.7	..	..	..	..	..	..
15	Leather and related products, footwear	0.3	0.3	..	..	..	..	..	..
16-18	Wood and paper products and printing	4.3	3.4	3.4 e	3.0	..	..	..	..
16	Wood and wood products, except furniture	0.1	0.0	0.0 e	0.0	..	..	..	..
17	Paper and paper products	3.3	2.6	2.8 e	2.6	..	..	..	..
18	Printing and reproduction of recorded media	0.9	0.8	0.6 e	0.4	..	..	..	..
19-23	Chemical, rubber, plastic, non-metallic mineral products	229.5	243.5	262.9	331.6 e	..	..	..	..
19	Coke and refined petroleum products	0.8	1.2	1.4	1.0 e	..	..	..	..
20-21	Chemical and pharmaceutical products	210.4	224.6	255.4	325.2	..	..	..	..
20	Chemicals and chemical products	89.4	95.6	107.9	190.6	..	..	..	..
21	Pharmaceuticals, medicinal, chemical and botanical products	121.0	129.0	147.5	134.6	..	..	..	..
22	Rubber and plastic products	4.2	14.0	2.6	2.8	..	..	..	..
23	Other non-metallic mineral products	14.0	3.7	3.5	2.5	..	..	..	..
24-25	Basic metals, metal products, except machinery and equipment	195.5	22.6	29.0 e	41.3	..	..	..	..
24	Basic metals	4.6	1.5	1.6 e	2.9	..	..	..	..
25	Fabricated metal products, except machinery and equipment	190.9	21.1	27.4	38.4	..	..	..	..
26-30	Computer, electronic, optical products; electrical machinery, transport equipment	2 190.5	2 050.5	2 458.3	2 311.2	..	..	..	..
26	Computer, electronic and optical products	1 808.8	1 610.0	1 980.2	1 701.6	..	..	..	..
27	Electrical equipment	29.9	24.2	15.1	30.1	..	..	..	..
28	Machinery and equipment n.e.c.	182.4	205.1	212.1	291.0	..	..	..	..
29	Motor vehicles, trailers and semi-trailers	44.2	48.6	52.9	58.1	..	..	..	..
30	Other transport equipment	125.1	162.6	198.0	230.3	..	..	..	..
31-33	Furniture; repair, installation of machinery and equipment	38.4	75.9	130.2	126.5	..	..	..	..
31	Furniture	12.7	16.7	16.3	15.4	..	..	..	..
32	Other manufacturing	25.7	59.2	114.0	111.1	..	..	..	..
33	Repair and installation of machinery and equipment	0.0	0.0	0.0	0.0	..	..	..	..
35-39	**ELECTRICITY, GAS, WATER AND WASTE MANAGEMENT**	**15.8**	**13.6**	**10.5**	**14.3**	..	..	..	..
35-36	Electricity, gas and water	0.3	0.1	0.0	0.0	..	..	..	..
37-39	Sewerage, waste management and remediation activities	15.5	13.5	10.5	14.3	..	..	..	..
41-43	**CONSTRUCTION**	**1.2**	**2.4**	**1.4**	**1.7**	..	..	..	..
45-99	**TOTAL SERVICES**	**1 699.0**	**2 654.0**	**1 909.9**	**2 074.2**	..	..	..	..
45-82	**Business sector services**	**1 688.6**	**2 644.4**	**1 900.7**	**2 040.4**	..	..	..	..
45-47	Wholesale and retail trade; motor vehicle and motorcycle repairs	440.7	563.1	589.8	776.8	..	..	..	..
49-53	Transportation and storage	56.3	45.6	29.9	43.6	..	..	..	..
55-56	Accommodation and food service activities	0.0	0.0	0.0	0.0	..	..	..	..
58-63	Information and communication	156.4	157.4	163.3	164.1	..	..	..	..
58-60	Publishing, audiovisual and broadcasting activities	26.3	38.6	52.5	42.8	..	..	..	..
58	Publishing activities	24.7	36.8	52.1	42.7	..	..	..	..
59-60	Motion picture, video and TV programme production; broadcasting activities	1.6	1.8	0.3	0.2	..	..	..	..
59	Motion picture, video and TV programme production; sound and music	1.6	1.8	0.3	0.2	..	..	..	..
60	Programming and broadcasting activities	0.0	0.0	0.0	0.0	..	..	..	..
61	Telecommunications	3.9	5.6	3.4	6.3	..	..	..	..
62-63	IT and other information services	126.2	113.2	107.5	115.0	..	..	..	..
62	Computer programming, consultancy and related activities	123.9	110.6	104.7	109.4	..	..	..	..
63	Information service activities	2.3	2.6	2.8	5.5	..	..	..	..
64-66	**Financial and insurance activities**	**100.3**	**103.1**	**98.7**	**101.4**	..	..	..	..
68-82	**Real estate; professional, scientific and technical; administrative and support**	**934.9**	**1 775.2**	**1 019.0**	**954.4**	..	..	..	..
68	Real estate activities	0.0	0.0	0.0	0.0	..	..	..	..
69-75x72	Professional, scientific and technical activities, except scientific R&D	157.3	313.0	256.5	180.5	..	..	..	..
72	Scientific research and development	766.7	793.4	757.5	767.7	..	..	..	..
77-82	Administrative and support service activities	10.9	668.8	5.0	6.2	..	..	..	..
84-99	Community, social and personal services	10.5	9.7	9.2	33.8	..	..	..	..
84-85	Public administration and defence; compulsory social security and education	3.3	4.2	3.0	2.2 e	..	..	..	..
86-88	Human health and social work activities	6.1	4.4	5.9	31.4	..	..	..	..
90-93	Arts, entertainment and recreation	0.0	0.0	0.0	0.0	..	..	..	..
94-99	Other services; household-employers; extraterritorial bodies	1.1	1.1	0.3	0.2 e	..	..	..	..

.. Not available; e Estimated value
Note: Detailed metadata at: http://metalinks.oecd.org/anberd/20191119/b539.

CHINESE TAIPEI

R&D expenditure in industry by main activity of the enterprise, current prices
ISIC Rev. 4

Million USD PPP

		2010	2011	2012	2013	2014	2015	2016	2017
	TOTAL BUSINESS ENTERPRISE	17 939.1	19 949.5	21 606.6	23 286.9	25 139.5	26 199.8	27 760.5	..
01-03	**AGRICULTURE, FORESTRY AND FISHING**	..	..	..	..	..	..	..	..
05-09	**MINING AND QUARRYING**	..	..	..	..	..	..	..	..
10-33	**MANUFACTURING**	16 518.2	18 440.2	19 776.2	21 272.5	23 002.1	24 002.1	25 428.1	..
10-12	Food products, beverages and tobacco	125.2	141.5	166.6	146.0	154.5	152.0	175.0	..
13-15	Textiles, wearing apparel, leather and related products	221.9	246.6	265.5	261.4	292.1	311.8	397.7	..
13	Textiles	118.9	126.6	125.8	117.4	127.4	134.9	183.5	..
14	Wearing apparel	11.6	12.6	11.4	13.1	13.1	11.5	11.5	..
15	Leather and related products, footwear	91.4	107.4	128.4	130.9	151.6	165.4	202.7	..
16-18	Wood and paper products and printing	41.5	38.9	42.0	55.4	42.4	50.8	40.9	..
16	Wood and wood products, except furniture	0.3	1.0	0.9	1.4	4.0	6.2	8.0	..
17	Paper and paper products	17.8	16.7	17.8	12.3	10.5	11.4	8.3	..
18	Printing and reproduction of recorded media	23.3	21.2	23.3	41.7	27.9	33.2	24.5	..
19-23	Chemical, rubber, plastic, non-metallic mineral products	1 149.4	1 293.6	1 406.5	1 485.8	1 605.6	1 597.0	1 725.3	..
19	Coke and refined petroleum products	75.8	80.4	97.8	138.2	148.8	140.6	130.6	..
20-21	Chemical and pharmaceutical products	844.2	970.5	1 040.3	1 099.0	1 175.8	1 184.6	1 302.2	..
20	Chemicals and chemical products	583.6	643.2	690.2	703.9	686.1	727.5	744.0	..
21	Pharmaceuticals, medicinal, chemical and botanical products	260.7	327.3	350.2	395.1	489.7	457.1	558.2	..
22	Rubber and plastic products	197.5	198.9	225.7	209.3	227.1	221.4	246.3	..
23	Other non-metallic mineral products	31.8	43.7	42.7	39.3	53.9	50.5	46.3	..
24-25	Basic metals, metal products, except machinery and equipment	311.8	324.3	325.4	350.2	355.5	357.7	398.8	..
24	Basic metals	179.9	169.9	168.3	177.6	174.4	172.5	178.1	..
25	Fabricated metal products, except machinery and equipment	131.9	154.5	157.1	172.6	181.0	185.1	220.8	..
26-30	Computer, electronic, optical products; electrical machinery, transport equipment	14 487.0	16 229.2	17 381.1	18 764.2	20 338.5	21 302.5	22 428.1	..
26	Computer, electronic and optical products	12 823.6	14 473.2	15 607.0	16 855.8	18 272.2	19 253.5	20 268.8	..
27	Electrical equipment	609.2	610.7	632.4	639.8	637.4	641.2	634.0	..
28	Machinery and equipment n.e.c.	472.9	573.9	521.0	589.4	679.0	696.9	753.2	..
29	Motor vehicles, trailers and semi-trailers	299.1	307.1	343.2	375.3	439.9	408.9	433.8	..
30	Other transport equipment	282.2	264.4	277.4	303.8	310.0	301.9	338.4	..
31-33	Furniture; repair, installation of machinery and equipment	181.6	166.1	189.1	209.5	213.5	230.3	262.2	..
31	Furniture	10.3	8.4	10.7	7.2	9.2	10.6	12.2	..
32	Other manufacturing	171.2	157.7	178.4	202.3	204.4	219.7	249.9	..
33	Repair and installation of machinery and equipment	0.0	0.0	0.0	0.0	0.0	0.0	0.0	..
35-39	**ELECTRICITY, GAS, WATER AND WASTE MANAGEMENT**	46.6	44.2	48.7	38.8	37.7	51.2	53.3	..
35-36	Electricity, gas and water	45.3	42.6	47.5	37.6	36.5	49.0	52.4	..
37-39	Sewerage, waste management and remediation activities	1.4	1.6	1.2	1.2	1.3	2.2	0.9	..
41-43	**CONSTRUCTION**	10.4	10.0	12.2	14.1	17.9	14.6	15.3	..
45-99	**TOTAL SERVICES**	1 363.9	1 455.0	1 769.5	1 961.5	2 081.7	2 132.0	2 263.9	..
45-82	**Business sector services**	1 167.9	1 276.0	1 568.0	1 757.2	1 847.4	1 897.8	2 027.6	..
45-47	**Wholesale and retail trade; motor vehicle and motorcycle repairs**	54.6	51.3	99.1	103.9	119.4	112.2	136.7	..
49-53	**Transportation and storage**	13.1	12.1	12.6	16.0	17.6	17.8	25.5	..
55-56	**Accommodation and food service activities**	0.2	0.7	0.3	0.5	0.1	0.1	1.2	..
58-63	**Information and communication**	817.0	871.8	875.5	995.3	1 030.2	1 052.1	1 125.9	..
58-60	Publishing, audiovisual and broadcasting activities	10.7	13.3	18.5	28.6	30.8	27.4	29.7	..
58	Publishing activities	8.4	11.3	15.5	23.1	22.4	20.1	23.0	..
59-60	Motion picture, video and TV programme production; broadcasting activities	2.2	2.0	3.0	5.5	8.4	7.3	6.8	..
59	Motion picture, video and TV programme production; sound and music	1.1	0.2	0.4	4.2	3.0	3.6	2.1	..
60	Programming and broadcasting activities	1.1	1.8	2.6	1.4	5.4	3.8	4.7	..
61	Telecommunications	244.9	257.6	262.5	260.6	253.9	247.1	264.3	..
62-63	IT and other information services	561.4	600.8	594.5	706.0	745.5	777.6	831.8	..
62	Computer programming, consultancy and related activities	513.9	536.5	557.5	665.3	696.5	714.3	764.7	..
63	Information service activities	47.6	64.3	37.0	40.7	49.0	63.4	67.1	..
64-66	**Financial and insurance activities**	108.7	124.2	150.6	159.8	183.2	206.5	231.6	..
68-82	**Real estate; professional, scientific and technical; administrative and support**	174.3	216.0	429.9	481.7	496.8	509.0	506.7	..
68	Real estate activities	0.0	0.8	1.2	1.7	2.5	1.9	2.1	..
69-75x72	Professional, scientific and technical activities, except scientific R&D	94.2	128.4	338.2	389.7	400.6	413.7	409.4	..
72	Scientific research and development	73.5	80.4	82.9	80.8	84.0	84.7	86.4	..
77-82	Administrative and support service activities	6.6	6.4	7.6	9.5	9.8	8.6	8.7	..
84-99	**Community, social and personal services**	196.0	179.0	201.5	204.3	234.3	234.2	236.3	..
84-85	Public administration and defence; compulsory social security and education	0.2	0.0	0.1	0.1	0.2	0.2	0.3	..
86-88	Human health and social work activities	192.1	176.4	199.5	202.3	232.2	232.4	234.3	..
90-93	Arts, entertainment and recreation	0.0	0.0	0.0	0.0	0.0	0.0	0.0	..
94-99	Other services; household-employers; extraterritorial bodies	3.8	2.6	1.9	1.9	1.9	1.7	1.7	..

.. Not available

Note: Detailed metadata at: http://metalinks.oecd.org/anberd/20191119/b539.

CHINESE TAIPEI

R&D expenditure in industry by main activity of the enterprise, constant prices
ISIC Rev. 4

2010 USD PPP

		2010	2011	2012	2013	2014	2015	2016	2017
	TOTAL BUSINESS ENTERPRISE	17 939.1	19 540.9	20 765.7	21 996.1	23 304.5	24 030.2	25 186.3	..
01-03	**AGRICULTURE, FORESTRY AND FISHING**	..	..	..	..	..	..	..	..
05-09	**MINING AND QUARRYING**	..	..	..	..	..	..	..	..
10-33	**MANUFACTURING**	16 518.2	18 062.6	19 006.5	20 093.3	21 323.1	22 014.5	23 070.1	..
10-12	Food products, beverages and tobacco	125.2	138.6	160.1	137.9	143.2	139.4	158.8	..
13-15	Textiles, wearing apparel, leather and related products	221.9	241.6	255.2	247.0	270.8	286.0	360.8	..
13	Textiles	118.9	124.0	120.9	110.9	118.1	123.7	166.5	..
14	Wearing apparel	11.6	12.4	10.9	12.4	12.2	10.6	10.4	..
15	Leather and related products, footwear	91.4	105.2	123.4	123.6	140.5	151.7	183.9	..
16-18	Wood and paper products and printing	41.5	38.1	40.3	52.3	39.3	46.6	37.1	..
16	Wood and wood products, except furniture	0.3	1.0	0.8	1.3	3.7	5.7	7.3	..
17	Paper and paper products	17.8	16.3	17.1	11.6	9.7	10.5	7.6	..
18	Printing and reproduction of recorded media	23.3	20.8	22.4	39.4	25.9	30.5	22.3	..
19-23	Chemical, rubber, plastic, non-metallic mineral products	1 149.4	1 267.1	1 351.8	1 403.5	1 488.4	1 464.7	1 565.3	..
19	Coke and refined petroleum products	75.8	78.8	94.0	130.5	138.0	128.9	118.4	..
20-21	Chemical and pharmaceutical products	844.2	950.6	999.8	1 038.1	1 090.0	1 086.5	1 181.4	..
20	Chemicals and chemical products	583.6	630.1	663.3	664.9	636.0	667.2	675.0	..
21	Pharmaceuticals, medicinal, chemical and botanical products	260.7	320.6	336.5	373.2	454.0	419.3	506.5	..
22	Rubber and plastic products	197.5	194.8	216.9	197.7	210.5	203.0	223.5	..
23	Other non-metallic mineral products	31.8	42.8	41.1	37.1	49.9	46.3	42.0	..
24-25	Basic metals, metal products, except machinery and equipment	311.8	317.7	312.7	330.8	329.5	328.0	361.9	..
24	Basic metals	179.9	166.4	161.7	167.8	161.7	158.3	161.6	..
25	Fabricated metal products, except machinery and equipment	131.9	151.3	151.0	163.0	167.8	169.8	200.3	..
26-30	Computer, electronic, optical products; electrical machinery, transport equipment	14 487.0	15 896.8	16 704.6	17 724.1	18 854.0	19 538.5	20 348.3	..
26	Computer, electronic and optical products	12 823.6	14 176.8	14 999.5	15 921.5	16 938.5	17 659.1	18 389.2	..
27	Electrical equipment	609.2	598.2	607.8	604.3	590.9	588.1	575.2	..
28	Machinery and equipment n.e.c.	472.9	562.1	500.8	556.8	629.4	639.2	683.3	..
29	Motor vehicles, trailers and semi-trailers	299.1	300.8	329.9	354.5	407.8	375.1	393.5	..
30	Other transport equipment	282.2	259.0	266.6	286.9	287.4	276.9	307.0	..
31-33	Furniture; repair, installation of machinery and equipment	181.6	162.7	181.8	197.9	198.0	211.2	237.9	..
31	Furniture	10.3	8.2	10.3	6.8	8.5	9.7	11.1	..
32	Other manufacturing	171.2	154.5	171.5	191.1	189.5	201.5	226.8	..
33	Repair and installation of machinery and equipment	0.0	0.0	0.0	0.0	0.0	0.0	0.0	..
35-39	**ELECTRICITY, GAS, WATER AND WASTE MANAGEMENT**	46.6	43.3	46.8	36.7	35.0	46.9	48.4	..
35-36	Electricity, gas and water	45.3	41.7	45.6	35.5	33.8	44.9	47.5	..
37-39	Sewerage, waste management and remediation activities	1.4	1.5	1.2	1.1	1.2	2.0	0.9	..
41-43	**CONSTRUCTION**	10.4	9.8	11.7	13.3	16.6	13.4	13.9	..
45-99	**TOTAL SERVICES**	1 363.9	1 425.2	1 700.7	1 852.8	1 929.7	1 955.4	2 054.0	..
45-82	**Business sector services**	1 167.9	1 249.9	1 507.0	1 659.8	1 712.5	1 740.6	1 839.6	..
45-47	Wholesale and retail trade; motor vehicle and motorcycle repairs	54.6	50.2	95.3	98.2	110.7	102.9	124.0	..
49-53	Transportation and storage	13.1	11.8	12.1	15.1	16.3	16.4	23.1	..
55-56	Accommodation and food service activities	0.2	0.7	0.3	0.5	0.1	0.1	1.1	..
58-63	Information and communication	817.0	853.9	841.4	940.1	955.0	965.0	1 021.5	..
58-60	Publishing, audiovisual and broadcasting activities	10.7	13.0	17.8	27.1	28.6	25.1	27.0	..
58	Publishing activities	8.4	11.1	14.8	21.8	20.8	18.4	20.8	..
59-60	Motion picture, video and TV programme production; broadcasting activities	2.2	2.0	2.9	5.2	7.8	6.7	6.1	..
59	Motion picture, video and TV programme production; sound and music	1.1	0.2	0.4	3.9	2.8	3.3	1.9	..
60	Programming and broadcasting activities	1.1	1.8	2.5	1.3	5.0	3.5	4.3	..
61	Telecommunications	244.9	252.3	252.2	246.2	235.3	226.6	239.8	..
62-63	IT and other information services	561.4	588.5	571.4	666.9	691.1	713.2	754.6	..
62	Computer programming, consultancy and related activities	513.9	525.5	535.8	628.4	645.7	655.1	693.8	..
63	Information service activities	47.6	63.0	35.6	38.5	45.4	58.1	60.8	..
64-66	Financial and insurance activities	108.7	121.6	144.8	151.0	169.9	189.4	210.1	..
68-82	Real estate; professional, scientific and technical; administrative and support	174.3	211.6	413.2	455.0	460.6	466.8	459.8	..
68	Real estate activities	0.0	0.8	1.2	1.6	2.3	1.8	1.9	..
69-75x72	Professional, scientific and technical activities, except scientific R&D	94.2	125.8	325.1	368.1	371.4	379.5	371.5	..
72	Scientific research and development	73.5	78.8	79.6	76.4	77.9	77.6	78.4	..
77-82	Administrative and support service activities	6.6	6.3	7.3	9.0	9.1	7.9	7.9	..
84-99	Community, social and personal services	196.0	175.3	193.7	192.9	217.2	214.8	214.4	..
84-85	Public administration and defence; compulsory social security and education	0.2	0.0	0.1	0.1	0.2	0.1	0.3	..
86-88	Human health and social work activities	192.1	172.8	191.8	191.1	215.3	213.1	212.6	..
90-93	Arts, entertainment and recreation	0.0	0.0	0.0	0.0	0.0	0.0	0.0	..
94-99	Other services; household-employers; extraterritorial bodies	3.8	2.6	1.8	1.8	1.7	1.5	1.6	..

.. Not available

Note: Detailed metadata at: http://metalinks.oecd.org/anberd/20191119/b539.